CICERO

O L² 3ƒ

Morph.

O 1631

DU ROYAUME DE SIAM

Par Monsieur de LA LOUBERE Envoyé extraordinaire du ROY auprès du Roy de Siam en 1687. & 1688.

TOME PREMIER.

A PARIS,

Chez { La Veuve de JEAN BAPTISTE COIGNARD, Imprimeur & Libraire ordinaire du Roy.
ET
JEAN BAPTISTE COIGNARD, Imprimeur & Libraire ordinaire du Roy, ruë S. Iacques, à la Bible d'Or.

M. DC. XCI.

AVEC PRIVILEGE DE SA MAJESTE'.

EPITRE.

voyage de Siam, que j'ai observé en ce Païs-là, le plus exactement qu'il m'a été possible, tout ce qui m'y a paru de plus singulier: & j'ai attendu depuis mon retour de nouveaux ordres de vôtre part pour me résoudre à donner une forme aux remarques que j'avois faites. Je souhaite, MONSEIGNEUR, qu'elles vous plaisent. La Science des affaires dans laquelle vous avés été nourri parmi tant d'exemples domestiques, & que vous fortifiés tous les jours par vôtre propre expérience, & en un mot l'estime que le Roy a témoigné faire de vous, en vous donnant en un âge si peu avancé une Charge si importante, doivent porter tout le monde à rechercher vôtre approbation, & principalement ceux, qui entreprennent d'écrire les mœurs & le gouvernement de quelque Peuple. Mais, MONSEIGNEUR, si aprés avoir étudié dans vos voyages les maximes de toutes les Cours de

EPITRE.

l'Europe, vous ne trouvés rien dans celle de Siam qui merite vos reflexions, j'espere au moins que vous en ferés sur le desir que j'ai eu de vous obéïr, & sur le respect avec lequel je suis,

MONSEIGNEUR,

Vôtre tres-humble & tres-obeïssant serviteur
LA LOUBERE.

TABLE

SECONDE PARTIE.
Des Mœurs des Siamois en general.

CHAP. I. DE l'Habit & de la Mine des Siamois. 90

II. Des Maisons des Siamois, & de leur Architecture dans les Bâtimens publics. 107

III. Des Meubles des Siamois. 125

IV. De la Table des Siamois. 129

V. Des Voitures, & de l'Equipage en general des Siamois. 146

VI. Des Spectacles, & des autres Divertissemens des Siamois. 167

VII. Du Mariage & du Divorce des Siamois. 194

VIII. De l'Education des Enfans Siamois, & premierement de leur Politesse. 205

IX. Des Etudes des Siamois. 225

X. De ce que les Siamois savent en Medecine & en Chymie. 238

XI. De ce que les Siamois savent des Mathematiques. 245

XII. De la Musique, & des Exercices du Corps. 261

XIII. Des Arts exercés par les Siamois. 268

DES CHAPITRES.

XIV. Du commerce chez les Siamois. 274.
XV. Caractère des Siamois en général. 283.

TROISIE'ME PARTIE.

Des Mœurs des Siamois suivant leurs diverses Conditions.

Chap. I. Des diverses Conditions chez les Siamois. p. 296
II. Du Peuple Siamois. 299
III. Des Officiers du Royaume de Siam en général. 310
IV. Des Officiers de Judicature. 315
V. Du Stile Judiciaire. 328
VI. Des fonctions de Gouverneur & de Juge dans la Capitale. 338
VII. Des Officiers d'Etat, & premierement du Tchacry, du Calla-hom, & du Général des Eléphants. 342
VIII. De l'Art de la Guerre chez les Siamois, & de leurs forces de Mer & de Terre. 345
IX. Du Barcalon & des Finances. 356
X. Du Sceau Royal, & du Maha Obarat. 365
XI. Du Palais, & de la Garde du Roy de Siam. 367
XII. Des Officiers qui approchent le plus la personne du Roy de Siam. 380

TABLE

XIII. Des Femmes du Palais & des Officiers de la Garde-Robbe. 386

XIV. Des Coûtumes de la Cour de Siam, & de la Politique de ses Rois. 393

XV. Du stile des Ambassades à Siam. 415.

XVI. Des Etrangers de différentes Nations refugiez & habituez à Siam. 427.

XVII. Des Talapoins, & de leurs Convents. 432

XVIII. De l'Election du Supérieur, & de la reception des Talapoins, & des Talapoüines. 451

XIX. De la Doctrine des Talapoins. 455

XX. Des Funerailles des Chinois, & de celles des Siamois. 467

XXI. Des Principes de la Morale Indienne. 484

XXII. De la suprême félicité, & de l'extrême infelicité selon les Siamois. 498.

XXIII. De l'Origine des Talapoins, & de leurs Opinions. 503

XXIV. Des Contes fabuleux que les Talapoins & leurs pareils ont entez sur leur Doctrine. 522

XXV. Diverses Observations à faire en prêchant l'Evangile aux Orientaux. 542.

TABLE

DES CARTES GEOGRAPHIQUES, Plans, & Figures de ce premier Volume.

MAISON de bambou faite exprés pour les Envoyez du Roy, elle sert de Vignette. page 1.
Carte du Royaume de Siam. p. 4.
Carte du Cours du Menam depuis la ville de Siam jusqu'à la Mer. ibid.
Plan de Bancok. 8
Plan de la ville de Siam. 17
L'Arbre de Bambou & l'Arvore de Raiz. 38
La Charruë des Siamois, & le bassin d'or où l'on portoit la lettre du Roy. 62
L'Arékier arbre. 85
Mandarin Siamois. 90
Autre. ibid.
Femme Siamoise. 96
Appartement du Roy, & maison d'un Siamois. 118
Un Temple de Siam. 119
Le Plan du Temple. ibid.
Palais de Bambou pour le Roy de Siam dans les Forêts. 124

TABLE DES CARTES, &c.

Balon de Mandarin. 153
Les Pagayeurs. 154
Autres Balons. 156
Une Chançon Siamoise. 262
Instruments d'accompagnement pour la Musique. 263
Monnoyes de Siam. 279
Coupan Monnoye du Jappon. 281
Vûë du fond du Salon de l'Audience de Siam. 419
Plan de ce Salon. 420
Convent de Talapoins. 432
Statuës de Sommona-Codom. 531

F I N.

ADDITIONS ET CORRECTIONS
de ce premier Volume.

Page 355. ligne 22. aprés ce mot, François, ajoûtez.

L'intention du Roy de Siam est, que ses Corsaires ne tuënt personne, non plus que ses Troupes de terre, mais qu'ils usent de toutes les supercheries possibles pour faire des prises. Il ne se propose jamais dans ses guerres de Mer, que des represailles sur quelqu'un de ses voisins, de qui il croira avoir reçû quelque tort dans le Commerce : & les supercheries luy réüssissent tandis que ses ennemis ne sont en aucune deffiance. Les trois derniers Chapitres de la seconde partie ont été mal contez : il falloit mettre Chapitre XIII. XIV. XV. au lieu de XIV. XV. XVI. Outre cela Pag. 401. lig. 14. pour *lisez* par. pag. 414. lig. 11. *effacez* où. pag. 466. lig. 28. *lisez* sauroient. pag. 484. ligne 23. reg rdent, *lis*. regardent. pag. 508. lig. 18. châun, *lis*. châcun.

La premiere fois que j'ay parlé de la presqu'Isle où est Malacà, je l'ay appelée la presqu'Isle de l'Inde au delà du Gange : dans la suite pour être plus court, j'ay dit la presqu'Isle delà le Gange, si quelqu'un trouve que c'est une faute, je le prie de la corriger.

Partout où il y a creindre & creinte, mettez craindre & crainte.

Il peut y avoir quelques lettres capitales où elles ne devroient pas être, & il en peut manquer où il en faudroit.

Maison faite exprés pour les Envoyez du Roy.

DU ROYAUME DE SIAM

OCCASION ET DESSEIN de cet Ouvrage.

A MON retour du voya-ge, que j'ay fait à Siam en qualité d'Envoyé ex-traordinaire du Roy, ceux qui ont droit de me commander, ont exigé de moy que je leur rendisse un compte exact des choses, que j'ay vûës ou apprises en ce Païs-là ; & c'est ce qui fera toute

Tome I.

1. Occasion de cet Ou-vrage.

la matiere de cet Ouvrage. D'autres ont assez instruit le Public des circonstances de cette longue navigation : mais pour ce qui regarde la description d'un Païs, on n'en sauroit avoir trop de Relations, si on le veut bien connoître : les dernieres éclaircissent toûjours davantage les précedentes. Mais afin qu'on sache de quel temps j'écris, je diray seulement que nous partîmes de Brest le premier Mars 1687. que nous moüillâmes à la Rade de Siam le 27. Septembre de la même année, que nous en partîmes pour nôtre retour le 3. Janvier 1688. & que nous mîmes pié à terre à Brest le 27. Juillet suivant.

II. Dessein de cet Ouvrage.

Mon dessein est donc de traiter d'abord du Païs de Siam, de son étenduë, de sa fertilité, & des qualitez de son Terroir & de son Climat : en second lieu j'expliqueray les mœurs des Siamois en general, & enfin leurs mœurs particulieres selon leurs diverses conditions. Le Gouvernement & la Religion entreront en cette derniere partie ; & je me flatte que plus on avancera dans la lecture de cet Ouvrage, plus on le trouvera digne de curiosité ; parce que le goût & le genie des Siamois, que j'ay tâché de penetrer en toutes choses, s'y découvriront toûjours de plus en plus. Enfin pour ne m'arrêter pas à des choses, qui ne seroient pas au gré de tout le monde, ou qui interromproient trop ma narration, je renvoyeray à la fin plusieurs Memoires que j'ay apportez de ce Païs-là, & que je ne saurois supprimer sans faire tort à la curiosité du Public. Que si malgré cette précaution j'étends encore de certaines matieres au de-là du goût de quelques-uns ; je les prie de considerer que les expressions generales ne donnent jamais de justes idées ; & que ce n'est pas être informé, que de ne l'être que de la premiere écorce des choses. C'est dans ce même esprit de bien faire connoître les Siamois, que je donne plusieurs connoissances des autres Royaumes des Indes, & de celuy de la Chine : car quoy qu'à la rigueur tout cela puisse paroître étranger à mon sujet ; il m'a semblé neanmoins que la comparaison des choses des Païs voisins entr'eux, éclaircit beaucoup les unes & les autres. J'espere aussi que l'on me pardonnera les noms Siamois, que je rapporte & que j'explique. Ces remarques feront entendre d'autres Relations que la mienne, lesquelles sans ces éclaircissemens pourroient quelquefois faire douter de ce que je dis.

Au reste ceux qui me connoissent sçavent que j'aime la verité : mais il ne suffit pas de donner une relation sincere pour la donner véritable : il faut avoir joint les lumieres à la sincerité, & s'être bien informé de ce dont on entreprend d'informer les autres. J'ay donc consideré, interrogé, pénétré, autant qu'il m'a été possible ; & pour me rendre plus capable de le faire, j'ay lû avec soin avant que d'arriver à Siam, plusieurs Relations anciennes & modernes des diverses Contrées de l'Orient. De sorte qu'il me semble que cette préparation a suppléé au défaut d'un plus long sejour, & m'a fait remarquer & entendre en trois mois que j'ay été à Siam, ce que je n'eusse ny entendu, ny remarqué peut-être en trois ans sans le secours de ces lectures.

✤✤✤
✤

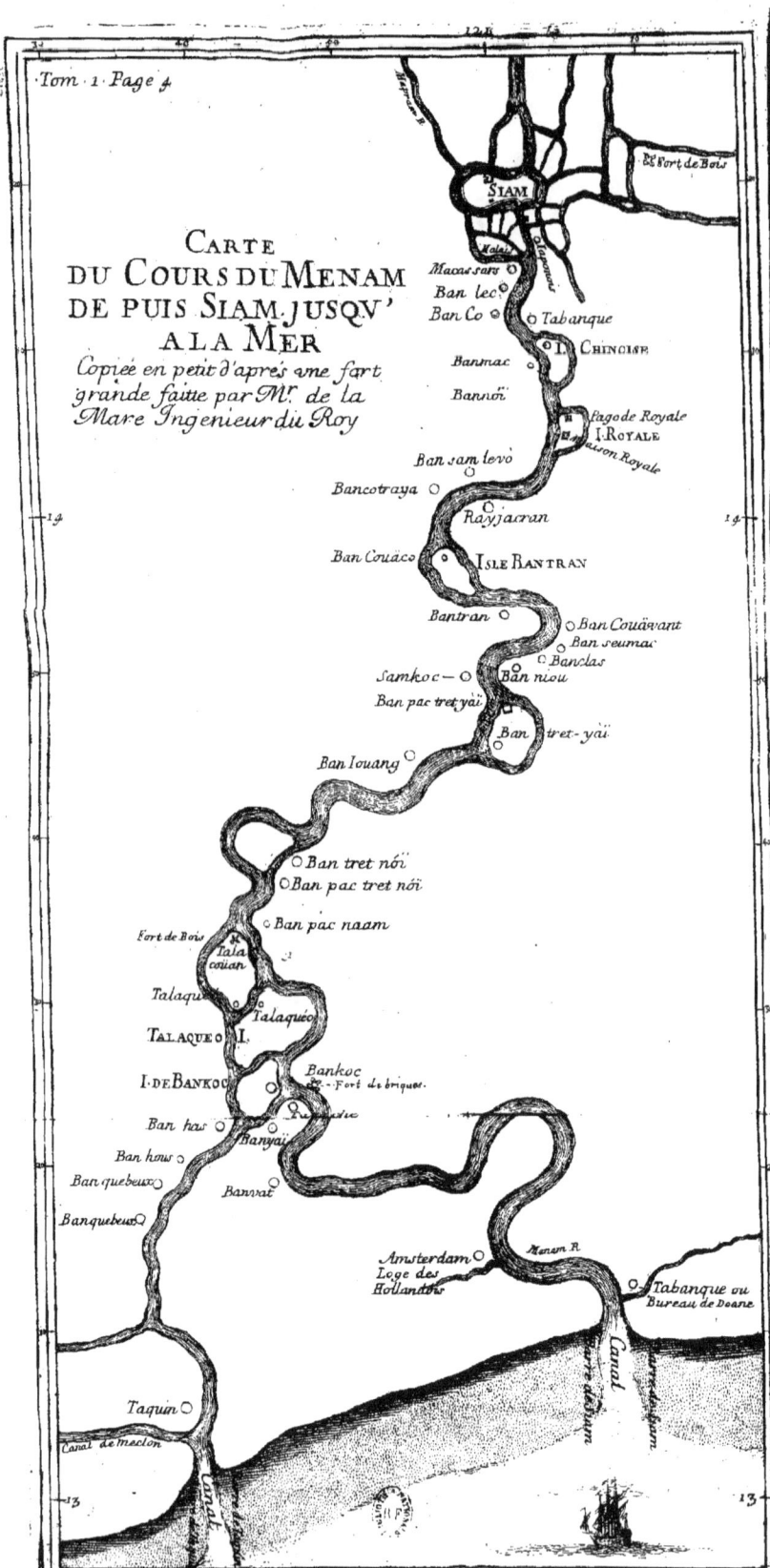

Du Royaume de Siam.

PREMIERE PARTIE.
Du Païs de Siam.

CHAPITRE PREMIER.
Sa Description Geographique.

LA navigation a fait assez connoître les Côtes maritimes du Royaume de Siam, & assez d'Auteurs les ont décrites : mais ils n'ont sû presque rien du dedans des Terres ; parce que les Siamois n'ont pas fait une Carte de leur Païs, ou qu'ils la savent tenir cachée. Celle que j'en donne est l'ouvrage d'un Européan, qui a remonté le *Menam* principale Riviere du Païs, jusqu'aux Frontieres du Royaume ; mais qui n'étoit pas assez habile pour donner toutes les positions avec une entiere justesse. D'ailleurs il n'a pas tout vû ; & ainsi j'ay crû nécessaire de donner sa Carte à Monsieur Cassini Directeur de l'Observatoire de Paris, pour la corriger sur quelques Mémoires qu'on m'a donnez à Siam. Je say neanmoins

1. Combien ce Royaume est inconnu.

qu'elle est encore défectueuse : mais elle ne laisse pas de donner des connoissances de ce Royaume-là qu'on n'avoit pas euës jusqu'icy, & d'être plus exacte en celles que l'on en avoit.

II. Ses Frontieres du côté du Nord.

Ses Frontieres s'étendent vers le Nord jusqu'au 22. degré ou environ : & comme la Rade qui termine le Golphe de Siam est à peu prés à la hauteur de 13. degrez & demy, il s'ensuit que toute cette étenduë, que nous ne connoissons presque point, est d'environ 170. lieuës en ligne droite, à conter 20. lieuës par degré de latitude à la maniere de nos Navigateurs.

III. De la Ville de Chiamáï & de son Lac.

Les Siamois disent que la Ville de Chiamáï est de quinze journées plus au Nord que les Frontieres de leur Royaume, c'est à dire, tout au plus, de soixante à soixante dix lieuës : car ce sont des journées par la Riviere & en la remontant. Il y a environ trente ans, disent-ils, que leur Roy prit cette Ville, & l'abandonna aprés en avoir emmené tout le Peuple : & depuis elle a été repeuplée par le Roy d'Ava, à qui le Pegu obeït aujourd'hui. Mais les Siamois qui furent à cette expedition, ne connoissent point ce Lac celebre, d'où nos Geographes font sortir la Riviere de Menam, & auquel selon eux cette Ville donne son nom : ce qui m'a fait penser ou qu'elle en est plus éloignée que nos Geographes n'ont crû, ou que ce Lac n'est point du tout. Il se peut faire aussi que cette Ville voisine de plusieurs Royaumes, & plus sujette qu'une autre à être ruïnée par les guerres, n'ait pas toûjours été rebâtie au même endroit : & cela n'est pas difficile à croire des Villes qui ne sont que de bois, comme toutes celles de ces Païs-là, & qui dans leur destruction ne laissent ny masures ny fondemens. Quoy qu'il en soit, on peut douter que le Menam vienne d'un Lac, parce qu'il est si petit en entrant dans le Royaume de Siam, que pendant environ cinquante lieuës, il ne porte que de petits batteaux à tenir quatre ou cinq personnes au plus.

IV. Le Païs de Siam n'est qu'une valée.

Le Royaume de Siam est borné depuis le Levant jusqu'au Nord ou à peu prés, par de hautes Montagnes, qui le séparent du Royaume de Láos, & au Nord & au Couchant par d'autres, qui le divisent des Royaumes de Pegu & d'Ava. Cette double chaîne de

A iiij

Montagnes (habitées par des peuples peu nombreux, sauvages & pauvres, mais libres, & dont la vie est innocente) laisse entre elles une grande vallée large en quelques endroits de quatre vingt à cent lieuës, & arrosée depuis la Ville de Chiamaï jusqu'à la Mer, c'est à dire du Nord au Midy, par une belle Riviere que les Siamois appellent *Mê-nam*, comme qui diroit *Mere-eau*, pour dire *grande eau*. laquelle s'étant grossie des Ruisseaux & des Rivieres qu'elle reçoit de côté & d'autre, des Montagnes dont j'ay parlé ; se décharge enfin dans le Golphe de Siam par trois embouchûres, dont la plus navigable est celle qui est au Levant.

V. Villes qui sont sur la riviere.

C'est sur cette Riviere & à sept lieuës de la Mer, qu'est située la Ville de Bancok : & je diray en passant, que les Siamois ont fort peu d'habitations sur leurs Côtes, qui au moins n'en soient éloignées d'une petite journée : mais aussi elles sont presque toutes sur des Rivieres assez navigables pour leur donner le Commerce de la Mer. Quant aux noms de la plûpart de ces lieux, qui par cette raison peuvent être appelez Maritimes, ils sont déguisez par les Etrangers. Ainsi la ville de

Du Royaume de Siam. 9

Bancok s'apelle *Fon* en Siamois, sans qu'on sache d'où luy vient le nom de *Bancok*; quoy qu'il y ait plusieurs noms Siamois, qui commencent par le mot de *Ban*, qui signifie *Village*.

VI. Jardins de Bancok.

Les jardins qui sont dans le Territoire de Bancok pendant l'espace de quatre lieuës, en remontant vers la ville de Siam jusqu'à un lieu nommé *Talacoan*, fournissent à cette Capitale la nourriture que les Naturels du Pays aiment le mieux, je veux dire une tres-grande quantité de fruit.

VII. Autres villes sur le Menam.

Les autres Lieux principaux que le Menam arrose, sont *Mé-Tac* premiere ville du Royaume au Nord-Nord-Oüest, & puis tout de suite *Tian-Tong, Campeng-pet* ou *Campeng* simplement, que quelques-uns prononcent Campingue, *Laconcevan, Tchaïnat, Siam, Talacoan, Talaquéou* & *Bancok*. Entre les deux villes de *Tchaïnat* & de *Siam*, & à une distance de l'une & de l'autre, que les détours de la Riviere rendent presque égale, la Riviere laisse un peu au Levant la ville de *Louvo*, à 14. d. 42. m. 32. s. de latitude, selon les observations que les PP. Jesuites ont données au Public. Le Roy de Siam y passe la plus grande partie de l'an-

* *Tome I.* A v

née, pour joüir plus commodément du divertissement de la chasse : mais *Louvò* seroit inhabitable sans un Canal qu'on a tiré de la Riviere pour l'arroser. La ville de *Mê-Tac* obeït à un Seigneur héréditaire vassal, dit-on, du Roy de Siam, que l'on appelle *Pa-yà Tac*, c'est-à-dire Prince de Tac. *Tian-Tong* est ruiné, & sans doute par les anciennes guerres du Pegu. *Campeng* est connu par des mines d'acier excellent.

VIII. Autre riviere appellée aussi Menam. A la ville de Laconcevan le Menam reçoit une autre Riviere considerable qui vient aussi du Nord, & qui aussi s'appelle Menam, nom general à toutes les grandes Rivieres. Nos Geographes la font venir du Lac de Chiamäi : mais on assûre qu'elle a sa source dans les Montagnes, qui ne sont pas si au Nord que cette ville. Elle passe d'abord à *Meüang-fang* puis à *Pitchiái*, à *Pitsanoulouc*, & à *Pitchït*, & enfin à *Laconcevan*, où elle se mêle, comme j'ay dit, à l'autre Riviere.

Pitsanoulouc, que les Portugais appellent par corruption *Porselouc*, a eu autrefois des Seigneurs hereditaires, comme la ville de Mê-Tac; & l'on y rend encore aujourd'huy la justice dans le Palais des anciens Princes. C'est une ville d'assez grand commerce, fortifiée de quatorze Bastions, & a 19. degrez & quelques minutes de latitude.

Laconcevan est à la moitié du chemin de Pitsanoulouc ou Porselouc à Siam, distance que l'on compte être de 25. journées pour ceux qui remontent la Riviere en batteau ou *balon* ; mais ce même chemin se peut faire en douze jours, quand on a beaucoup de rameurs, & qu'on remonte la Riviere en toute diligence.

Ces Villes, comme toutes les autres du Royaume de Siam, ne sont que des amas de cabanes fermez souvent d'une enceinte de bois, & quelquefois d'une muraille de pierre, ou de briques, mais tres-rarement de pierre. Neanmoins comme les Orientaux ont toûjours eu autant de magnificence & d'orgueil dans les figures de leur langage, que de simplicité & de pauvreté dans tout ce qui sert à la vie, les noms de ces Villes signifient de grandes choses: *Tian-Tông*, par exemple, veut dire *vray or*. *Campeng-pet* veut dire *murailles de diamant*, & l'on dit que ses murailles sont de

IX. Villes de bois.

pierre; & *Laconcevan* signifie *Montagne du Ciel.*

X. Superstition des Siamois à Meüangfang.

Mais pour ce qui est de *Meüangfang*, comme *fang* est le nom d'un arbre célébre pour la teinture, que les Portugais ont appellé *sapan*; quelques uns l'interpretent *la Ville de la Forest de sapan.* Et parce qu'on y garde une Dent, qu'on pretend être une Relique de *Sommona Codom*, à la memoire duquel les Siamois bâtissent tous leurs Temples; il y en a qui appelent cette Ville non pas *Meüangfang*, mais *Meüang fan*, c'est à dire, Ville de la Dent. La superstition de ces Peuples y attire toûjours un grand nombre de Pélérins, non seulement Siamois, mais du Pegu, & de Láos.

XI. Autre superstition à Prabat.

Une pareille superstition n'en attire pas moins à un lieu nommé *Pra-bat* à cinq ou six lieuës à l'Est-Nord-Est de la ville de Louvò: & voicy quelle est cette superstition. *Bat* veut dire *pié* en Langue Balie, qui est la Langue sainte des Siamois, c'est à dire la Langue de leur Religion, & le mot *Pra*, dont on ne sauroit rendre précisément la signification, veut dire en la même Langue tout ce que l'on peut concevoir de digne de vénération & de respect. Les Siamois donnent ce titre au Soleil & à la Lune: mais ils le donnent aussi à Sommona-Codom, à leurs Rois, & à quelques Officiers considérables.

XII. Quelle elle est.

Le *Pra-bat* est donc une empreinte de Pié humain creusée par un mauvais Sculpteur dans un roc: mais cette empreinte profonde de 13. à 14. pouces est environ cinq ou six fois plus longue que le pié d'un homme, & large à proportion. Les Siamois l'adorent, & sont persuadez que les Eléphants & sur tout les Eléphants blancs, les Rinocérots, & toutes les autres Bêtes de leurs Forêts vont aussi l'adorer quand il n'y a personne : & le Roy de Siam luy même va l'adorer une fois l'an avec beaucoup de cérémonie & de pompe. Elle est revêtuë d'une lame d'or & renfermée dans une Chapelle qu'on y a bâtie. Ils disent que cette roche qui est aujourd'huy fort platte & en rase campagne, étoit autrefois une fort haute montagne, qui s'affaissa & s'applanit tout d'un coup sous le pié de Sommona-Codom, en memoire dequoy ils croyent que l'empreinte du pié y est demeurée. Cependant il est certain par le témoignage des vieillards, que cette tradition n'a pas 90. ans d'ancienneté. Un Talapoin ou Religieux Siamois de ce temps-là ayant sans doute fait luy-même, ou fait faire cette empreinte, feignit de l'avoir découverte par miracle; & sans autre apparence de verité donna du credit à cette fable de la montagne applanie.

XIII. Source de cette superstition.

Or en tout cela les Siamois ne sont que de fort grossiers copistes. On lit dans les histoires des Indes, avec quel respect un Roy de l'Isle de Ceylan gardoit une dent de Singe, que les Indiens disoient être une Relique, & de quelles sommes il voulut la racheter de Constantin de Bragance alors Viceroy des Indes, qui l'avoit trouvée parmy des dépoüilles prises sur les Indiens: mais Constantin aima mieux la faire brûler, & faire ensuite jeter les cendres dans une Riviere. On sait aussi que dans la même Isle de Ceylan, que les Indiens appellent *Lancà*, & sur une veritable montagne, qui ne s'est pas applanie, il y a un pretendu vestige de pié humain, qui depuis long-temps y est en grande vénération. Il represente sans doute le pié gauche: car les Siamois disent que Sommona-Codom poſa le pié droit à leur *Pra-bat*, & le pié gauche à Lancà; quoy que tout le Golphe de Bengale ſoit entre deux.

Les Portugais ont appelé le veſtige de Ceylan le *Pié d'Adam*, & ils ont crû que Ceylan étoit le Paradis Terreſtre, ſur la Foy des Indiens de Ceylan, qui diſent que le veſtige qu'ils révérent eſt celuy du premier homme : chacune de ces Nations Payennes ne manquant pas d'aſſûrer que le premier de tous les hommes a habité leur pays. Ainſi les Chinois appellent le premier homme *Puoncuò*, & croyent qu'il a habité la Chine. Je ne dis rien de quelques autres pareils veſtiges de pié humain, qui ſont révérez en divers endroits des Indes, ny du prétendu veſtige du pié d'Hercule, dont parle Herodote. Je reviens à mon ſujet.

XIV. Ce que c'eſt que le Pié d'Adam de Ceylan.

L. 4. c. 82.

CHAPITRE II.

Suite de la Description Geographique du Royaume de Siam, où il est parlé de la Capitale.

I. Autres Villes du Royaume de Siam.

SUR les Frontiéres du Pegu est située la ville de *Cambory*, & sur celles de Láos la ville de *Corazemà*, que quelques-uns appellent *Carissimà*, l'une & l'autre assez célébres. Et dans les terres qui sont entre les deux Riviéres au dessus de la ville de Laconcevan, & sur des Canaux qui communiquent d'une Riviére à l'autre, sont deux autres Villes considérables, *Socotaï* à la hauteur à peu prés de *Pitchit*, & *Sanquelouc* plus au Nord.

II. Pays entre-coupé de canaux.

Comme un Pays si chaud ne peut estre habité qu'auprés des Riviéres, les Siamois l'ont entre-coupé de beaucoup de Canaux: & sans avoir de meilleurs Mémoires, l'on ne peut conter toutes les Villes qui y sont assises.

III. La ville de Sam décrite.

C'est par le moyen de ces Canaux appelez *Cloum* par les Siamois, que la ville de Siam est non seulement devenuë une Isle, mais qu'elle se trouve placée au milieu de plusieurs Isles : ce

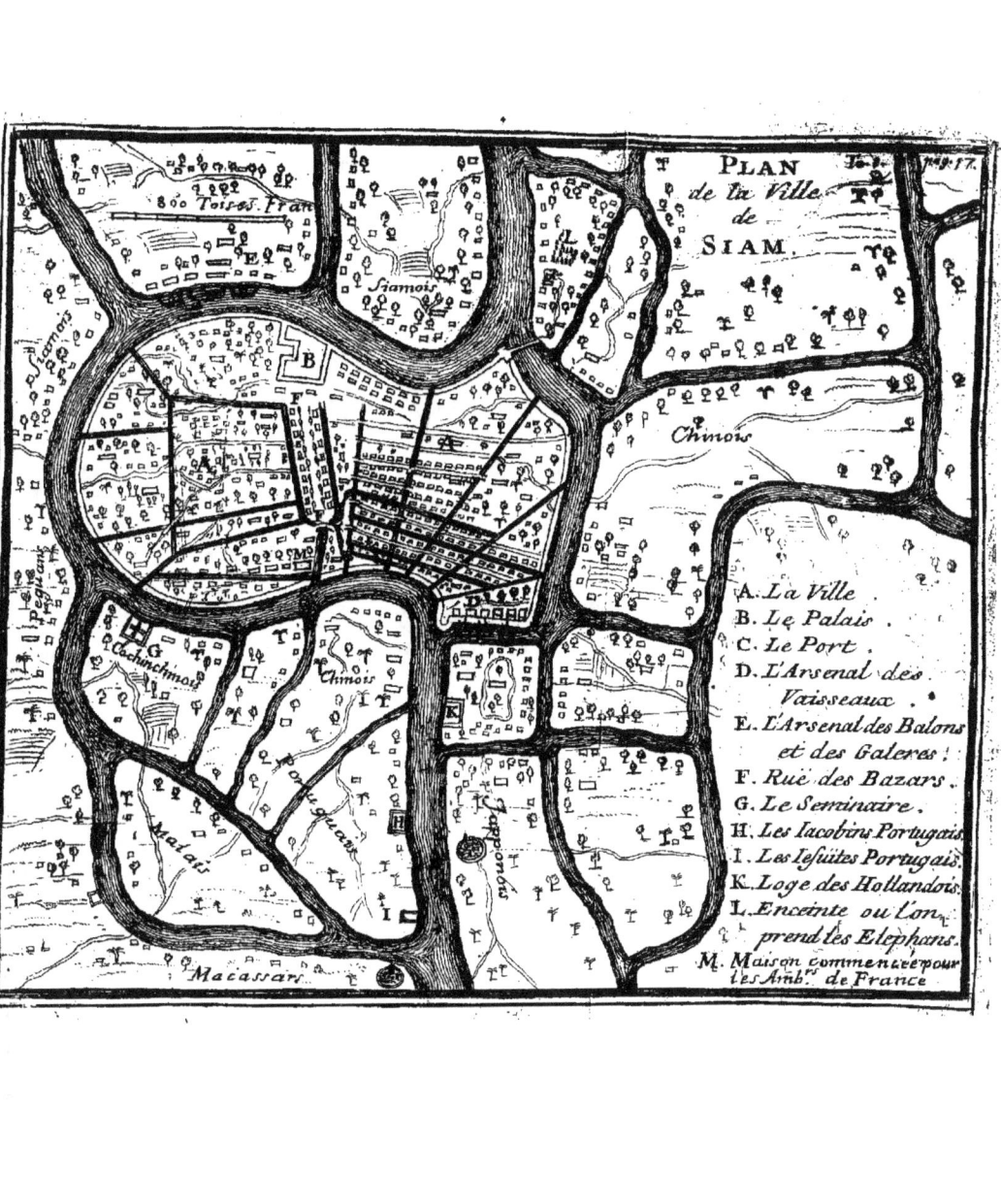

qui en rend la situation tres-singuliere. Aujourd'huy l'Isle où elle est situeé, est toute enfermée dans ses murailles : ce qui n'étoit pas apparemment du temps de Fernand Mendez Pinto ; si malgré les bevûës continuelles de cet Auteur, qui paroît s'être trop fié à sa mémoire, on peut croire ce qu'il dit, que les Elephants du Roy du Pegu qui assiegea pour lors la ville de Siam, approchoient assez prés des murs pour en abbatre avec leurs trompes les pavois que les Siamois y avoient mis pour se couvrir.

Sa hauteur, selon le P. Thomas Jesuite est de 14. d. 20. m. 40. s. & sa longitude de 120. d. 30. m. Elle a presque la figure d'une gibeciere, dont le haut seroit au Levant & le bas au Couchant. La Riviere la prend au Nord par plusieurs Canaux qui entrent en celuy qui l'environne ; & elle l'abandonne au Midy, en se separant derechef en plusieurs Canaux. Le Palais du Roy est au Nord sur le Canal qui embrasse la Ville ; & en tirant au Levant est une Chaussée, par laquelle seule comme par un Isthme, on peut sortir de la Ville sans passer l'eau.

La Ville est spatieuse à regarder

l'enceinte de ses murailles, qui renferment toute l'Isle comme j'ay dit: mais à peine la sixiéme partie en est-elle habitée, & c'est celle qui est au Sud-Est. le reste est desert, où n'est peuplé que de Temples. il est vray, que les Faux-bourgs qui sont occupez par les Etrangers, en augmentent considerablement le Peuple. Les ruës en sont larges & droites, & en quelques endroits plantées d'arbres, & pavées de briques posées sur le chant*. Les maisons y sont basses & de bois; au moins celles des Naturels du Païs, qui par ces raisons sont exposez à toutes les incommoditez du grand chaud. La plûpart des ruës sont arrosées de Canaux étroits, qui ont fait comparer Siam à Venise, & sur lesquels sont beaucoup de petits ponts de clayes tres-mauvais, & quelques-uns de briques fort élevez & fort rudes.

*C'est à dire sur le côté.

IV. Ses noms. Le nom de *Siam* est inconnu aux Siamois. C'est un de ces mots dont les Portugais des Indes se servent, & dont on a de la peine à découvrir l'origine. Ils l'employent comme le nom de la Nation, & non comme le nom du Royaume; & les noms de Pegu, de Láo, de Mogol, & la plûpart des

Du Royaume de Siam. 19

noms que nous donnons aux Royaumes Indiens, sont aussi des noms Nationaux : de sorte que pour bien parler, il faudroit dire, les Rois des Pegus, des Láos, des Mogols, des Siams, comme nos Ancêtres disoient, le Roy des François. Au reste ceux qui entendent le Portugais, savent bien que selon leur orthographe *Siam* & *Siaō* sont la même chose, & que par le rapport de nôtre langue à la leur nous devrions dire, *les Sions* & non *les Siams* : aussi quand ils écrivent en Latin, les appellent-ils *Siones*.

Les Siamois se sont donné le nom de *Táï*, c'est à dire *libres*, selon ce que ce mot signifie aujourd'huy en leur Langue : & ainsi ils se flattent de porter le nom de *Francs*, que prirent nos Ancêtres quand ils voulurent délivrer les Gaules de la domination Romaine. Et ceux qui savent la Langue du Pegu assurent que *Siam* en cette Langue veut dire *libre*. C'est donc peut-être de là que les Portugais ont tiré ce mot, ayant probablement connu les Siamois par les Pegüans. Neanmoins Navarrete dans ses *Traitez Historiques du Royaume de la Chine*, chap. I. art. 5. dit que le nom de *Siam*, qu'il

V. Le vray nom des Siamois veut dire Francs.

écrit *Sian*, vient de ces deux mots *Sien lò*, sans ajoûter ce que ces deux mots signifient, ny de quelle Langue ils sont; quoy qu'on puisse presumer qu'il les donne pour Chinois. *Meüang Táï* est donc le nom Siamois du Royaume de Siam (car *Meüang* veut dire Royaume) & ce mot Orthographié simplement *Muantay* se trouve dans Vincent le Blanc & dans plusieurs Cartes Geographiques, comme le nom d'un Royaume voisin de celuy de Pegu : mais Vincent le Blanc n'a pas compris que ce fût le Royaume de Siam, ne s'êtant peut-être pas défié que Siam & Táï fussent deux noms differents d'un même Peuple.

Quant à la ville de Siam, les Siamois l'appelent, *si-yô-thi-yà*, l'o de la syllable *yô* étant encore plus fermé que nôtre diphtongue *au*. Quelquefois aussi ils l'appelent *Crung-thé-pa-pra-mahà-nacôn* : mais la plûpart de ces mots sont difficiles à entendre; parce qu'ils sont pris de cette Langue Balie, que j'ay déja dit être la Langue savante des Siamois, & qu'ils n'entendent pas toûjours bien eux-mêmes. J'ay marqué cy-dessus ce que je sçay du mot *Pra*, celuy de *Maha* veut dire *Grand*: ainsi en parlant de leur Roy ils le nomment *Pra Mahà Crassàt*; & le mot de *Crassàt* signifie, à ce qu'ils disent, *Vivant*. & parce que les Portugais ont crû que *Pra* vouloit dire Dieu, ils ont crû que les Siamois appelloient leur Roy *le Grand Dieu vivant*. De *Si-yô-Thi-ya* nom Siamois de la ville de Siam, les Etrangers ont fait *Judia*, & *Odiáa*. par ou il paroît que Vincent le Blanc & quelques autres Auteurs distinguent mal à propos *Odiáa* de *Siam*.

Au reste les Siamois dont je parle, s'appellent *Táï nôë*, Siams-petits. Il y en a, m'a-t-on dit, d'autres tout à fait sauvages qu'on appelle *Táï-yáï*, Siams-grands, & qui vivent dans les Montagnes du Nord. Je trouve en plusieurs Relations de ces Contrées un Royaume de Siammon, ou de Siami: mais toutes ne conviennent pas que les Peuples en soient sauvages.

VI. Deux differens Peuples appelés Siamois.

Enfin les Montagnes qui font les frontieres communes d'Ava, du Pegu & de Siam, s'abbaissant peu à peu à mesure qu'elles s'étendent vers le Sud, forment la Presqu'Isle de l'Inde au de-là du Gange, qui se terminant la ville de *Sincapura* separe les Gol-

VII. Autres Montagnes, & autres Frontieres.

phes de Siam & de Bengale, & qui avec l'Isle de Sumatrà forme le celebre Détroit de Malacà, ou de Sincapura. Plusieurs Rivieres tombent de part & d'autre de ces Montagnes dans les Golphes de Siam & de Bengale, & rendent ces Côtes habitables. Les autres Montagnes qui s'élevent entre le Royaume de Siam & celuy de Láos, & s'étendent aussi vers le Sud, vont en s'abbaissant peu à peu se terminer au Cap de Camboya, le plus Oriental de tous ceux du Continant d'Asie qui regardent le Midy. C'est à la hauteur de ce Cap que commence le Golphe de Siam : & le Royaume de ce nom s'étend assez avant vers le Midy en forme de fer à cheval de l'un & de l'autre côté du Golphe, savoir le long de la Côte du Levant jusqu'aprés la Riviere de Chantebon, où commence le Royaume de Camboya ; & vis à vis savoir dans la Presqu'Isle au de-là du Gange, qui est au Couchant du Golphe de Siam, il s'étend jusqu'à Queda & jusqu'à Patane, Terres des Peuples Malays, dont Malacà étoit autrefois la Capitale.

VIII. Côtes de Siam. De cette maniere il a environ 200. lieuës de Côte sur le Golphe de Siam,

Du Royaume de Siam. 23

& 180. ou à peu prés sur le Golphe de Bengale : situation avantageuse qui ouvre aux Naturels du païs la navigation sur toutes ces Mers si vastes de l'Orient. Ajoûtez que comme la Nature a refusé toutes sortes de Ports & de Rades à la Côte de Coromandel, qui forme le Golphe de Bengale du côté du Couchant ; elle en a enrichy celle de Siam qui luy est opposée, & qui est au Levant du même Golphe.

Un grand nombre d'Isles la couvrent & la rendent presque par tout un azile sûr pour les Vaisseaux : outre que la plûpart de ces Isles ont des Ports fort bons, & abondance d'eau douce & de bois, attrait pour de nouvelles Colonies. Le Roy de Siam affecte de s'en dire le Maître ; quoy que ses Peuples assez rares dans la Terre ferme ne les ayent jamais habitées, & qu'il n'ait pas assez de forces de Mer pour en défendre l'entrée aux Etrangers.

_{IX. Isles de Siam dans le Golphe de Bengale.}

La ville de Merguy est à la pointe Nord-Oüest d'une Isle grande & peuplée, que forme à l'extrêmité de son cours une fort belle Riviere, que les Européans ont appelée Tenasserim, du nom d'une Ville située sur ses

_{X. Ville de Merguy.}

bords à quinze lieuës de la Mer. Cette Riviere vient du Nord ; & aprés avoir traversé les Royaumes d'Ava & de Pegu, & être entrée dans les Terres de la domination du Roy de Siam, elle se décharge dans le Golphe de Bengale par trois embouchûres, & forme l'Isle que je viens de dire. Le Port de Merguy qui est, dit-on, le plus beau de toutes les Indes, est l'entre-deux de cette Isle, & d'une autre qui est inhabitée, & qui est vis à vis & au Couchant de celle-cy, dans laquelle Merguy est situé.

CHAPITRE III.

De l'Histoire & de l'Origine des Siamois.

I. Les Siamois peu curieux de leur Histoire.

L'HISTOIRE Siamoise est pleine de Fables. Les Livres en sont rares, parce que les Siamois n'ont pas l'usage de l'Impression : car d'ailleurs je doute de ce que l'on dit, qu'ils affectent de cacher leur Histoire ; puisque les Chinois que les Siamois imitent en bien des choses, ne sont pas si jaloux de la leur. Quoy qu'il en soit, ceux qui malgré cette pretenduë jalousie des Siamois, sont parvenus

Du Royaume de Siam.

nus à lire quelque chose de l'Histoire de Siam, assurent qu'elle ne remonte pas bien haut avec quelque caractére de vérité.

Voicy un Abregé Chronologique fort sec, que les Siamois en ont donné : mais avant toutes choses il faut dire que l'Année courante 1689. à la commencer au mois de Décembre 1688. est la 2233. de leur Ere, dont ils prennent l'Epoque, c'est à dire le commencement de la mort de Sommona-Codom (à ce qu'ils disent :) mais je suis persuadé que cette Epoque a tout un autre fondement, que j'expliqueray dans la suite.

II. L'Epoque des Siamois.

Leur premier Roy eut nom *Pra Poat bonne sourittep pennaratui sonanne bopitrà.* Le premier Lieu où il tint sa Cour, s'appeloit *Tchái pappe Mahànacòn*, dont j'ignore la situation ; & il commença de regner en 1300. à compter de leur Epoque. Dix autres Rois luy succederent, le dernier desquels nommé *Ipoïa sanne Thora Thesma Teperat* transfera son Siege Royal à la Ville de *Tasoo Nacorà Loüang*, qu'il avoit fait bâtir, & dont aussi la situation m'est inconnuë. Le douziéme Roy aprés celuy-cy, dont le nom

III. Leurs Rois.

Tome I. B

fût *Pra Poà Noome Theie feri*, obligea tout son Peuple en 1731. à le suivre à *Locontáï* Ville sise sur une Riviere, qui descend des Montagnes de Láos, & se jete dans le Menam un peu au dessus de Porselouc, d'où Locontáï est éloignée de 40. à 50. lieuës. Mais ce Prince ne se tint pas toujours à Locontáï : car il vint bâtir & habiter la Ville de *Pipeli* sur une Riviere dont l'embouchure est à deux lieuës au Couchant de la plus occidentale embouchûre du Menam. Quatre autres Rois luy succederent, dont *Rhamatilondi* le dernier des quatre commença de bâtir la Ville de Siam en 1894. & y établit sa Cour : par où il paroît qu'ils donnent 338. ans d'ancienneté à la Ville de Siam. Le Roy Regnant est le vingt-cinquiéme depuis *Rhamatilondi*, & cette année 1689. est la 56. ou la 57. année de son âge. Ainsi ils comptent 52. Rois en l'espace de 934. années, mais qui n'ont pas tous été d'un même Sang.

IV. Race du Roy d'aujourd'hui.

Mr. Gervaise dans son *Histoire Naturelle & Politique du Royaume de Siam*, nous a donné celle du Roy Pere de celuy qui est aujourd'huy sur le Thrône, & Van Vliet nous l'a donnée encore beaucoup plus circonstanciée dans sa *Relation Historique du Royaume de Siam* imprimée à la fin du *Voyage de Perse* de *Herbert*. J'y renvoye le Lecteur pour y voir un Exemple des révolutions, qui sont ordinaires à Siam : car ce Roy qui n'étoit pas de la Race Royale, quoy-que Vliet dise le contraire, ôta le Sceptre & la vie à ses Maîtres naturels, & fit mourir tous les Princes de leur Sang, hormis deux qui restoient encore au temps que Vliet a écrit, mais desquels je n'ay pû apprendre aucunes nouvelles. Sans doute cet Usurpateur les fit enfin perir comme les autres. Et en effet, Jean Struys assure dans *le I. Tome de ses Voyages*, que ce fut le sort de celuy de ces deux Princes, qui vivoit encore en 1650. & qui alors étoit âgé de 20. ans. Le Tyran le fit mourir cette même année avec une de ses sœurs sur une accusation apparemment fausse. Mais une circonstance remarquable de l'Histoire de son Usurpation, fut qu'étant entré à main armée dans le Palais, il força le Roy à l'abandonner pour se refugier dans un Temple; & l'ayant tiré ce mal-heureux Prince de ce Temple, & l'ayant ramené au

Palais prisonnier, il le fît déclarer déchû de la Couronne & indigne de regner, pour avoir abandonné le Palais. A cét Usurpateur qui mourut en 1657. aprés avoir regné environ 30. ans, succeda son Frere; parce que son Fils ne put, ou n'osa pour lors luy disputer la Couronne. Au contraire pour mettre sa vie en sûreté il chercha un azile dans un Cloître, & se revêtit de l'habit inviolable de Talapoin : mais dans la suite il prît si bien ses mesures, qu'il déposseda son Oncle, lequel fuyant du Palais sur son Elephant, fut tué par un Portugais d'un coup de mousquet.

V.
Autre Exemple des revolutions de Siam.

Fernand Mendez Pinto raconte que le Roy de Siam, qui regnoit encore en 1547. & auquel il donne de grandes loüanges, fut empoisonné par la Reine sa femme au retour d'une expedition militaire. Cette Princesse prît le parti de prévenir ainsi la vengeance de son Mary; parce que pendant qu'il étoit absent, elle avoit eu un commerce amoureux dont elle étoit demeurée grosse. Et cét Auteur ajoute qu'elle fit bien-tôt aprés mourir de la même maniere le Roy son propre fils, & qu'elle eut le credit de faire couronner son Amant le 11. Novembre 1548. mais qu'en Janvier 1549. ils furent tous deux assassinez dans un Temple, & que l'on tira du Cloître un Prince bâtard Frere & Oncle des deux derniers Rois pour le faire regner. Les Couronnes d'Asie sont toutes mal assûrées, & celles des Indes, de la Chine & du Jappon plus que les autres.

Pour ce qui est de l'Origine des Siamois, il seroit difficile de juger, s'ils ne sont qu'un seul Peuple, qui descende directement des premiers hommes, qui ont habité le Païs de Siam, ou si dans la suite quelque autre Nation ne s'y est pas aussi établie malgré les premiers habitans.

VI. Doute sur l'Origine des Siamois.

La principale raison de ce doute vient de ce que les Siamois connoissent deux Langues, la Vulgaire, qui est une Langue simple presque toute de monosyllabes, sans conjugaison ny déclinaison; & une autre Langue dont j'ay déja parlé, qui à leur égard est une Langue morte, connuë seulement des sçavants, qu'on appelle la Langue Balie, & qui est enrichie d'inflexions de mots, comme les Langues, que nous connoissons en Eu-

VII. Deux Langues à Siam.

B iij

rope. Les termes de Réligion & de Justice, les noms des Charges, & tous les ornemens de la Langue Vulgaire sont empruntez de la Balie. Ils font même leurs plus belles chansons en Bali : de sorte qu'il semble pour le moins que quelque Colonie étrangere se soit autrefois habituée au Païs de Siam, & y ait porté un second langage. Mais c'est un raisonnement, que l'on pourroit faire de toutes les Contrées des Indes : car elles ont toutes comme Siam deux Langues, dont l'une ne dure encore que dans les Livres.

VIII. *Ce que les Siamois disent de l'Origine de leurs Loix & de leur Réligion.*

Les Siamois assûrent que leurs Loix sont étrangeres, & qu'elles leur viennent du Païs de Láos : ce qui n'a peut-être d'autre fondement que la conformité des Loix de Láos avec celles de Siam, comme il y a de la conformité entre les Réligions de ces deux Royaumes, & même avec celle des Pegüans. Or cela ne prouve pas precisément qu'aucun de ces trois Royaumes ait donné ses Loix & sa Réligion aux deux autres ; puis qu'il se peut faire que tous les trois ayent tiré leur Religion & leurs Loix d'une autre source commune. Quoy qu'il en soit, comme la tradition est à Siam, que leurs Loix & même leurs Rois viennent de Láos, elle est à Láos, que leurs Rois & la plûpart de leurs Loix viennent de Siam.

IX. De la Langue Balie.

Les Siamois ne nomment aucun Païs, où la Langue Balie, qui est celle de leurs Loix & de leur Réligion, soit aujourd'huy en usage. Ils soupçonnent à la verité, sur le rapport de quelques-uns d'entre-eux, qui ont été à la Côte de Coromandel, que la Langue Balie a quelque ressemblance avec quelqu'un des Dialectes de ce Païs-là : mais ils conviennent en même temps que les Lettres de la Langue Balie ne sont connuës que chez eux. Les Missionnaires séculiers établis à Siam croyent que cette Langue n'est pas entierement morte; parce qu'ils ont vû dans leur Hôpital un homme des environs du Cap de Comorin, qui mêloit plusieurs mots Balis dans son langage, assurant qu'ils étoient en usage en son Païs, & que luy n'avoit jamais étudié, & ne savoit que sa Langue maternelle. Ils donnent d'ailleurs pour certain que la Réligion des Siamois vient de ces quartiers-là, parce qu'ils ont lû dans un Livre Bali,

B iiij

que Sommona-Codom que les Siamois adorent, étoit fils d'un Roy de l'Isle de Ceylan.

X. Les Siamois semblables à leurs Voisins.

Mais laissant à part toutes ces choses incertaines, la Langue Vulgaire des Siamois pareille en sa simplicité à celles de la Chine, du Tonquin, de la Cochinchine & des autres Etats de l'Orient, marque assez que ceux qui la parlent, sont à peu prés du genie de leurs Voisins. Joignez à cela leur figure Indienne, la couleur de leur teint mêlé de rouge & de brun (ce qui ne convient ny au Nord de l'Asie, ny à l'Europe, ny à l'Affrique.) Joignez encore leur nez court & arrondi par le bout comme l'ont d'ordinaire leurs Voisins, les os du haut de leurs joües gros & élevez, leurs yeux fendus un peu en haut, leurs oreilles plus grandes que les nôtres, en un mot tous les traits de la phisionomie Indienne & Chinoise, leur contenance naturellement accroupie, comme celle des Singes, & beaucoup d'autres manieres qu'ils ont communes avec ces animaux, aussi bien qu'une merveilleuse passion pour les enfans. Car rien n'est égal à la tendresse, que les grands Singes ont pour tous les petits, sinon l'amour que les Siamois ont pour tous les enfans, soit pour les leurs, soit pour ceux d'autruy.

Le Roy de Siam luy-même s'en environne, & il prend plaisir à les élever jusqu'à l'âge de sept ou huit ans: aprés quoy à mesure qu'ils perdent l'air enfantin, ils perdent aussi ses bonnes graces. Un seul, dit-on, s'y est maintenu jusqu'à l'âge de vingt à trente ans, & il est encore aujourd'huy son favory. Quelques-uns l'appelent son fils adoptif, d'autres le soupçonnent d'être son fils adulterin, il est au moins frere de lait de la Princesse sa fille legitime.

XI. Le Roy de Siam aime les Enfans jusqu'à l'âge de 7. à 8. ans.

Que si l'on considere les Terres de Siam si basses, qu'elles semblent échappées à la Mer comme par miracle, & qu'elles sont tous les ans sous les eaux des pluyes pendant plusieurs mois, le nombre presque infiny d'Insectes tres-incommodes qu'elles engendrent, & la chaleur excessive du Climat sous lequel elles sont situées; il est difficile de comprendre que d'autres hommes ayent pû se resoudre à les habiter, sinon ceux qui y sont venus de proche en proche: & l'on croira même qu'el-

XII. Que les Siamois ne sont pas venus de loin habiter leur païs.

B v

les ne sont habitées que depuis peu de siecles, si l'on en juge par le peu qu'il y en a de défrichées. D'ailleurs il faudroit remonter bien haut au Nord de Siam, pour trouver les Peuples belliqueux, qui auroient pû fournir de ces esseins innombrables d'hommes, qui sont quelquefois sortis de leur Païs pour en aller occuper d'autres. Et comment seroit-il possible qu'ils ne se fussent pas arrêtez en chemin, chez quelqu'un de ces Peuples mols & lâches, qui sont entre le Païs des Scythes, & les Forêts & les Rivieres presque impénétrables des Siamois? Il y a donc apparence que les Petits Siamois dont nous parlons, sont issus des Grands, & que les Grands se sont jetés dans les Montagnes qu'ils habitent, pour se dérober à la Tyrannie des Princes voisins, sous laquelle ils étoient nez.

XIII. Les Etrangers venus à Siam.

Toutefois il est certain, que le Sang Siamois est fort mêlé de Sang étranger. Sans conter les Pegüans, & ceux de Láos, qui sont à Siam, & que je regarde presque comme une même Nation avec les Siamois, on ne peut douter qu'il ne se soit autrefois refugié à Siam un grand nombre d'Etrangers de differents Païs, à cause de la liberté du Commerce, & à cause des Guerres de la veritable Inde, de la Chine, du Jappon, du Tonquin, de la Cochinchine & des autres Etats de l'Asie Meridionale. Ils disent encore que l'on conte dans la Ville de Siam jusqu'à quarante Nations differentes : mais comme Vincent le Blanc parle en ces mêmes termes de la Ville de Martaban, ce nombre affecté de quarante Nations me paroît une vanité Indienne. L'aneantissement entier du Commerce de Siam, ayant fait chercher en ces dernieres années des retraittes nouvelles à la plûpart des Etrangers, qui s'y étoient refugiez, trois ou quatre Canoniers qui sont de Bengale, composent aujourd'huy une Nation : trois familles Cochinchinoises en font une autre : les Mores seuls, qui ne devroient être contez que pour une seule, en font plus de dix, tant pour être venus à Siam de differens Païs, que sous le pretexte de leurs diverses Conditions de Marchands, de Soldats, & de Laboureurs. (J'appelle *Mores* à la maniere Espagnole, non pas les Negres, mais ces Mahometans Arabes d'origine, que nos Ancêtres ont appelés Sarrazins, & dont la Race s'est étenduë presque par tout nôtre Hemisphere.) Et avec tout cela, quand les Députez des Etrangers, qu'on appele à Siam *les quarante Nations*, vinrent saluër les Envoyez du Roy, on ne conta que vingt & une Nations en contant comme les Siamois voulurent.

XIV. Le Peuple du Royaume de Siam peu nombreux.

Elles habitent des Quartiers differens dans la Ville, ou dans les Fauxbourgs de Siam : & neanmoins cette Ville est peu habitée eû égard à sa grandeur, & le Païs l'est encore moins à proportion. Il faut croire qu'ils ne veulent pas un plus grand Peuple : car ils le content tous les ans ; & ils savent bien, ce que personne n'ignore, que l'unique secret de l'augmenter seroit de le soulager dans les impôts & dans les corvées. Les Siamois tiennent donc un conte exact des hommes, des femmes & des enfans : & dans cette grande étenduë de Païs ils n'avoient, de leur propre confession, conté la derniere fois que dixneuf cent mille Ames. Dequoy je ne doute pas qu'on ne doive retrencher quelque chose, pour la vanité & le mensonge caracteres essentiels aux

Orientaux : mais d'autre part il y faudroit ajouter les fugitifs, qui cherchent dans les Forêts un azile contre la Domination.

CHAPITRE IV.

De ce que le Païs de Siam produit, & premierement des Bois.

LE Païs de Siam est presque inculte, & couvert de bois. L'un de leurs arbres les plus celebres est une sorte de roseau appelé en Indien *Mambou*, en Portugais *Bambou*, en Siamois *Máï páï*. Les Indiens le mettent à une infinité d'usages. Elien au livre 3. chap. 34. en fait mention comme de leur plus ancienne nourriture. Ils ne s'en nourrissent pas aujourd'huy : mais ils ne laissent pas de le mêler dans quelques-uns de leurs mets, quand il est encore tendre ; & pour le garder ils le mettent dans le vinaigre, comme nous y mettons le concombre & la perse-pierre. Cet arbre ressemble d'abord au Peuplier, il est droit & haut, & les feüilles en sont rares, pâles & un peu longues. Il est creux, & croît par jets comme

16. Le Bambou.

nos roseaux, & ses jets sont separez les uns des autres par des nœuds : mais il a des branches & des épines, ce que nos roseaux n'ont pas. Il croît de proche en proche, & les mêmes racines poussent plusieurs tiges : de sorte que rien n'est plus épais & plus difficile à percer qu'une Forêt de bambou ; d'autant plus que le bois en est dur & malaisé à couper, quoy qu'il soit aisé à fendre. Les Siamois en tirent le feu par la friction, ce qui est une marque de sa dureté. Ils ont deux pieces de bambou fendu, qui sont comme deux morceaux de latte, dans le trenchant de l'une ils font une coche, & ils frottent avec force dans cette coche avec le tranchant de l'autre, comme avec la lame d'une sie ; & sans que le bambou s'enflamme, ny qu'il étincelle, quelques feüillages secs, ou autres matieres combustibles, que l'on applique à la coche, ne laissent pas de prendre feu. Il n'y a point de roseau qui naturellement n'ait un suc plus ou moins sucré. Celuy du bambou est celebre dans quelques endroits des Indes, comme un remede excellent à plusieurs maux. Il a échapé à ma curiosité de demander si le sucre du bam-

bou de Siam eſt auſſi recherché par cette raiſon, que celuy du bambou de Malacà, qui n'en eſt pas loin.

Les Siamois diſent qu'ils ont auſſi cet arbre, que les Portugais ont appelé *Arvore de Raïz*, & eux *Co-pái*, mais qu'ils en ont peu: & ils ajoutent que ſon bois a cette proprieté (ſans doute par ſon odeur) que quand on en a un peu auprés de ſoy dans ſon lit, il éloigne les Couſins. C'eſt cet arbre aſſez ſouvent décrit dans les Relations des Indes, des branches duquel pendent pluſieurs filets juſqu'à terre. Ils y prennent racine, & deviennent autant de nouveaux troncs: de telle ſorte que peu à peu cet arbre gagne un terrain conſiderable, ſur lequel il forme une eſpece de labirinthe par ſes tiges, qui ſe multiplient toujours, & qui tiennent les unes aux autres par les branches, d'où ces tiges ſont tombées. Nous avons vû les Siamois chercher contre les Couſins d'autres précautions que celle de ce bois-là : & cela me perſuade ou qu'il y eſt bien rare, ou que cette proprieté qu'on luy attribuë, n'eſt pas bien avérée.

Mais les Siamois ont d'autres arbres plus utiles, & en abondance. De

II. L'Arvore de Raïz, c'eſt à dire l'Arbre de racine.

III. Le Cotonier & le

Capo-quier.

l'un ils recüeillent le coton : un autre leur donne le *capoc*, espece d'oüette fort fine, & si courte qu'on ne la peut filer, elle leur tient lieu de duvet.

IV. Arbres qui jettent des huiles ou des gommes.

Ils tirent de certains arbres diverses huiles, qu'ils mêlent dans les ciments pour les rendre plus liants. Une muraille qui en est enduite, a plus de blancheur, & n'a guere moins d'éclat que le marbre; & un bassin fait de l'un de ces ciments conserve mieux l'eau, que la terre glaise. Ils font aussi du mortier meilleur que le nôtre; parce que dans l'eau qu'ils y employent, ils font boüillir une certaine écorce, des peaux de bœuf, ou de buffle, & même du sucre. Une espece d'arbres fort communs dans leurs Forêts jette cette gomme, qui fait le corps de ce beau vernis, que nous voyons sur divers ouvrages du Jappon, & de la Chine. Les Portugais appellent cette gomme *cheyram* mot dérivé peut-être de *cheyro*, qui veut dire *parfum*, quoy que cette gomme n'ait aucune odeur par elle-même. Les Siamois ne la savent pas bien mettre en œuvre. J'ay vû à Siam un Tonquinois de ce métier : mais il ne faisoit aussi rien d'exquis, faute peut-être d'une certaine huile qu'il faut mêler au *cheyram*, & qu'il remplaçoit, comme il pouvoit, par une moins bonne. Je l'eusse amené en France, s'il eût eu le courage de passer la Mer, comme il me l'avoit promis d'abord. Au reste on dit que ce qui rend le vernis plus beau, c'est d'en mettre plus de couches ; mais c'est le rendre beaucoup plus cher. Les Relations de la Chine disent aussi qu'il y a deux matieres differentes pour le vernis, & que l'une est beaucoup meilleure que l'autre. On éprouve le cheyram par une goutte qu'on en verse dans de l'eau ; & si cette goutte va au fond sans se diviser, le cheyram est bon.

Les Siamois font du papier de vieux linges de coton, & ils en font aussi de l'écorce d'un arbre nommé *Ton cóë*, laquelle ils pilent comme on pile les vieux linges : mais ces papiers ont bien moins d'egalité, de corps & de blancheur que les nôtres. Les Siamois ne laissent pas d'écrire dessus avec de l'ancre de la Chine. Le plus souvent neanmoins ils les noircissent ; ce qui les rend plus unis, & leur donne plus de corps ; & puis ils écrivent dessus avec une espece de craye, qui n'est

V. Arbres dont l'écorce sert de papier, ou à faire du papier.

que de la terre glaise sechée au soleil. Leurs Livres ne sont point reliez, & consistent seulement en une fort longue feüille qu'ils ne roulent pas, comme nos ancêtres rouloient les leurs; mais qu'ils plient tantôt d'un sens, tantôt d'un autre, comme se plie un paravent: & le sens dont on y couche les lignes, est selon la longueur des plis, & non selon leur largeur. Outre cela ils écrivent avec un poinçon ou stile sur les feüilles d'une sorte d'arbre semblable au Palmier: ils appellent cet arbre *Tan* & ces feüilles *Báilan*. Ils les coupent en quarré fort long & assez étroit; & c'est sur cette espece de tablettes, que sont écrites les Fables & les Prieres, que les Talapoins chantent dans leurs Temples.

VI. Bois pour la construction des Vaisseaux.

Les Siamois ont aussi des bois propres à construire des Vaisseaux, & à les mâter: mais comme ils n'ont point de chanvre, leurs cordages sont de brou * de coco, & leurs voiles sont des nattes de gros jonc. Ces agrés ne valent pas les nôtres à beaucoup prés: mais leurs voiles ont cet avantage,

* Brou est une écorce verte qui est sur le coco, comme il y en a une sur nos noix : mais celle du coco est épaisse de trois doigts, & ses fibres se peuvent mettre en corde.

que se soûtenant par elles-mêmes, elles reçoivent mieux le vent, quand il est au plus prés; c'est à dire quand il vient autant de l'avant qu'il est possible, sans être contraire à la route.

Enfin les Siamois ont du bois propre à bâtir des maisons, à travailler en menuiserie, & en sculpture. Ils en ont de leger, & de fort pesant, d'aisé à fendre, & d'autre qui ne se fend point, quelques clous ou chevilles qu'il reçoive. Ce dernier est appelé par les Européans *Bois-Marie*, & est meilleur qu'aucun autre à faire les Courbes des Navires. Celuy qui est pesant & dur est appelé *bois de fer*, assez connu dans nos Isles de l'Amerique; & l'on assure qu'à la longue il ronge le fer. Ils ont un bois, qu'on croiroit à sa legereté & à sa couleur être du sapin: mais il souffre le ciseau du Sculpteur en tant de sens differens sans s'éclater, que je doute que nous ayons en Europe rien de pareil.

VII. Bois pour d'autres usages.

Mais sur tout les Siamois ont des arbres si hauts & si droits, qu'un seul suffit à faire un batteau, ou *Balon*, comme parlent les Portugais, de 16. à 20. toises de longueur. Ils creusent l'arbre, & puis à la chaleur du feu ils en

VIII. Arbres pour les Balons.

élargissent la capacité : ensuite ils en relevent les côtez par un bordage, c'est à dire par une planche de même longueur : & enfin ils attachent aux deux bouts une proüe, & une pouppe fort hautes & un peu recourbées en dehors, & souvent ornées de sculpture & de dorûre, & de quelques pieces de rapport de nacres de perles.

<small>IX. Ils n'ont point de nos bois.</small> Cependant parmy tant de differentes especes de bois, ils n'en ont point de celles que nous connoissons en Europe.

<small>X. Ils n'ont ni soye ni lin.</small> Ils n'ont pû élever de Mûriers, & par cette raison ils n'ont point de vers à soye. Le lin aussi ne croît point chez eux, ny en aucune autre endroit des Indes, ou au moins on n'y en fait point de cas. Le coton qu'ils ont en abondance, leur est, disent-ils, plus agreable & plus sain ; parce que la toile de coton ne se refroidit pas pour être moüillée de sueur, & par consequent ne morfond pas, comme la toile de lin.

<small>XI. Canelle & sapan.</small> Ils ont de la Canelle inferieure à la verité à celle de l'Isle de Ceylan, mais meilleure que toute autre. Ils ont du sapan & d'autres bois propres aux teintures.

Du Royaume de Siam. 45

Ils ont aussi du bois d'*Aquila* ou d'*A-loës*, moins bon à la verité que le *Calambà* de la Cochinchine, mais meilleur que le bois d'Aquila de tout autre Païs. Ce bois ne se trouve que par morceaux, parce que ce ne sont que certains endroits corrompus dans des Arbres d'une certaine espece. Et tout arbre de cette même espece n'en a pas; & ceux qui en ont, ne les ont pas tous en même endroit: si bien que c'est une recherche pénible à faire dans les Forêts. Il a été autrefois fort cher à Paris, aujourd'huy on y en trouve à fort bon marché.

XII. Bois d'Aquila ou d'Aigle.

CHAPITRE V.

Des Mines de Siam.

NUL autre Païs n'a plus la réputation d'être riche en mines, que le Païs de Siam, & la grande quantité d'Idoles & d'autres ouvrages de fonte qu'on y voit, persuade qu'elles y ont été mieux cultivées en d'autres temps, qu'elles ne le sont maintenant. On croit même qu'ils en tiroient cette grande quantité d'or, dont leur superstition a orné non seulement leurs Ido-

I. Reputation des Mines de Siam.

les presque sans nombre, mais les lambris & les combles de leurs Temples. Ils découvrent encore tous les jours des puits creusez autrefois, & les restes de quantité de fourneaux, qu'on croit avoir été abandonnez pendant les anciennes guerres du Pegu.

II. *Etat des Mines d'aujourd'huy.*

Neanmoins le Roy qui regne aujourd'huy, n'a pû rencontrer aucune veine d'or ou d'argent, qui valût le soin qu'il y a employé; quoy qu'il ait appliqué à ce travail des Européans, & entre autres un Espagnol venu du Mexique, qui a trouvé sinon une grande fortune, au moins sa subsistance pendant vingt-ans & jusqu'à sa mort, à flatter l'avarice de ce Prince par des promesses imaginaires d'infinis tresors. Elles n'ont abouty, aprés avoir foüillé & creusé en divers endroits, qu'à quelques Mines de cuivre fort pauvres, quoy que mêlées d'un peu d'or & d'argent. A peine cinq cent livres pesant de mine rendoient-elles une once de metal: encore n'ont-ils jamais sû faire la separation des metaux.

III. *Le Tambac.*

Mais le Roy de Siam pour rendre ce mêlange plus precieux y fait ajouter de l'or: & c'est ce qu'on appelle du

Tambac. On dit que les Mines de l'Isle de Borneo en donnent naturellement d'assez riche: & la rareté en augmente le prix, comme elle augmentoit celuy de l'Airain celebre de Corinthe: mais certainement ce qui en fait la veritable valeur chez les Siamois mêmes, c'est la quantité d'or dont on juge qu'il peut être mêlé. Quand leur avarice forme des souhaits, c'est pour l'or, & non pas pour le tambac: & nous avons vû que quand le Roy de Siam a fait faire des Crucifix pour donner aux Chrêtiens, la plus noble & la plus petite partie, qui est le Christ, a été d'or, la Croix seule a été de tambac. Vincent le Blanc dit, que les Pegüans ont un mélange de plom & de cuivre, qu'il appelle tantôt *ganze*, & tantôt *ganza*, & dont il dit qu'ils font des statuës, & une petite monoye, qui n'est pas marquée au coin du Prince, mais que chaque Particulier a droit de faire.

Nous avons ramené de Siam Mr Vincent Medecin Provençal. Il étoit sorti de France pour aller en Perse avec le feu Evêque de Babylone, & le bruit de l'arrivée des premiers Vaisseaux du Roy à Siam, l'y fit aller autant par

IV. Mr. Vincent Medecin Provençal retenu par le Roy de Siam pour faire tral'envie de voyager, que par celle de chercher son retour en France. Il entend les Mathematiques & la Chymie, & le Roy de Siam l'a retenu quelque temps pour travailler à ses mines.

vailler à ses Mines.

V. Ce qu'il dit des Mines de Siam.

Il m'a dit qu'il a rectifié les travaux des Siamois en quelque chose, si bien qu'ils en tirent un peu plus de profit qu'ils ne faisoient. Il leur a montré au haut d'une montagne une Mine de fort bon acier qui étoit déja découverte, & dont ils ne s'appercevoient pas. Il leur en a découvert une de cristal, une d'antimoine, une d'émeril, & quelques autres, & une Carriere de marbre blanc. Outre cela il a trouvé une Mine d'or qui luy a paru fort riche, autant qu'il en a pû juger, sans avoir eu le temps d'en faire l'essay : mais il ne la leur a pas indiquée. Plusieurs Siamois, la plûpart Talapoins, le venoient consulter secrettement sur l'art de purifier & de separer les métaux, & luy portoient diverses montres de mine tres-riches. Des unes il tiroit une assez grande quantité d'argent assez pur, & de quelques autres des mélanges de divers métaux.

Quant

VI.
Etain &
plom.

Quant à l'étain & au plom, les Siamois en cultivent depuis long-temps des Mines tres-abondantes, & quoy que peu habiles, ils ne laissent pas d'en tirer un assez grand revenu. Cet étain, ou *Calin*, comme disent les Portugais, se débite par toutes les Indes. Il est mol & mal purifié, & l'on en voit un échantillon dans les boëttes à Thé communes, qui viennent de ces Païs-là. Mais pour le rendre plus dur & plus blanc, tel que celuy des plus belles boëttes à Thé, ils y mêlent de la Cadmie, qui est une sorte de pierre minerale, aisée à mettre en poudre, laquelle étant fonduë avec le cuivre, le rend jaune: mais elle rend l'un & l'autre de ces deux métaux plus cassant & plus aigre; & c'est cet étain ainsi blanc qu'ils appellent *Toutenague*. C'est ce que m'a dit M.r Vincent au sujet des Mines de Siam.

VII.
Mines d'aymant.

Ils ont dans le voisinage de la Ville de Louvò une Montagne de pierre d'aymant. Ils en ont aussi une autre prés de Jonsalam Ville sise dans une Isle du Golphe de Bengale, qui n'est separée de la Côte de Siam que de la portée de la voix humaine: mais l'aymant que l'on tire de Jonsalam perd sa force en trois ou quatre mois : je ne say s'il n'en est pas de même de celuy de Louvò.

VIII. *Pierres precieuses.* Ils trouvent de l'agathe fort fine dans leurs Montagnes, & Mr Vincent m'a dit qu'il a vû, entre les mains des Talapoins, qui s'occupent en secret à ces recherches, des montres ou pieces de saphirs & de diamants sortant de la Mine. On m'a assuré aussi que des particuliers ayant trouvé quelques diamants, & les ayant donnez aux Officiers du Roy, s'étoient retirez au Pegu pour n'avoir reçû aucune récompense.

IX. *Acier.* J'ay déja dit que la Ville de Campeng-pet est celebre par des Mines d'acier excellent. Les gens du Païs en forgent des armes à leur mode, comme sabres, poignards & couteaux. Le couteau qu'ils appellent *Pen*, est de l'usage de tout le monde, & n'est pas regardé comme une arme, quoy qu'il en puisse servir au besoin : la lame en est large de trois ou quatre doits, & longue environ d'un pié. Le Roy donne le sabre & le poignard. Ils portent le poignard au côté gauche, un peu en devant. Les Portugais l'appellent *Crist*, mot corrompu de celuy de *Crid* dont les Siamois se servent. Ce mot est de la Langue Malaye, qui est celebre par tout l'Orient, & les *Crids* que l'on fait à *Achem* dans l'Isle de Sumatrà, passent pour les meilleurs de tous. Quant au sabre, c'est toujours un Esclave qui le porte au devant de son Maître sur l'épaule droite, comme nous portons le Mousquet sur la gauche.

Ils ont des Mines de fer qu'ils sa- *XI. Fer.* vent fondre, & l'on m'a dit, qu'ils n'en ont guere : d'ailleurs ils sont mauvais forgerons. Aussi n'ont-ils que des anchres de bois pour leurs Galeres, & afin que ces anchres coulent à fond ils y attachent des pierres. Ils n'ont ny épingles, ny aiguilles, ny clous, ny ciseaux, ny serrures. Ils n'employent pas un cloud à bâtir leurs maisons ; quoy qu'elles soient toutes de bois. Chacun d'eux se fait des épinles de bambou, comme nos Ancêres employoient des épines à cet usae : il leur vient des cadenats du Japon, les uns de fer & bons, les autres e cuivre & tres-mauvais.

Ils font de mauvaise poudre à Ca- *XI. Salpêtre & Poudre.* on. Le défaut vient, dit-on, du salpêtre qu'ils tirent de leurs rochers, où il se forme de la fiante des Chauves-souris, animaux qui sont tres-grands & en tres-grand nombre par toutes les Indes : mais soit que ce salpêtre soit bon ou mauvais, le Roy de Siam ne laisse pas d'en vendre beaucoup aux Etrangers.

Aprés avoir décrit les richesses naturelles des Montagnes & des Forêts de Siam, ce seroit icy le lieu de parler des Elephants, des Rhinocerots, des Tygres, & des autres Bêtes feroces dont elles sont peuplées : neanmoins puisque cette matiere a été assez expliquée par beaucoup d'autres, je l'omettrai pour passer aux terres habitées & cultivées.

CHAPITRE VI.
Des Terres cultivées, & de leur fecondité.

1. Le Païs de Siam est argileux.

ELLES ne sont point pierreuses, à peine y trouve-t-on un caillou ; & cela me fait croire du Païs de Siam ce qu'on a dit de l'Egypte, qu'il s'est formé peu à peu de la terre argilleuse que les eaux des pluyes ont entraînée des Montagnes. Il y a devant l'embouchure du Menam un Banc de vase qu'on appelle *la Barre* en termes de Marine, & qui en défend l'entrée aux grands Vaisseaux. Il y a apparence qu'il s'augmentera peu à peu, & qu'il donnera avec le temps à la Terre-ferme un nouveau rivage.

C'est donc ce limon descendu des Montagnes, qui est la veritable cause de la fertilité du Royaume de Siam, par tout où s'étend l'inondation : ailleurs, & principalement sur les lieux les plus élevez, tout est aride & brûlé du Soleil, peu de temps aprés les pluyes. Sous la Zone Torride, & même en Espagne dont le Climat est plus temperé si les terres sont naturellement fertiles (comme par exemple, entre Murcie & Carthagene, où la semence rend quelquefois au centuple) elles sont d'ailleurs si sujettes à la sécheresse, aux insectes, & à d'autres inconveniens, qu'il arrive souvent qu'elles sont privées de toute récolte plusieurs années de suite : & c'est ce qui arrive à tous les Païs des Indes, qui ne sont pas sujets à être inondez, & qui outre la sterilité souffrent les ravages des maladies contagieuses & pestilencieles, qui la suivent. Mais l'inondation annuelle fait à Siam la su-

II. L'inondation annuelle engraisse les Terres de Siam.

reté & l'abondance de la récolte de ris, & rend ce Royaume le nourricier de plusieurs autres.

III. Elle fait mourir les insectes.

Outre que l'inondation engraisse les terres, elle fait mourir les insectes; quoy qu'elle y en laisse toujours beaucoup, qui incommodent extrémement. La Nature apprend à tous les animaux de Siam à éviter l'inondation. Les oyseaux qui ne perchent pas en ces Païs-cy, comme les perdrix & les pigeons, perchent tous en celuy-là. Les fourmis doublement prudentes y font leurs nids & leurs magazins sur les arbres.

IV. Des Fourmis blanches de Siam.

Il y en a de blanches qui entre autres dégâts qu'elles font, percent les Livres d'outre en outre. Les Missionnaires sont obligez pour conserver les leurs, de les enduire sur la couverture & sur trenche d'un peu de *cheyram*, qui n'empêche pas qu'on ne les ouvre. Aprés cette précaution les fourmis n'ont plus la force d'y mordre, & les Livres en sont plus agreables; parce que cette gomme n'étant mêlée de rien qui luy donne de la couleur, a le même éclat que les glaces, dont nous couvrons les Tableaux de pastel, ou de miniature. Ce ne seroit pas une épreuve trop chere ny trop difficile, que celle de voir, si le cheyram ne défendroit pas le bois de nos lits contre les punaises. C'est ce même cheyram, qui étant mis sur de la gaze la fait paroître comme de la corne. Ils ont accoûtumé d'en entourer de grands falots, que l'on diroit être de corne, & tout d'une piece. Quelquefois aussi ces petites tasses vernies de rouge, qui nous viennent du Jappon, & dont la legereté nous étonne, ne sont que d'une double toile mise en forme de tasse, & enduite de cette gomme mêlée de couleur, qui est ce que nous appelons laque, ou vernis de la Chine, comme je l'ay déja dit : ces tasses durent peu, quand on y met des liqueurs trop chaudes.

V. Les Maringoüins

Pour revenir aux Insectes, dont nous avons commencé de parler par occasion, les Maringoüins sont de même nature que nos cousins : mais la chaleur du Climat leur donne tant de force, que les bas de Chamois ne défendent pas les jambes contre leurs picqûres. Cependant il semble qu'on peut s'aprivoiser avec eux : car les Naturels du Païs & les Européans, qui y sont habituez depuis plusieurs années, n'en étoient pas défigurez comme nous.

VI. Le Mille-piés.

Le *Mille-piés* est connu à Siam comme aux Isles de l'Amerique. On appelle ainsi ce petit reptile, parce qu'il a le long de son corps un grand nombre de piés, tous fort courts à proportion de sa longueur, qui est d'environ cinq ou six pouces. Ce qu'il a de plus singulier (outre les écailles en forme d'anneaux, qui couvrent son corps, & qui s'emboëttent les unes dans les autres dans ses mouvemens,) c'est qu'il pince également par la tête & par la queuë, mais ses picqûres, quoy que douloureuses, ne sont pas mortelles. Un François de ceux qui passerent à Siam avec nous, & que nous y avons laissé en bonne santé, s'en laissa picquer dans son lit plus d'un quart d'heure sans y oser porter sa main pour se secourir luy-même : il se contenta de crier au secours. Les Siamois disent, que le *Mille-piés* a deux têtes aux extrémitez de son corps, & qu'il se conduit six mois de l'année par l'une, & six mois par l'autre.

VII. Ignorance des Siamois.

Mais il ne faut pas croire legerement leur Histoire des Animaux : ils n'en connoissent guere mieux les corps que les ames; & en toutes matieres leur penchant est à imaginer des merveilles, & à se les persuader d'autant plus aisément, qu'elles sont plus incroyables. Ce qu'ils disent d'une sorte de Lézard nommé *Toc-quay*, est d'une ignorance & d'une crédulité singulieres. Ils s'imaginent que cet animal sentant son foye croître outre mesure, fait le cry qui luy a fait donner le nom de *Toc-quay*, pour appeler un autre insecte à son secours; & que cet autre insecte luy entrant dans le corps par la bouche, luy mange ce qu'il a de trop au foye, & aprés ce repas se retire du corps du *Toc-quay* par où il y étoit entré.

dans les choses Naturelles.

Les mouches luisantes ont comme les hanetons quatre aîles, qui paroissent toutes quand la mouche vole, mais dont les deux plus minces se cachent sous les plus fortes quand la mouche est en repos. Nous ne vîmes guere de ces petits animaux, parce que la saison des pluyes étoit passée, quand nous descendîmes à terre. Les Vents de Nord, qui commencent quand les pluyes cessent, ou les tuënt, ou les emportent presque tous. Ils ont quelque feu dans les yeux: mais

VIII. Les Mouches luisantes.

leur plus grand éclat vient de deſſous leurs aîles, & ne brille qu'en l'air, lorſque les aîles ſont déployées. Ce que l'on dit n'eſt donc pas vray, que l'on s'en pourroit ſervir la nuit au lieu de bougies : car quand elles auroient aſſez de lumiere, quel moyen de les faire toûjours voler, & de les retenir à portée d'éclairer ? Mais c'eſt aſſez parlé des Inſectes de Siam. Ils fourniroient de la matiere pour de gros volumes, à qui les connoîtroit tous.

IX. Inſectes dans les eaux. Je diray ſeulement qu'il n'y en a pas moins dans la Riviere & dans le Golphe, que ſur la Terre, & qu'il y en a dans la Riviere de fort dangereux, qui font que les gens riches ne s'y baignent que dans des loges de Bambou.

CHAPITRE VII.

Des Grains de Siam.

I. Le Ris. LE Ris eſt la principale récolte des Siamois, & leur meilleure nourriture : il rafraîchit & il engraiſſe ; & nous avons vû l'Equipage de nos Vaiſſeaux y avoir regret, quand aprés leur en avoir donné plus de trois mois de ſuite, on les remît au biſcuit ;

& neanmoins le biscuit étoit bon & bien conservé.

Les Siamois savent par experience mesurer l'eau, le feu, & le temps, qu'il faut pour faire boüillir le ris sans que le grain créve, & il leur sert ainsi de pain. Non toutefois qu'ils le mêlent, comme nous mêlons le pain, à tous les morceaux des autres alimens. Quand ils mangent de la viande, ou du poisson, par exemple, ils mangent l'un & l'autre sans ris ; & quand ils mangent le ris, ils le mangent séparément. Ils le pressent un peu entre les extrémitez de leurs doits pour le mettre en pâte, & ils le portent ainsi à leur bouche, comme nos Pauvres mangent le potage. Les Chinois ne touchent jamais à aucun mets qu'avec deux petits bâtons quarrez par le bout, qui leur tiennent lieu de fourchette. Ils portent à leur lévre inferieure une petite tasse de porcelaine, où est leur portion de ris ; & la tenant de la main gauche sans la pencher, ils foüettent le ris dans leur bouche avec les deux bâtons, qu'ils tiennent de la main droite.

II. La maniere de le cuire dans l'eau pure.

Les Levantins font boüillir quelquefois le ris avec de la viande & du poi-

III. Ou avec du lait.

vre, & puis y mettent du saffran ; & ils appellent ce mets *Pilau*. Ce n'est pas l'usage des Siamois : mais pour l'ordinaire ils cuisent le ris dans l'eau pure, comme j'ay dit ; & quelquefois ils le cuisent avec du lait, comme nous faisons les jours maigres.

§ V.
Du Froment.

Il croît du froment à Siam dans les terres assez élevées pour éviter l'inondation : ils les arrosent ou avec des arrousoirs comme ceux de nos Jardins, ou en y faisant couler l'eau des pluyes, qu'ils auront retenuë dans des reservoirs encore plus hauts que ces terres. Mais soit à cause du soin ou de la dépense, ou que le ris suffise aux Particuliers, il n'y a encore à Siam que le Roy, qui recüeille du froment; & peut-être plus par curiosité que par goût. Ils l'appellent *Káou Possali*, & le mot *Káou* simplement signifie *du ris*. Or comme ces termes ne sont ny Arabes, ny Turcs, ny Persans, je doute de ce qu'on m'a dit, que le froment ait été porté à Siam par les Mores. Les François qui y sont habituez, font venir de la farine de Suratte ; quoy qu'il y ait prés de Siam un moulin à vent pour moudre le blé, & un autre prés de Louvò.

Au reste le pain, que le Roy de Siam nous donnoit étoit, si sec, que le ris boüilli dans l'eau pure, quelque fade qu'il soit, me paroissoit plus agréable. Je m'étonnay donc moins de ce que disent les Relations de la Chine ; que le Maître de ce grand Royaume, quoy qu'il ait du pain, aime pourtant mieux le ris. Neanmoins des Européans m'assuroient que le pain de froment de Siam est bon, & que la secheresse du nôtre devoit venir d'un peu de farine de ris, qu'on mêloit sans doute à celle de froment par œconomie ; peut-être de peur que le pain ne vint à manquer.

V.
Pain de Froment trop sec à Siam.

J'ay vû des pois à Siam autres que les nôtres. Les Siamois font comme nous de plus d'une espece de recolte : mais ils n'en font qu'une en une année sur la même terre : non que le terroir n'y fût assez bon, à mon avis, pour donner deux récoltes en un an, comme on l'a dit de quelques autres Cantons des Indes, si l'inondation n'y duroit pas si long-temps. Ils ont du bled de Turquie, seulement dans leurs jardins. Ils en font boüillir ou griller l'épy entier sans en détacher les grains, & ils mordent dedans.

VI.
Autres grains.

CHAPITRE VIII.

Du Labourage, & de la difference des Saisons.

I. Les Bœufs & les Buffles employez au labourage.

ILs employent également les bœufs & les buffles au labourage. Ils les conduisent avec une corde passée par un trou, qu'ils leur font au cartilage, qui sépare les nazeaux : & afin que la corde ne coule pas quand ils la tirent, ils y font un nœud de châque côté : cette même corde passe aussi dans un trou, qui est au bout du timon de leur Charruë.

II. La Charruë Siamoise.

La Charruë des Siamois est simple & sans rouës. Elle consiste en un bâton long qui en est le timon, en un autre recourbé qui en est le manche, & en un autre plus court & plus fort, attaché à angles presque droits au bas du manche; & c'est ce troisiéme qui porte le soc. Ils ne lient point ces quatre pieces avec des clous, mais avec des courroyes.

III. Comment on nettoye le Ris en le recüeillant.

Ils se servent des bêtes de labour pour battre le ris. Quand il est battu ils le font tomber peu à peu d'assez haut, afin que le vent en emporte la

Vase d'or de filigrane.

Vase d'or à triple étage ou l'on portoit la lettre du Roy

Mouche Luisante

Charruë

bale. Et parce que le ris a une enveloppe dure à peu prés comme celle de l'Epautre, sorte de grain fort commun en Flandre, & en d'autres lieux, ils la brisent dans un grand mortier de bois avec un pilon de même; ou dans un moulin à bras, dont toutes les pieces sont aussi de bois. On n'a sû me les décrire.

Ils ne connoissent que trois Saisons, l'Hyver, qu'ils appellent *Na náou commencement de froid*; le petit Eté, qu'ils appellent *Na-rôn, commencement de chaud*; & le grand Eté, qu'ils appellent *na-rôn-yái, commencement de chaud-grand*, & qui dépoüille leurs arbres de feüilles, comme le froid en dépoüille les nôtres. Ils ont deux Années de suite de douze mois, & une troisiéme de treize.

<small>IV. Trois saisons seulement, & deux sortes d'Années.</small>

Ils n'ont point de mot pour dire *semaine*: mais ils nomment les sept jours, comme nous, par les Planetes; & leurs jours répondent aux nôtres: je veux dire que lors qu'il est Lundy icy, il est Lundy là, & de même des autres jours: mais le jour y commence plutôt qu'icy d'environ six heures. Parmy les noms qu'ils ont donnez aux Planetes, celuy de Mercure est

<small>V. Les Noms des Jours par les Planettes.</small>

Pout, mot Persan, qui signifie *Idole*; d'où vient *Pout-Ghéda* Temple de faux-Dieux, & *Pagode* vient de *Pout-Ghéda*.

VI.
Par où ils commencent leurs Années.
Ils commencent leur année le premier jour de la Lune de Novembre ou de Décembre, suivant de certaines regles; & ils ne marquent pas toûjours les années par leur nombre, mais par des noms qu'ils leur donnent: car ils se servent du Cycle de soixante années, comme les autres Orientaux.

VII.
Le Cycle de 60 Années.
Un Cycle de soixante années est une révolution de soixante années, comme une semaine est une révolution de sept jours; & ils ont des noms pour les années du Cycle, comme nous en avons pour les jours de la semaine. Il est vray que je n'ay pû découvrir qu'ils ayent plus de douze noms differents, qu'ils repetent cinq fois dans châque Cycle pour parvenir au nombre de soixante, & à mon avis avec quelques additions, qui en font les differences. Ils dateront donc, par exemple, de l'année du cochon, ou de celle du *grand serpent*, qui sont chez eux des noms d'année; & ils ne marqueront pas toûjours la quantiéme année de leur Ere ce sera,

comme nous datons quelquefois un billet de l'un des jours de la semaine dont nous mettons le nom, sans marquer le quantiéme c'est du mois. Je donneray à la fin de cette Relation les 12. noms des années en Siamois, & ceux des sept jours de la semaine.

VIII. Leurs Mois.

Leurs Mois sont estimez vulgairement de trente jours. Je dis vulgairement; parce que dans l'exactitude Astronomique il peut y avoir de temps en temps quelque mois plus long ou plus court: mais les Siamois en usent encore autrement que nous, en ce que nous donnons des noms aux mois, & qu'eux ne leur en donnent pas. Ils les nomment par leur rang, *premier mois*, *second mois*, & ainsi de suite.

IX. Distinction de leurs saisons.

Les deux premiers mois, qui répondent à peu prés à nos mois de Décembre & de Janvier, font tout leur hyver: le troisiéme, le quatriéme, & le cinquiéme appartiennent à leur petit-été; les sept autres à leur grand été. Ainsi ils ont l'hyver en même temps que nous; parce qu'ils sont au Nord de la ligne comme nous : mais leur plus grand hyver est pour le moins aussi chaud que nôtre plus grand été. Aussi hors le temps de l'inondation couvrent-ils toûjours les plantes de leurs jardins contre les ardeurs du Soleil, comme nous couvrons quelquefois les nôtres contre les froids de la nuit, ou de l'hyver : mais quant à leurs Personnes, la diminution du chaud ne laisse pas de leur paroître un froid assés incommode. Le petit été est leur Printemps, & ils ignorent tout-à-fait l'Automne. Ils ne content qu'un grand été ; quoy qu'il semble qu'ils en pourroient conter deux à la maniere des Anciens, qui ont écrit des Indes, puis qu'ils ont deux fois l'année le Soleil à plom sur leurs têtes : une fois, quand il vient de la Ligne au Tropique du Cancre, & une autre fois, quand il s'en retourne du Tropique du Cancre vers la Ligne.

X. Et des Mouçons. Leur hyver est sec, & leur été pluvieux. La Zone Torride seroit sans doute inhabitable, comme les Anciens l'ont crû, sans cette merveilleuse Providence, qui fait que le Soleil y entraîne toûjours aprés luy les nüages & les pluyes, & que le vent y souffle sans cesse de l'un des Poles, quand le Soleil est vers l'autre. Ainsi à Siam pendant l'hyver, le Soleil étant au Midy de la Ligne, ou vers le Pole Antarctique, les vents de Nord regnent toûjours, & temperent l'air jusqu'à le rafraîchir senſiblement. Pendant l'été, lors que le Soleil eſt au Nord de la Ligne, & à plom ſur la tête des Siamois, les vents de Midy, qui y ſoufflent toûjours, y cauſent des pluyes continuelles, ou font au moins que le temps y eſt toûjours tourné à la pluye : laiſſant la plûpart des gens en doute, ſi ce n'eſt pas la ſaiſon des pluyes, qu'on doit appeler l'hyver de Siam. C'eſt cette Regle éternelle des vents, que les Portugais ont appelé *Monçaõs*, & nous aprés eux *mouçons* (*motiones aëris*, ſelon Ozorius & le P. Maffée.) Et c'eſt ce qui fait que les Vaiſſeaux ne peuvent preſque arriver à la Barre de Siam pendant les ſix mois des Vents de Nord, & qu'ils n'en peuvent preſque ſortir pendant les ſix mois des Vents de Midy. Je donneray à la fin de cet Ouvrage l'ordre des Vents & des Marées dans le Golphe de Siam, en faveur de ceux qui aiment à raiſonner ſur les choſes de Phyſique.

Les Siamois ne donnent pas bien des façons à leurs Terres. Ils les labourent & les enſemencent, quand

XI. Le temps de labourer & celuy de recüeillir.

les pluyes les ont aſſez ramollies; & ils font leur recolte lorſque les eaux ſont retirées, & quelquefois lorſqu'elles ſont encore ſur la terre, & qu'ils ne peuvent aller qu'en batteau. Toute terre qui inonde eſt bonne à porter du ris, & l'on dit que l'épy ſurmonte toûjours les eaux; & que ſi elles croiſſent d'un pié en vingt quatre heures, le ris croît auſſi d'un pié en vingt quatre heures: mais quoy qu'on aſſure que cela arrive quelquefois, j'ay bien de la peine à me le perſuader dans une ſi grande étenduë d'inondation: & je croirois plûtôt que, quand l'inondation ſurmonte quelquefois le ris en certains endroits, elle le pourrit.

XII. Autre ſorte de Ris.

Ils recüeillent auſſi du ris en divers Cantons du Royaume que les pluyes n'inondent pas; & celuy-là eſt plus ſubſtanciel, a plus de goût, & ſe conſerve plus long-temps. Quand il a aſſez crû dans la terre où on l'a ſemé, on le tranſplante dans une autre, que l'on a preparée auparavant de cette maniere. On l'inonde, comme nous inondons les Marais-ſalans, juſqu'à ce qu'elle ſoit tout-à-fait molle; & pour cela, il faut avoir des reſervoirs plus élevez, ou bien il faut retenir l'eau des pluyes dans le champ même par de petites levées faites tout au tour. En suite on écoule l'eau, on paitrît cette terre, on l'unit, & enfin l'on y transplante les piés de ris l'un aprés l'autre, en les y enfonçant avec le pouce.

J'ay beaucoup de penchant à croire, que les anciens Siamois ne vivoient que de fruits & de poisson, comme font encore plusieurs Peuples des Côtes d'Affrique; & que dans la suite l'Agriculture leur a été apprise par les Chinois. Nous lisons dans l'Histoire de la Chine qu'anciennement c'étoit le Roy luy-même, qui chaque année mettoit le premier la main à la charruë dans ce grand Royaume, & que de la récolte que luy donnoit son travail, il faisoit du pain pour les Sacrifices. Le Roy legitime du Tonquin & & de la Cochinchine tout ensemble qu'on apelle le *Büa*, observe encore cette Coûtume d'ouvrir le premier les terres chaque année ; & de toutes les fonctions Royales, c'est presque la seule qui luy est demeurée. Les importantes sont exercées par deux Gouverneurs hereditaires, l'un du Ton-

XIII. Origine de l'Agriculture à l'égard des Siamois.

quin & l'autre de la Cochinchine, qui se font la guerre, & qui sont les Maîtres veritables ; quoy qu'ils fassent profession de reconnoître pour leur Maître le Büa qui est au Tonquin.

XIV. Ceremonie des Siamois touchant l'Agriculture.

Le Roy de Siam mettoit aussi autrefois la main à la charruë un certain jour de l'année : depuis prés d'un Siecle, & pour quelque observation superstitieuse d'un mauvais augure, il ne laboure plus : mais il laisse cette Cérémonie à un Roy imaginaire qu'on crée exprés toutes les années : Ils n'ont pourtant pas voulu qu'il portât le nom de Roy, mais celuy d'*Oc-yà Káou*, c'est-à-dire *Oc-yà du Ris*. Il est monté sur un bœuf, & il va où il doit labourer, suivi d'un grand cortege d'Officiers qui luy obeïssent. Cette mascarade d'un jour luy vaut dequoy vivre toute l'année ; & elle ne laisse pas d'être regardée comme funeste par la même superstition, qui en a détourné les Rois. Je soupçonne donc que cette Coûtume de faire ouvrir les terres par le Prince, est venuë de la Chine au Tonquin, & à Siam, avec l'art de l'Agriculture.

XV. Elle est politique

Elle n'a été peut-être inventée que pour acréditer le labourage par l'exemple des Rois mêmes: mais elle est mêlée de beaucoup de superstitions, pour prier les bons & les mauvais Esprits, qu'ils croyent pouvoir servir ou nuire aux biens de la terre. Entre autres choses l'*Oc-yà káou* leur fait un Sacrifice en pleine campagne d'un monceau de gerbes de ris, où il met le feu de sa propre main.

& superstitieuse tout ensemble.

CHAPITRE IX.

Des Jardins des Siamois, & par occasion de leurs Boissons.

LEs Siamois ne sont pas moins attachez à la culture des jardins, qu'à celle des terres labourables. Ils ont des legumes & des racines, mais pour la plûpart autres que les nôtres. Parmy leurs racines la Patate merite une mention particuliere. Elle est de la forme & de la grandeur à peu prés de la betterave, & le dedans en est quelquefois blanc, quelquefois rouge, quelquefois violet: mais je n'en ay pourtant vû que de la premiere sorte. Étant cuitte sous les cendres elle a le goût du marron: les Isles de l'Amerique nous l'ont fait connoître: elle y

I. Leurs legumes & leurs Racines. La Patate, &c.

tient souvent, dit-on, lieu de pain. J'ay vû à Siam des ciboules & point d'oignons, des aulx, de grosses raves, de petits concombres, de petites citroüilles rouges en dedans, des melons d'eau, du persil, du baume, de l'oseille. Ils n'ont ny vrais melons, ny fraises, ny framboises, ny artichaux : mais beaucoup d'asperges, dont ils ne mangent point. Ils n'ont ny selery, ny poirée, ny choux, ny chou-fleur, ny navets, ny betterave, ny carrottes, ny panets, ny porreaux, ny laittuës, ny cerfeüil, ny la plûpart des herbes, dont nous composons nos salades. Neanmoins les Hollandois ont presque de toutes ces plantes à Batavia, qui est une marque que le terroir de Siam y seroit propre. Il porte de gros champignons, mais peu, & de peu de goût. Il ne donne point de truffes, non pas même de cette espece de truffes insipides & sans odeur, que les Espagnols appellent *criadillas de tierra*, & qu'ils mettent dans leur pot.

11. Les concombres, les ciboules, les

Les Siamois mangent les concombres crûs, comme on fait par tout l'Orient, & même en Espagne : & il n'est pas impossible que leurs concombres

bres ne soient plus sains que les nôtres ; puis que le vinaigre ne les durcit point : ils les regardent & les nomment comme une espece de melons d'eau. Mʳ. Vincent m'a dit qu'un Persan mangera 36. livres pesant de melons, ou de concombres, au commencement de la saison de ces fruits pour se purger. Les ciboules, les aulx & les raves sont d'un goût plus doux à Siam, qu'en ce Païs-cy. Ces sortes de plantes perdent de leur force par le grand chaud : & je n'ay point de peine à croire ce que m'ont asûré ceux qui en ont fait l'épreuve, que rien n'est plus agreable que les oignons d'Egypte, que les Israëlites regrettoient si fort.

aulx, les raves.

J'ay vû beaucoup de tubereuses dans les jardins de Siam, & point de roses, ny d'œillets : mais on dit qu'il y a assez d'œillets & peu de roses, & que ces fleurs y ont moins d'odeur qu'en Europe ; de sorte que les roses n'y en ont presque point. Le jasmin y est encore si rare, qu'il n'y en a, dit-on, que chez le Roy. On nous en donna deux ou trois fleurs comme une merveille. Ils ont beaucoup d'amaranthe & de tricolor. A cela prés la plûpart

III. Les fleurs.

de nos fleurs & des plantes, qui ornent nos Jardins, leur sont inconnuës : mais à leur place ils en ont d'autres, qui leur sont particulieres, & qui sont tres-agreables par leur beauté & par leur odeur. J'ay remarqué de quelques-unes qu'elles ne sentent que la nuit, parce que le chaud du jour dissipe tous leurs esprits. Nos fleurs ont aussi plus d'odeur sur le soir, & nous en avons même quelques-unes, mais peu, qui ne sentent que la nuit.

IV. Pourquoi il n'y a point de Muscat en Perse ny à Surate. Tout ce qui n'a pas naturellement beaucoup de goût & d'odeur, n'en peut conserver dans les Païs extrémement chauds. Ainsi quoy qu'il y ait du raisin en Perse & à Surate, il n'y sauroit avoir de muscat, quelque soin qu'on y employe. Les meilleurs plants qu'on y transporte d'Europe, y dégenerent d'abord, & ne donnent la seconde année que du raisin ordinaire.

V. Ny de raisin à Siam. Mais à Siam, où le Climat est encore plus chaud, il n'y a pas même de bon raisin. Le peu de vigne qu'on a planté à Louvò au jardin du Roy, n'a donné que quelques mauvaises grappes, dont le grain étoit petit & d'un goût amer.

L'eau pure est leur boisson ordinaire : ils aiment seulement à la boire parfumée, au lieu qu'à nôtre goût l'eau qui ne sent rien, est la meilleure. Comme les Siamois ne la vont pas puiser dans les sources, qui sont sans doute trop éloignées, elle n'est saine, que lors qu'elle a été reposée plus ou moins de jours, selon que l'inondation est haute ou basse, ou tout à fait écoulée : car quand les eaux se retirent, & qu'elles sont fort chargées de bourbe, & peut-être des mauvais sucs qu'elles prennent dans les terres, ou lors même que la Riviere est rentrée dans son lit toujours assez limonneux, elles sont plus corrosives, causent des cours de ventre & des dissenteries, & ne peuvent être buës sans danger, qu'on ne les ait laissé reposer dans de grandes jarres ou cruches, l'espace de trois semaines ou d'un mois.

VI. L'eau pure boisson ordinaire des Siamois.

A Louvò les eaux sont encore plus mal saines qu'à Siam ; à cause que toute la Riviere n'y passe pas, mais seulement un bras, qu'on en a détourné, qui va toujours décroissant aprés les pluyes, & laisse enfin son lit à sec. Le Roy de Siam boit de l'eau d'un grand reservoir fait dans les champs, qu'il

VII. Eaux de Louvò & de Tlee-Poussone.

fait continuellement garder. Outre celà ce Prince a une petite maison appelée *Tlée-Poussone*, c'est à dire *Mer riche* à une lieuë de Louvò. Elle est assise au bord de certaines terres basses, de deux ou trois lieuës d'étenduë, qui reçoivent les eaux des pluyes & les conservent. Cette petite Mer est d'une figure irréguliere, ses bords n'ont rien de revêtu ny d'aligné : mais ses eaux sont saines ; parce qu'elles sont profondes & reposées, & j'ay oüy dire aussi que le Roy de Siam en boit.

VIII. Le Thé.
Pour le plaisir ou l'amusement les Siamois prennent du Thé, j'entends les Siamois de la Ville de Siam ; car l'usage du Thé est inconnu dans tous les autres Lieux du Royaume. Mais à Siam la mode en est entierement établie, & c'est chez eux une civilité necessaire de donner du Thé à ceux qui leur rendent visite. Ils l'appellent *Tcha* comme les Chinois, & ils n'ont pas deux termes, l'un pour ce que nous appelons *Thé*, & l'autre pour ce que nous appelons *Cha* ou *fleur de Thé*. Il est certain que ce n'est pas une fleur : mais de dire si ce sont les feuilles naissantes & par conséquent plus tendres, ou

les plus hautes, & par conséquent les moins nourries, ou la pointe des feüilles, ou bien des feüilles qui n'ayent pas été boüillies à la Chine, ou une espéce de Thé particuliére; c'est ce que je ne saurois décider, parce qu'on m'a parlé diversement là-dessus.

IX. Trois sortes de Thé.

Les Siamois content trois sortes de Thé, le *Tcha-boüi* ou *Thé boüi*, qui est un peu rougeâtre, qui engraisse, dit-on, & qui resserre (on le regarde à Siam comme un reméde au cours de ventre) le Thé *somloo*, qui au contraire purge doucement, & la troisiéme espéce de Thé, qui n'a point de nom particulier que je sache, & qui ne lâche, ny ne resserre.

X. Le Thé est un Sudorifique.

Les Chinois & tous les Orientaux usent du Thé, comme d'un reméde contre le mal de tête : mais alors ils le font plus fort, & aprés en avoir pris cinq ou six tasses ils se couchent dans leur lit, se couvrent, & suënt. Il n'est pas bien difficile en des Climats si chauds que les sudorifiques opérent, & ils y sont regardez comme des remédes presque généraux.

XI. La maniere de

Ils préparent le Thé en cette maniére. Ils ont des pots de cuivre rou-

préparer le Thé.

ge étamez en dedans, où ils font boüillir de l'eau; & elle y bout en un instant, parce que le cuivre en est fort mince. Ce cuivre vient du Jappon, si ma mémoire ne me trompe; & il est si aisé à mettre en œuvre, que je doute que nous en ayons de si doux en Europe. On appelle ces pots des *boulis*: & d'autre part ils ont des boulis de terre rouge, qui est sans goût, quoi que sans vernis. Ils rinsent d'abord le bouli de terre avec l'eau boüillante pour l'échauffer: puis ils y mettent une pincée de Thé, & enfin ils le remplissent d'eau boüillante; & aprés l'avoir couvert ils l'arrosent encore d'eau boüillante par le dehors: ils ne ferment pas le biberon comme nous faisons. Quand le Thé est assez infusé, c'est à dire quand les feüilles sont précipitées, ils en versent l'eau dans les tasses de porcelaine; qu'ils ne remplissent d'abord qu'à demy; afin que si elle paroît trop chargée ou trop teinte, ils la puissent tempérer, en y versant de l'eau pure, qu'ils conservent toûjours boüillante dans le bouly de cuivre. Cependant s'ils veulent encore prendre du Thé, ils remplissent derechef de cette eau boüillante le bouly de terre; & ils peuvent le faire ainſi pluſieurs fois ſans y remettre du Thé, juſques à ce qu'ils voyent que l'eau ne prend plus aſſez de teinture. Ils ne mettent point de ſucre dans les taſſes; parce qu'ils n'en ont point de purifié qui ne ſoit candi, & que le candi ne fond que trop lentement. Ils en prennent donc un grain dans leur bouche, auquel ils donnent quelque coup de dent à meſure qu'ils prennent leur Thé. Quand ils ne veulent plus de Thé, ils rendent la taſſe renverſée ſur la ſoûcoupe; parce que c'eſt la plus grande incivilité du monde ſelon eux de refuſer quoy que ce ſoit, & que s'ils rendent la taſſe debout, on ne manque pas de leur ſervir derechef du Thé, qu'ils ſont obligez de recevoir. Mais ils ſe gardent de remplir la taſſe, s'ils ne veulent témoigner à celuy à qui ils la ſervent toute pleine, que c'eſt, comme on dit, pour une bonne fois, & qu'on n'entend pas qu'il revienne jamais au logis.

Les connoiſſeurs diſent que l'eau ne ſauroit être trop pure pour le Thé, que celle de citerne y eſt la plus propre comme la plus pure, & que le

XII. L'excellente eau neceſſaire au Thé.

meilleur Thé du monde devient mauvais dans de l'eau, qui n'est pas excellente.

XIII. S'il est necessaire de prendre le Thé chaud.

Au reste, si les Chinois prennent le Thé si chaud, ce n'est peut-être pas qu'ils ayent éprouvé qu'il soit plus sain ou plus agreable de cette maniere; car ils ne prennent aucune sorte de boisson, qu'à ce même degré de chaleur, à moins que les Tartares leur ayent maintenant appris, comme on le dit, à boire quelquefois à la glace. Il est vray que l'infusion du Thé se fait au moins plus vîte dans de l'eau chaude, que dans de l'eau froide; mais j'en ay pris avec plaisir que j'avois fait infuser à froid pendant plus d'un jour.

XIV. L'amour du vin.

Les Siamois ne s'en tiennent pas au Thé: ils boivent volontiers du vin, quand ils en ont; quoy que tout ce qui peut enyvrer leur soit défendu par leur Morale. Les Anglois & les Hollandois leur en portent quelquefois de Schiras en Perse, ou d'Europe. Nos Vins de Bordeaux & de Cahors arriverent fort sains à Siam, quoy qu'ils eussent deux fois passé la Ligne: & pendant le retour même ce qui nous restoit de ces vins-là, étoit peut-être plus fort & mieux conſervé, qu'il ne l'eût été, s'il fût demeuré toûjours à terre. Je ne dis rien des Vins de la Chine & du Jappon, qui ne ſont que des bieres fort mixtionnées, mais aſſez agréables. Le vin de la Chine dont j'ay apporté une bouteille, n'a pû ſe conſerver juſqu'en France; quoy que les bieres de Hollande ſe conſervent fort bien juſqu'aux Indes.

Les Siamois boivent auſſi de deux ſortes de liqueurs qu'on apelle *Tarì*, & *Nerì*, & qu'ils tirent de deux eſpeces d'arbres appelez *Palmites*, d'un nom general à tout arbre, qui a de grandes feüilles, comme le Palmier. La maniere de recüeillir cette boiſſon eſt de faire le ſoir une inciſion à l'écorce de l'arbre prés du ſommet de ſon tronc, & d'y appliquer une bouteille le plus juſte qu'il eſt poſſible, la luttant même avec de l'argile ou de la terre glaiſe, afin que l'air n'y puiſſe entrer. Le lendemain matin la bouteille ſe trouve pleine : & cette bouteille eſt d'ordinaire un tuyau de gros bambou, auquel le nœud ſert de fond. Ces deux liqueurs ſe peuvent auſſi recüeillir durant le jour : mais on dit qu'alors elles ſont aigres, &

X V.
Autres liqueurs *Tarì*, & *Nerì*.

qu'on s'en sert comme de vinaigre. Le Tarì se tire d'une espece de Cocotier sauvage, & le Nerì de l'Aréquier sorte d'Arbre, dont je parleray bientôt.

XVI. L'eau de Vie preferée à tout, & dequoy ils la font.

Mais comme dans les Païs chauds la dissipation continuelle des esprits fait que l'on desire ce qui en donne, on y aime passionnément les eaux de vie, & les plus fortes plus que les autres. Les Siamois en font de ris, & ils la frelatent souvent avec de la chaux. Du ris ils font d'abord de la biere, dont ils ne boivent point : mais ils la convertissent en eau de vie qu'ils appellent *Láou*, & les Portugais *Arak*, terme Arabe, qui veut dire proprement *sueur*, & metaphoriquement *essence*, & par excellence *eau de vie*. De la biere de ris ils font aussi du vinaigre.

XVII. Boule-Ponche boisson Angloise.

Les Anglois habituez à Siam usent d'une boisson qu'ils appellent *Punch*, & que les Indiens trouvent fort délicieuse. On met une chopine d'eau de vie ou d'Arak, sur une pinte de limonade avec de la muscade & un peu de biscuit de Mer grillé & pilé, & l'on bat le tout ensemble jusqu'à ce que les liqueurs soient bien mêlées. Les François ont appelé cette boisson *boule-*

ponche & bonne-ponche, de ces deux mots Anglois *boul punch*, qui veulent dire une *taſſe de ponche*.

Enfin les Mores de Siam prennent du Caffé, qui leur vient de l'Arabie, & les Portugais y prennent du Chocolat, quand il leur en vient de Manille Capitale des Philippines, ou on en porte des Indes Occidentales Eſpagnoles.

XVIII. Caffé & Chocolat.

Les Siamois aiment mieux le fruit que tout autre choſe : ils en mangent tout le long du jour s'ils en ont. Mais aux oranges prés, aux citrons & aux grenades, il n'y a à Siam aucun des fruits, que nous connoiſſons. Les citrons qu'ils appellent *Ma-crout* y ſont petits, pleins de jus & fort aigres, & la peau en eſt fort unie. Ils m'ont paru d'une qualité ſinguliere, en ce qu'ils ſont déja pourris en-dedans, que leur écorce eſt encore ſaine & entiere. Mais ils ont de plus d'une eſpece de citrons aigres, & point de doux, & au contraire les oranges & les grenades y ſont toutes douces ; à moins qu'on veüille prendre pour oranges aigres les *Pampelmouſes*, qui en ont le goût & la figure, mais qui ſont groſſes comme des melons, & n'ont pas beaucoup

XIX. Les fruits.

D vj

de jus. Les Siamois les mettent avec raison parmy les especes d'oranges, & les appellent *soum-ô*, & *soum* veut dire *orange*. Parmy les oranges douces les meilleures ont l'écorce fort verte & mal unie: ils les appellent *soum-kéou*, c'est à dire *oranges de cristal*: non qu'elles ayent rien de transparent, mais parce qu'elles leur paroissent en leur genre du mérite du cristal, dont ils font grand cas. Ils donnent de ces *soum kéou à leurs malades*, & les vendent, dit-on, jusqu'à cinq *sols la piece* quand la saison en est passée: cherté considerable en un Païs, où un homme vit communément pour deux liards par jour.

XX. Certains fruits en tout tems. Or quoy qu'il n'y ait pas toute l'année de cette espece d'oranges, il y en a pourtant toûjours d'une espece, ou d'autre. Il y a aussi toute l'année de ce fruit, que les Européans appellent *Bananes* ou *Figues*-d'Inde, & les Siamois *Clouéi*. Tous les autres fruits n'y durent qu'un temps. C'est à Achem seulement à la pointe Nord de l'Isle de Sumatrà, que la Nature les donne tous en toute saison. Ces beaux roseaux d'un seul jet, longs quelquefois de neuf ou dix piés, ne croissent

Tom. pag 85.

l'Arékier.

F. Ertinger sc.

aussi qu'à Achem : mais le ris, qui est leur principale nourriture, leur manque souvent ; & ils l'achetent alors cherement de l'or, qu'ils trouvent chez eux en telle abondance, qu'ils le méprisent sans Philosophie.

J'obmets icy à dessein la description de plusieurs fruits, & je la renvoye à la fin de cet Ouvrage. Je ne parleray maintenant que de l'Arek, & je diray des fruits Indiens en général, qu'ils ont pour la plûpart tant de goût & d'odeur, qu'on ne les aime beaucoup, que quand on y est accoûtumé ; & je croy même qu'alors ils ne nuisent pas. Nos fruits par une raison contraire sont d'abord sans goût & sans odeur, pour qui est accoûtumé aux fruits des Indes.

XXI. Difference des fruits de Siam aux nôtres.

L'Arek que les Siamois appellent *Plou* est une espece de gros gland, qui n'a pourtant point cette demie-coque de bois où tient nôtre gland. Quand ce fruit est encore tendre, il a au centre ou au cœur une substance grisâtre, qui est aussi molle que de la boüillie. A mesure qu'il seche il devient jaune & plus dur, & la substance molle qu'il a au cœur, se durcit aussi. Il est toûjours fort amer & point

XXII. L'Arek & le Betel.

dégoûtant. Aprés l'avoir ouvert en quatre parties avec un couteau ils en prennent un quartier à chaque fois, & ils le mâchent avec une feüille semblable au lierre appelée Bétel par les Européans qui sont aux Indes, & *Mak* par les Siamois. On la roulle pour la mettre plus aisément dans la bouche, & on met sur chacune tant soit peu de chaux faite avec des coquillages, & rougie je ne say par quel artifice. C'est pourquoy les Indiens portent toujours de cette sorte de chaux dans une fort petite tasse de porcelaine, car ils en mettent si peu sur chaque feüille, qu'ils n'en consument pas beaucoup en un jour, quoy qu'ils usent sans cesse de l'Arek & du Bétel. L'Arek encore tendre se consume entierement à mesure qu'on le mâche, le sec laisse toujours quelque marc.

XXIII. Leur effet.

L'effet sensible de ce gland & de cette feüille est de faire beaucoup cracher, si on n'aime mieux en avaller le suc: mais il est bon d'en cracher au moins les trois ou quatre premieres bouchées, pour ne pas avaller de chaux. Les autres effets moins sensibles, mais dont on ne doute point aux Indes, sont d'emporter, peut-être à cause de la chaux, tout ce que les gensives peuvent avoir de mal sain, & de fortifier l'estomach, soit à cause du suc que l'on avalle quand on veut, & qui peut avoir cette proprieté, soit à cause des humiditez superfluës que l'on crache. Aussi n'ay-je vû personne à Siam qui sentît mauvais, ce qui peut être d'ailleurs un effet de leur sobrieté naturelle.

Or comme l'Arek & le Bétel font cracher rouge, même independamment de la chaux rouge qu'on y mêle, ils laissent une teinture vermeille sur les levres & sur les dents. Elle se passe sur les levres, mais peu à peu elle s'épaissit sur les dents jusqu'à la noirceur; de sorte que les gents qui se picquent de propreté, noircissent leurs dents, parce qu'autrement la crasse de l'Arek & du Bétel mêlée avec la blancheur naturelle des dents fait un effet desagréable, que l'on remarque dans le menu Peuple. Je diray en passant que les levres vermeilles, que les Siamois virent aux Portraits de nos Dames, que nous avions portez en ce Païs-là, leur firent dire que nous devions avoir en France du Bétel meilleur que le leur.

XXIV. Autre effet de l'Arek & du Betel.

XXV. Comment ils noirciſſent leurs dents, & comment ils rougiſſent l'ongle de leurs petits doits.

Pour noircir leurs dents ils mettent deſſus des quartiers de citron fort aigre, qu'ils tiennent ſous leurs jouës & ſous leurs levres pendant une heure, ou davantage. Ils diſent que cela attendrit un peu les dents. Ils les frottent enſuite d'un ſuc, qui ſort ou d'une certaine racine, ou du coco, quand on les brûle, & l'operation eſt faite. Il leur plaît neanmoins quelquefois de conter qu'elle dure trois jours, pendant quoy il faut, diſent-ils, demeurer ſur le ventre & ne rien manger de ſolide : mais on m'a aſſuré que cela n'êtoit pas vray, & qu'il ſuffit de ne rien manger de chaud pendant deux ou trois jours. Je croy bien auſſi qu'on a les dents aſſez agacées, pour ne pouvoir mordre de quelque temps à rien de ſolide. Il faut renouveller de temps en temps cette operation, pour en faire durer l'effet : car cette noirceur ne tient pas ſi fort aux dents, que l'on ne puiſſe l'ôter avec de la croûte de pain brûlé miſe en poudre. Ils aiment auſſi à rougir l'ongle du petit doit de leurs mains, & pour cela ils le râtiſſent, & puis ils y mettent d'un certain ſuc, qu'ils tirent d'un peu de ris pilé dans du jus de citron avec quelques feüilles d'un arbre, qui est semblable en toutes choses au grenadier, mais qui ne porte aucun fruit.

Au reste l'Aréquier, & tous les arbres que l'on appelle Palmites, n'ont point de branches, mais de grandes feüilles longues & larges comme celles du Palmier ; & ils n'ont leurs feüilles, qu'au haut de la tige, qui est creuse. Chaque année ces sortes d'arbres poussent un nouveau jet de feüilles, qui sort du milieu des feüilles de l'année précédente. Celles-cy tombent alors, & laissent une marque autour du tronc ; de telle sorte que par ces marques qui sont autant de nœuds, & qui sont prés à prés, on peut aisément conter les années ou l'âge de l'arbre.

XXVI. Des Palmites en general.

C'est ce que j'avois à dire de l'étenduë & de la fertilité du Royaume de Siam. Je parleray maintenant des Mœurs des Siamois en general, c'est à dire de leur habillement, de leur logement, de leurs meubles, de leur table, de leur équipage, de leurs divertissements & de leurs affaires.

SECONDE PARTIE.

Des Mœurs des Siamois en general.

CHAPITRE PREMIER.

De l'Habit & de la Mine des Siamois.

I.
Ils s'habillent peu, moins à cause du chaud, que par la simplicité de leurs Mœurs.

ILs ne s'habillent presque point. Tacite dit de l'Infanterie Allemande de son temps, qu'elle étoit ou toute nuë, ou couverte de legers sayons; & encore aujourd'huy il y a des Sauvages dans l'Amerique Septentrionale, qui sont presque nuds : ce qui prouve, ce me semble, que la simplicité des Mœurs, autant que le chaud, est la cause de la nudité des Siamois, comme elle l'est de la nudité de ces Sauvages. Ce n'est pas que les habits ne soient presque insupportables aux François, qui arrivent à Siam, & qui ne savent pas s'empêcher d'agir & de s'agiter : mais il est mal sain pour eux de se deshabiller; parce que les injures de l'air fort chaud ne sont pas moins à craindre, que celles de l'air fort froid à qui n'y est pas accoûtumé,

Tom. j. pag. 90.

Mandarin Siamois

F. Ertinger sc.

avec cette différence pourtant, que dans les Climats fort chauds il suffit pour la santé de se bien couvrir l'estomach. Les Espagnols se le couvrent pour cette raison d'une peau de buffle en quatre doubles : mais les Siamois, dont les Mœurs sont simples en toutes choses, ont mieux aimé s'accoûtumer dés l'enfance, presque à une entiere nudité.

II. La Pagne, habit des Siamois.

Ils vont nuds piés & nuë tête, & pour la bien seance seulement ils entourent leurs reins & leurs cuisses jusqu'au dessous du genoüil, d'une piece de toile peinte, d'environ deux aunes & demie de long, que les Portugais appellent *Pagne*, du mot Latin *pannus*: quelquefois au lieu d'une toile peinte, la pagne est un étoffe de soye, ou simple, ou bordée d'une broderie d'or ou d'argent.

III. Une chemise de Mousseline leur sert de Veste.

Les Mandarins, c'est-à-dire les Offiiers, portent outre la pagne, une chenise de mousseline qui est comme eur veste, ou leur just'au-corps. Ils la épouillent, & l'entortillent au mieu de leur corps, quand ils abordent n Mandarin beaucoup plus élevé u'eux en dignité, pour luy témoigner u'ils sont prêts d'aller où il vou-

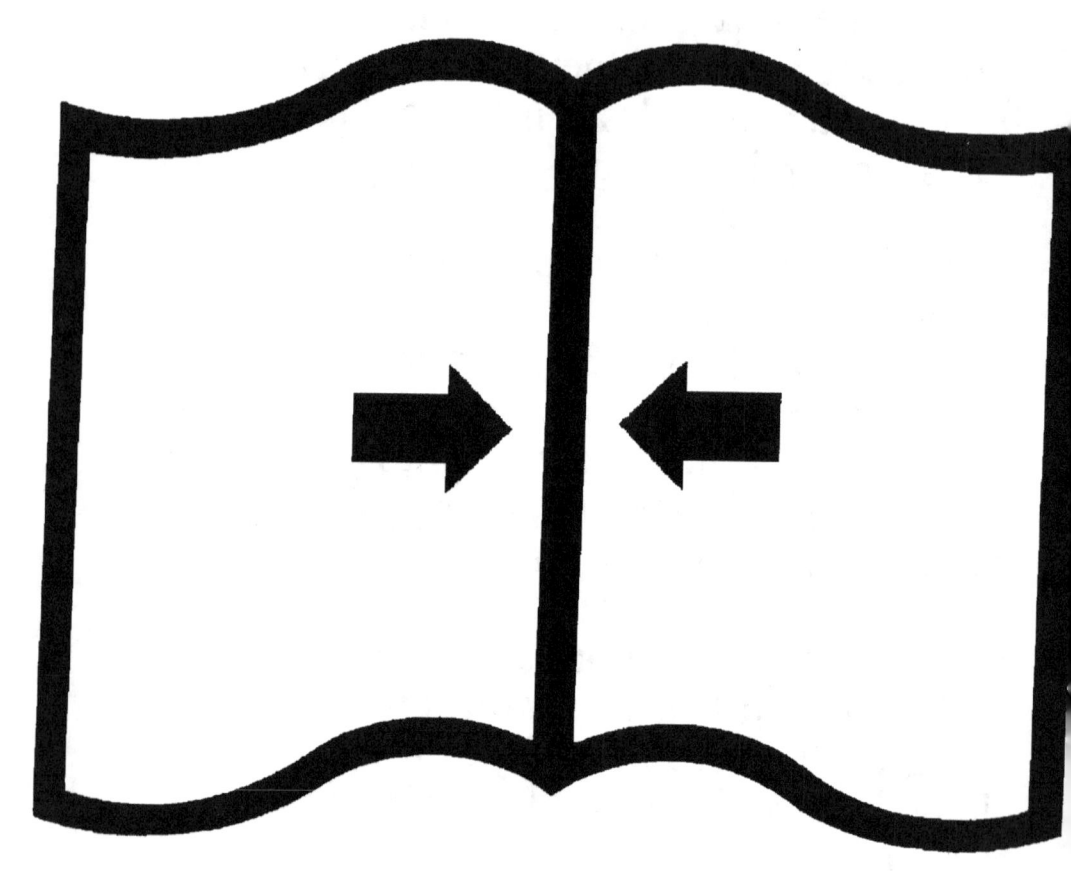

Reliure trop serrée

avec cette différence pourtant, que dans les Climats fort chauds il suffit pour la santé de se bien couvrir l'estomach. Les Espagnols se le couvrent pour cette raison d'une peau de buffle en quatre doubles : mais les Siamois, dont les Mœurs sont simples en toutes choses, ont mieux aimé s'accoûtumer dés l'enfance, presque à une entiere nudité.

II. La Pagne, habit des Siamois.

Ils vont nuds piés & nuë tête, & pour la bien seance seulement ils entourent leurs reins & leurs cuisses jusqu'au dessous du genoüil, d'une piece de toile peinte, d'environ deux aunes & demie de long, que les Portugais appellent *Pagne*, du mot Latin *pannus*: quelquefois au lieu d'une toile peinte, pagne est un étoffe de soye, ou simle, ou bordée d'une broderie d'or ou 'argent.

III. Une chemise de Mousseline leur sert de Veste.

Les Mandarins, c'est-à-dire les Offiers, portent outre la pagne, une chemise de mousseline qui est comme eur veste, ou leur just'au-corps. Ils la époüillent, & l'entortillent au mieu de leur corps, quand ils abordent n Mandarin beaucoup plus élevé u'eux en dignité, pour luy témoigner u'ils sont prêts d'aller où il voudra les envoyer. Et neanmoins les Officiers que nous avons vûs aux Audiences du Roy de Siam, en demeurérent revêtus comme de leur habit de cérémonie; & par la même raison ils eurent toûjours leurs bonnets hauts & pointus sur la tête. Ces chemises n'ont point de collet, & sont ouvertes par devant, sans qu'ils ayent soin de les attacher, pour cacher leur estomach. Les manches en tombent presque jusqu'au poignet, larges d'environ deux piés de tour: mais sans être froncées ny en haut ny en bas. D'ailleurs le corps en est si étroit, que ne pouvant passer & descendre par dessus la pagne, il s'y arrête par plusieurs plis.

IV. Écharpe contre le froid. Dans l'hyver ils mettent quelquefois sur leurs épaules un lé d'étoffe ou de toile peinte, ou en maniére de manteau, ou en maniére d'écharpe, dont ils passent assez galamment les bouts autour de leurs bras.

V. Comment le Roy use des Vestes d'étoffe. Mais le Roy de Siam met une veste de quelque beau brocard, dont les manches sont fort étroites, & viennent jusqu'au poignet: & comme nous nous habillons contre le froid sou le just-au-corps, il met cette ves-

Du Royaume de Siam.

te ſous la chemiſe que je viens de décrire, & qu'il garnit de dentelles, ou de point d'Europe. Il n'eſt permis à aucun Siamois de porter cette ſorte de veſte, ſi le Roy ne la luy donne, & il ne fait ce préſent qu'aux plus conſidérables de ſes Officiers.

Il leur donne auſſi quelquefois une autre veſte ou juſt'au-corps d'écarlatte, qui ne doit ſervir qu'à la guerre ou à la chaſſe. Ce juſt'au-corps deſcend juſqu'aux genoux, & il a huit ou dix boutons par devant. Les manches en ſont larges, mais ſans ornement, & ſi courtes qu'elles n'atteignent pas aux coudes.

VI. Sorte de Veſte Militaire.

C'eſt une Coûtume générale à Siam, que le Prince, & tout ce qui le ſuit à la guerre ou à la chaſſe, eſt habillé de rouge. En ce cas les chemiſes qu'on donne aux Soldats, ſont d'une mouſſeline teinte en rouge, & dans les jours de Cérémonie, comme fut celuy de l'Entrée des Envoyez du Roy, on donna de ces chemiſes rouges aux Siamois, qu'on mît ſous les armes.

VII. La couleur rouge pour la guerre, & pour la chaſſe.

Le bonnet blanc, haut & pointu, que nous avons vû aux Ambaſſadeurs de Siam, eſt une coëffure de cérémonie, dont le Roy de Siam & ſes Offi-

VIII. Bonnet haut & pointu.

ciers se servent également : mais le bonnet du Roy de Siam est orné d'un cercle, ou d'une couronne de pierreries, & ceux de ses Officiers sont ornez de divers cercles d'or, d'argent, ou de vermeil doré, pour marquer leurs Dignitez; ou n'ont aucun ornement. Les Officiers ne les portent que devant leur Roy, ou dans leurs Tribunaux, ou dans quelque Cérémonie. Ils les attachent avec un cordon qui passe sous le menton, & ils ne les ôtent jamais pour saluër.

IX. Les babouches. Les Mores leur ont porté l'usage des babouches espece de souliers pointus sans quartier ny talon. Ils les quittent aux portes chez autruy & chez eux mêmes, pour ne pas salir les lieux où ils entrent. Mais quelque part que soit leur Roy, ou quelque autre personne, à qui ils doivent du respect, (comme est par exemple un Sancrat, c'est à dire un Superieur de leurs Talapoins) ils ne s'y présentent pas avec les babouches.

X. Propreté du Palais de Siam. Rien n'est plus net que le Palais du Roy de Siam, tant à cause du peu de personnes qui y entrent, que des précautions, avec lesquelles ils y entrent.

Ils eſtiment les chapeaux pour les voyages, & ce Prince en fait faire de toutes couleurs de la figure à peu prés de ſon bonnet : mais tres-peu de perſonnes parmy le Peuple daignent couvrir leur tête contre l'ardeur du Soleil ; & ils ne le font que d'un pan de toile, & ſeulement quand ils ſont ſur la Riviere, où la reflexion incommode davantage.

XI. Chapeaux pour les Voyages.

La difference de l'habillement des femmes à celuy des hommes, eſt que les femmes attachant leur pagne par ſa longueur autour de leurs corps, comme font auſſi les hommes, elles la laiſſent tomber ſelon ſa largeur, & imitent une juppe étroite, qui ne leur deſcendroit que juſqu'à mi-jambe ; au lieu que les hommes relevent leur pagne entre leurs cuiſſes, en y repaſſant l'un des bouts, qu'ils laiſſent plus long que l'autre, & qu'ils font tenir par derriere à la ceinture ; en quoy ils imitent en quelque ſorte nôtre haut-de-chauſſe. L'autre bout de la pagne pend par devant ; & comme ils n'ont point de poche, ils y noüent ſouvent leur bourſe pour le bétel en la maniere, dont nous noüons quelque choſe dans le coin

XII. L'habit des femmes.

de nôtre mouchoir. Ils portent aussi quelquefois deux pagnes l'une sur l'autre, afin que celle de dessus demeure plus propre.

XIII. Nudité presque entiere.
A la pagne prés les femmes sont toutes nuës; car elles n'ont point de chemises de mousseline : les riches seulement usent toûjours de l'écharpe. Elles en passent quelquefois les bouts autour de leurs bras: mais le bel air pour elles est de la mettre simplement sur leur sein par le milieu, d'en abbattre un peu les plis, & d'en laisser pendre les deux bouts derriere par dessus les épaules.

XIV. Modestie dans cette nudité.
Neanmoins une si grande nudité ne les rend pas immodestes. Au contraire les hommes & les femmes de ce Païs-là sont les plus scrupuleux du monde à montrer les parties de leur corps, que l'usage leur ordonne de cacher : Les femmes qui étoient accroupies dans leurs balons le jour de l'Entrée des Envoyez du Roy, tournoient pour la plûpart le dos au spectacle ; & les plus curieuses regardoient à peine par dessus l'épaule. Il fallut donner aux Soldats François des pagnes pour le bain, pour faire cesser les plaintes que faisoient ces Peuples, de les voir entrer

mme Siamoise avec son enfant.   F Ertinger Sculp

Loix de Siam, comme par celles de la Chine. Je n'affureray pourtant pas qu'on n'y en faffe point du tout : car les Loix ne défendent guere nulle part, que les excés déja trop établis ; & il vient de la Chine des figures de porcelaine, & des peintures fi immodeftes, qu'elles ne valent pas mieux que les chançons les plus fales.

XIX. Quelles Pagnes font permifes.

Les pagnes d'une certaine beauté comme celles d'étoffe de foye avec de la broderie, ou fans broderie, & comme celles de toile peinte fort fines, ne font permifes qu'à ceux à qui le Prince en fait prefent. Les femmes de condition y font affés de cas des pagnes noires, & leur écharpe eft fouvent de fimple moufeline blanche.

XX. Bagues, braffelets, pendants-d'oreille.

Ils portent des bagues aux trois derniers doits de chaque main, & la mode leur permet d'y en mettre autant qu'il y en peut tenir. Ils achetoient volontiers un demy-écu les bagues à pierres fauffes, qui à Paris n'avoient coûté que 2. fols. Ils ne favent ce que c'eft que de coliers pour orner leurs cols, ny ceux de leurs femmes : mais les femmes & les enfans de l'un & de l'autre fexe y connoiffent l'ufage des pendants-d'oreille. D'ordinaire ils sont en forme de poire, d'or, ou d'argent, ou de vermeil doré. Les jeunes garçons & les jeunes filles de bonne maison portent des bracelets, mais seulement jusqu'à l'âge de six ou sept ans ; & ils en portent également aux bras & aux jambes. Ce sont des anneaux d'or, ou d'argent, ou de vermeil doré de la figure de nos claviers.

Comme ces Peuples ont le corps d'une autre couleur que nous, il semble que nos yeux ne les estiment pas nuds : au moins leur nudité n'avoit-elle rien qui me surprit; au lieu qu'un homme blanc nud, quand j'en rencontrois quelqu'un, me paroissoit toûjours un objet nouveau.

XXI. Leur nudité ne surprend point.

Les Siamois sont plûtôt petits que grands; mais ils ont le corps fort bien fait : ce que j'attribuë principalement à ce qu'on ne les emmaillotte pas dans leur enfance. Les soins que nous prenons de former la taille de nos enfans, ne sont pas toûjours si heureux, que la liberté qu'ils laissent à la Nature d'achever de former les leurs. Il est vray que le sein des femmes Siamoises ne se soûtient plus dés leur première jeunesse, & qu'il leur descend bien-tôt jusqu'au nombril : mais

XXII. La taille des Siamois.

Tome I. E ij

d'ailleurs leur corps est bien taillé, & leur sein pendant ne choque point les yeux de leurs maris : tant il est vray que les goûts, même ceux qui paroissent les plus naturels, consistent beaucoup en habitude.

XXIII. Leur mine.
La figure de leurs visages, tant des hommes que des femmes, tient moins de l'ovale, que de la losange : il est large & élevé par le haut des joués; & tout d'un coup leur front se rétraissit & se termine presque autant en pointe, que leur menton. D'ailleurs leurs yeux fendus un peu en haut sont petits & pas trop vifs, & le blanc pour l'ordinaire en est tout jaunâtre. Leurs joués sont creuses, parce qu'elles sont trop élevées par le haut : leurs bouches sont grandes, leurs levres grosses & pâles & leurs dents noircies. Leur teint est grossier, & d'un brun mêlé de rouge ; à quoy le hâle continuel contribuë autant que la naissance.

XXIV. Couleur bleuë mise sur le corps.
Les femmes ne mettent ny fard ny mouches : mais j'ay vû un Seigneur, qui avoit les jambes bleuës d'un bleu mat, comme celuy que laisse la poudre, quand on a été brûlé d'un coup d'arme à feu. Ceux qui m'en firent apercevoir, me dirent que c'étoit une

chose affectée aux Grands, qu'ils avoient plus ou moins de bleu selon leur dignité, & que le Roy de Siam étoit bleu depuis la plante des piés jusqu'au creux de l'estomac. D'autres m'ont assûré que ce n'étoit pas par grandeur, mais par superstition; & d'autres m'ont voulu faire douter que le Roy de Siam fût bleu. Je ne say ce qui en est.

Les Siamois, comme j'ay dit autre part, ont le nez court & arrondy par le bout, & les oreilles plus grandes que les nôtres; & plus ils les ont grandes, plus ils les estiment: goût commun à tout l'Orient, comme il paroît par toutes les statuës de porcelaine ou d'autre matiere, qui en viennent. Mais en cela il y a de la difference parmy les Orientaux: car quelques-uns étirent leurs oreilles par le bas pour les allonger, sans les percer qu'autant qu'il faut pour y mettre des pendants. D'autres aprés les avoir percées, agrandissent peu à peu le trou à force d'y mettre des bâtons plus gros les uns que les autres: & il arrive, sur tout au Païs de Láos, qu'on passeroit presque le poing dans le trou, & que le bas de l'oreille touche

XXV. Le nez & les oreilles des Siamois.

F iij

aux épaules. Les Siamois ont les oreilles un peu plus grandes que les nôtres, mais naturellement & sans artifice.

XXVI. Leurs cheveux.

Leurs cheveux sont noirs, grossiers & plats, & l'un & l'autre sexe les porte si courts, qu'ils ne descendent au tour de leur tête, qu'à la hauteur des oreilles. Au dessous de cela ils sont tondus fort prés, & cét air de tête naissante ne deplaît point. Les femmes les relevent sur le front, sans pourtant les rattacher; & quelques-unes, & principalement les Pegüanes, les laissent assés croître par derriere, pour les y pouvoir entortiller. Les jeunes gens à marier, garçons & filles, les portent d'une maniere particuliere. Ils tondent au ciseau & fort prés le haut de la tête : & puis tout autour ils arrachent un petit cercle de cheveux de l'épaisseur de deux écus blancs, & au dessous ils laissent croître le reste de leurs cheveux presque jusques sur leurs épaules. Les Espagnols à cause du chaud se tondent ainsi fort souvent sur le haut de la tête, mais ils n'arrachent rien tout autour.

XXVII. Coût des

Or comme l'on est toûjours prevenu pour les choses de son Païs, je ne doutois point que les Portraits de quelques-unes des plus belles Personnes de la Cour, que j'avois portez en ce Païs-là, ne dûssent ravir les Siamois en admiration. La peinture en étoit meilleure que celle de ces petits portraits, qu'on envoye tous les jours dans les Païs étrangers : cependant il faut avoüer que les Siamois ne s'y arrêterent presque point, & qu'aprés les portraits des Personnes Royales, devant lesquels ils s'inclinoient sans oser les regarder fixement, ils aimerent beaucoup celuy de M. le Duc de Montauzier à cause de sa mine haute & guerriere. Nous demandâmes à deux jeunes Mandarins ce qu'il leur sembloit d'une grande pouppée du Palais, que nous leur montrâmes. L'un d'eux répondit qu'une femme comme celà vaudroit bien cent *catis*, c'est à dire quinze mille livres, & son Camarade fut du même avis, mais il ajoûta, qu'il n'y auroit personne à Siam qui pût l'acheter. De sçavoir s'ils mettoient à si haut prix une femme blanche ou pour l'agrément singulier qu'ils y pouvoient trouver, ou seulement parce que toute marchandise qui vient de fort loin

Siamois pour les femmes blanches.

E iiij

doit être fort chere, je le laisse à décider. Il est toûjours certain, que soit goût, soit grandeur, le Roy de Siam a des femmes blanches Mingreliennes, ou Georgiennes, qu'il fait acheter en Perse: & les Siamois qui avoient été en France avoüoient que quoy qu'ils n'eussent pas d'abord été fort touchez ny de la blancheur, ny des traits des Françoises, neanmoins ils avoient bien tôt compris qu'elles seules étoient belles, & que les Siamoises ne l'étoient pas. Quant à l'habit de la pouppée, les deux Mandarins le méprisérent absolûment, comme trop embarrassant pour un mary, qui voudroit l'ôter à sa femme : & j'ay fait reflexion depuis, qu'ils croyoient peut-être que nos femmes couchoient dans leurs habits, comme font les leurs, ce qui feroit sans doute fort importun.

XXVIII. Les Siamois sont fort propres.

Comme les habits s'imbibent de tout ce que le corps transpire, il est certain que moins on est habillé, plus il est aisé d'être propre : aussi les Siamois le sont-ils beaucoup. Ils se parfument en plusieurs endroits de leur corps. Ils mettent sur leurs lévres une sorte de pommade parfumée, qui les fait paroître encore plus pâles, qu'elles ne le sont naturellement. Ils se baignent trois ou quatre fois par jour & plus souvent, & c'est une de leurs politesses de ne point faire de visite de conséquence sans s'être lavez; & en ce cas-là ils se font une marque blanche sur le haut de la poitrine avec un peu de craye, pour faire connoître qu'ils sortent du bain.

Ils le prennent en deux façons, ou en se mettant dans l'eau à nôtre maniere, ou en se faisant répandre de l'eau sur le corps à cueillerées; & ils continuënt quelquefois cette derniere sorte de bain pendant plus d'une heure. Au reste ils n'ont pas besoin de chauffer l'eau pour leurs bains domestiques, non pas même quand elle a été gardée plusieurs jours & en hyver : elle demeure toûjours naturellement assez chaude.

XXIX. Deux manieres de prendre le bain.

Ils prennent grand soin de leurs dents, quoy qu'ils les noircissent : ils lavent leurs cheveux avec des eaux & des huiles de senteur, comme font les Espagnols, & ils ne se poudrent pas non plus qu'eux : mais ils se peignent, ce que la plûpart des Espagnols négligent de faire. Ils ont des pei-

XXX. Propreté de leurs dents & de leurs cheveux.

gnes de la Chine, qui au lieu d'être tout d'une piece comme les nôtres, ne font qu'un amas de pointes ou de dents liées étroitement avec du fil d'archal. Ils arrachent leur barbe, & naturellement ils en ont peu: mais ils ne font point leurs ongles, ils se contentent de les tenir nets.

XXXI. Affectation pour les ongles longs.

Nous vîmes des Danseuses de profession qui pour la bonne grace avoient mis des ongles de cuivre jaune, & fort longs, qui les faisoient paroître des Harpies. A la Chine, au moins avant la conquête des Tartares, l'usage étoit de ne faire ny les ongles, ny les cheveux, ny la barbe. Les hommes même y portoient la tête couverte d'un réseau de crin ou de soye, qu'ils attachoient par derriere, & qui ne couvrant pas le sommet de la tête laissoit un vuide, par lequel ils faisoient sortir leurs cheveux ramassez; & puis ils les entortilloient & les arrêtoient avec un poinçon. Et l'on dit que cette coëffure sur laquelle ils mettoient encore quelquefois des bonnets, ou des especes de chapeaux, leur donnoit des migraines & d'autres maux de tête tres-grands.

CHAPITRE II.

Des Maisons des Siamois, & de leur Architecture dans les Bâtimens publics.

SI les Siamois sont simples dans leurs habits, ils ne le sont pas moins dans leurs logemens, dans leurs meubles & dans leur nourriture : riches dans une pauvreté générale, parce qu'ils savent se contenter de peu de chose. Leurs maisons sont petites, mais accompagnées d'assez grands espaces. Des clayes de bambou fendu, souvent peu serrées, en font les planchers, les murs & les combles. Les piliers, sur lesquels elles sont élevées pour éviter l'inondation, sont des bambous plus gros que la jambe, & d'environ treize piés de haut sur terre, parce que les eaux montent quelquefois autant que cela. Il n'y en a jamais que quatre ou six, sur lesquels ils mettent en travers d'autres bambous au lieu de poutres. L'escalier est une vraye échele aussi de bambou, qui pend en dehors comme l'échele d'un moulin à vent. Et parce

1. Les Siamois suivent une même simplicité en toutes choses.

que les étables sont aussi en l'air, elles ont des rampes faites de clayes, par où les animaux y montent.

II. Maisons bien-tôt bâties.

Si donc chaque maison est isolée, c'est plutôt pour le secret du domestique, qui seroit trahy par des murs si minces, que par aucune crainte du feu : car outre qu'ils font leur petit feu dans les courts, & non pas dans les maisons, il ne leur sauroit en tout cas consumer grand chose. Trois cent maisons brûlerent à Siam de nôtre temps, qui furent rebâties en deux jours. Une fois que l'on tira une bombe pour en donner le plaisir au Roy de Siam, qui regardoit de bien loin, & d'une des fenêtres de son Palais, il falut pour cela ôter trois maisons, & les Proprietaires les eurent ôtées & emportées avec leurs meubles en moins d'une heure. Leur foyer est une corbeille pleine de terre & appuyée sur trois bâtons comme un trépié. Et ils placent ainsi les feux dont ils entourent de grands espaces dans les Forêts pour la chasse des Elephants.

III. Il n'y a point d'Hôtelleries à Siam.

C'est dans des maisons de cette nature, ou plutôt dans ces sortes de Tentes, mais plus grandes, qu'ils nous logerent le long de la Riviere. Ils les avoient faites exprés pour nous, parce qu'il n'y en a aucunes, où ils eussent pû nous loger. Il n'y a point d'Hôtelleries à Siam, ny dans aucun Etat de l'Asie : mais en Turquie, en Perse & chez le Mogol il y a des *Caravanseras* pour les voyageurs, c'est à dire des bâtiments publics & sans meubles, où les Caravannes se peuvent mettre à couvert, & où chacun mange & se couche selon les provisions, & les commoditez qu'il y porte. J'ay vû dans le chemin de Siam à Loûvò, une espece de Hale pour cét usage. C'est un espace de la grandeur d'une Sale ordinaire entouré d'une muraille à hauteur d'appuy, & couvert d'un toit, qui est posé sur des piliers de bois plantez de distance en distance dans la muraille. Le Roy de Siam y fait quelquefois collation dans ses voyages : mais pour ce qui est des Particuliers, leurs batteaux leur servent d'Hôtellerie.

IV. L'hospitalité pourquoy inconnuë parmy les Peuples d'Asie.

L'Hospitalité est une vertu inconnuë en Asie, ce qui vient à mon avis du soin que chacun y prend de cacher ses femmes. Le Peuple Siamois ne la pratique guere que pour les bêtes, qu'ils secourent volontiers dans leurs maux:

mais comme les Talapoins n'ont point de femme, ils sont aussi plus Hospitaliers que le Peuple. Il n'y a encore eu à Siam qu'un François, qui se soit avisé d'y tenir Auberge : quelques Européans seulement s'y retiroient quelquefois. Et quoy que parmy les Siamois, aussi bien que parmy les Chinois, l'usage soit assez étably de se donner à manger les uns aux autres, c'est plus rarement qu'en ces Païs-cy & avec plus de cérémonie : & sur tout il n'y a point de table-ouverte ; de sorte qu'il seroit difficile d'y faire beaucoup de dépense par la table, quand on le voudroit.

V. Quelles étoient les maisons faites exprés pour les Envoyés du Roy.

Comme il n'y avoit donc point de maison propre pour nous sur les bords de la Riviere, ils y en bâtirent à la mode du Païs. Des clayes mises sur des piliers, & couvertes de nattes de jonc, faisoient non seulement les planchers, mais le sol des courts. La sale & les chambres étoient tapissées de toiles peintes, avec des plats fonds de mousseline blanche, dont les extrémitez tomboient en pente. Les planchers étoient couverts de nattes de jonc plus fines & plus glissantes que celles des courts ; & dans les chambres où couchoient les Envoyez du Roy, il y avoit encore des tapis de pié, par dessus les nattes. La propreté y étoit par tout, mais nulle magnificence. A Bancok, à Siam & à Louvò, où les Européans, les Chinois & les Mores ont bâty des maisons de briques, on nous logea dans des maisons de cette sorte, & non dans des maisons bâties exprés pour nous.

Nous avons vû neanmoins deux maisons de briques, que le Roy de Siam a fait bâtir, l'une pour les Ambassadeurs de France, & l'autre pour ceux de Portugal : mais elles ne sont pas achevées, peut-être pour le peu d'apparence qu'il y avoit, qu'elles dussent être souvent habitées. D'ailleurs il est certain que ce Prince commence plusieurs bâtimens de briques, & qu'il en acheve peu. Je ne say pourquoy.

<small>VI. Maisons de briques pour les Ambassadeurs de France & de Portugal, qui n'étoient pas achevées.</small>

Les grands Officiers de sa Cour ont des maisons de menuiserie, qu'on diroit être de grandes armoires : mais là dedans ne logent que le Maître du logis, sa principale femme & leurs enfans. Chacune des autres femmes avec ses enfans, chaque esclave avec sa famille, tous ont leurs petits logemens

<small>VII. Maisons des grãds Officiers de Siam.</small>

séparez & isolez, mais neanmoins renfermez dans une même enceinte de bambou avec le logis du Maître ; quoy que ce soient autant de ménages differents.

VIII. Leurs maisons n'ont qu'un étage.

Un étage seul leur suffit : & je suis persuadé que cette maniere de bâtir leur est plus commode que la nôtre ; puis qu'ils ne sont pas gênez par l'espace (car il y en a de reste dans la Ville, & ils le prennent où ils veulent) & puis qu'ils bâtissent avec ces materiaux peu solides, que chacun prend à son gré dans les Forêts, ou qu'il achete à vil prix de celuy, qui les y a été prendre. On dit neanmoins que la raison, pourquoy leurs maisons n'ont qu'un étage, est afin que personne ne puisse être chez soy plus haut que le Roy de Siam, quand il passe dans la ruë monté sur son Elephant, & que pour s'assûrer encore davantage qu'ils sont tous plus bas que ce Prince, quand il passe soit sur l'eau, soit sur terre, ils doivent fermer toutes leurs fenêtres, & descendre à la ruë, ou dans leurs balons pour s'y prosterner. Ils en userent ainsi au jour de l'Entrée des Envoyez du Roy moins par curiosité pour le spectacle, que par respect pour la Lettre de Sa Majesté. Mais il semble aussi que cét ordre de descendre des maisons suffit pour le respect du Prince : car d'ailleurs il n'est pas vray que les maisons élevées, comme elles sont, sur des piliers, soient plus basses que le Roy sur son Elephant ; & il est encore moins vray qu'elles ne soient pas plus hautes que le Roy dans son balon. Mais ce qu'ils observent sans doute, c'est que leurs maisons soient moins exaucées que les Palais de ce Prince. D'ailleurs ses Palais n'étant aussi que d'un étage font assez voir que c'est le goût du Païs dans les bâtimens; & j'en donneray dans la suite la veritable raison.

Les Européans, les Chinois & les Mores y bâtissent de briques, chacun selon son genie; soit qu'eux seuls en veüillent faire la dépense, comme je le croy, soit qu'eux seuls en ayent la permission, comme on le dit. Les uns ajoûtent à côté de leurs maisons, pour empêcher le Soleil & n'ôter point l'air, des appentis qui sont comme de grands auvents, ou hangars soûtenus quelquefois par des piliers. Les autres font des corps-de-logis doubles,

IX. Maisons de briques pour les Etrangers.

qui reçoivent réciproquement le jour l'un de l'autre, afin que l'air passe de l'un à l'autre. Les chambres sont grandes & fort percées, pour être plus airées & plus fraîches; & celles du premier étage ont des vûës sur la sale basse, qu'on devroit appeler salon à cause de son exaucement, & qui quelquefois est presque toute entourée de bâtimens, par lesquels elle reçoit du jour. Et c'est ce qu'ils appellent *Divan*, mot Arabe qui veut dire proprement *Sale de Conseil ou de Jugement*.

x.
Sales appelées Divan.

Il y a d'autres sortes de Divans, qui étant bâtis de trois côtez manquent d'un quatriéme mur, par où le Soleil doit le moins donner dans tout le cours de l'année (car entre les Tropiques il donne par tout selon les diverses saisons.) Du côté qui est ouvert & sans mur ils mettent un appentis aussi exaucé que le toit; & le dedans du Divan est souvent orné de haut en bas de petites niches pratiquées ou dans le mur, ou dans le lambris, dans lesquelles ils mettent des vases de porcelaine. Nous avions un Divan de cette derniere espece, dans nôtre logis de Siam; & audevant & sous l'appentis jallissoit une petite fontaine.

Du Royaume de Siam.

XI. Palais & Temples de briques, mais bas.

Les Palais de Siam & de Louvò, & plusieurs Pagodes ou Temples sont aussi de briques, mais les Palais sont bas, parce qu'ils n'ont qu'un étage, comme j'ay dit; & les Pagodes non plus ne sont pas assez exaucées à proportion de leur grandeur. Elles ont beaucoup moins de jour que nos Eglises : peut être parce que l'obscurité imprime plus de respect, & semble naturellement avoir quelque chose de religieux. D'ailleurs elles sont de la figure de nos Chapelles, mais sans voûtes, ny plats-fonds : seulement la charpente qui soûtient les tuiles, est vernie de rouge avec quelques filets d'or.

XII. Bâtimens de briques récents à Siam.

Le Palais du Roy de la Chine est encore aujourd'huy de bois; & cela me persuade que les bâtiments de briques sont bien recents à Siam, & que les Européans y en ont porté l'usage. Et parce que les premiers Européans, qui ont bâti en ce Païs-là, étoient des Facteurs, & qu'ils ont appelé leurs maisons des *faituries*, les Siamois appellent encore du mot, qui veut dire *faiturie* en leur Langue, leur plus ancienne Pagode de briques, comme s'ils disoient *Pagode-faiturie*, ou *Pagode de faiturie*.

XIII.
Ils ne connoissent point les 5. Ordres d'Architecture.

Au reste ils ne connoissent nul ornement exterieur pour les Palais, ny pour les Temples, que dans les combles qu'ils couvrent ou de cét étain bas qu'ils nomment Calin, ou de tuiles vernies de jaune, comme il y en a au Palais du Roy de la Chine. Mais quoy qu'il ne paroisse nul or au Palais de Siam par le dehors, & qu'en dedans il n'y ait que peu de dorûre, ils ne laissent pas de l'appeler le Palais d'or, *Prassat-Tong*, parce qu'ils donnent des noms magnifiques à toutes les choses, qu'ils honorent. Pour ce qui est des cinq Ordres d'Architecture composez de Colonnes, d'Architraves, de Frises, & d'autres ornemens, les Siamois n'en ont aucune connoissance: & ce n'est pas en ornements d'Architecture, que consiste chez eux la veritable dignité des Maisons Royales & des Temples.

XIV. Escaliers & Portes.

Leurs escaliers sont si peu de chose qu'un escalier de dix ou douze marches par lequel nous montâmes au salon de l'Audience à Siam n'avoit pas deux piés de large. Il étoit de briques tenant à un mur du côté droit, & sans aucun appuy du côté gauche. Mais les Seigneurs Siamois n'avoient

Du Royaume de Siam. 117

garde d'y en chercher : ils le montérent en se traînant sur les mains & sur les genoux; & si doucement, qu'on eût dit qu'ils vouloient surprendre le Roy leur Maître. La porte du salon quarrée, mais basse & étroite, étoit digne de l'escalier, & placée à gauche à l'extrémité du mur du salon, c'est à dire presque au coin. Je ne say s'ils n'y entendent pas finesse, & s'ils ne croyent pas qu'une fort petite porte n'est encore que trop grande, puis qu'il est censé qu'on se doit prosterner pour y entrer. Il est vray que l'entrée du salon de Louvò est mieux selon nôtre goût: mais outre que le Palais de Louvò est plus moderne, le Prince y dépose beaucoup la Majesté, laquelle réside principalement dans la Capitale, comme je le diray dans la suite.

Ce qui fait donc chez eux la véritable dignité des maisons, c'est que quoy qu'il n'y ait qu'un étage, il n'y a pourtant point de plain-pié. Par exemple dans le Palais, le logement du Roy & des Dames est plus élevé que tout, & plus une piéce en est proche, plus elle est élevée à l'égard d'une autre, qui en est plus loin. De sorte qu'il y a toûjours quelques marches à mon-

XV. En quoy consiste la Dignité des Palais.

ter de l'une à l'autre: car elles tiennent toutes l'une à l'autre, & tout est bout à bout sur une ligne, & c'est ce qui cause de l'inégalité dans les toits. Les toits sont tous en dos-d'âne, mais l'un est plus bas que l'autre; à mesure qu'il couvre une piéce plus basse qu'une autre: & un toit plus bas semble sortir pardevant d'un toit plus haut, & le plus haut porter sur le plus bas, comme une selle dont l'arçon de devant porteroit sur l'arçon de derriere d'une autre selle.

XVI. A la Chine de même.

Au Palais du Roy de la Chine il en est de même: & cette inégalité de toits, qui semblent sortir l'un de dessous l'autre du sens que je viens d'expliquer, marque de la grandeur en ce qu'elle suppose une inégalité de piéces, qui ne se peut trouver en ces Païs-là, au moins en grand nombre, que chez les Rois; afin que plus on a droit de pénétrer dans cette suite de bâtiment, plus on monte en effet, & plus on reçoive en cela de distinction. Les grands Officiers auront jusqu'à trois piéces l'une plus haute que l'autre, que l'on devine aux trois toits de différente élévation: mais j'ay vû au Palais de la ville de Siam, jusqu'à sept

EXPLICATION
Du Plan du Temple.

A Les marches devant les portes du Temple.
B La principale porte.
C Deux portes de derriére.
D Les piliers de bois qui portent le comble.
E Les piliers de bois qui portent les appentis devant & derriére le temple.
F F L' utel.
G La figure de Sommona-codom tenant tout le devant de l'Autel.
H H Les statuës de Prá-Moglá, & de Prá Saribout, moindres & moins hautes que la premiere
I I I Autres statuës encore moindres que les précédentes.
K Degrés dans œuvre pour monter sur l'Autel, qui est une masse faite de briques d'environ 4. piés de haut.

Plan du Temple To.1.pag.119.

Voyez les Statuës To.1.pag.531.

Du Royaume de Siam. 119

toits sortir l'un de dessous l'autre par devant le bâtiment : je ne say s'il n'en sortoit pas d'autres par derriere. Quelques Tours quarrées, qui sont au Palais, semblent aussi avoir plusieurs combles, l'une trois, l'autre cinq, l'autre sept, comme si c'étoient des gobelets quarrez mis l'un sur l'autre : & dans l'une de ces Tours, est un fort grand tambour garni de peaux d'Elephant, pour sonner le Tocsin en cas de besoin.

Quant aux Pagodes, je n'ay remarqué en celles que j'ay vûës qu'un seul appentis pardevant, & un autre par derriere. Le toit le plus élevé est celuy sous lequel est l'Idole, les deux autres qui sont plus bas sont estimez n'être que pour le Peuple ; quoy que le Peuple ne laisse pas d'entrer par tout aux jours que le Temple est ouvert. XVII. Aux Temples ou Pagodes de mêmes.

Mais le principal ornement des Pagodes, est d'être accompagnées, comme elles le sont d'ordinaire, de plusieurs Pyramides de chaux & de briques, dont pourtant les ornemens sont ont grossierement executez. Les plus autes le sont autant que nos Clochers rdinaires, & les plus basses n'ont as deux toises de haut. Elles sont XVIII. Pyramides.

toutes rondes, & elles diminuënt peu en grosseur, à mesure qu'elles s'elevent; de sorte qu'elles se terminent comme en dôme: il est vray que lors qu'elles sont fort basses, il part de cette extrémité faite en dôme une aiguille de calin fort menuë & fort pointuë, & assez haute par rapport au reste de la Pyramide. Il y en a qui diminuënt & grossissent quatre ou cinq fois dans leur hauteur; de telle sorte que leur porfil est ondé : mais ces diverses grosseurs sont moindres à mesure qu'elles sont en une partie plus haute de la Pyramide. Elles sont ornées en trois ou quatre endroits de leur contour, de plusieurs Canelures à angles droits, tant en ce qu'elles ont de creux, qu'en ce qu'elles ont d'élevé, lesquelles diminuant peu à peu à proportion de la diminution de la Pyramide, vont se terminer en pointe au commencement de la grosseur immediatement superieure, d'où s'elevent derechef de nouvelles Canelures.

XIX. Description de certaines salles du Palais.

Je ne puis dire ce que c'est que les appartemens du Roy de Siam : je n'en ay vû que la premiere piece, qui est à Siam & à Louvò le salon de l'Audience.

ce. L'on dit que personne n'entre plus avant, non pas même les Domestiques du Roy, hormis ses Femmes, & ses Eunuques; en quoy, si cela est vray, ce Prince garde plus de hauteur, que ne fait le Roy de la Chine. J'ay vû encore le salon du Conseil du Palais de Louvò : mais c'étoit aussi une premiere piece d'un autre corps de logis, je veux dire qu'il n'étoit précédé d'aucune anti-chambre. Au devant & aux deux côtez de ce salon regne une terrasse, qui domine autant sur le jardin qui l'environne, qu'elle est dominée par le salon : & c'est sur cette terrasse, & sous un ciel, qu'on avoit tendu exprés au côté exposé au Nord, qu'étoient les Envoyez du Roy en une Audience particuliere, que le Roy de Siam leur donna; & ce Prince étoit dans un fauteüil à l'une des fenêtres du salon. Au milieu du jardin & dans les courts il y a des hales isolées qu'on appelle des salles : je veux dire de ces espaces quarrez, que j'ay déja décrits, qui sont entourez d'un mur à hauteur d'appuy, & couverts d'un toit, qui ne porte que sur des piliers plantez de distance en distance dans le mur. Ces salles sont pour les Mandarins importants, qui s'y tiennent assis les jambes croisées, ou pour les fonctions de leurs Charges, ou pour faire leur Cour, c'est à dire pour attendre les ordres du Prince, savoir le matin assez tard, & le soir jusques bien avant dans la nuit, & ils n'en sortent pas sans ordre. Les Mandarins moins considérables sont assis à découvert dans les courts ou dans les jardins; & dés qu'ils savent par certains signaux que le Roy de Siam les voit, quoy qu'il n'en soit pas vû, tous se prosternent sur les genoux & sur les coudes.

XX. Lieux du Palais, où nous dînâmes. Quand nous dînâmes dans le Palais de Siam, ce fut en un endroit fort agréable, sous de grands arbres, & au bord d'un reservoir, où l'on dit qu'entre plusieurs sortes de poissons il y en a qui ressemblent à l'Homme & à la Femme; mais je n'y en vis d'aucune espece. Dans le Palais de Louvò nous dînâmes dans le jardin en une salle isolée, mais dont les murs montent jusqu'au toit & le soûtiennent. Ils sont enduits d'un ciment extrêmement blanc, poli & luisant, à l'occasion duquel on nous dit qu'on en fait de bien plus beau à Suratte. La

Salle a une porte à chaque bout, & elle est entourée d'un fossé de deux à trois toises de large, & profond peut-être d'une toise, dans lequel il y a une vintaine de petits jets-d'eau à distances égales. Ils jaillissent en arrousoir, c'est à dire par des ajutages percez de plusieurs trous fort petits, & ils ne jaillissent que jusqu'à la hauteur du bord du fossé, ou à peu prés, parce qu'au lieu d'élever les eaux, ils ont creusé la terre pour abbaisser les bassins.

Le jardin n'est pas bien spacieux : les compartiments en sont fort petits & formez par des briques posées sur le chant. Les sentiers, que laissent les compartiments, ne peuvent tenir deux personnes de front, & les allées n'en peuvent tenir guere davantage : mais tout étant planté de fleurs, & de diverses sortes de Palmites & d'autres arbres, le jardin, le salon, & les jets-d'eau avoient je ne say quel air de simplicité & de fraîcheur, qui faisoit plaisir. C'est une chose remarquable que ces Princes ne se soient jamais portez à mettre de la magnificence dans leurs jardins ; quoy que de toute ancienneté les Orientaux les ayent aimez.

XXVI. Jardin à Louvô.

XXII. Palais de Bambou dans les Bois.

Comme le Roy de Siam fait quelquefois des Chasses de plusieurs jours, il a dans les Forêts des Palais de Bambou, ou si l'on veut des Tentes fixes, qu'il ne faut que meubler pour le recevoir. Elles sont rouges par dehors, comme sont celles du Grand-Mogol, quand il va en campagne, & comme les murs, qui servent de clôture au Palais du Roy de la Chine. J'en donne le Plan non seulement afin qu'on en voye la simplicité : mais principalement parce que l'on m'a assuré que l'appartement du Roy de Siam dans ses Palais de Siam & de Louvò est sur le même modele. Ce n'est qu'un petit Dortoir, où le Roy & ses femmes ont chacun une petite cellule : neanmoins la verité de ce que peu de gens voyent, est toûjours malaisée à savoir. Quoy qu'il en soit, on m'a assuré aussi du Roy de Siam ce que j'ay oüy dire de Cromwell, qui est que de peur d'être surpris par quelque conspiration, ce Prince a divers appartemens où il se renferme la nuit, sans qu'il soit possible de deviner précisément dans lequel il couche. Strabon dit des Rois des Indes de son temps, que cette même raison les

Tom. 1. pag. 124.

Palais du Roy de Siam de Bambou dans les forests dont les chambres n'ont dûj que par les portes.

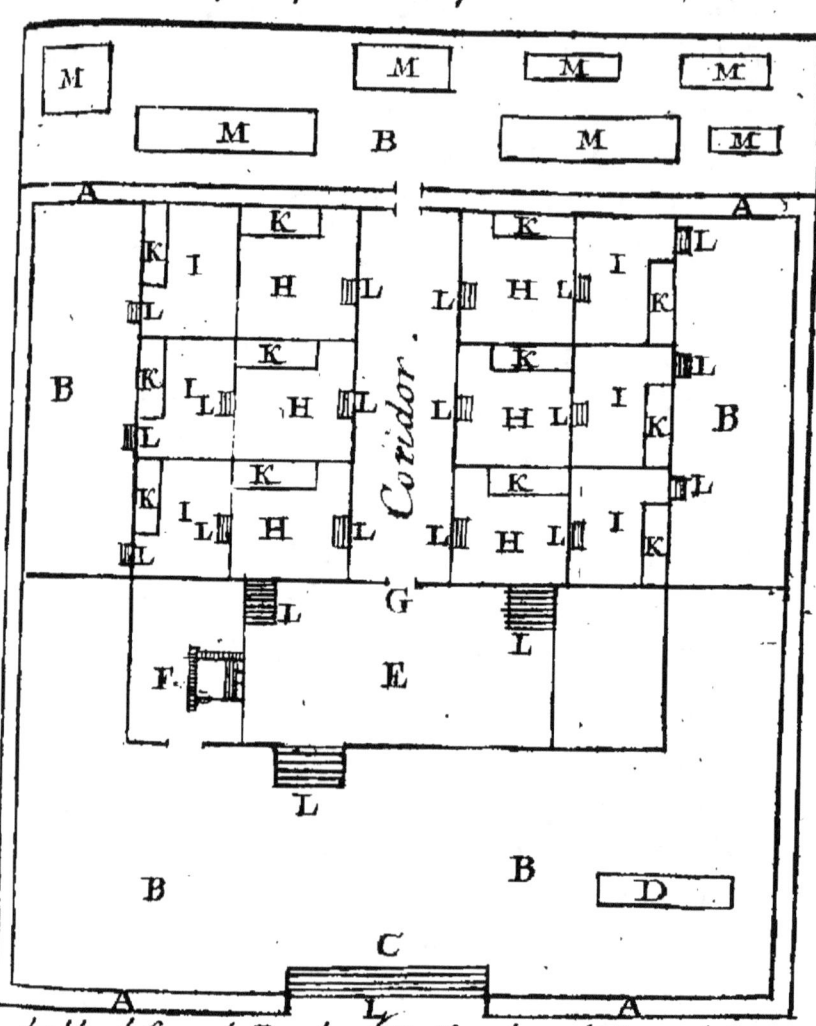

A. double closture de Bambou.
B. Courts de Clayes elevées sur des piliers.
C. La Porte.
D. Hangar pour les Bras peints
E. Salle d'Audience
F. Eschaffaut de Bambou pour monter sur l'Elephant de garde.
G. La ... estre ou le Roy se mont...

H. Chambres du Roy et de ses D...
I. Chambres des femmes esclaves, plus basses que les autres.
K. Lits de Claye attachés aux cloisons, comme un etau a la hauteur de deux piés ou environ.
L. Degrés de Bambou.
M. Cuisines et logemens des Eu...ues.

obligeoit à changer de lit & d'appartement, même plusieurs fois dans la même nuit. Et c'est à peu prés tout ce qu'on peut dire de la maniere de bâtir des Siamois. Voicy ce que c'est que leurs Meubles.

CHAPITRE III.

Des Meubles des Siamois.

LEUR bois de-lit-est un chassis fort étroit & natté, mais sans dossier ny quenoüilles. Quelquefois il a six piés, qui ne sont pas joints par des traverses, quelquefois il n'en a point du tout : mais la plûpart n'ont point d'autre lit, qu'une natte de jonc. Leur table est un bandege ou platteau à bords relevez, & sans pié. Ils n'ont à table ny nappe, ny serviette, ny cuillier, ny fourchette, ny couteau. On leur sert les morceaux tous coupez. Point de sieges, que des nattes de jonc plus ou moins fines: point de tapis de pié, que le Prince ne les leur donne ; & ceux de drap tout-unis y sont fort honorables à cause de la cherté de l'étoffe. Les riches ont des coussins pour s'appuyer, mais ils n'en

1. Leurs gros meubles.

usent pas pour s'asseoir dessus, non pas le Roy même. Ce qui est chez nous d'étoffe, ou d'ouvrage de laine, ou de soye, est chez eux ordinairement de toile de coton ou blanche, ou peinte.

II. Leur vaisselle.

Leur vaisselle est ou de porcelaine, ou d'argile, avec quelques vases de cuivre. Le bois simple, ou verni, le coco & le bambou leur fournissent tout le reste. S'ils ont quelque vase d'or, ou d'argent, c'est bien peu, & presque point que par la liberalité du Prince, & comme un meuble de leurs Charges. Leurs seaux à puiser de l'eau sont de bambou fort proprement entrelassé. On voit le Peuple dans les marchez cuire son ris dans un coco, & le ris être achevé de cuire avant que le coco soit achevé de brûler : mais le coco ne sert qu'une fois.

III. Leurs outils.

Au reste chacun bâtit sa maison, s'il ne la fait bâtir par ses esclaves ; & par cette raison la sie & le rabot sont les meubles de tout le monde. Les plus curieux trouveront à la fin de ce Volume une liste, que deux Mandarins me donnerent des meubles ordinaires dans leurs ménages. Ce n'est pas que châque Particulier en ait autant, mais peut-être pas un n'en a davantage. Ils y ajoûterent les noms des principales parties d'une maison, ceux de leurs habits, & de leurs armes. On y pourra voir la maniere simple, mais propre dont ils bâtissent, & dont ils se meublent; & plusieurs particularitez de leurs Mœurs, que j'y rapporte à l'occasion de certains meubles.

Les meubles de leur Roy sont les mêmes à peu prés, mais plus riches & plus précieux que ceux des Particuliers. Les salons, que j'ay vûs dans les Palais de Siam & de Louvò, sont tout-lambrissez, & les lambris sont vernis de rouge avec quelques filets & quelques feüillages d'or. Les planchers étoient couverts de tapis de pié. Le salon de l'Audience à Louvò étoit déja tout garni des glaces de miroir, que l'Escadre du Roy avoit portées à Siam. Le salon du Conseil y étoit meublé de cette sorte. Dans le fond il y avoit un sopha fait précisément comme un grand bois-de-lit avec ses quenoüilles, un fond, & ses tringues, le tout revêtu d'une lame d'or, & le fond couvert d'un tapis, mais sans ciel ny rideaux, ny aucune sorte de garniture. A l'endroit du chevet

IV. Quels meubles chez le Roy.

F iiij

étoient en pile les couffins, sur lesquels le Roy s'appuye, mais il ne s'affied point deffus, comme je l'ay déja marqué : il n'a fous luy que le tapis. Il y avoit auffi dans ce falon, au mur du côté droit par rapport au fopha, un beau miroir, que le Roy avoit envoyé au Roy de Siam par Mr. de Chaumont. Il y avoit encore un fauteüil de bois doré, dans lequel ce Prince fe montra aux Envoyez du Roy dans une Audience fans cérémonie, dont j'ay parlé, & un *Tiab*, c'eft à dire une Coupe pour mettre le bétel, haute de deux piés ou environ & révêtuë d'argent fort façonné, & doré en quelques endroits.

V. La vaiffelle de table que nous avôs vûë chez le Roy.

Dans tous les répas que nous avons faits au Palais, nous avons vû une affez grande quantité de vaiffelle d'argent, fur tout de grands baffins ronds & profonds, & d'un doigt de bord, dans quoy l'on fervoit de grandes boëttes rondes d'environ un pié & demy de diametre. Elles étoient couvertes, & avoient une patte proportionnée à leur groffeur, & c'étoit dans ces boëttes qu'on fervoit le ris. On nous donna pour le fruit des affiettes d'or, qu'on difoit avoir été faites exprés pour les repas, que le Roy de Siam fit donner à Mr. de Chaumont : & il est vray que ce Prince ne mange point en vaisselle platte. Ils estiment de sa dignité, que les mets qu'on luy sert, ne soient que dans des vases hauts, & la porcelaine est plus ordinaire à sa table, que l'or ny l'argent : usage général de toutes les Cours de l'Asie, & même de celle de Constantinople.

CHAPITRE IV.

De la Table des Siamois.

LA Table des Siamois n'est pas somptüeuse : comme nous mangeons moins en été qu'en hyver, ils mangent moins que nous, à cause de l'été continuel, dans lequel ils vivent : leur nourriture ordinaire est le ris, & le poisson. La Mer leur donne de petites huîtres tres-délicates, de tresbonnes petites tortuës, des écrevices de toute taille, & d'excellens poissons, dont les especes nous sont inconnuës. Leur Riviere est aussi fort poissonneuse, & nourrit principalement de belles & bonnes anguilles. Mais ils font peu de cas du poisson frais.

Que les Siamois mangent peu, & quelle est leur nourriture.

11. Merveille qu'on dit de deux sortes de Poissons.

Entre les poissons d'eau-douce ils en ont de petits de deux sortes, qui meritent que l'on en fasse mention. Il les appellent *pla out*, & *pla cadi*, c'est à dire le poisson *out*, & le poisson *cadi*. L'on m'a assuré, à ne me permettre pas d'en douter, qu'aprés qu'on les a salez ensemble, comme les Siamois ont coûtume de faire, si on les laisse dans une cruche de terre en leur saumure, où ils pourrissent bien-tôt, parce qu'on sale mal à Siam, alors, c'est à dire quand ils sont pourris, & comme en pâte fort liquide, ils suivent exactement le flux & le reflux de la Mer, haussant & baissant dans la cruche à mesure que la Mer croît, ou décroît. M\. Vincent m'en donna une cruche en arrivant en France, & m'assura que cette experience étoit vraye, & qu'il l'avoit vû : mais je n'y puis ajoûter mon témoignage, parce que j'en ay été averti trop tard à Siam, pour avoir occasion de m'en assurer par mes yeux; & que la cruche que M\. Vincent me donna, & que j'apportay à Paris, ne faisoit plus cet effet; peut être parce que les poissons étoient trop pourris, ou que leur vertu d'imiter le flux & le reflux de la

Du Royaume de Siam.

Mer ne dure qu'un certain temps.

Les Siamois ont de la peine à faire de bonnes salaisons, parce que les viandes prennent difficilement le sel dans les Pays trop chauds; mais ils aiment le poisson mal salé, & le poisson sec mieux que le frais, même le poisson pourri ne leur déplaît pas non plus que les œufs couvez, les sauterelles, les rats, les lézards, & la plûpart des insectes: la Nature tournant sans doute leur appétit aux choses, dont la digestion leur est plus facile. Et peut être que toutes ces choses ne sont pas de si mauvais goût que nous pensons, Navarrete, page 45. du Tome I. de ses *Discours Historiques de la Chine*, dit qu'il eut d'abord beaucoup d'horreur des œufs couvez d'un oyseau, qu'il appelle *Tabon*, mais que quand il en mangea, il les trouva excellents. Il est au moins certain qu'à Siam les œufs frais sont tres-mal sains : nous mangeons icy des viperes : nous ne vuidons pas de certains oyseaux pour les manger; & quelquefois les viandes un peu trop venées nous paroissent de meilleur goût.

Un Siamois fait assez bonne chere avec une livre de ris par jour, qui ne

III. Mauvaises salaisons à Siam : goût des Siamois pour les mets corrompus.

Tout ce qui sent mauvais n'est pas toûjours de mauvais goût.

IV. Ce qu'un Siamois

dépense par jour à se nourrir.

revient au plus qu'à un liard, & avec un peu de poisson sec, ou salé, qui ne coûte pas davantage. L'arak ou eau de vie de ris, n'y vaut que deux sols dans cette quantité, qui revient à la pinte de Paris : aprés quoy il ne faut pas s'étonner si aucun Siamois n'est en grand soucy de sa subsistence, & si l'on n'entend que chançons le soir dans leurs maisons.

V. *Leurs sauces.*

Leurs sauces sont simples, un peu d'eau avec des épices, de l'ail, de la ciboule, ou quelque petite herbe de bonne odeur, comme le baume. Ils aiment fort une sauce liquide comme de la moutarde, qui n'est que de petites écrevisses pourries parce qu'elles sont mal salées : ils l'appellent *capi*. On en donna à M'. Ceberet quelques pots, qui ne sentoient pas mauvais.

VI. *Ils jaunissent les enfans.*

Ce qui leur tient lieu de safran est une racine, qui en a le goût, & la couleur, quand elle est séche & mise en poudre : la Plante en est connuë sous le nom de *Crocus Indicus*. Ils estiment fort sain pour leurs enfans de leur en jaunir le corps & le visage : si bien que dans les ruës on ne voit que des enfants, qui ont le teint jaune.

VII. *Quelle*

Ils n'ont ny noix, ny olives, ny

d'autre huile à manger, que celle huile ils mangent qu'ils tirent du fruit de coco; laquelle, quoy que toûjours un peu amere, ne laiſſe pas d'être bonne, quand elle n'eſt que de peu de jours : mais bien-tôt elle devient forte à ne pouvoir être mangée, ſi on n'eſt bien accoûtumé à la méchante huile. Le goût ſe fait à tout, & il m'eſt arrivé au retour d'un aſſez long voyage, où je n'avois pas mangé de trop bonne huile, de trouver l'excellente huile de Paris fade & ſans goût.

A propos dequoy je ne puis me tenir de faire une remarque fort néceſſaire pour bien entendre les Relations des Païs éloignez. C'eſt que les mots de *bon*, de *beau*, de *magnifique*, de *grand*, de *mauvais*, de *laid*, de *ſimple*, de *petit*, équivoques d'eux-mêmes, ſe doivent toûjours entendre par rapport au goût de l'Autéur de la Relation, ſi d'ailleurs il n'explique bien en détail ce dont il écrit. Par exemple, ſi un Facteur Hollandois, ou un Moine de Portugal exagérent la magnificence, & la bonne chere de l'Orient; ſi le moindre corps de logis du Palais du Roy de la Chine leur paroît digne d'un Roy Européan,

VIII. Comment il faut entendre les Relations par rapport à celuy qui les écrit.

il faut croire tout au plus que cela est vray par rapport à la Cour de Portugal, & par rapport à celle des Princes d'Orange. Et encore en peut-on douter, puisqu'au fonds les appartemens du Palais de la Chine ne sont tout au plus que de bois verni par dedans & par dehors, ce qui est plûtôt agreable & propre, que magnifique. Ainsi (parce qu'il ne seroit pas juste de mépriser tout ce qui ne ressemble pas à ce que nous voyons aujourd'huy à la Cour de France, & qu'on n'y avoit jamais vû avant ce Regne plein de grandes & glorieuses prosperitez) j'ay tâché de ne rien dire en termes vagues, mais de décrire exactement ce que j'ay vû, pour ne surprendre personne par mon goût particulier, & afin que châcun puisse juger de ce que je dis presque aussi juste, que s'il avoit fait le voyage que j'ay fait.

IX. Autre reflexion sur le même sujet.

Un autre méconte dans les Relations c'est la traduction des mots étrangers. Par exemple, parmi les Femmes du Roy de la Chine il n'y en a qu'une, qui ait les honneurs & le nom de Reyne : les autres sont fort au dessous de cela, quoy qu'elles soient toutes légitimes, c'est à dire permises par les Loix du Païs. On les appelle mot à mot *Dames du Palais*, & à Siam elles ont le même nom. Les enfans de ces Dames n'honorent point leurs meres naturelles, comme les Chinois sont obligez d'honorer leurs meres, mais ils rendent ce respect, & ils donnent le nom de mere à la Reine ; comme si les secondes femmes n'enfantoient que pour la principale femme. Et c'est aussi l'usage, au moins à la Chine, dans les maisons des Particuliers, qui ont plusieurs femmes ; afin qu'il y ait une entiere subordination, qui y entretienne la paix autant qu'il se peut ; & qu'il soit moins permis aux enfans de disputer entre eux, sur le merite de leurs meres. Nous lisons à peu prés la même chose de Sara, qui donna son esclave Agar à Abraham, afin d'avoir, disoit-elle, des enfans par son esclave, n'en pouvant avoir par elle-même. Quelques autres femmes des Patriarches en ont usé de même, & l'on voit qu'étant les principales Femmes, chacune étoit censée la Mere de tous les enfans de son Mary. Or pour revenir à ce que j'ay dit du danger d'être trompé par les traductions des mots étrangers dans les Relations, qui ne voit l'équivoque de ces mots, *Dames du Palais*, mis dans la bouche d'un Chinois, ou dans la bouche d'un Portugais, ou enfin dans la bouche d'un François, qui traduit une Relation Portugaise de la Chine? Les mêmes équivoques se rencontrent dans les noms des Charges ; parce que toutes les Cours ne se ressemblent pas, ny tous les Gouvernemens. Toutes les fonctions ne se trouvent pas par tout, & l'on n'attribuë pas par tout toutes les mêmes aux mêmes Offices, c'est à dire aux Offices de même nom : outre que telle fonction sera grande & considerable en un Païs, qui sera peu de chose en un autre. Par exemple, les Espagnols ont des Maréchaux, qu'ils ont voulu mouler au commencement sur les Maréchaux de France, & neanmoins un Ambassadeur se trouveroit fort trompé si étant accompagné à l'Audience du Roy d'Espagne par un Maréchal d'Espagne, il se croyoit aussi honoré, que s'il étoit accompagné à l'Audience du Roy par un Maréchal de France. Or plus les Cours sont éloignées, plus le méconte est grand, quand on transporte les mêmes mots

& les mêmes idées de l'une à l'autre. A Siam c'est un employ fort honorable d'aller vuider le bassin du Roy, que l'on vuide toûjours en un endroit destiné à cela, & bien gardé; peut-être par quelque crainte superstitieuse des sorcelleries qu'ils s'imaginent qu'on pourroit faire sur les excrémens. A la Chine, tout l'éclat & toute l'autorité est dans les Charges que nous appelons de Robbe: Et leurs Officiers de Guerre, au moins avant la domination des Tartares, n'étoient que des malheureux, qui ne s'étoient pas senti assez de merite, pour s'avancer par les Lettres.

X. Autre reflexion sur le même sujet.

Un troisiéme méconte des Relations est de ne donner la plûpart des choses que par un bout, s'il faut ainsi dire. Le Lecteur s'imagine qu'en tout le reste la Nation, dont on luy parle, ressemble à la sienne, & que par cet endroit là seulement elle est ou extravagante ou admirable. Ainsi si l'on disoit simplement que le Roy de Siam met sa chemise sur sa veste, cela nous paroîtroit ridicule: mais quand tout est entendu, on trouve que, quoy que toutes les Nations agissent presque sur divers principes, tout revient à peu prés au même; & que nulle part il n'y a guere rien de merveilleux, ny d'extravagant. Mais c'est assez parlé sur ce sujet, je reviens à la bonne-chere des Siamois.

XI. Laictage de Siam. Ils ont du lait de buffle-femelle, qui a plus de crême, que celuy de leurs vâches : mais ils ne font aucune sorte de fromage, & guere de beurre. Le beurre y prend difficilement de la consistence à cause de la chaleur, & celuy qu'on y porte de Suratte & de Bengale par des Climats si chauds, est bien mauvais & presque fondu en arrivant.

XII. Comment les Siamois déguisent leurs mets. Ils déguisent le poisson sec en plusieurs manieres, sans en varier l'apprêt. Par exemple, ils le couperont en filets menus & tortillez, comme les *vermicelli* des Italiens, ou les *œufs-filez* des Espagnols. Les Chinois sont si adonnez à cette maniere de déguiser leurs mets, qu'ils feront, par exemple, d'un canard un soldat, d'un ananas un dragon; & ce dragon sera peint de plusieurs couleurs. Autrefois en Europe on servoit parmy le Fruit plusieurs figures de sucre, mais on ne les mangeoit pas; & les Allemans les appeloient *du Manger pour-voir*, *Schauvesson*.

Du Royaume de Siam.

XIII. Repas Chinois. De plus de trente mets, que l'on nous servît à Siam de la façon des Chinois, il ne me fut pas possible de manger d'un seul ; quoy qu'il me soit naturellement aussi aisé qu'à tout autre, de m'accommoder aux goûts étrangers. A la vûë donc d'un si étrange repas je demeuray plus persuadé de ce qu'on dit des Chinois, qu'ils tâtent sans dégoût aux excréments des hommes & des autres animaux, pour choisir les plus propres à engraisser les terres ; & qu'ils mangent communément de toutes les viandes, que nous avons en quelque sorte d'horreur, comme chats, chiens, chevaux, ânes, mulets.

XIV. Les Siamois aiment peu la chair, & n'ont point de boucherie. En quoy ils sont bien opposez aux Siamois, qui ne mangent d'aucune Chair que rarement, encore même qu'on leur en donne. Mais quand ils font tant que d'en manger, ils aiment mieux les boyaux, & tout ce qu'il y a de plus dégoûtant pour nous dans les intestins. Ils vendent dans leurs Bazars ou Marchez les insectes grillez ou rôtis ; & ils n'ont ny d'autre rôtisserie, ny d'autre boucherie. Le Roy de Siam nous faisoit donner la volaille, & les autres animaux en vie,

& c'étoit à nos gens à les égorger, & à les préparer pour nôtre Table. Mais en général toute Viande y est coriace, peu succulente & indigeste ; & peu à peu les Européans mêmes, qui demeurent à Siam, se portent à n'en guére manger. Les anciens Habitans de l'Isle de Rhodes n'estimoient pas, selon Elien, ceux qui préféroient la chair au poisson. Les Espagnols & les Italiens en mangent peu, & la mangent féche à force d'être rôtie ; & nous trouvons que les Anglois en mangent trop, & qu'ils la mangent trop cruë. C'est qu'à mesure que les Païs sont plus chauds, la sobrieté y est plus naturelle.

XV. La Volaille.

Les Siamois ne se donnent pas le soin d'avoir des chapons. Ils ont de deux sortes de poules, les unes sont pareilles aux nôtres, les autres ont la peau & la crête noires, mais la chair & les os blancs : & quand ces poules noires sont cuittes, on ne les sauroit distinguer des blanches ny par le goût, ny par la couleur ; quoy qu'il y ait des gens, qui trouvent les noires ordinairement meilleures. Les canards y sont en abondance & fort bons, mais c'est une viande qui donne aisément la gale, à ce que l'on dit. Les coqs-d'Inde nous sont venus de l'Inde Occidentale, & il n'y en a point à Siam.

Les paons & les pigeons y sont sauvages : toutes les perdrix y sont grises : les liévres y sont fort rares, & on n'y voit point de lapin : peut-être que la race ne s'y en pourroit conserver dans les bois, parmy toutes les Bêtes carnacieres, dont ils sont peuplez. Il y a quantité de francolins, & de bonnes beccassines : on y mange des tourterelles dont le plumage est varié, des perroquets, & divers petits oyseaux, qui sont bons.

XVI. Le Gibier.

Mais le Gibier est en sûreté parmy les Siamois : ils n'aiment ny à le tuer, ny à luy ôter la liberté. Ils haïssent les chiens, qui leur aideroient à le prendre; & d'ailleurs la hauteur des herbages, & l'épaisseur des Forêts y rendent la chasse difficile. Neanmoins les Mores s'y divertissent fort au Vol des faucons, & ces oyseaux leur viennent de Perse.

XVII. La chasse.

Une chose qui paroîtra singuliere (quoy qu'elle soit commune au Bresil, & peut-être à d'autres Païs chauds) c'est que presque tous les oyseaux sont

XVIII. Singularité des oyseaux de Siam.

beaux à voir à Siam, & qu'ils y font tous defagreables à entendre. Il y en a de plufieurs fortes, qui imitent la Parole : tous ont quelque cry, & point de ramage. Et quoy qu'il y ait en ce Païs-là quelques-uns des oyfeaux que nous avons en celuy-cy, ce ne font, par exemple, ny les roffignols ny les ferins, mais les moineaux, les paons, les corneilles, les vautours. Les moineaux entrent fans crainte dans les chambres, pour y manger les petits infectes, dont tout fourmille. Les corneilles & les vautours y font en tres-grand nombre & fort familiers; parce que perfonne ne les effarouche, & que le Peuple leur donne à manger par Charité. Il leur donne même pour l'ordinaire les enfans, qui meurent avant l'âge de trois ou quatre ans.

XIX. Ce que nous appellons viande de boucherie ne vaut rien à Siam.

Le cabrit & le mouton y font rares, petits, & pas trop bons : on n'en trouve à acheter que chez les Mores; mais le Roy de Siam en fait nourrir pour luy quelque quantité. Ils gardent d'ordinaire le bœuf & le buffle pour le labourage, & vendent les vâches, & le tout eft affez mauvais à manger.

XX. Bonté du cochon.

Le cochon y eft fort petit, & fi gras, qu'il en eft dégoûtant. C'eft neanmoins la chair la plus faine, qu'on puisse manger dans la plûpart des Païs de la Zone Torride; & l'on y en donne aux Malades. Les cochons sont excellens aussi sur la Mer, quand ils y ont mangé de la mâchemourre, c'est à dire de la brisûre de biscuit : au lieu que les moutons y sentent souvent la laine, parce qu'ils se la mangent les uns aux autres, comme la volaille s'entre-mange aussi la plume.

Quant au prix des viandes dans le Royaume de Siam, une vâche n'y vaut que dix sol, dans les Provinces, & un écu, ou à peu prés, dans la Capitale : un mouton quatre écus : un cabrit deux ou trois écus (encore les Mores n'en vendent-ils qu'à regret ; parce que c'est leur principale nourriture.) Un cochon n'y vaut que sept sols, parce que les Mores n'en mangent pas. Les poules y valent environ vingt-sols la douzaine, & la douzaine des canards y vaut un écu.

<small>XXI. Le prix des viandes.</small>

Tous les Volatilles multiplient extrémement à Siam : la chaleur du Climat y couve presque les œufs. La Venaison aussi n'y manqueroit pas malgré le dégât qu'en font les Bêtes feroces, si les Siamois étoient avides

<small>XXII. Les Volatilles multiplient beaucoup à Siam.</small>

de bonne-chere : mais quand ils tuent des Cerfs & d'autres Bêtes, ce n'est que pour en vendre les peaux aux Hollandois, qui en font un grand Commerce au Jappon.

XXIII. Maladies des Siamois. Cependant à la honte, ce semble, de la sobrieté, ou parce qu'à proportion de la chaleur de leur estomach les Siamois ne sont pas plus sobres que nous, ils ne vivent guére plus long-temps, & leur vie n'est pas moins attaquée de maladies, que la nôtre. Parmy les plus dangereuses, les plus fréquentes sont les Cours-de-ventre & les Dissenteries, dequoy les Européans qui arrivent en ce Païs-là, ont encore plus de peine à se défendre, que les Naturels du Païs, parce qu'ils ne peuvent être assez sobres. Les Siamois sont quelquefois attaquez de fiévres chaudes, dans lesquelles le transport au cerveau se forme aisément, avec des fluxions sur la poitrine. D'ailleurs les Inflammations y sont rares, & la simple Fiévre-continuë n'y tuë personne, non plus que dans les autres Lieux de la Zone Torride. Les Fiévres intermittentes y sont rares aussi, mais opiniâtres, quoy que le frisson en soit fort court. Le chaud

extérieur

exterieur y affoiblit si fort la chaleur naturelle, qu'on n'y voit presque point de ces sortes de maladies, que nos Medecins appellent froides : Et cela est ainsi dans toute l'Inde, & même en Perse, où de cent Malades M^r. Vincent ce Medecin Provençal, dont j'ay déja parlé, dit qu'à peine en avoit-il trouvé un, qui eût la fiévre, ou quelque autre maladie chaude. La Toux, les Coqueluches, & toutes sortes de Fluxions & de Rhumatismes ne sont pas moins fréquentes à Siam, qu'en ces Païs-cy ; & je ne m'en étonne pas, puisque le temps y est tourné à la pluye pendant une si grande partie de l'année : mais la Goutte, l'Epilepsie, l'Apoplexie, la Phtysie & toutes sortes de Coliques, sur tout la Nephretique, y sont rares.

Il y a beaucoup de Cancers, d'Abcés, & de Fistules. Les Eresipeles y sont si fréquents, que de vingt hommes il y en a dix-neuf, qui en sont atteints ; & quelques-uns en ont les deux tiers du corps couverts. Il n'y a point de Scorbut, ny guére d'Hydropisie, mais beaucoup de ces Maladies extraordinaires, que le Peuple croit être causées par des sortiléges. Les Maux de débauche aussi n'y sont pas rares, mais ils ignorent s'ils sont anciens, ou récents en leur Païs.

XXIV. Ce que c'est que la Peste à Siam.

Enfin il y a des Maux contagieux, mais la véritable Peste de ce Païs-là est la petite Vérole. Elle y fait souvent des ravages effroyables, & alors ils enterrent les Corps sans les brûler : mais parce que leur Pieté leur fait toûjours desirer de leur rendre ce dernier honneur, ils les déterrent pour cela dans la suite : & ce qui m'a fort surpris, c'est qu'ils ne l'osent faire que trois ans aprés, ou plus-tard; parce qu'ils ont experimenté, à ce qu'ils disent, que cette Contagion recommence, s'ils les déterrent plûtôt.

CHAPITRE V.

Des Voitures, & de l'Equipage en general des Siamois.

I. Leurs animaux domestiques.

OUTRE le bœuf & le buffle, qu'ils montent communément, l'Elephant est leur seul animal domestique. La Chasse des Elephants est libre à tout le monde, mais ils ne vont à cette Chasse que pour les prendre, & jamais pour les tuer. Ils ne les coupent jamais; mais aussi pour le service ordinaire ne se servent-ils que des Elephants femelles : ils destinent les mâles à la guerre. Leur Pays n'est point propre à élever des chevaux, ou eux-mêmes ne savent pas les élever : mais je croy aussi que leurs pâturages sont trop grossiers & trop marécageux, pour donner du courage & de la noblesse à leurs chevaux; & cela fait qu'ils n'ont pas besoin de les couper pour les rendre plus traittables. Ils n'ont ny ânes, ny mulets : mais les Mores qui sont établis à Siam, ont quelques Chameaux, qui leur viennent de dehors.

Le Roy de Siam fait nourrir seulement environ deux-mille chevaux : il en a une douzaine de Persans, qui ne valent déja plus rien. L'Ambassadeur de Perse les luy donna il y a quatre à cinq ans de la part du Roy son Maître. D'ordinaire il envoye acheter des chevaux à Batavia, où ils sont tous petits & assez vifs, mais aussi rétifs que les Peuples Javans sont mutins; soit que le Pays le comporte ainsi, soit que les Hollandois ne sachent pas les mener.

II. Chevaux du Roy de Siam.

III.
Cavallerie & Infanterie de Batavia.

Je vis plus d'une fois dans les ruës de Batavia la Bourgeoisie de la Ville à cheval : mais à tout moment leurs rangs se confondoient, parce que la plûpart de leurs chevaux s'arrêtoient tout d'un coup, & refusoient de marcher ; & mon Hôte me dit sur cela que le défaut ordinaire des Chevaux Javans étoit d'être fort rétifs. La Compagnie Hollandoise entretient de l'Infanterie à Batavia, parmy laquelle il y a bon nombre de François. Pour ce qui est de la Cavallerie, il n'y en a point d'autre que la Bourgeoisie, qui malgré le chaud du Climat, se pare de bons buffles avec de riches manches de broderie d'or ou d'argent. Nul Bourgeois ne sert dans l'Infanterie : mais si un Soldat fait voir qu'il a dequoy s'établir & s'entretenir dans Batavia, soit par un mariage, soit par un mêtier, ils ne luy refusent jamais ny son congé, ny le Droit de Bourgeoisie.

IV.
Le Roy de Siam va peu ou point à cheval.

Quand nous y arrivâmes il y avoit deux Siamois pour acheter deux-cent chevaux pour le Roy leur Maître, dont ils en avoient déja fait partir pour Siam environ cent cinquante. Ce n'est pas que ce Prince aime à aller à cheval : cette monture luy semble & trop basse & de trop peu de défense ; car l'Elephant leur paroît bien plus propre pour le combat, quoy qu'à tout prendre on puisse raisonnablement douter s'il est plus propre à la guerre, comme je le feray voir dans la suite. Ils disent que cet animal sait défendre son Maître, le remettre sur son dos avec sa trompe s'il est tombé, & ruër par terre son Ennemy. Quand le Roy de Siam s'empara de la Couronne, le Roy son Oncle s'enfuit du Palais sur un Elephant, & non pas sur un cheval, quoy qu'un cheval semble bien plus propre à fuïr.

V. Elephant de garde dans le Palais.

Il y a toûjours au Palais un Elephant de Garde, c'est à dire enharnâché & prêt à monter, & il n'y a point de cheval de Garde. On m'a pourtant assuré que le Roy de Siam ne dédaigne pas absolûment de monter à cheval, mais qu'il n'y monte que fort rarement.

VI. On ne voit jamais le Roy de Siam de plain-pié.

En cet endroit du Palais, où est l'Elephant de Garde, il y a un petit échaffaut, auquel le Roy va de son appartement de plain-pié, & de cet échaffaut il monte aisément sur son

Elephant. Que s'il veut se faire porter en chaise par des hommes, ce qu'il fait quelquefois, il arrive aussi à cette sorte de voiture, à hauteur de s'y placer, ou par une fenêtre, ou par une terrasse : & ainsi jamais ses sujets, ny les Etrangers ne le voyent de plain-pié. Cet honneur est uniquement reservé à ses Femmes & à ses Eunuques, lorsqu'il est renfermé dans l'intérieur de son Palais.

VII. Chaises à porteurs.

Leurs chaises à porteurs ne sont pas comme les nôtres, ce sont des siéges quarrez & plats, plus ou moins élevez, qu'ils mettent & affermissent sur des civieres. Quatre ou huit hommes, (car la dignité en cela est dans le nombre) les portent sur leurs épaules nuës, un ou deux à chaque bâton, & d'autres hommes relayent ceux cy. Quelquefois ces siéges ont un dossier & des bras comme nos fauteüils, & quelquefois ils sont simplement entourez, horsmis pardevant, d'une petite balustrade d'un demi-pié de haut : mais les Siamois s'y placent toûjours les jambes croisées. Quelquefois ces siéges sont découverts, quelquefois ils ont une imperiale ; & ces imperiales sont de plusieurs sortes, que je décriray en parlant des *Balons*, au milieu desquels ils placent aussi de ces siéges, aussi bien que sur le dos des Elephans.

Toutes les fois que j'ay vû le Roy de Siam sur un Elephant, son siége étoit sans imperiale, & tout ouvert par devant. Par les côtez, & par le derriere s'élevoient jusqu'à la hauteur de ses épaules trois grands feüillages, ou pennaches dorez, & recourbez un peu en dehors par la pointe : mais quand ce Prince s'arrêtoit, un homme à pié, qui se tenoit debout à dix ou douze pas de luy, le mettoit à couvert du Soleil avec un fort haut para-sol en forme de pique, dont le fer auroit trois ou quatre piés de diametre : & ce n'étoit pas une petite fatigue, lorsque le vent donnoit dessus. Cette sorte de para-sol, qui n'est que pour le Roy, s'appelle *Pat bóouk*.

VIII. L'Imperiale n'est point fort honorable à Siam, mais le Para-sol.

Pour revenir à la voiture de l'Elephant, ceux qui le veulent conduire eux-mêmes se mettent sur son col comme à cheval, mais sans aucune sorte de selle; & avec une espece de pic de fer ou d'argent ils luy picquent la tête, tantôt à droite, tantôt à gauche, ou tout au milieu du front, en

IX. Comment ils montent un Elephant.

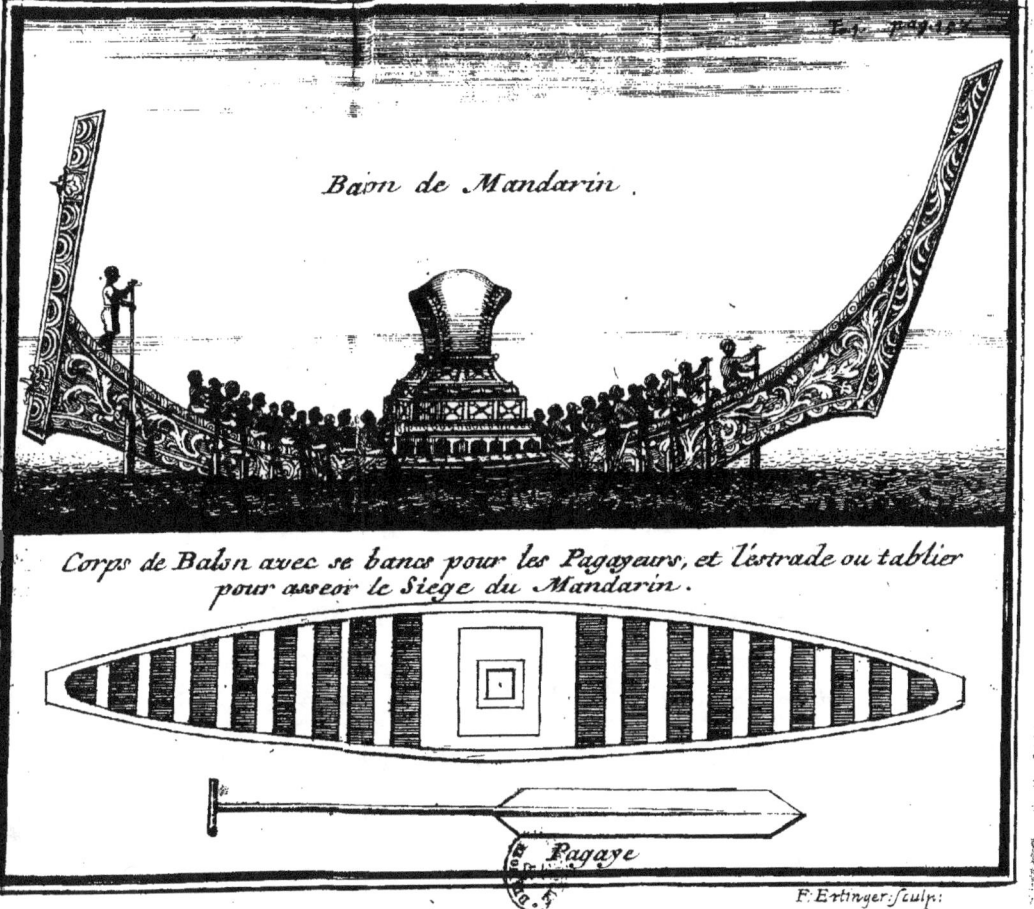

dit que le corps d'un Balon n'est que d'un seul arbre long quelquefois de 16. à 20. toises. Deux hommes assis les jambes croisées côte à côte l'un de l'autre sur une planche mise en travers, suffisent pour en occuper toute la largeur. L'un pagaye à droite, & l'autre à gauche. Pagayer c'est ramer avec la pagaye, & la pagaye est une rame courte, qu'on tient à deux mains, par le milieu, & par le bout. Il semble qu'on n'en fasse que balayer l'eau quoy qu'avec force. Elle n'est point attachée au bord du balon, & celuy, qui la manie, regarde où il va; au lieu que celuy qui rame, a le dos tourné à sa route.

Il y a quelquefois dans un seul balon jusqu'à cent ou six vingt pagayeurs rangez ainsi deux à deux les jambes croisées sur des planchettes : mais les moindres Officiers ont des balons beaucoup plus courts, ou peu de pagayes, comme 16. ou 20. suffisent. Les pagayeurs, afin de plonger la pagaye de concert, chantent, ou font des cris mesurez ; & ils plongent la pagaye en cadence avec un mouvement de bras & d'épaules qui est vigoureux, mais facile & de bon-

XI. Description exacte d'un balon.

ne grace. Le poids de cette espece de Chiourme sert de leste au balon, & le tient presque à fleur-d'eau, ce qui fait que les pagayes sont fort courtes. Et l'impression que le balon reçoit de tant d'hommes, qui plongent la pagaye en même temps avec effort, fait qu'il se balance toûjours d'un mouvement qui plaît à la veuë, & qui se remarque encore davantage à la prouë & à la pouppe; parce qu'elles sont plus élevées, & pareilles au col, & à la queuë de quelque dragon, ou de quelque poisson monstrueux, dont les pagayes de part & d'autre paroissent ou les aîles, ou les nageoires. A la prouë un seul pagayeur occupe le premier rang, sans qu'il puisse avoir un camarade à son côté. Il n'a pas même assez d'espace pour croiser sa jambe gauche avec la droite, & il est obligé de l'allonger en dehors par dessus un bout de bâton, qui sort du côté de la prouë. C'est ce Vogu'avant ou premier pagayeur, qui donne le mouvement à tous les autres. Sa pagaye est un peu plus longue, parce qu'il est placé en cet endroit, où la prouë commence déja à s'élever, & qu'il en est d'autant plus éloigné de

l'eau. Il plonge une fois la pagaye à châque mesure, & quand il faut aller plus vîte il la plonge deux fois; & de temps en temps, & seulement pour la bonne grace, en levant la pagaye avec un cry, il fait jaillir l'eau bien loin, & le coup d'aprés tout l'Equipage l'imite. Celuy qui gouverne se tient toûjours debout à la pouppe en un endroit, où elle s'éleve déja beaucoup. Le gouvernail est une pagaye fort longue, qui ne tient point au balon, & à laquelle celuy qui gouverne ne semble donner d'autre mouvement, que de la tenir bien perpendiculaire dans l'eau, & contre le bord du balon tantôt du côté droit, & tantôt du côté gauche. Les femmes esclaves pagayent aux balons des Dames.

Dans les balons du service ordinaire, où il y a moins de pagayeurs, il y a au milieu une loge de bambou, ou d'autre bois, sans peinture ny vernis, dans laquelle peut tenir toute une famille; & quelquefois cette loge a un appentis plus bas par devant, sous lequel sont les esclaves: & bien des Siamois n'ont point d'autre habitation. Mais dans les balons de cérémonie, ou dans ceux du Corps du Roy de

XII. Diverses especes de balons.

Siam, que les Portugais ont appelé *Balons d'Etat*, il n'y a au milieu qu'un siége, qui occupe presque toute la largeur du balon, & où il ne tient qu'une personne & ses armes, le sabre & la lance. Si c'est un Mandarin ordinaire, il n'a qu'un simple para-sol comme les nôtres pour se mettre à couvert : si c'est un Mandarin plus considerable, outre que son siége est plus élevé, il est couvert de ce que les Portugais ont nommé *Chirole*, & les Siamois *Coup*. C'est un berceau tout ouvert par devant & par derriere fait de bambous fendus & entrelacez, & enduit dehors & dedans d'un vernis noir ou rouge. Le vernis rouge est pour les Mandarins de main droite, le noir est pour ceux de main gauche, distinction que j'expliqueray en son lieu. Outre cela les bords de la chirole sont dorez par dehors de la largeur de trois ou quatre pouces, & l'on prétend que c'est dans les façons de ces dorures, qui ne sont pas pleines, mais comme de la broderie, que sont les marques de la Dignité du Mandarin. Il y a aussi des chiroles couvertes d'étoffe, mais elles ne servent pas pour le temps des pluyes.

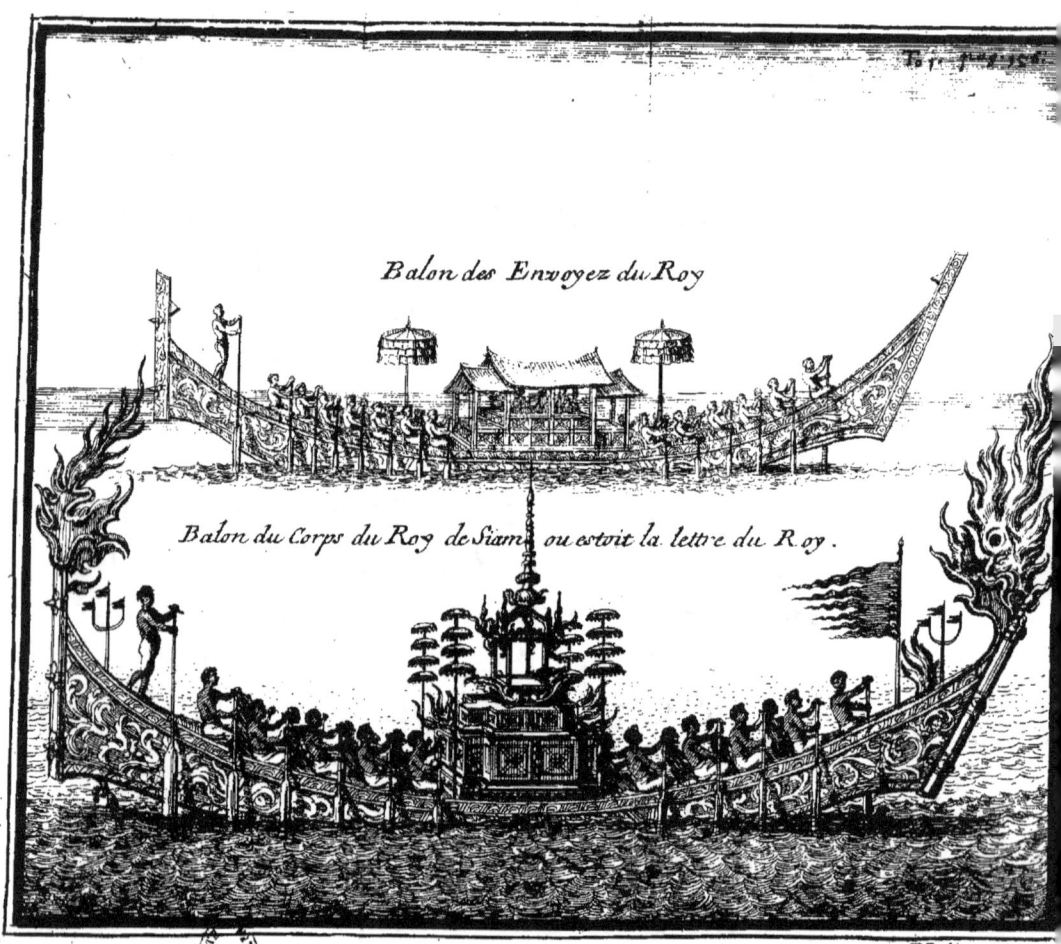

Du Royaume de Siam. 157

Celuy qui commande l'Equipage, & qui frappe quelquefois du bâton, mais fort rarement, ceux qui pagayent mollement & hors de mesure, se place les jambes croisées devant le siége du Mandarin, sur l'extrémité de l'estrade ou du tablier, sur lequel le siége est posé & affermy. Que si le Roy vient à passer, le Mandarin descend lui-même sur cette estrade, & s'y prosterne; tout son Equipage se prosterne aussi, & son balon ne va point que celuy du Roy n'ait disparu.

Les Imperiales des Balons d'Etat sont fort dorées, aussi bien que les pagayes: elles sont soûtenuës par des colonnes, & comblées de plusieurs ouvrages de sculpture en Pyramides, & quelques-unes ont des appentis contre le Soleil. Au balon où est la Personne du Roy, il y a quatre Comites ou Officiers pour commander l'Equipage, deux devant & deux derriere: ils se tiennent assis les jambes croisées: & voilà quel est l'appareil des Balons.

XIII. Les Balons du Corps, que l'on appelle d'Etat.

Or comme ces bâtimens sont fort étroits & fort propres à fendre l'eau, & que l'Equipage en est nombreux, on ne sauroit imaginer avec quelle

XIV. Vitesse des Balons.

rapidité il les emporte même contre le courant, & combien il fait beau voir un grand nombre de balons voguer ensemble en bon ordre.

XV. Entrée des Envoyez du Roy dans la Riviere.

J'avouë que quand les Envoyez du Roy entrérent dans la Riviere, la beauté du spectacle me surprit. La Riviere est d'une largeur agréable, & malgré ses détours on découvre toûjours une assez grande étenduë de son canal, dont les bords sont deux espaliers continuëls de verdure. Ce seroit le plus beau Théatre du monde pour les Fêtes les plus galantes & les plus magnifiques : mais nulle magnificence ne frappe, comme une grande multitude d'hommes appliquez à vous servir. Il y en avoit prés de trois mille sur soixante-dix ou quatre-vingt balons, qui faisoient le Cortége des Envoyez du Roy. Ils voguoient sur deux colonnes, & laissoient le Balon des Envoyez du Roy au milieu. Tout étoit animé & en mouvement : les yeux étoient occupez par la diversité & le nombre des balons, & par la beauté du lit de la Riviere ; & cependant les oreilles étoient diverties par un bruit barbare, mais agréable, de chants, de cris, & d'instrumens, à travers dequoy l'imagination ne laissoit pas d'avoir un goût sensible du silence naturel de la Riviere. Pendant la nuit ce fut une autre sorte de beauté, parce que châque balon avoit son fanal; & qu'un bruit qui plaît, plaît encore davantage dans la nuit.

On assûre à Siam que la Cour y étoit autrefois fort magnifique; c'est à dire qu'il y avoit un grand nombre de Seigneurs parez de riches étoffes, & de beaucoup de pierreries, & toûjours accompagnez de cent, & même de deux-cent esclaves, & d'un nombre considérable d'Elephants: mais cela n'est plus, depuis que le Roy Pere du Roy d'aujourd'huy eût fait périr presque tous les Siamois les plus considérables, & par conséquent les plus à craindre, tant ceux qui l'avoient servi dans sa révolte, que ceux qui luy avoient été contraires. Aujourd'huy trois ou quatre Seigneurs seulement ont permission d'avoir de ces chaises à porteurs, dont j'ay parlé. Le Palenquin (qui est une espece de lit, qui pend presque jusqu'à terre d'une grosse barre, que des hommes portent sur leurs épaules) est permis aux malades, & à quelques vieillards incom-

XVI. Ancienne Magnificence de la Cour de Siam.

modez, car c'est une voiture où l'on ne se peut tenir que couché. Mais quoy que les Siamois ne puissent librement user de ces sortes de commoditez, les Européans qui sont à Siam, ont sur cela plus de permission.

XVII. Les Parasols.

L'usage des para-sol, en Siamois *roum*, est aussi une grace que le Roy de Siam ne fait pas à tous ses sujets, quoy que le Para-sol soit permis à tous les Européans. Ceux qui sont semblables aux nôtres, c'est à dire qui n'ont qu'un rond, sont les moins honorables, & la plûpart des Mandarins en ont. Ceux qui ont plusieurs ronds autour d'un même manche, comme si c'étoient plusieurs para-sol entez l'un sur l'autre, sont pour le Roy seulement. Ceux que les Siamois appellent *Clot* qui n'ont qu'un rond, mais duquel pendent deux ou trois toiles peintes comme autant de pentes, l'une plus bas que l'autre, sont ceux que le Roy de Siam donne aux Sancrats ou Superieurs des Talapoins. Ceux qu'il avoit donnez aux Envoyez du Roy étoient de cette derniere espéce & à trois toiles. L'on en peut voir la figure dans celle du balon des Envoyez du Roy.

XVIII. *Le Parasol des Talapoins, & l'origine du mot Talapoin.*

Les Talapoins ont des para-fol en forme d'écran, qu'ils portent à la main. Ils font d'une feüille de palmite coupée en rond & plissée, & dont les plis sont liez d'un fil prés de la tige, & la tige qu'ils rendent tortuë comme une S en est le manche. On les appelle *Talapat* en Siamois, & il y a de l'apparence que c'est de là que vient le nom de *Talapóï* ou de *Talapoin*, qui est en usage parmy les Etrangers seulement, & qui est inconnu aux Talapoins mêmes, dont le nom Siamois est *Tcháou-cou*.

XIX. *L'Elephant & le batteau permis à tout le monde.*

L'Elephant est la voiture de quiconque en peut prendre à la chasse, ou en acheter; mais le batteau est encore une voiture plus universelle: personne ne s'en sauroit passer à cause de l'inondation annuëlle du Païs.

XX. *Quand & comment le Roy de Siam se montre.*

Pendant que le Roy de Siam est dans sa Capitale, l'ancien usage de sa Cour voudroit qu'il se montrât au Peuple cinq ou six jours de l'année seulement, & qu'il le fit avec pompe. Autrefois les Rois ses Prédécesseurs labouroient les premiers la terre chaque année, jusqu'à ce qu'ils laissèrent cette fonction à *l'Oc-yàkáou*; & elle étoit accompagnée de beaucoup d'éclat. Ils fortoient aussi un autre jour pour faire sur l'eau une autre Cérémonie, qui n'étoit pas moins superfticieuse, ny moins éclatante. C'étoit pour conjurer la Riviere de rentrer dans son lit, lorsque l'Agriculture le demandoit, & que le vent tourné au Nord aſsûroit le retour du beau temps. Le Roy d'aujourd'huy a été le premier qui s'eſt diſpenſé de cette corvée, & il y a déja pluſieurs années qu'elle paroît abolie; parce, dit-on, que la derniere fois qu'il la fit, il eût la honte d'y être ſurpris de la pluye, quoy que ſes Aſtrologues luy euſſent promis un beau jour.

Fernand Mendez Pinto raconte que de ſon temps le Roy de Siam avoit accoûtumé de ſe montrer un jour de l'année monté ſur ſon Elephant blanc, de parcourir neuf ruës de la Ville, & de faire beaucoup de libéralitez au Peuple. Cette Cérémonie, ſi elle a été en uſage, eſt maintenant abolie. Le Roy de Siam ne monte jamais l'Elephant blanc : & la raiſon qu'ils en donnent, eſt que l'Elephant blanc eſt auſſi grand Seigneur que luy, parce qu'il a une ame de Roy comme luy.

Du Royaume de Siam. 163

Ainsi ce Prince ne se montre plus dans sa Capitale que deux fois l'année, au commencement du sixiéme & du douziéme mois, pour aller faire des aumônes d'argent, de pagnes jaunes, & de fruits aux Talapoins des principales Pagodes. Ces jours là, que les Siamois appellent *Van pra*, *jour saint ou excellent*, il va sur un Elephant aux Pagodes qui sont dans la Ville même, & par eau à une autre qui est à deux lieuës de la Ville en descendant la Riviere. Dans les jours suivants il envoye de pareilles aumônes aux Pagodes moins considérables : mais cela ne s'étend que jusqu'à deux lieuës de la Capitale ou environ. Et dans le dernier mois de l'année 1687. ce Prince n'alla nulle part en Personne : il se contenta d'envoyer par tout.

Si donc le Roy de Siam se montre dans sa Capitale, c'est pour des Cérémonies de Réligion. A Louvò, où il luy est permis de faire moins le Roy, il sort tres-souvent, ou pour la chasse du Tygre & de l'Elephant, où pour se promener ; & il sort avec si peu de faste, que quand il va de Louvò à sa petite maison de *Tleé-poussone* avec ses Dames, il ne donne aucune voiture

XXI. Le Roy de Siam vit avec moins de faste à Louvò, qu'à Siam.

aux femmes, qui les accompagnent pour les servir : ce qui est sans doute un respect de ces femmes esclaves envers leurs Maîtresses.

XXII. Cortege du Roy de Siam.

Il a neanmoins toûjours à sa suite deux à trois cent hommes tant à pié qu'à cheval ; mais qu'est-ce à comparaison de ces Cortéges de quinze & de vingt mille hommes que les Relations luy donnent dans les jours de Cérémonie? Devant luy marchent quelques gents à pié avec des bâtons, ou avec des sarbacanes à jeter des pois, pour écarter tout le monde de son chemin, & sur tout lorsque les Dames doivent le suivre : & même avant qu'il sorte on fait en ce cas-là avertir les Européans, s'il y en a d'arrivez depuis peu, de ne se point trouver à sa rencontre ; car pour tous les Asiatiques, ils connoissent assez cette coûtume qui est de toutes les Cours de l'Asie. Barros dit que dans la veritable Inde, quand un Noble va dans les ruës, il se fait toûjours preceder par quelqu'un de ses Domestiques, qui crie *pò, pò*, c'est à dire gare, gare ; afin que tous les roturiers s'écartent. Osorius dit que c'est le roturier qui est obligé de crier, & il ajoûte que c'est de peur que quelque Noble ne le touche par mégarde, & ne se vange de cet affront en le tüant. J'appelle Nobles les *Naïres*, qui seuls font profession des armes, & qui se croyent soüillez, quand ils ont touché un roturier. A Siam & à la Chine les principaux Magistrats ont des suppôts qui les précédent, qui font ranger le Peuple, & qui châtieroient à coups de bâton ceux qui ne se retireroient pas, où qui ne rendroient pas à leur Maître tous les autres respects, qui luy sont dûs, & qu'en ces Païs-cy nous trouverions bien insupportables. Il ne faut donc pas s'étonner si le Roy de la Chine, le Grand-Mogol, le Roy de Perse, & les autres Potentats Asiatiques ont crû qu'il étoit de leur dignité d'avertir ainsi le Peuple de leur marche. Ceux qui précédent pour cela le Roy de Siam, s'appellent *Conlaban* & *Coeng*. Les *Conlaban* tiennent la droite, & les *Coeng* la gauche; & nous verrons dans la Liste de certains Officiers, que *Coeng* est le titre du Prevôt. C'est pour le même sujet, c'est à dire pour écarter le Peuple loin de la Personne du Roy de Siam quand il passe, que deux Officiers de sa Garde à cheval de *Mên* &

de *Láos* marchent à ses deux côtez; mais à 50. ou 60. pas de luy. Ses Courtisans se trouvent les premiers au rendez-vous, ou bien ils suivent quelquefois à pié les mains jointes sur la poitrine. Quelquefois ils suivent à cheval, quelquefois sur des Elephants, mais en ce cas-là leurs Elephants n'ont point de chaise. Les Gardes à pié & à cheval suivent aussi, mais à la débandade & sans aucun ordre; & si ce Prince s'arrête, tous ceux qui le suivent à pié, se prosternent sur les genoux & sur les coudes, & ceux qui le suivent à cheval ou sur des Elephants se baissent entierement sur ces animaux. Ceux que l'on nomme *Scháou-moû* suivent aussi, & à pié : ce sont des Domestiques du Roy, qui ne sont pas esclaves. Les uns portent ses armes, & les autres ses boëtes à Betel & à Arek.

XXIII. Respect singulier des Siamois pour leur Roy.

Lorsque ce Prince donna aux Envoyez du Roy le divertissement de la prise d'un Elephant, une douzaine de Seigneurs habillez de rouge & avec leurs bonnets rouges, arriverent avant luy au lieu du spectacle, & s'assirent à terre les jambes croisées devant l'endroit, où se devoit tenir le

Roy leur Maître. Ils étoient tournez vers le lieu du spectacle ; mais dés qu'ils entendirent le bruit de la marche de ce Prince, ils se prosternérent sur les genoux & sur les coudes vers le lieu d'où venoit le bruit, & à mesure que le bruit approchoit ils se tournoient peu à peu & toûjours vers le bruit, & demeuroient toûjours prosternez : de sorte que quand le Roy leur Maître fut arrivé, ils se trouvérent prosternez vers luy, & le dos tourné au spectacle ; & tant que le spectacle dura ils ne firent aucun mouvement, & ne donnerent jamais aucun signe de curiosité. Mais mon discours m'ameine insensiblement à parler des Spectacles & des autres divertissements des Siamois.

CHAPITRE VI.
Des Spectacles, & des autres Divertissements des Siamois.

LE lieu, où est l'Elephant que l'on veut prendre, est comme une trenchée fort large & assez longue : je dis comme une trenchée, parce qu'on ne l'a pas faite en creusant, mais en élevant la terre presque à plom de châ-

I. Maniere de prendre un Elephant sauvage.

que côté, & c'est sur ces terrasses que se tiennent les Spectateurs. Dans le fond qui est entre ces terrasses, est un double rang de troncs d'arbres de plus de dix piés de haut, plantez en terre, assez gros pour pouvoir résister aux efforts de l'Elephant, & assez loin l'un de l'autre pour laisser passer un homme dans l'entre-deux, mais trop prés pour y laisser passer un Elephant. C'est entre ces deux rangs de troncs, que les Elephans femelles aprivoisez, qu'on avoit menez dans les Bois, avoient attiré un Elephant mâle & sauvage. Ceux qui les y meinent, se couvrent de feüilles, pour ne pas effaroucher les Elephants des Bois, & les Elephants femelles ont assez d'intelligence, pour faire les cris propres à appeler les mâles. Celuy-cy s'étoit déja engagé dans le double rang de troncs en suivant les femelles, & il ne pouvoit plus retourner dans les Forêts; mais il étoit question de le prendre & de le lier, pour le renfermer & l'apprivoiser. L'issuë de l'espace où il étoit, est un coridor étroit, fait aussi de gros troncs d'arbres. Dés que l'Elephant est entré dans ce coridor, la porte par laquelle

le il y entre, & qu'il ouvre en la poussant devant luy avec sa trompe, se referme de son propre poids: l'autre porte par laquelle il doit sortir se trouve fermée; & d'ailleurs l'espace est si étroit qu'il ne sauroit entiérement s'y tourner. La difficulté étoit d'engager l'Elephant sauvage dans ce coridor, & de l'y engager seul; car les femelles étoient encore avec luy dans la trenchée, & il ne se séparoit point d'elles. Plusieurs Siamois qui se tenoient derriere les troncs au pié des terrasses, où l'Elephant ne pouvoit les aller chercher, entroient de toutes parts par entre les troncs dans l'espace, où étoit l'Elephant, pour le harceler; & quand l'Elephant en poursuivoit quelqu'un, il se refugioit bien vîte derriere les troncs, entre lesquels l'Elephant irrité poussoit vainement sa trompe, & contre lesquels il cassa le bout d'une de ses dents. Pendant qu'il couroit ainsi aprés ceux qui l'agaçoient, d'autres luy jetoient de longs lacets, dont ils retenoient l'un des bouts: & ils les luy jetoient avec tant d'adresse, que l'Elephant en courant ne manquoit presque jamais de mettre dedans l'un des piés de derriére; de forte qu'en tirant diligemment le bout du lacet, ils le ferroient un peu au deffus du pié de l'Elephant. Ces lacets étoient de groffes cordes, dont l'un des bouts étoit pafsé dans l'autre en nœud coulant, & l'Elephant en traînoit trois ou quatre à châque pié de derriere; car dés qu'une fois le lacet eft ferré, on en lâche le bout pour n'être pas foy-même entraîné par l'Elephant. Plus il s'irritoit, moins il revenoit aux femelles; & cependant pour les faire fortir de cet efpace, un homme monté fur une autre femelle y entroit, & en reffortoit à plufieurs reprifes par le coridor, & cette femelle qu'il montoit, appeloit les autres par un coup fec, qu'elle donnoit contre terre avec fa trompe. Elle la dardoit perpendiculairement en bas évitant néanmoins de frapper tout à fait du bout, qu'elle tenoit recourbé en haut. Et dés qu'elle avoit fait cet appel deux ou trois fois de fuite, celuy qui la montoit, la faifoit reffortir par le coridor. Enfin aprés qu'on eut fait faire cinq ou fix fois ce même manége à cette femelle, les autres femelles la fuivirent, & bien-tôt aprés l'Elephant revenu à luy-même, parce qu'on ceffa de l'irriter, se détermina d'aller aprés elles. Il poussa devant luy la prémiére porte du coridor avec sa trompe, & dés qu'il fût entré, on luy jeta plusieurs seaux d'eau sur le corps pour le rafraîchir, & avec une vîtesse & une adresse incroyables on le lia aux troncs du coridor avec les lacets, qui tenoient déja à ses piés. Ensuite on fit entrer à reculons dans le coridor un Elephant apprivoisé, au col duquel on lia le sauvage aussi par le col, & en même temps on le détacha des troncs ; & deux autres Elephants privez ayant encore été menez au secours, tous les trois, l'un d'un côté, l'autre de l'autre, & le troisiéme par derriére menérent le sauvage sous un hangar qui étoit fort proche, où on l'attacha & serra de prés par le col à un pivot planté tout droit, qu'il faisoit tourner à mesure qu'il tournoit autour. On disoit qu'il ne devoit être à ce pivot que vingt-quatre heures, & que dans cet espace de temps on luy meneroit deux ou trois fois des Eléphans privez pour luy tenir compagnie, & le consoler : qu'aprés les vingt-quatre heures on le conduiroit dans la loge qu'on lui avoit destinée; & que dans huit jours il au-

H ij

roit pris son parti & se seroit resolu à l'esclavage.

11. Ce que les Siamois pensent de l'Elephant.

Ils parlent d'un Elephant comme d'un homme, ils le croyent parfaitement raisonnable, & ils en content des choses si raisonnées, qu'il n'y manque que la parole. En voicy une, par exemple, dont on croira ce que l'on voudra. On nous a donné pour une verité tres-connuë, qu'un homme ayant cassé un coco sur la tête d'un Elephant qu'il montoit, & s'étant servi pour cela du dos de cette espéce de pic, avec lequel j'ay dit qu'on conduit les Elephants, cet animal conçût le desir de s'en venger dés qu'il le pourroit. Il ramassa, dit-on, avec sa trompe l'un des éclats du coco & le garda plusieurs jours, ne le lâchant jamais que pour manger, pendant quoy il le tenoit soigneusement entre ses deux piés de devant. Enfin celui qui lui avoit fait l'affront, s'étant approché de lui pour lui donner à manger, l'Elephant le saisit, le foula aux piés, & le tua, & mit pour sa justification l'éclat de coco sur le corps mort. C'est en ces termes qu'on nous fit ce récit : car les Siamois croyent que les Elephants sont capables de justice, & de profiter des châtimens les uns des autres; & ils disent qu'à la guerre par exemple, quand ces animaux se mutinent, on n'a qu'à en tuër quelqu'un sur le champ, pour rendre tous les autres sages. Mais ces contes & plusieurs autres, que j'ay oubliez, sentent fort la fable; & pour ne pas sortir de l'exemple, que je viens de rapporter, il est, ce me semble, bien évident, que si l'Elephant offensé eût raisonné, il n'auroit pas attendu d'autre occasion de vengeance, mais qu'il se seroit vengé sur le champ; puis que tout Elephant peut jeter par terre avec sa trompe l'homme qui le monte, & l'ayant jeté par terre le fouler aux piés, & le tuër.

Pour moy dans le temps que j'ay été à Siam je n'ay rien vû faire de merveilleux à aucun de ces animaux, quoy que je sois persuadé d'ailleurs qu'ils sont plus dociles que les autres. On en embarqua trois jeunes, que le Roy de Siam envoyoit à Messeigneurs les trois Princes petits fils de France. Les Siamois qui les avoient amenez à bord de nos Vaisseaux pour les embarquer, prirent congé d'eux, com-

III. Comment les Siamois prirent congé de trois Elephans, que le Roy de Siam envoyoit en France.

me ils euſſent pû faire de trois de leurs Camarades, & leur dirent à chacun à l'oreille: allez, partez avec joye, vous ſerez eſclaves à la verité, mais vous le ſerez des trois plus grands Princes du Monde, dont le ſervice eſt auſſi doux qu'il eſt glorieux. On les guinda enſuite dans les Vaiſſeaux, & parce qu'ils ſe baiſſérent pour paſſer ſous les ponts, on ſe récria d'admiration, comme ſi tous les animaux n'en faiſoient pas autant pour paſſer dans les lieux bas.

IV. L'Eléphant eſt fort dangereux quand il eſt en chaleur.

Un jour à Louvò un Eléphant déchira dans la ruë le frere d'un jeune Mandarin, qui étoit auprés des Envoyez du Roy, comme M. Torpff avoit été auprés des Ambaſſadeurs de Siam. On diſoit à la verité que l'Elephant étoit en chaleur, mais cette chaleur n'étoit pas d'une bête plus raiſonnable, mais ſeulement plus feroce que les autres. Auſſi pour rendre les Elephants de guerre plus doux, les accompagne-t-on de femelles, même lorſqu'on les meine boire & ſe laver, & je ne ſay ſi ſans ce cortége on en pourroit toûjours venir à bout. Les Siamois diſent que les Elephants ſont ſenſibles à la grandeur, qu'ils aiment à avoir une grosse maison, c'est à dire plusieurs valets pour leur service, & des femelles pour leurs maîtresses, (dont neanmoins on dit que les Elephants ne desirent le commerce que dans les Forêts, tant qu'ils sont sauvages & en pleine liberté :) que sans ce faste ils s'affligent du peu d'égard que l'on a pour eux ; & que quand ils font quelque grande faute, le plus rude châtiment qu'on leur puisse faire souffrir, c'est de retrencher leur maison, de leur ôter leurs femelles, de les chasser du Palais, & de les renvoyer dans des loges de dehors. Ils disent qu'un Elephant ayant été puni de cette sorte, & étant venu à bout de se mettre en liberté, s'en retourna à sa loge du Palais, & tua l'Elephant qu'on avoit mis à sa place : ce qui ne me paroît ny incroyable ny merveilleux pourvû que le chemin ait été libre & ouvert : car châque animal aime son gîte ordinaire, & selon qu'il sera plus ou moins courageux, il fera plus ou moins d'effort pour en chasser un autre animal.

Pour revenir aux divertissemens de la Cour de Siam, nous vîmes un combat de deux Elephants de Guerre. Ils

V. Combat d'Elephants.

étoient retenus par les piés de derrière avec des cables, que plusieurs Siamois tenoient, & qui outre cela étoient attachez à des cabestans. A peine les Elephans pouvoient-ils croiser leurs trompes dans le choc : deux hommes étoient montez sur châcun d'eux pour les animer ; mais aprés cinq ou six attaques le combat finit, & l'on fit approcher les femelles, qui separerent les mâles. Chez le Grand-Mogol on permet aux Elephants de s'approcher davantage, & ces animaux tâchent à abbattre le Conducteur l'un de l'autre, & souvent ils l'abbattent & le tüent. A Siam on n'expose ny par jeu, ny par exercice la vie des hommes, ny celle des bêtes.

VI. Combat de Coqs. On y aime le combat des Coqs. Les plus courageux ne sont pas toûjours les plus grands, mais ceux qui sont naturellement les mieux armez, c'est à dire ceux qui ont de meilleurs ergots. Si un coq tombe, ils luy donnent à boire ; parce qu'ils savent par expérience que ce n'est souvent qu'un effet de la soif, & en effet il recommence d'ordinaire le combat aprés s'être desaltéré. Mais comme il en coûtoit presque toûjours la vie à l'un des coqs, le Roy de Siam a défendu ces sortes de duëls; parce que les Talapoins crioient, & disoient que les maîtres des coqs pour leur punition se battroient en l'autre Monde à coups de barres de fer. Je me dispensay d'assister à un combat d'un Elephant & d'un Tygre, parce que le Roy de Siam n'y devoit pas être, & que je savois qu'on ne laisseroit pas à ces animaux la liberté de s'abandonner à tout leur courage. On me raporta que le Tygre avoit été fort lâche, & que le spectacle avoit fort mal reüssi. La Chasse des Elephants faite par une enceinte de feux dans les Forêts a été décrite par d'autres : le Roy de Siam n'alla point à celle qui se fit pendant que les Envoyez du Roy étoient à sa Cour, & ils n'en fûrent point priez; mais voicy les autres divertissemens qu'on leur donna tous à la fois & dans une vaste court.

L'un fut une Comédie Chinoise que j'eusse volontiers vûë jusqu'à la fin, mais on la fit cesser après quelques Scénes, pour aller dîner. Les Comédiens Chinois, que les Siamois aiment sans les entendre, s'égosillent en ré-

VII. Comedie Chinoise.

citant. Tous leurs mots sont monosyllables, & je ne leur en ay pas entendu prononcer un seul, qu'avec un nouvel effort de poitrine : on diroit qu'on les égorge. Leur habillement étoit tel que les Relations de la Chine le décrivent, presque comme celuy des Chartreux, se rattachant par le côté à trois ou quatre agraffes, qui sont depuis l'aisselle jusqu'à la hanche, avec de grands placards quarrez devant & derriére, où étoient peints des dragons, & avec une ceinture large de trois doits, sur laquelle étoient de distance en distance, de petits quarrez, & de petits ronds ou d'écaille de tortuë, ou de corne, ou de quelque sorte de bois : & comme ces ceintures étoient lâches, elles étoient passées de chaque côté dans une boucle pour les soûtenir. L'un des Acteurs qui représentoit un Magistrat, marchoit si gravement, qu'il posoit premierement le pié sur le talon, & puis successivement & lentement sur la plante & sur les doits, & à mesure qu'il appuyoit sur la plante, il relevoit déja le talon, & quand il appuyoit sur les doits, la plante ne touchoit plus à terre. Au contraire un autre Acteur en se promenant comme un maniaque, dardoit ses piés & ses bras en plusieurs sens hors de toute mesure, & d'une maniere menaçante, mais bien plus outrée, que toute l'action de nos Capitans ou Matamores. C'étoit un Général d'Armée; & si les Relations de la Chine sont véritables, cet Acteur représentoit au naturel les affectations ordinaires aux Gens de Guerre de son Païs. Le Théatre avoit dans le fond une toile, & rien aux côtez, comme les Théatres de nos Saltinbanques.

VIII. Les Marionettes.

Les Marionettes sont muëttes à Siam, & celles qui viennent du Païs de Laos, sont encore plus estimées que les Siamoises. Ny les unes ny les autres n'ont rien, qui ne soit fort commun en ce Païs-cy.

IX. Danseurs de corde & autres sortes de Saltinbanques excellens.

Mais les Saltinbanques Siamois sont excellens, & la Cour de Siam en donne souvent le divertissement au Roy, quand il arrive à Louvò. Elien rapporte qu'Alexandre eût à ses Noces des Saltinbanques Indiens, & qu'ils fûrent estimez plus adroits que ceux des autres Nations. Voicy de leurs tours, qu'il faut pourtant avoüer que je n'ay pas consideré de prés & avec

H vj

soin, parce que j'étois plus attentif à la Comédie Chinoise, qu'à tous les autres spectacles, qu'on nous donnoit en même temps. Ils plantent un bambou en terre, & au bout de celuy-là ils en attachent un autre, & au bout de ce second un troisiéme, & au bout du troisiéme un cerceau : de sorte que cela fait comme le bois d'une raquette ronde, dont le manche seroit fort long. Un homme tenant les deux côtez du cerceau de ses deux mains pose sa tête sur la partie inférieure & intérieure du cerceau, léve son corps & ses piés en haut, & demeure en cette situation une heure, & quelquefois une heure & demie: puis il mettra un pié où il avoit mis la tête, & sans se tenir autrement, & sans poser l'autre pié, il dansera à leur maniére, c'est à dire sans s'élever, mais seulement en se donnant des contorsions. Et ce qui rend tout cela plus périlleux & plus difficile, c'est le balancement continuël du bambou. Ils appellent un danseur de bambou de cette espéce *Lot Boüang*, *lot* veut dire *passer*, & *boüang* veut dire *cerceau*.

X. Saltinbanques de Siam.

Il en mourut un, il y a quelques années, qui se jetoit du cerceau en bas, se soûtenant seulement par deux para-sol, dont les manches étoient bien attachez à sa ceinture : le vent le portoit au hazard tantôt à terre, tantôt sur des arbres, ou sur des maisons, & tantôt dans la Riviere. Il divertissoit si bien le Roy de Siam, que ce Prince l'avoit fait grand Seigneur : il l'avoit logé dans le Palais, & luy avoit donné un grand titre, ou comme ils disent un grand Nom. D'autres marchent, & dansent à la mode du Païs sans s'élever, mais avec des contorsions, sur un fil d'archal gros comme le petit doit, & tendu de la même maniére dont nos Saltinbanques tendent leur corde ; & ils disent que plus le fil est tendu, plus il est difficile de s'y tenir, parce qu'il fait plus de ressort, & qu'il en est d'autant plus incertain. Mais ce qu'ils estiment de plus difficile, c'est de monter sur ce fil d'archal par la partie de ce même fil, qui est attachée à terre, & d'en descendre par l'un des bambous, qui sont mis en sautoir pour le soûtenir : comme aussi de s'asseoir dessus le fil d'archal les jambes croisées, d'y tenir un de ces bandéges, qui leur servent de table, d'y manger, & de se relever

honoré par le Roy de Siam.

sur ses piés. Ils ne laissent pas aussi de monter & de danser sur une corde tenduë, mais sans contre-poids, & avec des babouches aux piés, & des sabres, & des seaux d'eau attachez à leurs jambes. Il y en a tel qui plante à terre une échelle fort haute, de laquelle les deux côtez sont des bambous, & les échelons sont des sabres, dont le trenchant est tourné en haut. Il monte jusqu'au bout de cette échelle, & se tient, & danse sans aucun appuy sur le trenchant du sabre, qui en fait le dernier échelon ; pendant que l'échelle a plus de mouvement qu'un arbre que le vent agite : puis il descend la tête premiere, & passe vîte en serpentant entre tous les sabres. Je le vis descendre, mais je ne pris pas garde quand il étoit sur le sabre le plus haut; & je n'allay pas voir si les échelons étoient des sabres : sans conter que les sabres peuvent n'être guére trenchans, sinon peut-être les plus bas, parce qu'ils sont les plus exposez à la vûë. J'obmets le reste de cette matiére, comme peu importante, & parce que je ne l'ay pas assez observée pour l'appuyer de mon témoignage.

L'Empereur Galba n'étant encore XI.
que Préteur donna au Peuple Romain Serpens
le spectacle de quelques Elephants sez.
danseurs de corde. Les Elephants de
Siam n'en savent pas tant, & les seuls
animaux que je sache que les Siamois
instruisent, sont de gros serpens, qui
sont, dit-on, fort dangereux. Ces
animaux s'agitent au son des instrumens, comme s'ils vouloient danser.
Mais celà passe pour Magie, parce que
toûjours en ce Païs-là, comme souvent en celuy-cy, ceux qui ont quelque artifice extraordinaire, disent
qu'il consiste en des paroles myste-
rieuses.

Les Siamois ont aussi des spectacles XII.
Réligieux. Quand les eaux commen- Spectacles
cent à se retirer, le Peuple les remer- illumina-
cie plusieurs nuits de suite par une les eaux &
grande illumination, non seulement sur la Ter-
de ce qu'elles se sont retirées, mais de re, &
la fécondité qu'elles ont donnée aux Palais.
terres. On voit alors toute la Riviere
couverte de lanternes nageantes, qui
passent avec elle. Il y en a de différentes grandeurs suivant la devotion
de châque Particulier ; & le papier
diversement peint, dont elles sont
faites, augmente le bel effet de tant

de lumieres. De même, pour remercier la Terre de la récolte, ils font pendant les premiers jours de leur année une autre illumination magnifique. La premiere fois que nous arrivâmes à Louvò ce fut de nuit, & au temps de cette illumination ; & nous vîmes les murailles de la Ville ornées de lanternes allumées de distance en distance ; mais le dedans du Palais étoit bien plus beau à voir. Dans les murs qui font les clôtures des courts, on a pratiqué tout autour trois rangs de petites niches, dans chacune desquelles brûloit une lampe. Les fenêtres & les portes étoient aussi toutes ornées de divers feux, & plusieurs fanaux grands & petits, de figures differentes, garnis de papier, ou de gase, & peints differemment, étoient pendus avec une agréable symmétrie à des branches d'arbres, ou à des poteaux.

XIII. Feux d'artifice fort beaux.
Je n'y vis point de feu d'artifice, en quoy neanmoins les Chinois de Siam excellent, & ils en firent de tresbeaux pendant nôtre séjour à Siam & à Louvò. A la Chine on fait aussi une illumination solemnelle au commencement de leur année, & en un autre

Du Royaume de Siam. 185

temps une autre grande Fête sur l'eau sans aucune illumination. Les Chinois ne conviennent pas dans les raisons qu'ils en donnent, mais ils n'en donnent point de Réligion, & celles qu'ils donnent, sont puériles & sentent la fable.

Il ne faut pas obmettre le Cerf-volant de papier, en Siamois *Váo*, amusement de toutes les Cours des Indes pendant l'hyver. Je ne sçay si c'est Réligion, ou non: mais le Grand-Mogol, qui est Mahometan & non pas Idolatre, s'y amuse aussi. Quelquefois on y attache un feu, qui en l'air paroît un astre; & quelquefois on y met une piéce d'or, qui est à celuy qui trouve le cerf-volant, en cas que le cordon casse, ou que le cerf-volant tombe si loin, qu'on ne puisse le retirer. Celuy du Roy de Siam est en l'air toutes les nuits pendant les deux mois d'hyver, & des Mandarins sont nommez pour se relayer à en tenir le cordon.

XIV. Cerf-volant de papier.

Les Siamois ont trois sortes de spectacles de Théatre. Celuy qu'ils appellent *Cône* est une danse à plusieurs entrées, au son du violon & de quelques autres instrumens. Les danseurs

XV. Trois sortes de spectacles de Theatre chez les Siamois.

sont masquez & armez, & représentent plûtôt un combat qu'une danse: & quoy que tout se passe presque en mouvemens élevez & en postures extravagantes, ils ne laissent pas d'y mêler de temps en temps quelque mot. La plûpart de leurs masques sont hideux & representent ou des bêtes monstrueuses, ou des especes de Diables. Le spectacle qu'ils appellent *Lacône* est un Poëme mêlé de l'Epique & du Dramatique, qui dure trois jours depuis huit heures du matin jusqu'à sept du soir. Ce sont des Histoires en vers, sérieuses, & chantées par plusieurs Acteurs toûjours présens, & qui ne chantent que tour à tour. L'un d'eux chante le rôle de l'Historien, & les autres ceux des Personages que l'Histoire fait parler : mais ce sont tous hommes qui chantent, & point de femmes. Le *Rabam* est une double danse d'hommes & de femmes, qui n'est point guerriére, mais galante, & on nous en donna le divertissement avec les autres, que j'ay dit cy-dessus que l'on nous avoit donnez. Ces Danseurs & ces Danseuses ont tous des ongles faux, & fort longs, de cuivre jaune: ils chantent des paroles en dansant; & ils le peuvent sans se fatiguer beaucoup, parce que leur maniére de danser n'est qu'une simple marche en rond, fort lente, & sans aucun mouvement élevé, mais avec beaucoup de contorsions lentes du corps & des bras, aussi ne se tiennent-ils pas l'un l'autre. Deux hommes cependant entretiennent le spectateur par plusieurs sottises que l'un dit au nom de tous les danseurs, & l'autre au nom de toutes les danseuses. Tous ces Acteurs n'ont rien de singulier dans leurs habits : seulement ceux qui dansent au Rabam & au Cône, ont des bonnets de papier doré, hauts & pointus à peu prés comme les bonnets de cérémonie des Mandarins, mais qui descendent par les côtez jusqu'au dessous des oreilles, & qui sont garnis de pierreries mal contrefaites, & de deux pendans-d'oreille de bois doré. Le Cône & le Rabam sont toûjours appelez aux funerailles, & quelquefois en d'autres rencontres; & il y a apparence que ces spectacles n'ont rien de Réligieux, puis qu'il est défendu aux Talapoins d'y assister. Le *Lacône* sert principalement pour solemniser la Fête de la

Dédicace d'un Temple neuf, lorsqu'on y place une statuë neuve de leur Sommona-Codom.

XVI. Lutte & Pugilar.
Cette Fête est encore accompagnée de Courses de bœufs, & de plusieurs autres divertissemens, comme de Lutteurs, & de Gens qui combattent à coups de coude & de poing. Dans les combats à coups de poing, ils garnissent leur main de trois ou quatre tours de corde à la place des anneaux de cuivre, dont se servent ceux de Láos en de tels combats.

XVII. Courses de bœufs.
La Course de bœufs se fait de cette maniére. On marque un espace de cinq-cent toises de long ou environ sur deux toises de large, avec quatre troncs qu'on plante aux quatre coings pour servir de bornes; & c'est au tour de ces bornes que se fait la Course. Au milieu de cet espace ils élévent un échaffaut pour les Juges; & afin de marquer plus précisément le milieu, qui est l'endroit d'où les bœufs doivent partir, ils plantent contre l'échaffaut un poteau fort élevé. Quelquefois ce n'est qu'un bœuf qui court contre un autre bœuf, l'un & l'autre conduits par deux hommes courants à pié, qui tiennent les rênes ou

plutôt le cordon passé dans les naseaux, l'un d'un côté, l'autre de l'autre; & d'espace en espace d'autres hommes sont placez pour relayer ceux qui courent. Mais le plus souvent c'est une paire de bœufs atelez à une charuë, qui court contre une autre paire de bœufs atelez à une autre charruë; des hommes les conduisent à droite & à gauche, comme quand ce n'est qu'un bœuf qui court contre un autre bœuf: mais outre cela il faut que châque charruë soit si bien soûtenuë en l'air par un homme courant, qu'elle ne touche jamais à terre, de peur qu'elle ne retarde les animaux qui la tirent; & ces hommes qui soûtiennent ainsi les charruës, sont relayez encore plus souvent que les autres. Or quoyque les charruës courent toutes deux de même sens tournant toûjours à droite autour de l'espace que j'ay dit, elles ne partent pas de même lieu. L'une part d'un côté de l'échaffaut & l'autre de l'autre, pour courir réciproquement l'une aprés l'autre. Ainsi au commencement de leur course elles regardent des lieux opposez, & elles sont éloignées l'une de l'autre de la moitié d'un tour, ou de la moitié de l'espace sur lequel elles doivent courre. Elles courent néanmoins de même sens, comme j'ay dit, tournant plusieurs fois autour des quatre bornes, dont j'ay parlé, jusqu'à ce que l'une attrape l'autre. Les spectateurs sont cependant tout autour, mais il n'est point nécessaire de barriéres pour les empêcher de trop approcher. Ces Courses sont quelquefois des sujets de pari, & les Seigneurs font nourrir & dresser pour cet exercice des bœufs petits, mais bien taillez ; & au lieu de bœufs ils se servent aussi de buffles.

XVIII. Course de balons.

Je ne say si je dois mettre parmi les spectacles, le plaisir qu'on nous donna d'une Course de balons, car à l'égard des Siamois c'est plûtôt un jeu qu'un spectacle. Ils choisissent deux balons les plus égaux en toutes choses qu'il est possible, & ils se divisent en deux bandes pour parier. Alors les Comites se tenant debout battent une mesure précipitée, non seulement en coignant du bout d'un long bambou qu'ils ont en leur main, mais par leurs cris & par l'agitation de tout leur corps. La Chiourme s'excite aussi elle même par plusieurs cris redoublez, & le spectateur qui parie, pousse aussi des cris, & ne se donne guére moins de mouvement que s'il pagayoit en effet. Souvent même on ne laisse pas aux Comites le soin d'animer la Chiourme, mais deux des Parieurs font eux-mêmes cet office.

XIX. Amour excessif du Jeu.

Les Siamois aiment le jeu jusqu'à se rüiner & à perdre leur liberté, ou celle de leurs enfans: car en ce Païslà quiconque n'a pas dequoy satisfaire son créancier, vend ses enfans pour s'acquiter, & si cela ne suffit, il devient esclave luy-même. Le jeu qu'ils aiment le mieux, est le Tric-trac qu'ils appellent *Saca*, & qu'ils ont peutêtre appris des Portugais, car ils le joüent comme eux, & comme nous. Ils ne joüent point aux cartes, & je ne say point leurs autres jeux de hazard; mais ils joüent aux échecs à nôtre maniére, & à la maniére Chinoise. Je donneray à la fin de cet Ouvrage le jeu des échecs des Chinois.

XX. Les Siamois aiment à fumer du Tabac.

Le tabac en fumée, (car ils n'en prennent guére en poudre) est aussi un de leurs plus grands amusemens, & les femmes, même les plus importantes, y sont tout-à-fait adonnées. Ils ont du tabac de Manille, de la Chine, & de Siam; & quoy que ces sortes de tabac soient bien forts, les Siamois les fument pourtant sans nul adoucissement; mais les Chinois & les Mores en font passer la fumée dans l'eau, pour en diminuër la force. La maniére des Chinois est de prendre un peu d'eau dans leur bouche, & puis d'achever de remplir leur bouche de fumée de tabac, & en suite ils rendent l'eau & la fumée en même temps. Les Mores se servent d'un instrument singulier, dont on trouvera la description & la figure à la fin de cet Ouvrage.

XXI. Vie ordinaire d'un Siamois. Tels sont les divertissemens des Siamois, à quoy l'on peut ajoûter les amusemens domestiques. Ils aiment beaucoup leurs femmes & leurs enfans, & il paroît qu'ils en sont beaucoup aimez. Pendant que les hommes s'acquitent des six mois de Corvées, qu'ils doivent chacun tous les ans au Prince, c'est à leur femme, à leur mere, ou à leurs filles à les nourrir. Et lors même qu'ils ont satisfait au service de leur Roy, & qu'ils sont retournez chez eux, la plûpart ne savent à quel travail s'appliquer, se trouvant peu accoûtumez à aucune

profession

profession particuliere; parce que le Prince les employe à toutes indifféremment, comme il luy plaît. Par là on peut juger combien la vie ordinaire d'un Siamois est oisive. Il ne travaille presque point, quand il ne travaille pas pour son Roy : il ne se promeine point : il ne chasse point : il ne fait presque que demeurer assis ou couché, manger, joüer, fumer & dormir. Sa femme l'éveillera à sept heures du matin, & luy servira du ris & du poisson : il se rendormira là dessus ; & à midy il mangera encore, & il soupera sur la fin du jour. Entre ces deux derniers repas il fera la méridiane : la conversation ou le jeu emporteront tout le reste. Les femmes labourent à la campagne, elles vendent & achétent dans les Villes. Mais il est temps de parler des affaires & des occupations sérieuses des Siamois, c'est à dire de leurs Mariages, de l'Education, qu'ils donnent à leurs enfans, des Etudes, & des Professions, ausquelles ils les appliquent.

CHAPITRE VII.

Du Mariage & du Divorce des Siamois.

I. Le soin qu'ils ont de garder leurs filles.

L'USAGE n'est pas en ce Païs-là de permettre aux filles la conversation des garçons. Les meres les châtient, quand elles les y surprennent : mais les filles ne laissent pas de s'échapper, quand elles peuvent ; & cela ne leur est pas impossible sur la fin du jour.

II. A quel âge ils les marient.

Elles sont en état d'avoir des enfans dés l'âge de douze ans, & quelquefois plûtôt ; & la plûpart n'en ont plus passé quarante. La coûtume est donc de les marier fort jeunes, & les garçons à proportion. Il se trouve néanmoins quelques Siamoises, qui dédaignent toute leur vie le mariage, mais il n'y en a aucune qui se fasse Talapoüine, c'est à dire qui se consacre à la vie Réligieuse, qui ne soit déja vieille.

III. Comment un Siamois recherche une fille en ma-

Lors qu'il est donc question d'un mariage, les parens du jeune homme font demander la fille à ses parens, par des femmes âgées & de bonne réputation. Si les parens de la fille y ont du penchant ils répondent favorablement. Ils se reservent néanmoins la liberté de consulter auparavant le goût de leur fille; & en même temps ils prennent l'heure de la naissance du garçon, & donnent celle de la naissance de la fille : & des deux côtez on va aux Devins, pour savoir principalement si le parti proposé est riche, & si le mariage durera jusqu'à la mort sans divorce. Comme chacun cache avec soin ses richesses, pour les mettre à couvert de la concussion des Magistrats, & de l'avidité du Prince, il faut qu'ils aillent au Devin, pour savoir si une famille est riche ; & c'est sur l'avis des Devins, qu'ils prennent leur résolution. Si le mariage se doit conclûre, le jeune homme va voir la fille trois fois, & luy porte des présens de bétel & de fruit, & rien de plus précieux. A la troisiéme visite les parens de part & d'autre s'y trouvent aussi, & l'on conte la dot de l'Epouse, & ce que l'on donne de bien à l'Epoux, auquel le tout est délivré sur le champ & en présence des parens, mais sans aucune écriture. Les nouveaux Mariez reçoivent aussi pour l'ordinaire en

riage, & comment leur mariage se conclut.

cette occasion des présens de leurs Oncles : & dés lors & sans aucune Cérémonie de Réligion l'Epoux a droit de consommer le mariage. Il est mêmes défendu aux Talapoins d'y assister. Quelques jours aprés seulement ils vont chez les nouveaux Mariez jeter beaucoup d'eau-benite, & réciter quelques priéres en Langue Balie.

IV. Fête de la Nopce.

La Nopce est, comme par tout ailleurs, accompagnée de festins & de spectacles. Ils y appellent des Danseurs de profession ; mais ny l'Epoux, ny l'Epouse, ny aucun des Conviez n'y dansent. La Fête se fait chez les parens de la fille, où l'Epoux a soin de faire bâtir une sale exprés, qui est isolée : & de-là on meine les nouveaux Mariez dans un autre bâtiment isolé, bâti aussi exprés, par les soins & aux frais de l'Epoux, dans l'enceinte de bambou, qui fait la clôture du logis des parens de la fille. Les nouveaux Mariez y demeurent pendant quelques mois, & ensuite ils vont habiter où il leur plaît de bâtir un logis pour eux. Un ornement singulier pour les filles des Mandarins que l'on marie, c'est de leur mettre sur la tête ce cercle d'or, que les Mandarins mettent à leur bonnet de Cérémonie. A cela prés la parûre consiste à avoir de plus belles pagnes qu'à l'ordinaire, de plus beaux pendans-d'oreille, & de plus belles bagues aux doits, & en plus grande quantité. Il y en a qui disent que le prétendu Beau-pere, avant que de conclûre le mariage de sa fille avec son Gendre, le garde chez luy pendant six mois, pour le mieux connoître. On m'a nié absolûment que celà fût véritable. Et tout ce qui, à mon avis, peut avoir donné occasion de le dire, c'est que c'est à l'Epoux à faire bâtir la salle des Nopces, & le logement, qu'il doit avoir chez son Beau-pere, pendant quoy, c'est à dire pendant deux ou trois jours tout au plus, sa future Epouse luy porte à manger, sans qu'on en appréhende les conséquences, parce que le mariage est déja conclû, quoy que la Fête en soit différée.

La plus grande dot à Siam est de cent *catis*, qui font quinze mille livres; & parce qu'il y est ordinaire que le bien de l'Epoux soit égal à celuy de l'Epouse, il s'ensuit qu'à

V. La Richesse des mariages de Siam.

Siam la plus grande fortune de deux nouveaux Mariez ne passe pas dix mille écus.

VI. De la pluralité des femmes. Les Siamois peuvent avoir plusieurs femmes, quoy qu'ils estiment que ce seroit mieux fait de n'en avoir qu'une ; & il n'y a que les gens riches qui affectent d'en avoir davantage, & plus par faste & par grandeur, que par débauche.

VII. Distinction considerable entre elles. Quand ils ont plusieurs femmes, il y en a toûjours une, qui est la principale : ils l'appellent la grande femme. Les autres, qu'ils appellent les petites femmes, sont à la verité légitimes, je veux dire permises par les Loix, mais elles sont soûmises à la principale. Ce ne sont que des femmes achetées, & par conséquent esclaves ; de sorte que les enfans des petites femmes appellent leur pere *Pô Tcháou*, c'est à dire *Pere Seigneur*, au lieu que les enfans de la femme principale l'appellent *Pô* simplement, c'est à dire *Pere*.

VIII. Degrés d'alliance défendus & cô ment les Rois de Siam en usent sur cet article. Le mariage dans les premiers Degrez de parenté leur est défendu : ils peuvent néanmoins épouser leur cousine germaine. Et quant aux Degrez d'alliance, un homme peut épouser les deux sœurs l'une aprés l'autre, & non pas en même temps. Néanmoins les Rois de Siam se dispensent de ces Regles, & ne croyent pouvoir guére trouver de femme digne d'eux, que dans les personnes qui leur sont les plus proches. Celuy d'aujourd'huy avoit épousé sa sœur, & de ce mariage est née la Princesse sa fille unique, laquelle on dit qu'il a épousée. Je ne l'ay pû savoir au vray, mais c'est le bruit commun: & j'y trouve de l'apparence en ce qu'on luy a fait sa Maison comme à une Reyne; & les Européans, qui l'ont appelée la Princesse-Reyne, en ont jugé comme moy. Les Relations nous apprennent qu'il y a ailleurs qu'à Siam des exemples de ces mariages du frere avec la sœur; & il est certain qu'ils ont été fréquens autrefois parmy beaucoup de Nations Payennes, au moins dans les familles Royales: soit afin que la fille succédât à la Couronne avec le fils: soit par la creinte, que je viens de dire que ces Rois ont euë de se mésallier, s'ils n'épousoient leurs propres sœurs. Car pour ce que d'autres ajoûtent que c'est afin que les Peuples ne puissent douter d'avoir un Maître

Ainsi Jupiter avoit épousé sa sœur.

du Sang Royal au moins par sa Mere, je n'y trouve nulle vray-semblance à l'égard de l'Orient, où les Peuples sont si peu attachez au Sang de leurs Rois, & où les Rois croyent s'asûrer de la fidélité de leurs femmes en les gardant fort étroittement.

IX. Les Loix de la succession pour les Veuves & pour les Enfans.

La succession dans les familles particulieres de Siam est toute pour la Grande-femme, & puis pour ses enfans, qui héritent de leurs parens par portions égales. Les Petites-femmes & leurs enfans peuvent être vendus par l'héritier ; & ils n'ont que ce que l'héritier leur donne, ou ce que le pere avant que de mourir leur a donné de la main à la main, car les Siamois ignorent l'usage des Testaments. Les filles nées des Petites-femmes sont venduës pour être elles-mêmes Petites-femmes ; & les plus puissans achetant les mieux faites, sans prendre garde aux parens dont elles sortent, font de cette maniére des alliances tres-inégales ; & ceux avec qui ils les font, n'acquiérent guére par là ny plus d'honneur, ny plus de protection.

X. En quoy

Les biens des Siamois consistent

principalement en meubles. S'ils ont des terres, ils en ont peu, parce qu'ils n'en sauroient acquerir la pleine proprieté: elle appartient toûjours à leur Roy, qui reprend quand il lui plaît les terres qu'il a venduës aux Particuliers, & qui les reprend souvent sans en rembourser le prix. La Loy du Païs est néanmoins que les terres soient héréditaires dans les familles, & que les Particuliers se les puissent vendre l'un à l'autre: mais le Prince n'a égard à cette Loy, qu'autant qu'il luy convient; parce qu'elle ne peut préjudicier à son Domaine, qui s'étend généralement sur tout ce que possédent ses sujets. Cela fait qu'ils acquiérent le moins d'immeubles qu'ils peuvent, & qu'ils tâchent toûjours à dérober leurs meubles à la connoissance de leur Roy: & parce que les diamans sont les meubles les plus aisez à cacher & à transporter, ils sont recherchez à Siam, & dans toutes les Indes, & s'y vendent chérement. Quelquefois les Seigneurs Indiens donnent en mourant une partie de leur bien au Roy leur Maître, pour asûrer le reste à leur famille, & celà leur reüssit pour l'ordinaire.

consiste la fortune d'un Siamois.

XI.
Le Divorce.

Les ménages font presque tous heureux à Siam, comme on en peut juger par la fidélité des femmes à nourrir leur Mary, tant qu'il sert le Roy: service qui par une espéce de concussion dure non seulement six mois par an, mais quelquefois une, deux, & trois années de suite. Mais lors que le Mary & la femme ne peuvent se supporter l'un l'autre, ils ont le reméde du Divorce. Il est vray qu'il n'est guére en usage que parmy le Peuple: les riches, qui ont plusieurs femmes, gardent également celles qu'ils n'aiment pas, & celles qu'ils aiment.

XII.
Quelles en sont les Loix.

Le Mary est naturellement le maître du divorce, mais il ne le refuse guére à sa femme, quand elle le veut absolûment: il luy rend sa dot, & leurs enfans se partagent entr'eux en cette maniére. La mere a le premier, le troisiéme, le cinquiéme & tous les autres en rang impair: le pere a le second, le quatriéme, le sixiéme & tous les autres en rang pair. Par là il arrive que s'il n'y a qu'un enfant, il est pour la mere, & que si le nombre des enfans est impair, la mere en a un de plus: soit qu'ils ayent jugé que la mere en auroit plus de soin que le pere : soit que les ayant portez dans ses flancs, & les ayant nourris de son lait, elle semble y avoir un plus grand droit que le pere : soit qu'étant plus foible, elle ait plus de besoin que luy du secours de ses enfans.

Aprés le Divorce il est permis au Mary & à la femme de se remarier à qui ils veulent ; & il est libre à la femme de le faire dés le jour du Divorce, sans qu'ils se soucient du doute qui en peut arriver touchant le pere du premier enfant, qui peut naître aprés les secondes nopces. Ils se fient à ce que la femme en dit: grande marque du peu de jalousie de ce Peuple. Mais quoy que le Divorce leur soit permis, ils ne laissent pas de le regarder comme un fort grand mal, & comme la perte presque certaine des enfans, qui sont d'ordinaire fort mal traittez dans les seconds mariages de leurs parens. De sorte que c'est une des causes que l'on donne de ce que le Païs n'est guére peuplé ; quoy que les Siamoises soient fécondes, & qu'elles ayent même assez souvent des jumeaux.

XIII. Et les suites.

XIV. De la Puissance Paternelle.

La puissance du Mary est Despotique dans sa famille, jusqu'à pouvoir vendre ses enfans & ses femmes, horsmis sa femme principale, qu'il peut seulement repudier. Les veuves héritent du pouvoir de leurs maris avec cette restriction, qu'elles ne peuvent vendre les enfans qu'elles ont en rang pair, si les parens du pere s'y opposent; car les enfans n'oseroient s'y opposer. Aprés le Divorce le pere & la mere peuvent vendre chacun les enfans qui leur sont demeurez en partage, selon la division que j'ay dite. Mais les parens ne peuvent tuër leurs enfans, ny le mary tuër ses femmes, parce qu'en général tout meurtre est défendu à Siam.

XV. Des commerces amoureux.

L'amour des personnes libres n'y est point honteux, au moins parmy le menu Peuple : il y est regardé comme un mariage, & l'inconstance comme un Divorce. Les parens néanmoins y gardent leurs filles, comme j'ay dit ; & nulle part il n'est permis aux enfans de disposer d'eux-mêmes au préjudice de la Puissance Paternelle, qui est le plus naturel de tous les Droits. D'ailleurs les Siamoises sont naturellement assez glorieuses pour ne se donner pas aisément aux Etrangers, ou au moins pour ne les pas appeler. Les Peguanes qui sont à Siam, comme étant étrangeres elles-mêmes, font plus de cas des Etrangers; & passent pour débauchées dans l'esprit de ceux, qui n'entendent pas qu'elles cherchent un Mary. Aussi sont-elles fidéles jusqu'à ce qu'on les abandonne; & si elles deviennent grosses, elles n'en sont pas moins estimées parmy celles de leur Nation, & même elles font gloire d'avoir eu pour mary un homme blanc. Il se peut faire aussi qu'elles sont de complexion plus amoureuse, que les Siamoises : elles ont au moins plus de vivacité. C'est une opinion établie dans les Indes, que les Peuples y ont plus ou moins d'esprit, selon qu'ils sont plus voisins, ou plus éloignez du Pegu.

CHAPITRE VIII.

De l'éducation des Enfans Siamois, & premierement de leur Politesse.

LEs enfans Siamois ont de la docilité & de la douceur, pourvû

I.
Amour des Enfans

Siamois pour leurs Parens.

qu'on se garde de les rebuter. Leurs parens savent s'en faire beaucoup aimer & respecter, & leur inspirer une extréme politesse. Leurs leçons sont merveilleusement aidées par le pouvoir Despotique, que j'ay dit qu'ils ont dans leur famille : mais aussi les parens répondent-ils au Prince des fautes de leurs enfans. Ils ont part à leurs châtimens, & sur tout ils sont obligez de les livrer quand ils ont failly. Et quoy-que le fils s'en soit enfuï, il ne manque jamais de revenir se livrer luy-même, quand le Prince s'en prend à son pere, ou à sa mere, ou même à ses autres parens collatéraux, mais plus vieux que luy, & ausquels il doit du respect : & c'est une grande preuve de l'amour des enfans Siamois envers leurs parens.

1. Politesse necessaire aux Siamois.

Quant à la politesse, elle est si grande par tout l'Orient, même à l'égard des Etrangers, qu'un Européan qui y a demeuré long-temps, a bien de la peine à s'accoûtumer derechef aux familiaritez & au peu d'égards de ces Païs-cy. Comme les Princes Indiens sont fort adonnez au Commerce, ils aiment à attirer chez eux les Etrangers, & ils les protegent, même contre leurs sujets. Et de-là vient que les Siamois par exemple paroissent sauvages, & qu'ils fuïent la conversation des Etrangers. Ils savent qu'ils sont censez avoir toûjours tort, & qu'ils sont toûjours châtiez dans les querelles, qu'ils ont avec eux. Les Siamois élevent donc leurs enfans dans une extréme modestie, parce qu'elle est nécessaire dans le Commerce, & encore davantage dans le service, qu'ils rendent six mois de l'année à leur Roy, ou aux Mandarins par ordre de leur Roy.

III. Leur penchant à se taire.

Le silence n'est pas plus grand parmy les Chartreux qu'il l'est dans le Palais de ce Prince : les Seigneurs ne s'en dispensent pas plus que les autres. La seule envie de parler n'emporte donc jamais les Siamois à rien dire qui puisse déplaire. Il faut qu'ils soient bien persuadez que vous voulez savoir la verité de quelque chose, pour s'enhardir à vous la dire contre ce que vous en pensez. Ils n'affectent en rien de paroître mieux instruits que vous, non pas même dans les choses de leur Païs, quoy que vous soyez étranger.

IV. De la rail...

Ils m'ont parû éloignez de toute

lerie parmy eux.

sorte de raillerie, parce qu'ils n'en entendoient aucune peut-être par la faute des Interprétes. C'est principalement en matiére de raillerie, qu'est véritable cet ancien mot des Indiens, que les choses les mieux pensées, quand elles sont dites par interpréte, sont une source pure qui passe dans de la bourbe. Le plus sûr est de railler peu avec les Etrangers, même avec ceux qui entendent nôtre Langue; parce que les railleries sont la derniere chose, qu'ils en entendent, & qu'il est aisé qu'ils se blessent d'une raillerie qu'ils n'entendront pas. Je ne doute donc point que les Siamois ne sâchent se railler polîment les uns les autres. L'on m'a asûré qu'ils le font souvent entre personnes égales, & même en vers; & qu'autant les femmes que les hommes ils sont tous fort exercez à *l'impromptu*; dont la matiere la plus ordinaire est chez eux une raillerie continüée, où paroît à l'envy la vivacité des reparties & des repliques. J'ay vû la même chose parmy le Peuple d'Espagne.

V.
Politesse des Lan-

Mais quand ils rentrent dans le sérieux, leur Langue est bien plus capable que la nôtre de tout ce qui marque le respect & les distinctions. Ils donnent par exemple, de certains titres à de certains Officiers, comme sont chez nous les titres d'*Excellence* & de *Grandeur*; De plus ces mots de *je* & de *moy* indifférens en nôtre Langue s'expriment par plusieurs termes dans la Langue Siamoise, dont l'un est du Maître à l'esclave, & l'autre de l'esclave au Maître. Un autre est d'un homme du Peuple à un Seigneur, & un quatriéme s'employe entre personnes égales, & enfin il y en a qui ne sont que dans la bouche des Talapoins. Le mot de *vous* & de *luy* ne s'expriment pas en moins de manieres. Et quand ils parlent des femmes (parce que dans leur Langue il n'y a point de distinction de Genres en Masculin & Féminin) ils ajoûtent au Masculin le mot de *Nang*, qui en Langue Balie veut dire *jeune*, pour signifier le féminin, comme si nous disions par exemple *jeune Prince* au lieu de dire *Princesse*. Il semble que leur politesse les empêche de comprendre que les femmes puissent jamais vieillir.

Par ce même esprit de politesse ils

les nomment par les choses les plus précieuses ou les plus agréables de la Nature, comme *jeune diamant, jeune or, jeune cristal, jeune fleur.* La Princesse fille du Roy s'appelle *Nang fâ, jeune Ciel :* s'il avoit un fils on l'appelleroit, dit-on, *Seigneur du Ciel, Tchâou fâ.* Il est certain que l'Elephant blanc que Mr. de Chaumont vît à Siam, & qui étoit mort quand nous y arrivâmes, avoit atteint une extréme vieillesse : cependant parce que c'étoit une femelle, & qu'ils croyent d'ailleurs que dans le corps des Elephants blancs il y a toûjours une ame Royale, ils l'appeloient mot à mot jeune Prince Elephant blanc, *Nang Payà Tchang peüac.*

VII. Les paroles dont les Siamois se servent en saluant.

Les paroles, dont ils se servent pour saluër, sont *ca váï Tchâou, je saluë Seigneur.* Et, si c'est véritablement un Seigneur qui saluë un inferieur, il répondra simplement, *Ráou váï, je saluë,* ou *ca váï* qui veut dire la même chose ; quoy que le mot de *ca* qui signifie *moy*, ne doive être naturellement que dans la bouche d'un esclave parlant à son Maître, & que le mot de *Ráou*, qui signifie aussi *moy*, marque quelque dignité en celuy qui parle. Pour dire comment vous portez-vous? Ils disent *Tgiou di? kin di?* C'est à dire, *demeurez-vous bien? mangez-vous bien?*

Mais c'est une observation singuliere, qu'il ne soit pas permis à un Siamois de demander à un autre, qui luy est inférieur, des nouvelles de la santé de leur Roy; comme si c'étoit un crime à celuy, qui approche davantage de la personne du Prince, d'en être moins informé, qu'un autre, qui s'en doit tenir plus éloigné.

<small>VIII. Comment il leur est permis de demander des nouvelles de la santé de leur Roy.</small>

Leur maniere civile de s'asseoir est comme s'asseyent les Espagnoles en croisant les jambes; & ils y sont si bien accoûtumez, que, même sur un siége lors qu'on leur en donne, ils ne se placent pas autrement.

<small>IX. Comment ils s'asseyent.</small>

Quand ils forment un cercle, ils ne se tiennent jamais debout; mais, s'ils ne sont assis les jambes croisées, ils s'accroupissent par respect des uns pour les autres. Les esclaves & les serviteurs devant leurs Maîtres, & les gens du peuple devant les Seigneurs se tiennent à genoux le corps assis sur les talons, la tête un peu inclinée, & les mains jointes à la hau-

<small>X. Leur contenance.</small>

teur de leur front. Un Siamois qui passe devant un autre, à qui il veut rendre du respect, passera tout incliné & les mains jointes plus ou moins élevées, & ne le saluëra pas autrement.

XI. Leurs Cérémonies dans les visites.

Dans les visites, si c'est un homme fort inférieur qui la rend, il entre courbé dans la chambre, il se prosterne, & demeure à genoux & assis sur ses talons de la maniere que je viens de dire : mais il n'ose parler le premier. Il doit attendre que celuy à qui il rend visite, luy parle : & ainsi les Mandarins qui nous venoient voir de la part du Roy de Siam, attendoient toûjours que je leur parlasse le premier. Si c'est une visite entre égaux, ou si le supérieur va voir l'inférieur, le maître du logis le reçoit, à la porte de la salle, & à la fin de la visite il l'accompagne jusques-là, & jamais plus loin. D'ailleurs il marche ou droit, ou courbé selon le degré de respect, qu'il doit à celuy qui le vient voir. Il observe aussi de parler le premier, ou le dernier, selon qu'il le peut, ou qu'il le doit : mais il montre toûjours sa place à celuy qu'il reçoit chez luy, & il l'invite à la prendre. Il luy fait servir ensuite du fruit & des confitures, & quelquefois même du ris & du poisson; & sur tout il luy sert de sa main de l'Arek & du Bétel, & du Thé. Le menu Peuple n'oublie pas l'Arak, & les gens de condition s'en accommodent quelquefois. A la fin de la visite l'Etranger témoigne qu'il s'en veut aller comme parmy nous, & le maître du logis y consent avec des paroles honêtes, & il faudroit qu'il fût fort au dessus de celuy, qui luy rend visite, pour luy dire de s'en aller.

XII. *A quel point le lieu le plus éminent est le plus honorable.*

Le lieu le plus haut est tellement le plus honorable selon eux, qu'ils n'osoient monter au premier étage, même pour le service de la maison, quand les Envoyez du Roy étoient dans la salle-basse. Dans les maisons, que les Etrangers bâtissent de briques à plus d'un étage, ils observent que le dessous de l'escalier ne serve jamais de passage, de peur que quelqu'un ne passe sous les piés d'un autre qui montera : mais les Siamois ne bâtissent qu'à un étage, parce que le bas leur seroit inutile, personne parmy eux ne voulant ny passer ny loger sous les piés d'un autre. Par cette raison, quoy que les maisons Siamoises soient élevées sur des piliers, ils ne se servent jamais du dessous, non pas même chez le Roy, dont le Palais étant sans plain-pié, a des piéces plus élevées les unes que les autres, dont le dessous pourroit être habité. Il me souvient que quand les Ambassadeurs de Siam arrivérent à une Hôtellerie de la Piçote prés de Vincennes, comme on avoit logé le premier au premier étage, & les autres au second, le second Ambassadeur s'étant aperçû qu'il étoit au dessus de la Lettre du Roy son Maître, que le premier Ambassadeur avoit auprés de luy, sortit bien vîte de sa chambre se lamentant de sa faute, & s'arrachant les cheveux de desespoir.

XIII. Le côté droit plus honorable à Siam que le gauche.

La droite est à Siam plus honorable que la gauche : le fond de la chambre opposé à la porte est plus honorable que les côtez de la chambre ; & les côtez le sont plus que le mur où est la porte ; & le mur qui est à la droite de celuy qui est assis au fond, est plus honorable que celuy qui est à sa gauche. Ainsi dans les

Tribunaux personne n'est assis sur l'estrade attachée au mur qui est vis à vis la porte, sinon le Président, lequel seul a voix délibérative. Les Conseillers, qui n'ont jamais que voix consultative, sont assis sur d'autres estrades plus basses le long des murs des côtez, & les autres Officiers le long du mur de la porte. De même si quelqu'un reçoit une visite importante, il place celuy, dont il est visité, seul au fond de la chambre, & il se met le dos tourné vers la porte, ou vers l'un des côtez de la chambre.

Ces Cérémonies & beaucoup d'autres sont si précises à la Chine, qu'il faut que les entrées des maisons, & les chambres où les Particuliers reçoivent leurs visites, & celles où ils donnent à manger à leurs amis, soient toutes sur un modéle, pour y pouvoir observer les mêmes civilitez. Mais cette uniformité de bâtir, & même de tourner les bâtimens au Midy, de telle sorte qu'on regarde au Nord en y entrant, a été encore plus indispensable dans les Tribunaux, & dans toutes les autres Maisons Publiques : si bien que dans ce

XIV. Pourquoy à la Chine les Villes sont toutes sur un Modéle.

grand Royaume qui voit une Ville les voit toutes.

XV. Exactitude des Siamois dans les Cérémonies.

Or les Cérémonies sont aussi essentielles, & presque en aussi grand nombre à Siam qu'à la Chine. Un Mandarin se tient autrement devant ses inférieurs, & autrement devant ses supérieurs. S'ils sont plusieurs Siamois ensemble, & qu'il en survienne un autre, il arrive souvent que la posture de tous change. Ils savent devant qui, & à quel point, ils doivent se tenir courbez ou redressez, ou assis : s'ils doivent joindre leurs mains, ou non, & les tenir basses ou hautes : si étant assis ils peuvent avancer un pié, ou tous les deux, ou s'ils doivent les tenir tous deux cachez en s'asseyant sur leurs talons. Et les fautes en ces sortes de devoirs peuvent être punies du bâton par celuy, envers qui elles sont commises, ou par ses ordres, & sur le champ. Si bien qu'il ne s'introduit point parmy eux de ces airs de familiarité, qui attirent dans les divertissemens les grossiéretez, les injures, les coups & les querelles, & quelquefois l'intempérance & l'effronterie : ils sont toûjours retenus par des égards réciproques.

proques. C'est une chose assez plaisante, que ce que l'on dit du chapeau des Chinois. Il n'a point de bord ny par devant ny par derriere, mais seulement par les côtez: & ce bord, qui se termine en ovale, est si peu attaché au corps du chapeau, qu'il tombe, & rend un homme ridicule au premier mouvement irrégulier, qu'il fait de sa tête. Tant ces Peuples, ont compris que moins les hommes sont gesnez, plus ils font de fautes.

Or toutes ces pratiques, qui nous paroîtroient fort pénibles, ne le leur paroissent pas tant, parce qu'on les y accoûtume de bonne heure. L'accoûtumance leur rend aussi les Distinctions moins dures, qu'elles ne nous le seroient : & encore plus la pensée qu'ils en peuvent joüir à leur tour ; celuy qui est aujourd'huy supérieur ou inférieur, changeant demain de condition, suivant la prudence, ou le caprice du Prince. Les Distinctions héréditaires, que la naissance donne icy à tant de personnes, qui sont quelquefois sans mérite, ne paroîtroient guére moins rudes à souffrir, à qui n'y seroit pas accoûtu-

XVI. Ils s'y accoûtumẽt dés l'enfance.

mé, ou à qui ne comprendroit pas que la plus précieuse récompense de la Vertu est celle, que l'on espére de faire passer à ses Descendans.

XVII. Comment les Grands les peuvẽt épargner aux petits.

L'usage est donc à Siam & à la Chine que quand le superieur veut ménager l'inferieur, & luy témoigner beaucoup de considération (comme il arrive quelquefois dans les intrigues de Cour) le superieur affecte d'éviter en public la rencontre de l'inferieur; pour luy épargner les soûmissions publiques, dont il ne le dispenseroit pas s'ils se rencontroient. D'ailleurs l'affabilité envers les inferieurs, la facilité de se montrer à eux, ou d'aller au devant d'eux, passent pour foiblesse dans les Indes.

XVIII. Certaines choses indécentes parmy nous ne le sont pas parmi eux & au contraire.

Les Siamois ne se contraignent point à retenir les rapports d'estomach dans la conversation, ny ils ne détournent leur visage pour cela, ny ils ne mettent rien devant leur bouche, non plus que les Espagnols. Ce n'est pas aussi une incivilité parmy eux d'essuyer la sueur de son front avec ses doits, & puis de les secoüer contre terre. Nous employons à cela nôtre mouchoir, & peu de Siamois en ont; ce qui est cause qu'ils font assez mal proprement tout ce à quoy le mouchoir est nécessaire. Ils n'oseroient cracher ny sur les nattes, ny sur les tapis de pié; & parce qu'il y en a dans toutes les maisons un peu meublées, ils se servent de crachoirs qu'ils portent à la main. Chez leur Roy ny ils ne toussent, ny ils ne crachent, ny ils ne se mouchent. Le bétel qu'ils mâchent toûjours, & dont ils avallent le suc quand il leur plaît, les en empêche : néanmoins ils ne peuvent prendre du bétel en présence du Prince, mais seulement continuër de mâcher celuy, qu'ils ont déja dans leur bouche. Ils ne refusent rien de ce qu'on leur offre, & n'oseroient dire, *j'en ay assez.*

Comme le lieu le plus éminent est toûjours chez eux le plus honorable, la tête comme la partie du corps la plus haute, y est aussi la plus respectée. Toucher quelqu'un à la tête ou aux cheveux, ou luy passer la main par dessus la tête, c'est luy faire le plus grand de tous les affronts. Toucher à son bonnet, s'il le laisse quelque part, est une grande incivilité. La mode de ce Païs-là parmy les Eu-

XIX. Quel est le plus grand de tous les affronts chez les Siamois.

ropéans qui y demeurent, est de ne laisser jamais son chapeau en lieu bas; mais de le donner à un Domestique, qui le porte plus haut que sa tête, au bout d'un bâton & sans y toucher; & ce bâton a un pié, afin qu'il puisse demeurer debout, si celuy, qui le porte, est obligé de le laisser.

XX. Quelles situations sont plus ou moins respectueuses.

La posture la plus respectueuse, ou pour mieux dire la plus humble est celle, où ils se tiennent tous, & toûjours devant leur Roy: en quoy ils luy portent plus de respect, que les Chinois n'en portent au leur. Ils se tiennent prosternez sur les genoux & sur les coudes, les mains jointes à la hauteur du front, & le corps reculé sur les talons; afin qu'il porte moins sur les coudes, & qu'il soit possible (sans s'ayder des mains, mais en les tenant toûjours jointes à la hauteur du front) de se relever sur les genoux, & de se remettre sur les coudes; comme ils font trois fois de suite, toutes les fois qu'ils veulent reprendre la parole, pour parler à leur Roy. J'ay même remarqué que, quand ils sont ainsi prosternez, ils penchent le derriére d'un côté ou d'autre, autant qu'ils le peuvent sans déplacer les genoux, comme pour s'anéantir davantage.

Par le même principe non seulement il est plus honorable selon eux d'être assis sur un siége haut, que de l'être sur un siége bas; mais il est encore plus honorable d'être debout que d'être assis. Quand Mr. de Chaumont eût sa premiere Audience, il fallût que les Gentilshommes François, qui l'accompagnoient, entrassent les premiers dans le Salon, & s'y assissent sur les talons, avant que le Roy de Siam se montrât; afin que ce Prince ne les vît pas un moment debout. On leur défendît mêmes de se lever pour le saluër, quand il paroîtroit. Jamais ce Prince n'a souffert aux Evêques, ny aux Jésuïtes de paroître debout devant luy dans les Audiences. Il n'est pas même permis de se tenir debout en nul endroit du Palais, sinon en marchant : &, si dans ce dernier Voyage de 1687. à la premiere Audience des Envoyez du Roy, les Gentilshommes François eurent l'honneur d'entrer, lors que le Roy de Siam étoit déja visible, ce ne fût que parce que les Mandarins, qui avoient accompagné en France les Ambassadeurs de Siam, étoient entrez dans la Galerie de Versailles, lors que le Roy étoit déja sur le Thrône, qu'il y avoit fait élever.

XXI. Comment le Roy de Siam accommoda les Cérémonies de sa Cour à celles de la Cour de France.

Le Roy de Siam eût ce respect pour le Roy de luy faire dire par Mr. de Chaumont, que s'il y avoit quelque usage dans sa Cour, qui ne fût pas de la Cour de France, il le changeroit : & lors que les Envoyez du Roy arrivérent en ce Païs-là, le Roy de Siam affecta en effet de leur faire une Reception différente en plusieurs choses de celle, qu'il avoit faite à Mr. de Chaumont, pour la conformer davantage à celle, qu'il apprît que le Roy avoit faite à ses Ambassadeurs. Il fit même une chose, quand Mr. des Farges le saliïa, qui n'avoit jamais eu d'exemple à Siam : car il voulût que les Officiers de sa Cour se tinssent debout en sa présence ; comme se tenoient M. des Farges, & les autres Officiers François, qui l'accompagnoient.

XXII. Pourquoy j'aymay mieux parler debout qu'assis au Roy de Siam.

Se souvenant donc que Mr. de Chaumont avoit demandé à le complimenter assis, & sachant que ses Ambassadeurs avoient parlé debout au Roy (honneur dont il faisoit un fort grand cas) il me fit dire qu'il me donnoit la liberté de luy parler assis ou debout : & je pris le party de prononcer debout tous mes Complimens ; & si j'eusse pû m'élever davantage j'eusse reçû plus d'honneur. C'a été aussi au Roy de Siam, à ce qu'ils m'ont dit, une marque de respect pour les Lettres du Roy, de ne les avoir pas reçûës debout, mais assis.

XXIII. Autre civilité Siamoise.

Mettre sur sa tête une chose, que l'on donne, ou que l'on reçoit, c'est à Siam & en beaucoup d'autres Païs une tres-grande marque de respect. Les Espagnols, par exemple, sont obligez par Loy expresse de rendre ce respect aux *Cédules*, c'est à dire aux Ordres par écrit, qu'ils reçoivent de leur Roy. Le Roy de Siam eût du plaisir à me voir mettre sur ma tête la Lettre du Roy en la luy rendant : il se récria, & demanda où j'avois appris cette civilité de son Païs. Il avoit porté à la hauteur de son front la Lettre du Roy, que Mr. de Chaumont luy rendit ; mais ayant sû par le rapport de ses Ambassadeurs que cette civilité étoit inconnuë à la Cour de France, il l'obmit à l'égard de la

K iiij

Lettre du Roy, que j'eûs l'honneur de luy rendre.

XXIV. Manière de saluër chez les Siamois.

Quand un Siamois saluë, il léve ou ses deux mains jointes, ou au moins sa main droite à la hauteur de son front, comme pour mettre sur sa tête celuy qu'il saluë. Toutes les fois qu'ils prennent la parole pour parler à leur Roy, ils recommencent toûjours par ces mots : *Prá pouti Tcháou-ca, co rap pra ouncan sáï cláou sáï cramòm* : c'est-à-dire : *Haut & Excellent Seigneur de moy ton esclave, je demande de prendre ta Royale parole, & de la mettre sur mon cerveau, & sur le haut de ma tête.* Et c'est de ces mots *Tcháou-ca,* qui veulent dire *Seigneur de moy ton esclave* qu'est venuë parmy les François cette façon de parler *faire chocà* pour dire *Ta váï bang com,* c'est-à-dire *se prosterner à la Siamoise.* Faire *la Zombaye* au Roy de Siam veut dire luy présenter un Placet, ce qui ne se fait pas sans faire *chocà*. Je ne say d'où les Portugais ont pris cette façon de parler. Si vous tendez la main à un Siamois pour toucher dans la sienne, il porte ses deux mains à la vôtre & par dessous, comme pour se mettre tout entier en vôtre puissance. C'est une incivilité selon eux de ne donner qu'une main, comme aussi de ne tenir pas à deux mains ce qu'ils vous présentent, & de ne pas prendre à deux mains ce qu'ils reçoivent de vous. Mais c'est assez parlé de la politesse que les Siamois inspirent à leurs enfans, quoy que je n'aye pas épuisé cette matiére.

CHAPITRE IX.

Des Etudes des Siamois.

QUAND ils ont élevé leurs Enfants jusqu'à l'âge de sept ou huit ans, ils les mettent dans un Convent de Talapoins, & leur font prendre l'habit de Talapoin : car c'est une profession qui n'engage point, & que l'on quitte sans honte, quand on veut. On appelle *Nen* ces petits Talapoins : ils ne sont pas pensionnaires, mais leurs parens leur envoyent tous les jours à manger. Il y a même de ces Nen de bonne maison, qui ont auprés d'eux un ou plusieurs esclaves pour les servir.

I. Ils mettent leurs Enfants chez les Talapoins.

On leur montre principalement à lire, à écrire, & à conter ; parce que

II. Ce qu'ils y apprennent.

K v

rien n'est plus nécessaire à des Marchands, & que tous les Siamois font quelque commerce. On leur enseigne les Principes de leur Morale, & les fables de leur Sommona-Codom, mais point d'Histoire, ny de Loix, ny aucune Science. On leur enseigne aussi la Langue Balie, qui est comme j'ay dit plus d'une fois la Langue de leur Réligion, & de leurs Loix : & peu d'entre-eux y font quelque progrés, s'ils ne s'attachent long-temps à la profession de Talapoin, ou s'ils n'entrent dans des Charges : car c'est en ces deux cas seulement que cette Langue leur est nécessaire.

III. Les Langues Balie, & Siamoise cóparées à la Chinoise.

Ils écrivent le Siamois & le Bali de la gauche à la droite, du même sens que nous écrivons nos Langues d'Europe : en quoy ils sont différens de la plûpart des autres Asiatiques, qui de tout temps ont écrit de la droite à la gauche ; & des Chinois même, qui conduisent la ligne de haut en bas, & qui dans l'arrangement des lignes en une même page, mettent la premiere à la droite, & les autres de suite vers la gauche. Ils sont encore différens des Chinois, en ce qu'ils n'ont pas comme eux un caractére pour châque mot, ou même pour châque signification d'un seul mot, afin que l'écriture n'ait point d'équivoques comme le langage. La Langue Siamoise & la Balie ont comme les nôtres un Alphabeth de peu de lettres, dont on compose des syllabes & des mots. D'ailleurs la Langue Siamoise tient beaucoup de la Chinoise, en ce qu'elle a beaucoup d'accent (car leur voix s'éléve souvent de plus d'une quarte.) & en ce qu'elle est presque toute de monosyllabes : de sorte qu'on peut présumer que si on l'entendoit bien, on trouveroit que le peu de mots, qu'elle a de plusieurs syllabes, sont ou étrangers, ou composez de monosyllabes, dont quelques-uns ne sont plus en usage, que dans ces compositions.

IV. Les Langues Siamoise & Chinoise n'ont point d'inflexion de mots, la Balie en a.

Mais la ressemblance la plus remarquable, qui soit entre ces deux Langues, & qui ne se trouve pas dans la Balie, est que ny l'une ny l'autre n'ont ny déclinaison ny conjugaison, ny peut-être de dérivez, au lieu que la Langue Balie en a. Par exemple le mot qui veut dire *contant* voudra dire aussi *contentement*, & celuy qui signifie *bon* signifiera *bien* & *bonté*, selon les diverses maniéres de les employer. L'arrangement seul marque les Cas dans les noms, & en celà leur arrangement n'est guére différent du nôtre. Et quant aux Conjugaisons les Siamois ont seulement quatre ou cinq petites Particules, qu'ils mettent tantôt devant le verbe, & tantôt aprés, pour en signifier les nombres, les temps, & les modes. Je les donneray à la fin de ce Volume avec les Alphabeth Siamois & Balis: & c'est en celà que consiste à peu prés toute leur Grammaire.

V. Langue Siamoise peu abondante, mais fort figurée.

Leur Dictionnaire n'est guére moins simple : je veux dire que leur Langue n'est guére abondante ; mais le tour de leur Phrase n'en est que plus divers & plus difficile. Dans les Païs froids, où l'imagination est froide, on nomme chaque chose par son nom ; & l'on y abonde autant ou plus en paroles qu'en choses : & lors qu'on a mis tous ces mots dans sa mémoire, on peut se promettre de bien parler. Il n'en est pas de même dans les Païs chauds : peu de mots y suffisent à beaucoup dire ; parce que la vivacité de l'imagination les employe en cent maniéres différentes toutes figurées. Voicy deux ou trois exemples des façons de parler Siamoises. *Cœur bon* veut dire *content*, ainsi pour dire, *si j'étois à Siam je serois content*, ils disoient, *si moy être Ville Siam, moy cœur bon beaucoup*. *Sii* veut dire *lumiere*, & par métaphore beauté, & par une seconde métaphore ce mot de *sii* étant joint à celuy de *Pak* qui veut dire *bouche*, *sii-pak* veut dire *les lévres*; comme qui diroit *la lumiere ou la beauté de la bouche*. Ainsi, *la gloire du bois* veut dire *fleur*, *le fils de l'eau* veut dire en général *tout ce qui s'engendre dans l'eau sans être poisson*; comme les Crocodiles, & toutes sortes d'insectes aquatiques. Et en d'autres rencontres le mot de *fils* ne marquera que la petitesse, comme *les fils des poids*, pour dire *les petits poids*, au contraire du mot de *mere*, dont ils se servent pour signifier la grandeur en certaines choses. Au reste je n'ay vû en cette Langue aucuns mots, qui ayent du rapport aux nôtres, que ceux de *pô* & de *mê* qui veulent dire *pere* & *mere*, en Chinois *fu*, *mu*.

Je passe à l'Arithmétique, qui aprés la lecture, & l'écriture, est la

VI. De l'Arithmetique.

principale étude des Siamois. Leur Arithmétique a comme la nôtre dix caractéres, dont ils figurent le *zero* comme nous, & aufquels ils donnent les mêmes valeurs que nous, dans le même arrangement, plaçant comme nous de la droite à la gauche, Nombres, Dixaines, Centaines, Mille, & toutes les autres Puiſſances du Nombre Dix. Les Marchands Indiens font ſi exercez à conter, & leur imagination eſt ſi nette là deſſus, qu'on dit qu'ils peuvent réſoudre ſur le champ des Queſtions d'Arithmétique tres-difficiles : mais je croy auſſi qu'ils ne réſolvent jamais ce qu'ils ne peuvent réſoudre ſur le champ. Ils n'aiment point à reſver, & ils n'ont nul uſage de l'Algébre.

VII. Inſtrumēt qui ſert de jeton aux Chinois.

Les Siamois ne calculent guére qu'avec la plume : mais les Chinois ſe ſervent d'un Inſtrument, qui revient au jeton, & que l'Hiſtoire de la Chine du P. Martini porte qu'ils ont inventé deux mille ſix à ſept cent ans avant JESUS-CHRIST. Quoy qu'il en ſoit, *Pignorius* dans ſon Ouvrage *De ſervis* nous apprend que cet Inſtrument étoit familier aux anciens Eſclaves Romains, qui étoient destinez à conter. J'en donne la Description & la figure à la fin de cet Ouvrage.

Les Etudes ausquelles l'on nous applique dans nos Colléges, sont presque absolûment inconnuës aux Siamois ; & l'on peut douter s'ils y sont bien propres. Le caractére essenciel des Peuples des Païs extrémement chauds ou extrémement froids est la paresse d'esprit & de corps ; avec cette différence qu'elle dégénére en stupidité dans les Païs trop froids, & que dans les Païs trop chauds il y a toûjours de l'esprit & de l'imagination ; mais de cette sorte d'imagination & d'esprit, qui se lasse bientôt de la moindre application.

VIII. Les Siamois peu propres aux Etudes d'application.

Les Siamois conçoivent facilement & nettement, leurs reparties sont vives & promptes, leurs objections sont justes. Ils imitent d'abord, & dés le premier jour ils sont passablement bons ouvriers : si bien qu'on croit qu'un peu d'étude les va rendre tres-habiles, soit dans les plus hautes Sciences, soit dans les Arts les plus difficiles ; mais leur paresse invincible détruit tout d'un coup ces espérances. Il ne faut donc pas s'étonner

IX. Ils ont de l'imagination & de la paresse.

s'ils n'inventent rien dans les Sciences qu'ils aiment le mieux, comme la Chymie & l'Astronomie.

X. Ils sont naturellement Poëtes, & leur Poësie est rimée.

J'ay dit cy-dessus qu'ils sont naturellement Poëtes. Leur Poësie consiste, comme la nôtre, & comme celle dont on se sert aujourd'huy par toute la Terre connuë, dans le nombre des syllabes, & dans la Rime. Quelques-uns en attribüent l'invention aux Arabes, parce qu'il semble que ce sont eux, qui l'ont portée par tout. Les Relations de la Chine disent bien que la Poësie Chinoise d'aujourd'huy est en rime ; mais quoy qu'elles parlent de leur Poësie ancienne, dont ils ont encore plusieurs Ouvrages, ils ne disent pas de quelle nature elle étoit, parce, à mon avis, qu'il est difficile d'en juger : car encore que les Chinois ayent conservé l'intelligence de leur ancienne écriture, ils n'ont pas conservé leur ancien langage. Quoy qu'il en soit, j'ay de la peine à comprendre d'une Langue toute de monosyllabes, & pleine de voyéles fort accentuées, & de diphtongues fort composées, que si la Poësie ne consiste dans la Rime, elle puisse consister dans la Quantité, comme fai-

Ils lisent en la Langue d'aujourd'huy les caractéres anciens.

soient les Poësies Grecque & Latine.

XI. Leur genie dans la Poësie.

Je n'ay pû avoir une chançon Siamoise bien traduite, tant leur façon de penser est éloignée de la nôtre. J'y ay pourtant entrevû des peintures, comme par exemple d'un jardin agréable, où un Amant invite sa Maîtresse de venir. J'y ay vû aussi des expressions qui me paroissoient d'une immodestie grossiére; quoy que cela ne fît pas le même effet en leur Langue. Mais outre les chançons d'amour, ils en ont aussi d'Historiques & de Morales tout ensemble: j'en ay oüy chanter aux Pagayeurs mêmes, dont on me faisoit entendre à peu prés le sens. Le *Lacône* dont j'ay parlé n'est autre chose qu'un Chant Moral & Historique, & l'on m'a dit que l'un des Freres du Roy de Siam fait des Poësies Morales fort estimées, ausquelles il met luy-même le Chant.

XII. Ils ne sont point Orateurs.

Mais si les Siamois naissent Poëtes, ils ne naissent point Orateurs, & ils ne le deviennent point. Leurs Livres sont ou des Narrations d'un stile fort simple, ou des Sentences d'un stile coupé & plein d'Images. Ils n'ont point d'Avocats: les Parties disent châcune leur affaire au Greffier, qui écrit sans aucune Rhétorique les faits & les raisons qu'on luy dit. Quand ils prêchent, ils lisent le Texte Baly de leurs Livres, & ils le traduisent & l'expliquent en Siamois simplement, & sans aucune sorte d'action; comme nos Professeurs, & non pas comme nos Prédicateurs.

XIII. Leurs Cómpliments se ressemblent toûjours.

Ils savent porter une parole en une affaire, & ils s'en acquittent avec beaucoup d'insinüation; mais pour ce qui est de leurs complimens, ils sont tous sur un modéle, qui est fort bon à la vérité; mais qui fait que dans les mêmes Cérémonies ils disent toûjours à peu prés les mêmes choses. Le Roy de Siam luy-même a ses paroles presque contées dans ses Audiences de Cérémonie; & il ne dit aux Envoyez du Roy qu'à peu prés ce qu'il avoit dit à Mr. de Chaumont, & avant luy à feu Mr. l'Evêque d'Heliopolis.

XIV. De la derniere Harangue que l'Ambassadeur de Siam fit en France.

Je n'ay point oublié cette excellente Harangue, que l'Ambassadeur de Siam fit au Roy dans son Audience de Congé, & qui seule pourroit faire croire que les Siamois sont grands Orateurs; si nous pouvions juger du mérite de l'Original par celuy de la Traduction: mais cela est difficile, sur tout en deux Langues, qui ont si peu de rapport l'une à l'autre. Tout ce que nous en devons croire, c'est que le gros du dessein & de la pensée est de l'Ambassadeur Siamois : & je ne m'étonne point qu'il ait admiré la bonne mine, l'air Majestueux, la Puissance, l'Affabilité, & toutes les qualitez extraordinaires du Roy. Elles le devoient encore plus frapper qu'un autre ; parce que ces Vertus sont absolûment inconnuës en Orient : & s'il eût osé dire toute la verité, il eût avoüé que la flatterie naturelle à ceux de son Païs luy avoit fait loüer toute sa vie ces mêmes choses, où elles n'étoient point, & qu'il en voyoit dans le Roy le premier exemple. Quand les Mandarins vinrent à bord de nôtre Vaisseau porter le premier Compliment du Roy de Siam aux Envoyez du Roy, ils prîrent congé d'eux, en leur témoignant qu'ils le demandoient à regret, & par la nécessité indispensable d'aller satisfaire l'impatience du Roy leur Maistre, sur les choses qu'ils avoient à luy rapporter : pensée naturelle & bonne sur laquelle roulle tout le commencement de la Harangue de congé de l'Ambassadeur. Et quant à ce bel endroit par où il finit, que leur Relation de luy & de ses Collégues seroit mise dans les Archives du Royaume de Siam, & que le Roy leur Maître se feroit un honneur de l'envoyer aux Princes ses Alliez, il étoit en cela moins Orateur qu'Historien. Il rendoit conte d'une pratique de son Païs, qui ne s'obmet point dans les grandes occasions, & qui est en usage en d'autres Royaumes. Il y en a un exemple dans Osorius au *livre 8.* de son *Histoire d'Emmanuël Roy de Portugal,* où il raconte comment Alphonse, deuxiéme Roy Chrétien de *Congo,* fit mettre dans ses Archives l'Histoire de sa Conversion, & celle d'une célébre Ambassade, qu'il avoit reçûë d'Emmanuël ; & comment il en fit part à tous les Princes ses Vassaux. On peut donc asûrer que les Siamois ne sont point Orateurs, & qu'ils n'ont jamais besoin de l'être. Mêmes leur usage n'est pas de faire ny harangue ny compliment aux Princes, vers qui on les envoye ; mais de répondre aux choses, sur lesquelles ces Princes les interrogent. Ils haranguérent en cette Cour, pour s'accommoder à nos Mœurs, & pour joüir d'un honneur qu'ils estimoient fort, qui étoit de parler au Roy avant que sa Majesté leur parlât. Voilà tout ce que l'on peut dire de leur Poësie, & de leur Rhétorique.

XV. Ils ont une Philosophie Morale, & point de Théologie.

Ils ignorent absolûment toutes les parties de la Philosophie, horsmis quelques Principes de Morale, où, comme nous verrons en parlant des Talapoins, ils ont mêlé bien du faux. Je feray voir aussi en même temps qu'ils n'ont aucune sorte de Théologie, & qu'on pourroit peut-être les justifier sur le culte des fausses Divinitez dont on les accuse, par une impieté plus coupable, qui est de ne connoître aucune Divinité, ny vraye, ny fausse.

XVI. Comment ils étudiét leurs Loix.

Ils n'ont point d'Etude de Droit: ils n'apprennent les Loix de leur Païs que dans les Emplois. Elles ne sont point publiques, comme j'ay dit, faute d'Imprimerie : mais quand ils entrent en quelque Office, on leur met en main une copie des Loix qui le concernent : & la même chose se pratique en Espagne; quoy que les Loix y soient entre les mains de tout le monde, & qu'il y ait des Ecoles publiques pour les enseigner. Par exemple, ils insereront dans les Provisions d'un *Corrégidor* tout le titre de *Corrégidores*, qui est dans la Compilation de leurs Ordonnances. J'ay vû même quelque exemple de celà en France.

CHAPITRE X.

De ce que les Siamois savent en Medecine & en Chymie.

1. Le Roy de Siam a ses Medecins de divers Païs.

LA Médecine ne peut mériter chez les Siamois le nom de Science. Les principaux Médecins du Roy de Siam sont Chinois; & il en a aussi de Siamois, & de Pegüans: & depuis deux à trois ans il a pris en cette qualité Mr. Paumart l'un des Missionnaires François Séculiers, auquel il se confie plus qu'à tous ses autres Médecins. Les autres sont obligez à rapporter tous les jours à celuy-cy l'état de la santé de ce Prince, & à recevoir de sa main les remédes qu'il luy prépare.

Leur ignorance capitale est de ne rien savoir en Chirurgie, & d'avoir besoin des Européans, non seulement pour les Trépans, & pour toutes les autres opérations de Chirurgie difficiles, mais pour les simples saignées. Ils ignorent entierement l'Anatomie: & bien loin d'avoir jamais porté leur curiosité, jusqu'à découvrir ny la circulation du sang, ny toutes les choses nouvelles, que nous savons touchant la structure du corps des Animaux, ils n'ouvrent les corps morts, qu'aprés les avoir rôtis dans les funerailles, sous couleur de les brûler; & ils ne les ouvrent que pour y chercher dequoy abuser la crédulité superstitieuse du Peuple. Par exemple ils disent qu'ils trouvent quelquefois dans l'estomac des Morts, de grosses piéces de chair fraîche de cochon, ou de quelque autre animal, du poids d'environ huit ou dix livres: & ils supposent qu'elle y a été mise par quelque sortilége, & qu'elle est bonne à en faire d'autres.

Ils ne se piquent pas d'avoir aucun Principe de Médecine, mais seulement un nombre de Receptes, qu'ils

II. Ils ignorent la Chirurgie & l'Anatomie.

III. Ils n'ont aucun Principe

mais des Receptes, ont apprises de leurs Ancêtres, & ausquelles ils ne changent jamais rien. Ils n'ont nul égard aux symptomes particuliers des maladies : & cependant ils ne laissent pas d'en guérir beaucoup ; parce que la tempérence naturelle des Siamois les préserve de beaucoup de maux difficiles à guérir. Mais quand enfin il arrive que le mal est plus fort que les remédes, ils ne manquent pas d'en attribuër la cause à maléfice.

IV. Les Medecins Chinois sont fort charlatans.

Un jour le Roy de Siam ayant sû que j'étois un peu incommodé, quoy que je le fusse si peu, que je ne garday jamais la chambre, il ne laissa pas d'avoir la bonté de m'envoyer tous ses Médecins. Les Chinois firent d'abord quelque honêteté aux Siamois & aux Pegüans ; & puis ils me firent asseoir, & s'assirent eux-mêmes : & aprés avoir demandé silence, car la compagnie étoit nombreuse, ils me tâtérent le poux l'un aprés l'autre assez long-temps, pour me faire soupçonner que ce n'étoit que grimace. J'avois lû qu'à la Chine il n'y a point d'Ecole pour les Médecins, & qu'on y est reçû à en faire la profession, tout au plus aprés un leger examen

fait

fait par un Magistrat de Judicature, & non par des Docteurs en Médecine. Et je savois d'ailleurs que les Indiens sont de grands fripons, & les Chinois encore davantage: de sorte que j'eusse bien voulu me défaire de ces Docteurs, sans qu'il m'en eût coûté quelque expérience de leurs remédes. Aprés m'avoir tâté le poux, ils dirent que j'avois un peu de fiévre, mais je ne m'en sentois point du tout: ils ajoûtérent que j'avois la poitrine attaquée, & je ne m'en appercevois, sinon en ce que j'avois la parole un peu affoiblie. Le lendemain matin les Chinois seuls revinrent me présenter une petite potion tiéde, dans une tasse de porcelaine couverte & fort propre. L'odeur du remède me plût, & fit que je l'avalay, & je ne m'en trouvay ny bien ny mal.

On sait assez qu'il y a par tout des charlatans, & que tout homme qui promettra hardiment la santé, les plaisirs, les richesses, les honneurs, & la connoissance de l'avenir trouvera toûjours des duppes. Mais la différence qu'il y a des Charlatans de la Chine à ceux d'Europe au sujet de

V. Différence des harans Chinois aux nôtres.

la Médecine, est que les Chinois abusent les Malades par des remédes agréables & attrayants, & que ceux d'Europe nous donnent des drogues, dont le corps humain cherche à se défaire par toutes sortes d'efforts : si bien que nous sommes portez à croire qu'on ne tourmenteroit pas ainsi un Malade, si cela n'étoit certainement bien nécessaire.

VI. De quels remedes on use à Siam.

Quand quelqu'un est malade à Siam, il commence par se faire ramollir tout le corps par quelqu'un qui soit entendu en cela, qui monte sur le corps du malade, & le foule aux piés. L'on dit mêmes que les femmes grosses se font ainsi fouler aux piés par un enfant, afin d'accoucher avec moins de peine : car dans les Païs chauds, encore que les accouchements semblent devoir être plus faciles par la conformation naturelle des femmes, ils ne laissent pas d'y être assez douloureux, peut-être parce qu'ils y sont précédez de moins d'évacuation.

Autrefois les Indiens n'apportoient d'autre reméde à la plénitude, qu'une excessive diette; & c'est encore la principale finesse des Chinois dans la Médecine. Aujourd'huy les Siamois usent de la saignée, pourvû qu'ils ayent un Chirurgien Européan; & quelquefois à la place de la saignée ils employent les ventouses scarifiées & les sangsuës.

Ils ont des purgatifs dont nous nous servons, & d'autres qui leur sont particuliers; mais ils ne connoissent point l'Ellébore si familier aux anciens Médecins Grecs. D'ailleurs ils n'observent aucun temps dans la purgation, & ne savent ce que c'est que Crise; quoy qu'ils n'ignorent pas l'utilité des sueurs dans les maladies, & qu'au contraire ils estiment beaucoup l'usage des sudorifiques.

Ils employent dans leurs remédes des minéraux & des simples, & les Européans leur ont fait connoître le Kinkina. En général leurs remédes sont fort chauds; & ils n'usent d'aucun rafraîchissement intérieur: mais ils se baignent dans la fiévre, & dans toute sorte de maladies. Il semble que tout ce qui concentre ou augmente la chaleur naturelle, leur soit bon.

Leurs malades ne se nourrissent que

VII. Le regime

de bouillie de ris, qu'ils font extrêmement liquide: les Portugais des Indes l'appellent *cangé*. Les bouillons de viande font mortels à Siam, parce qu'ils relâchent trop l'estomac: & quand leurs malades font en état de manger quelque chose de solide, ils leur donnent de la viande de cochon préférablement à toute autre.

VIII
Leur ignorance en Chymie, & leurs fables sur cette matiere.

Ils ignorent la Chymie, quoy qu'ils l'aiment passionnément; & que plusieurs parmy eux se vantent d'en posséder les secrets les plus recherchez. Siam, comme tout le reste de l'Orient, est plein de deux sortes de personnes sur cette matiere, d'imposteurs & de duppes. Le feu Roy de Siam pere de celuy-cy consuma deux millions, grande somme pour son Païs, à la vaine recherche de la Pierre Philosophale: & les Chinois estimez si habiles ont la folie depuis trois ou quatre mille ans de chercher un reméde universel, par lequel ils espérent de s'exempter de la nécessité de mourir. Et comme parmy nous il y a des Traditions sourdes de quelques personnes rares, qu'on dit avoir fait de l'or, ou avoir vécu quelques siecles, il y en a de fort établies chez les Chinois, chez les Siamois, & chez les autres Orientaux, de ceux qui ont sû se rendre immortels, ou absolûment, ou de telle sorte qu'ils ne peuvent plus mourir que de mort violente. C'est pourquoy l'on suppose que les uns & les autres se sont dérobez à la vûë des hommes; ou pour joüir d'une immortalité libre & paisible, ou pour se mettre à couvert de toute force étrangere, qui pourroit leur ôter la vie, que nulle maladie ne peut altérer. Ils content merveilles du savoir de ces prétendus Immortels, & il ne faut pas s'étonner qu'ils les croyent capables de forcer la Nature en plusieurs choses, puis qu'ils s'imaginent qu'ils ont eu l'art de se dérober à la mort.

CHAPITRE XI.

De ce que les Siamois savent des Mathématiques.

L'Imagination vive & nette des Siamois sembleroit plus propre aux Mathématiques, qu'aux autres études, si elle ne se lassoit trop tôt: mais ils ne peuvent suivre un long

I. Le grand chaud de Siam contraire à toute application d'Esprit.

tissu de raisonnements, dont ils ne prévoyent ny le bout, ny le profit. Et il faut avoüer pour leur excuse, que toute application d'esprit est si pénible en un climat aussi chaud que le leur, que les Européans même n'y peuvent guére étudier, quelque envie qu'ils en ayent.

<small>II. Ignorance des Siamois touchant les principales parties des Mathématiques.</small>

Les Siamois ne savent donc rien en Géométrie ny en Méchanique, parce qu'ils peuvent absolûment s'en passer: & l'Astronomie ne les touche qu'autant qu'ils croyent qu'elle peut servir à la divination. Ils n'en savent que quelques pratiques, dont ils dédaignent de pénétrer les raisons ; mais dont ils se servent dans les Horoscopes des Particuliers, & dans la construction de leur Almanac, qui est comme une Horoscope générale.

<small>III. Du Calendrier Siamois, & pourquoy les Siamois ont deux Epoques.</small>

Il paroît qu'ils ont fait reformer deux fois leur Calendrier, & par d'habiles Astronomes : lesquels pour suppléer aux Tables Astronomiques, ont pris deux Epoques arbitraires, mais remarquables par quelque conjonction rare des Planetes. Sur ces Observations ayant une fois établi de certains nombres, ils ont au moyen de plusieurs additions, soustractions, multiplications & divisions, donné pour les années suivantes le secret de trouver le lieu des Planetes, à peu prés comme nous trouvons l'Epacte de chaque année en ajoûtant onze à l'Epacte de l'année d'auparavant.

La plus récente des deux Epoques Siamoises se rapporte à l'an de Grace 638. J'ay donné à M^r. Cassini Directeur de l'Observatoire de Paris la maniére Siamoise de trouver le lieu du Soleil, & celuy de la Lune par un calcul, dont le fondement est pris de cette Epoque. Et le merite singulier qu'à eu M^r. Cassini à déveloper une chose si difficile, & à en pénétrer les raisons, sera sans doute admiré de tous les Savants. Or comme cette Epoque n'est visiblement que le fondement d'un calcul Astronomique, & qu'elle a été choisie plutost qu'une autre, seulement parce qu'elle a paru plus commode qu'une autre au calcul, il est évident qu'on n'en doit rien conclûre qui regarde l'Histoire Siamoise; ny s'imaginer que l'an 638. ait été chez eux plus illustre qu'un autre par aucun événement, duquel ils ayent trouvé à propos de commencer à conter leurs années,

I V. La plus récente est évidemment arbitraire.

L iiij

comme nous contons les nôtres depuis la Naissance du Sauveur du Monde.

V. La plus ancienne aussi paroît arbitraire.

Par la même raison je suis persuadé que leur plus ancienne Epoque, depuis laquelle en cette année 1689. ils content 2233. ans, n'a été remarquable à Siam par aucune chose digne de mémoire, & qu'elle ne prouve pas que le Royaume de Siam soit de cette ancienneté. Elle est purement Astronomique, & sert de fondement à une autre maniére de calculer les lieux des Planetes, qu'ils ont abandonnée pour cette nouvelle Méthode, que j'ay donnée à M. Cassini. Quelqu'un leur aura fait connoître les mécontes, ou dans la suite des temps cette ancienne Méthode doit être tombée; comme nous avons connu avec le temps les erreurs de la Reformation du Calendrier faite par l'ordre de Jules-César.

VI. Et n'est point prise de la mort de Sommona-codom.

Les Mémoires Historiques des Siamois ne remontant, comme j'ay remarqué au commencement, qu'à neuf-cent ans ou environ, il ne faut pas aller chercher la fondation de leur Royaume à l'an 545. avant la Naissance de JESUS-CHRIST, ny supposer que depuis ce temps-là ils ayent eu une suite de Rois, qu'ils ignorent absolûment eux mêmes. Et quoy que les Siamois disent vulgairement que cette premiére Epoque, depuis laquelle ils content, comme j'ay dit, 2233. ans, est celle de la mort de leur Sommona-Codom, & quoy qu'elle se rapporte à peu prés au temps auquel vivoit Pythagore, qui a semé en Occident la Doctrine de la Metempsychose, qu'il avoit aprise des Egyptiens, il est certain néanmoins que les Siamois n'ont aucun Mémoire du temps, auquel leur Sommona-Codom peut avoir vécu : & je nepuis me persuader que leur Sommona-Codom soit Pythagore, qui n'a point été en Orient, ny que leur ancienne Epoque soit autre qu'Astronomique, & arbitraire, non plus que leur Epoque récente.

VII. Varieté de stile dans les Dates.

Que si les Siamois s'en servent encore dans leurs Dates, aprés l'avoir abandonnée dans leurs Calculs Astronomiques, c'est parce que dans les choses de stile on ne change pas aisément les usages, ausquels l'on est accoûtumé : & pourtant ils ne laissent pas de dater quelquefois par rapport à cette Epoque récente, qu'ils ont prise, comme j'ay dit, de l'an 638. de nôtre Seigneur. Mais leur premier mois est toûjours la Lune de Novembre, ou de Décembre, en quoy ils ne se départent pas de l'ancien stile, lors même qu'ils datent l'année selon leur stile nouveau; quoi que le premier mois de l'année soit, selon ce stile nouveau, ou le cinquiéme ou le sixiéme du stile vieux.

VIII. Ce que les Siamois pensent du systême du Monde.

C'est là en peu de mots toute l'habileté des Siamois en Astronomie. D'ailleurs ils n'entendent rien du véritable systême du Monde, parce qu'ils ne savent rien par raison. Ils croyent donc, comme tout le reste de l'Orient, que les Eclipses se font par quelque Dragon, qui dévore le Soleil & la Lune (peut-être à cause de cette façon de parler Métaphorique des Astronomes, que les Eclipses se font dans la Tête & dans la Queuë du Dragon:) & ils font un grand bruit de poëles & de chauderons pour effrayer & chasser ce pernicieux Animal, & pour délivrer ces beaux Astres. Ils croyent la Terre quarrée & fort vaste, sur laquelle la voûte du Ciel porte par ses extrémirez, comme si c'étoit une de ces cloches de verre, dont nous couvrons quelques-unes de nos plantes dans nos jardins. Ils asûrent que la Terre est divisée en quatre parties habitables si séparées les unes des autres par des Mers, qu'elles sont comme quatre Mondes différens. Ils supposent au milieu de ces quatre Mondes une tres-haute Montagne pyramidale de quatre faces égales, appelée *Cáou pra soumene* (*Cáou* veut dire, *Montagne* & *monter*:) & depuis la surface de la Terre, ou de la Mer, jusqu'au sommet de cette Montagne, qui touche, disent-ils, aux Etoiles, ils content quatre-vingt-quatre-mille *Jods*, & châque *Jod* vaut environ huit-mille toises. Ils content autant de *Jods* depuis la surface de la Mer jusqu'aux fondemens de la Montagne; & ils content aussi quatre-vint-quatre-mille *Jods* d'étenduë de Mer depuis châcune des quatre faces de cette Montagne jusqu'à châcun des quatre Mondes que j'ay dits. Or nôtre Monde, qu'ils appellent *Tchiampion*, est à ce qu'ils disent, au Midy de cette Montagne; & le Soleil, la Lune & les Etoiles tournent sans cesse autour d'elle : & c'est ce qui fait selon eux le jour & la nuit. Au dessus de cette Montagne est un Ciel qu'ils appellent *Intratiracha*, qui est surmonté par le Ciel des Anges. Cet échantillon, qui est tout ce que j'en sçay, suffira pour faire voir leur grossiéreté ; & s'il ne se rapporte pas exactement à ce que d'autres ont écrit avant moy de cette matiére, il ne faut pas plus admirer la varieté des Opinions Siamoises en une chose qu'ils n'entendent pas, que la contrarieté de nos systémes dans l'Astronomie, que nous croyons entendre.

I X. Les Indiens sont superstitieux à proportion de leur extréme ignorance.

L'extréme superstition des Indiens est donc une suite tres-naturelle de leur profonde ignorance : mais pour leur excuse, des Peuples plus éclairez qu'eux n'ont été guére moins superstitieux. Les Grecs, & aprés eux les Romains, n'ont-ils pas crû à l'Astrologie judiciaire, aux Augures, aux Présages, & à toutes sortes d'Arts inventez sous prétexte de deviner & de prédire ? Ils pensoient qu'il étoit de la bonté des Dieux d'avoir donné aux Hommes des secours pour pénétrer l'avenir, & les mots de *Devin* & de *divin* sont un même mot dans leur origine, parce que selon les anciens

Payens l'art de deviner n'étoit qu'un art de consulter les Divinitez. Les Siamois croyent donc encore qu'il y a un Art de prophétiser, comme il y en a un de rendre la santé aux malades : & quand les Devins du Roy de Siam se trompent, il leur fait donner des coups de bâton, non comme à des imposteurs, mais comme à des négligents ; comme il fait bastonner ses Médecins, quand les remédes qu'ils luy donnent, ne font pas l'effet qu'il s'en est promis.

Ce Prince n'entreprend, non plus que ses sujets, ny affaire, ny voyage, que ses Devins qui sont tous Brames ou Pegüans, ne luy ayent marqué une heure pour l'entreprendre heureusement. Il ne sort pas de chez luy, ou s'il en est sorti, il n'y rentre pas, tant que ses Devins le luy défendent. Le Dimanche luy paroît plus heureux que les autres jours, parce que dans sa Langue il a conservé le nom de *jour du Soleil.* Il croit le Croissant de la Lune plus heureux que le Déclin : & outre cela l'Almanac, qu'il fait faire tous les ans par un Astrologue Brame, luy marque & à ses sujets les jours heureux, ou

X.
Autorité des Devins sur les Siamois.

malheureux, pour la plûpart des choses qu'ils ont coûtume de faire: follie qui n'est peut-être que trop tolerée parmy les Chrétiens : témoin l'Almanac de Milan, auquel tant de gents ont aujourd'huy une si aveugle créance.

XI. Et des Présages.
Les Siamois prennent à mauvais augure les hurlements des animaux féroces, & les cris des cerfs & des singes; comme plusieurs personnes parmy nous s'effrayent des hurlements des chiens pendant la nuit. Un serpent qui coupe le chemin, la foudre qui tombe sur une maison, quelque chose qui tombe comme de soy-même & sans aucune cause apparente, sont des sujets de crainte pour les Siamois, & des raisons d'abandonner, ou de remettre une affaire, quelque importante & quelque pressée qu'elle soit d'ailleurs. Une des maniéres dont ils se servent pour deviner l'avenir, & qui est commune à tous les Orientaux, c'est de faire quelques Cérémonies superficieuses, puis d'aller en Ville, & de prendre pour un Oracle sur ce qu'ils ont envie de savoir, les premiéres paroles, qu'ils entendent dire au hazard dans

les ruës, ou dans les maisons. Je n'en ay pû savoir davantage, parce que les Interprétes Chrêtiens, dont j'eusse pû me servir, regardent ces choses avec horreur, comme des sortiléges, & des Pactes avec le Dêmon: quoy qu'il soit bien possible que ce ne soient que des sottises pleines de crédulité & d'ignorance. Les anciens François par une pareille superstition consultoient en leurs guerres les premiéres paroles, qu'ils entendoient chanter dans l'Eglise en y entrant. Encore aujourd'huy plusieurs personnes ont une créance supersticieuse en de certaines herbes, qu'ils cueillent la veille de la S. Jean, d'où est venuë cette façon de parler proverbiale, employer toutes les herbes de la saint Jean en une affaire: & parmy les Italiens il y en a qui, aprés s'être lavé les piés dans du vin la veille de la S. Jean, jettent le vin par la fenêtre, & s'y tiennent ensuite pour écouter ceux qui passent dans la ruë, prenant pour un augure certain sur ce qu'ils ont envie de savoir, la premiére parole qu'ils entendent dire.

Mais ce qui a donné aux Indiens

diens accusez de sorcellerie & pourquoi.

la réputation de grands sorciers, c'est principalement les continuëlles conjurations, dont ils usent pour éloigner les mauvais Esprits, & pour attirer les bons. Ils prétendent avoir des Talismans, ou des *Caracteres* qu'ils appellent *Cata*, pour venir à bout de tout ce qu'ils veulent : comme pour faire mourir, ou pour rendre invulnerable ; & pour faire taire gents & chiens, quand ils veulent faire une méchante action, & n'être pas découverts. S'ils préparent une médecine ils attacheront au bord du vase plusieurs papiers, où ils auront écrit des paroles mystérieuses, pour empêcher que les *Petpayatons* n'emportent la vertu du reméde avec la fumée. Ces *Petpayatons* sont à leur avis des Esprits répandus dans l'air, de qui ils croyent entre autres choses, qu'ils jouïssent les premiers de toutes les filles ; & qu'ils leur font cette prétenduë blessure, qui se renouvelle tous les mois. Sur la Mer pendant l'orage, ils attacheront à tous les Agrés de pareils papiers écrits, qu'ils croyent propres à calmer les Vents.

XIII. *Superstitions pour* Les superstitions, dont ils usent envers les femmes accouchées, ne paroissent pas moins ridicules, quoy qu'elles soient peut-être fondées sur quelque utilité pour la santé Ils croyent que les femmes accouchées ont besoin d'être purifiées : soit que les juifs répandus par toute la Terre ayent semé cette Tradition parmy plusieurs Nations, soit que les Peuples des Païs chauds soient plus aisément blessez que ceux des Païs froids des impuretez naturelles des femmes. Les Siamois tiennent les femmes accouchées pendant un mois devant un feu continuël & assez grand, où ils les tournent tantôt d'un côté tantôt d'un autre. La fumée cependant les incommode beaucoup, & ne s'échape que lentement par une ouverture, qu'ils font au toit de leurs maisons. Les Pegüans mettent leurs femmes sur une espece de gril de bambou assez élevé avec du feu dessous, mais ils ne les y tiennent que quatre ou cinq jours. Au relever des couches les uns & les autres remercient le feu d'avoir purifié leurs femmes, & dans le repas qu'ils donnent en cette occasion à leurs parents, ils ne mangent rien, qu'ils n'ayent auparavant

les femmes en couches.

offert au feu, en le laissant quelque temps auprés. Même pendant tout le temps des couches les femmes ne mangent & ne boivent rien, qui ne soit chaud : & j'apprends que nos *Sages-femmes* défendent aussi aux accouchées de boire froid.

XIV. Philtres regardez comme des effets de Magie.

Mais les effets les plus prompts & les plus sensibles des prétendus sortiléges des Indiens sont dans l'usage de certains philtres, qui ne sont que des boissons naturelles. Les Indes portent des simples, dont nous ne connoissons ny les espéces, ny la force, ny l'usage. Les philtres amoureux sont ceux, qui affoiblissent l'imagination, & font tomber un homme comme en enfance ; de sorte qu'il est aisé aprés cela de le gouverner. Mes domestiques m'ont asûré qu'ils avoient vû à Batavia un homme, de qui on disoit publiquement que sa femme l'avoit rendu hébété de cette maniére. D'autres boissons font d'autres effets. Les Relations sont pleines de celles, que les femmes de Goa donnent souvent à leurs maris, & qui les rendent si stupides pour 24. heures, qu'elles peuvent alors leur être infidéles en leur présence. L'Opium ou essence de pavot fait de si différents effets, qu'il endort, ou qu'il éveille selon qu'il est diversement préparé. Les Indiens en allant au combat en prennent pour se donner du courage, ou plûtôt de la fureur. Ils vont alors tête baissée à l'ennemy comme des sangliers : il est périlleux de les attendre, mais on peut les éviter en se détournant de devant eux, car ils passent outre. De plus l'effet de l'Opium ne leur dure que quelques heures ; aprés quoy ils retombent non seulement dans leur lâcheté naturelle, mais dans une lassitude, qui ne leur laisse que peu d'action pour leur défense. Et tels étoient ces Macassars, qui avoient conspiré contre le Roy de Siam, quelques mois avant que les Envoyez du Roy y arrivassent.

XV. Maladies regardées comme des effets de Magie.

Les Siamois ont aussi des maladies, dont les symptomes sont quelquefois si étranges, qu'ils croyent qu'on n'en peut attribuer la cause qu'à des sortiléges. Mais outre ces cas extraordinaires, leurs Médecins accusent presque toûjours la force majeure des Esprits, de l'inefficacité de leurs remédes ; & ils joüent en celà de si subtils tours de passe-passe, ou plûtôt ils ont affaire à des gents si crédules, que pendant que nous étions à Siam, ils firent acroire à un malade, qu'il venoit de rendre une peau de cerf avec une médecine, & qu'il devoit avoir avallé cette peau de cerf par un effet de Magie, & sans s'en être aperçû. C'est ce que j'ay crû devoir dire des superstitions Siamoises, desquelles châcun jugera comme il luy plaira : car si d'une part je n'ay rien vû, qui m'oblige à les accuser de sorcellerie, d'autre part je n'ay nul intérêt à les en justifier entiérement.

XVI. Superstition ou vanité touchant les Murailles des Villes.

Mais avant que de quitter cette matiére j'ajoûterai ici une chose, que l'on attribuëra comme l'on voudra, à superstition ou à vanité. Un jour que les Envoyez du Roy fûrent saliiez par des Ambassadeurs vrais ou supposez de Patane, de Camboya, & de quelque autre Cour du Voisinage, des Députez de quelques-unes des diverses Nations qui sont à Siam, fûrent aussi de cette visite : & entre autres il y en eût deux, qui dirent que la Ville de leur origine, dont j'ay oublié le nom, ne subsistoit plus : mais qu'el-

Du Royaume de Siam.

le avoit été si considérable, qu'on n'en pouvoit faire le tour qu'en trois mois. J'en ris en moy-même comme d'une follie sans fondement : & peu de jours aprés le sieur de la Mâre Ingénieur, que Mr. de Chaumont avoit laissé à Siam, me dit que quand il avoit été à Ligor par ordre du Roy de Siam, pour en prendre le Plan, le Gouverneur ne voulût jamais luy permettre d'en faire le tour sinon en deux jours, quoy qu'il eût pû le faire en moins d'une heure. Passons à l'étude de la derniére partie des Mathematiques.

CHAPITRE XII.

De la Musique, & des Exercices du Corps.

LA Musique n'est pas mieux entenduë à Siam, que la Géométrie & l'Astronomie. Ils font des airs par génie, & ils ne les savent pas noter. Ils n'ont ny cadence, ny tremblement non plus que les Castillans : mais ils chantent quelquefois comme nous sans paroles, ce que les Castillans trouvent fort étrange ; & à la

I. Les Siamois n'ôt nul art dans le Chant.

place des paroles, ils ne difent qu' *nói, nói,* comme nous difons *lan-lá la-ri.* Je n'y ay pas remarqué u feul air, dont la mefure fût à trois temps, au lieu que ceux-là font fans comparaifon les plus familiers aux Efpagnols. Le Roy de Siam entendit fans fe montrer plufieurs airs de violon de nos Opera, & l'on nous dit qu'il ne les avoit pas trouvez d'un mouvement affez grave: néanmoins le Peuple Siamois n'a rien de fort grave dans fes chants; & tout ce qu'ils joüent fur leurs inftruments, mefme dans la marche de leur Roy, eft affez vif.

I. 'ont iverarties leurs erts.
Ils ne connoiffent pas plus que les Chinois la diverfité des chants pour les diverfes Parties d'un Corps de Mufique: ils ne connoiffent pas même la diverfité des Parties; ils chantent tous à l'uniffon. Leurs inftrumens ne font pas d'ailleurs bien recherchez, & il faut croire que ceux, où il paroît quelque connoiffance de la Mufique, leur font venus de dehors.

n-
rs:
Ils ont de mauvais petits rebecs ou violons à trois cordes, qu'ils appellent *Trô*, & des haut-bois fort ai-

Sa

Keun

pleng

quouai

Chançon Siamoise

Samon euy leûpacam Son Seüa co né*

liaou náyey pleng nij co tchaoüa pleng day, pleng taba

ij cochaoüa pleng So náyey, peüx Vongle

nang Tchang Tchaxleu Tcha deun ey.

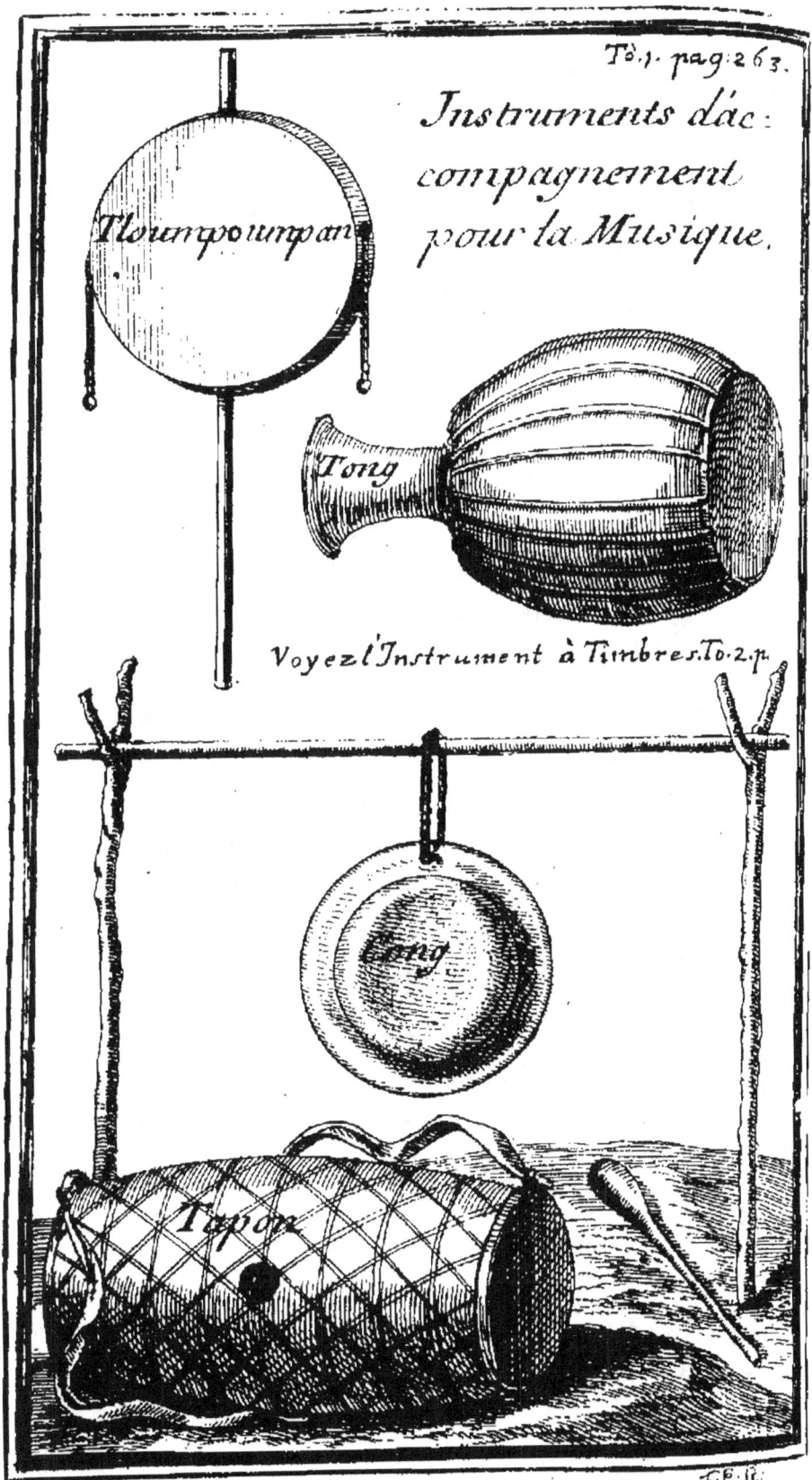

gres qu'ils nomment *Pi*, & les Espa- — Hautbois, gnols *Chirimias*. Ils n'en joüent pas Bassins. mal, & ils les accompagnent du son de certains bassins de cuivre, sur châcun desquels un homme frappe un coup, avec un bâton court, à certains temps * de châque mesure. Ces * L'oreille bassins sont suspendus par un cor- les conduit don, châcun a une perche posée sans que personne en travers sur deux fourches qui batte la sont debout : l'un s'appelle *Schoung-* mesure. *schang*, & il est plus mince, plus large, & d'un son plus grave que l'autre, qu'ils nomment *Cong*.

A cela ils mêlent deux especes de IV. tambour, le *Tlounpounpan*, & le *Ta-* Le Tloun-*pôn*. Le bois du Tlounpounpan est pounpan. de la grandeur de celuy de nos tambours de basque, mais il est garni de peau des deux côtez comme un vray tambour, & de châque côté du bois pend une balle de plom à un cordon. Outre celà le bois du Tlounpounpan est traversé de part en part par un bâton qui luy sert de manche, & c'est par là qu'on le tient. On le roule entre ses mains comme un bâton de chocolatiére, sinon qu'on tient le bâton de chocolatiére renversé, & le Tlounpounpan tout-droit;

& par ce mouvement que je viens de dire, les bales de plom qui pendent de chaque côté du Tlounpounpan frappent de part & d'autre sur les deux peaux.

V
Le Tapon.

Le *Tapôn* est de la figure d'un baril : on le porte par devant, pendu au col par un cordon ; & on le bat sur les deux peaux, de chaque main & à coups de poing.

VI.
Instrument à Timbres.

Ils ont un autre instrument composé de timbres, qu'ils nomment *patcong*. Les timbres sont mis tous de suite chacun sur un bâton court, & planté tout-droit sur une demie circonférence de bois pareille aux gentes d'une petite rouë de carrosse. Celuy qui jouë de cet instrument, est assis au centre ou à la place du moyeu les jambes croisées ; & il frappe les timbres avec deux bâtons, dont il tient l'un de la main droite, & l'autre de la main gauche. Il me semble que cét instrument n'avoit qu'une quinte redoublée d'étenduë : mais certainement il n'y avoit aucuns demy-tons, ny rien pour étouffer le son d'un timbre, lors que l'on en frappoit un autre.

VII.
Concert

C'étoit un charivary de tous ces instruments

instruments ensemble, que la Marche que l'on sonnoit à l'Entrée des Envoyez du Roy: on la sonne toute pareille à la suite du Roy de Siam, & ce bruit tout bizarre qu'il est, n'a rien de desagreable principalement sur la Riviere. *qui suit le Roy dans ses Marches.*

Ils accompagnent quelquefois la voix avec deux bâtons courts, qu'ils appellent *crab*, & qu'ils frappent l'un contre l'autre; & celuy qui chante ainsi s'appelle *Tchang-cap*. Ils le font venir la veille des nopces avec plusieurs de ces instrumens dont j'ay parlé. Le Peuple accompagne aussi la voix le soir dans les courts des logis, avec une espece de tambour appelé *tong*. On le tient de la main gauche, & on le frappe de temps en temps d'un coup de poing de la droite. C'est une bouteille de terre sans fond, & qui au lieu de fond est garnie d'une peau rattachée au goulet avec des cordons. *VIII. Accompagnements de la Voix.*

Les Siamois aiment extrémement nos trompettes; les leurs sont petites & aigres: ils les appellent *tré*; & ils ont outre cela de vrais tambours, qu'ils appellent *clong*. Mais quoy que leurs tambours soient plus *IX. Trompettes & Tambours.*

petits que les nôtres, ils ne les portent point pendus à leur épaule : ils les asseyent sur l'une des peaux, & ils les battent sur l'autre, se tenant eux-mêmes assis les jambes croisées devant leurs tambours. Ils se servent aussi de cette sorte de tambour pour accompagner la voix : mais ils ne chantent guére avec ces accompagnements de tambours que pour danser.

X.
Ils en ont de faux pour en faire parade.

Le jour de la premiere Audience des Envoyez du Roy il y avoit dans la court la plus intérieure du Palais, une centaine d'hommes prosternez, les uns tenant pour la montre de ces mauvaises petites trompettes qu'ils ne sonnoient point, & que je soupçonnay être de bois ; & les autres ayant devant eux, châcun un petit tambour, qu'ils ne battoient point.

XI.
Des Exercices du Corps.

Par tout ce que je viens de dire il paroît qu'à quelques pratiques prés les Mathématiques sont aussi négligées à Siam que les autres Sciences. Ils n'ont pas plus en recommandation les Exercices du corps, que ceux de l'esprit. Ils ne savent ce que c'est que l'art de manier un cheval : ils n'ont point d'armes, si leur Roy ne seur en donne, & ce n'est qu'aprés qu'il leur en a donné qu'ils peuvent en acheter. Ils ne s'exercent à les manier que par l'ordre de ce Prince. Ils ne tirent jamais le mousquet debout, non pas même à la guerre : ils mettent pour le tirer un genoüil à terre, & souvent ils achévent de s'asseoir sur le talon, en étendant en avant l'autre jambe, qu'ils n'ont point fléchie. A peine savent-ils marcher, ou se tenir sur leurs piés de bonne grace: ils ne tendent jamais bien leurs jarrets, parce qu'ils sont accoûtumez à les tenir tout à fait pliez. Les François viennent de leur montrer à se tenir debout sous les armes, & jusqu'à l'arrivée des Vaisseaux du Roy à Siam, leurs sentinelles mêmes s'asseyoient à terre. Loin de s'exercer à la course, ils ne marchent jamais, purement pour se promener. La chaleur du Climat fait en eux assez de dissipation. La Lutte, & le Combat à coups de poing ou de coude y sont des métiers de batteleur. La Course des balons est donc leur seul exercice. La rame & la pagaye sont en ce Païs-là dés l'âge de quatre à cinq ans le métier de tout le monde:

M ij

aussi peuvent-ils pagayer trois jours & trois nuits presque sans se reposer, quoy qu'ils ne supportent guére aucun autre travail.

CHAPITRE XIV.

Des Arts exercés par les Siamois.

I.
Ils sont mauvais Artisans, & pourquoy.

ILs n'ont point de Corps de Métiers, & les Arts ne fleurissent point parmy eux; non seulement à cause de leur paresse naturelle, mais encore plus à cause du Gouvernement sous lequel ils vivent. Comme il n'y a nulle sûreté pour le bien des Particuliers, sinon à le bien cacher, châcun y demeure dans une si grande simplicité, que la plûpart des Arts ne leur sont pas nécessaires, & que les Ouvriers n'y sauroient trouver le juste prix des ouvrages, ausquels ils voudroient mettre beaucoup de dépense & de travail. De plus, comme châque Particulier doit tous les ans six mois de Corvées au Roy, & que souvent il n'en est pas quitte pour six mois, il n'y a personne en ce Païs-là qui ose se distinguer dans quelque art, de peur d'être forcé à travailler toute sa vie gratuïtement pour le service de ce Prince. Et parce que dans ces corvées ils sont employez à tout indifféremment, châcun s'applique à savoir faire un peu de tout, pour éviter les coups de bâton; mais personne ne veut trop bien faire, parce que la servitude est le prix de l'habileté. Ils ne savent, ny ne veulent savoir faire que ce qu'ils ont fait de tout temps. Il ne leur importe d'être cinq-cent ouvriers, plusieurs mois durant, à ce que peu d'Européans bien payez acheveroient en peu de jours. Si quelque Etranger leur donne quelque adresse, ou quelque Machine, ils l'oublient dés que leur Prince l'oublie. Aussi ne s'offre-t-il point d'Européan au service d'un Roy Indien, qui n'y soit reçû, pour ainsi dire, à bras ouverts. Quelque petit mérite qu'il ait, il en a toûjours plus que les Indiens naturels: & non seulement pour les Arts mécaniques, mais pour la Marine, & pour le Commerce, à quoy ils sont encore plus affectionnez. L'inconvénient est que les Rois des Indes savent bien le secret, ou de n'enrichir un Etranger que d'espérances, ou de le garder chez eux, s'ils l'ont véritablement enrichi. Rien n'est si magnifique que les Appointemens que donne le Grand-Mogol : mais voit-on un Européan, qui ait remporté bien des richesses de ce service ?

II. Quels Arts ils exercent. Pour revenir à l'industrie des Siamois, voicy à peu prés les Arts qu'ils connoissent. Ils sont passablement bons menuisiers, & parce qu'ils n'ont point de clous, ils entendent fort bien les assemblages. Ils se mêlent de sculpture, mais grossiérement : les statuës de leurs Temples sont tres-mal faites. Ils savent cuire la brique & faire d'excellents ciments, & ils n'entendent pas mal la maçonnerie. Néanmoins leurs bâtimens de briques ne durent guére faute de fondements : ils n'en font pas même à leurs fortifications. Ils n'ont ny cristal fondu, ny verre ; & c'est une des choses qu'ils aiment le mieux. Le Roy de Siam trouvoit fort à son gré ces verres taillez à facettes, qui multiplient un objet ; & il demandoit des vitres entieres avec cette même proprieté.

III. Les Vitres des Chinois. Les vitres des Chinois sont composées de filets de verre gros comme des pailles, mis de même sens l'un auprés de l'autre, & colez par les bouts à du papier, comme nous colons les quarreaux de verre dans nos chassis de fenêtre. Ils mettent souvent quelques peintures sur ces sortes de vitres; & de ces vitres ainsi peintes ils font quelquefois des panneaux de paravent, derriere lesquels ils aiment à mettre des lumieres : parce qu'ils ont extrémement le goût des illuminations.

IV. Comment les Siamois se servent des Métaux.

Les Siamois savent fondre les métaux, & jeter des ouvrages en moule. Ils revêtent fort bien d'une lame fort mince, ou d'or, ou d'argent, ou de cuivre leurs Idoles, qui sont quelquefois des masses énormes de briques & de chaux. J'ay chez-moy un petit Sommona-Codom, qui est ainsi revêtu d'une lame de cuivre dorée, & qui est encore plein du ciment qui a servi de modéle. Ils revêtent d'une pareille lame d'or ou d'argent, de certains meubles de leur Roy, & la garde de fer des sabres, & des poignards, dont il fait présent à quelques-uns de ses Officiers, & quelquefois à des Etrangers. Ils n'ignorent pas tout à fait l'Orfévrerie, mais ils ne savent ny polir les pierres précieuses, ny les mettre en œuvre.

V. Comment ils écrivēt sur une feüille d'or.

Ils sont bons doreurs, & ils savent assez bien battre l'or. Toutes les fois que le Roy de Siam écrit à un autre Roy, il le fait sur une feüille de ce métal aussi mince qu'une feüille de papier. L'on y marque les lettres par compression, avec un poinçon émoussé, comme ceux dont nous écrivons sur nos tablettes.

VI. Ils sont méchants forgerons, & ne savent pas conroyer.

Ils ne se servent guére du fer que dans la premiére fonte, parce qu'ils sont mauvais forgerons : leurs chevaux ne sont point ferrez, & n'ont d'ordinaire que des étriers de corde, & des bridons fort méchants. Ils n'ont pas de meilleures selles : l'art de conroyer & de préparer les peaux est absolûment inconnu à Siam.

VII. Ils font peu de toiles, & point d'étoffes.

On n'y fait guére de toiles de coton, & on n'y en fait que de fort grosses, & avec une fort vilaine peinture, & seulement dans la Capitale. On n'y fait nulles étoffes, ny de soye, ny de laine, ny aucun ouvrage de tapisserie : la laine même y est fort rare. Ils savent broder, & leurs desseins plaisent.

VIII. La Pein-

J'ay vû dans un de leurs Temples

une agréable Peinture à fresque, dont les couleurs étoient fort vives. Il n'y avoit nulle ordonnance; & elle faisoit souvenir de nos anciennes tapisseries : ce n'étoit pas apparemment un ouvrage de main Siamoise.

ture des Siamois, & des Chinois.

Les Siamois & les Chinois ne savent pas peindre en huile, & d'ailleurs ils sont mauvais Peintres. Leur goût est de faire peu de cas de tout ce qui n'est que d'aprés nature. Il leur semble qu'une imitation juste est trop facile; parce qu'en effet leur exécution en celà n'a rien, qui ne le soit beaucoup. Ils veulent donc de l'extravagance dans la Peinture, comme nous voulons du Merveilleux dans la Poësie. Ils imaginent des arbres, des fleurs, des oyseaux, & d'autres sortes d'animaux, qui ne fûrent jamais. Ils donnent quelquefois aux hommes des attitudes impossibles, & le secret est de répendre sur toutes ces choses une facilité, qui les fasse paroître naturelles. Voilà pour ce qui regarde les Arts.

CHAPITRE XV.
Du Commerce chez les Siamois.

I. La Pesche & le Commerce sont les deux Professiōs qui partagent presque tous les Siamois.

LEs Professions les plus générales à Siam sont la Pesche pour le menu Peuple, & la Marchandise pour tous ceux, qui ont dequoy la faire. Je dis tous, sans en excepter même leur Roy. Mais le Commerce du dehors étant reservé presque tout entier à ce Prince, celuy du dedans est si peu de chose, qu'on n'y sauroit faire de fortune considérable. Cette simplicité de Mœurs, qui fait que les Siamois se passent de la plûpart des Arts, fait qu'ils se passent aussi de la plûpart des marchandises, qui sont nécessaires aux Peuples d'Europe. Voicy néanmoins comment le Peuple Siamois fait ses commerces.

II. Que les font leurs écritures privées.

Dans les Prêts un tiers, quel qu'il soit, écrit la Promesse; & cela leur suffit en Justice, parce qu'on présume contre la foy du Débiteur qui nie, pour le double témoignage de celuy qui produit la Promesse, & de celuy qui l'a écrite. Il faut seulement qu'il paroisse par l'inspection de l'écriture, que ce n'est pas le Créancier, qui a écrit la Promesse.

D'ailleurs ils ne signent nulles écritures, ny ils n'appliquent aucun cachet aux écritures privées. Il n'y a que les Magistrats, qui ayent un cachet, lequel est proprement un sceau que le Roy leur donne, comme un instrument de leurs Offices. Les Particuliers au lieu de signature mettent une simple croix; & quoy que cette espéce de signature soit pratiquée de tous, châcun pourtant reconnoît la croix, qui est de sa main; & il est, dit-on, fort rare que quelqu'un soit d'assez mauvaise foy pour la desavoüer en Justice. Au reste je diray en passant qu'il ne faut chercher aucun mystére en ce qu'ils signent avec une croix : ce n'est chez eux qu'une espéce de Paraffe, qu'ils ont préférée à tout autre, probablement parce qu'elle est plus simple que toute autre.

III. Quelle est leur signature.

J'ay dit qu'ils dotent les filles en les mariant, & que la dot se conte au Mary en présence des Parents, mais sans aucune écriture. J'ay dit aussi qu'ils ne font point de Testament, & qu'avant de mourir ils donnent de la

IV. Ils n'ont point d'écriture publique ny de Notaires.

main à la main ce qu'il leur plaît, & à qui il leur plaît, & qu'à cela prés la Coûtume dispose de leur succession.

Ils font peu de commerce d'immeubles. Personne presque ne s'avise parmy eux d'acheter le fond de terre d'un autre : le Prince en donne, ou en vend assez à qui en veut. Mais comme la véritable proprieté luy en demeure toûjours, cela fait que personne en ce Païs-là ne songe ny à acquerir beaucoup de terres, ny à ameliorer à un certain point celles qu'il a acquises, de peur d'en faire envie à quelqu'un plus puissant que luy. Et ainsi n'ayant pas besoin d'Ecritures de longue durée, ils ne se sont pas avisez d'avoir des Notaires.

V. Des petits commerces.

Quant aux petits commerces, ils sont presque tous de si petite conséquence, & la bonne foy y est si grande, que dans les Bazars ou Lieux de Marché le Vendeur ne conte point l'argent, qu'il reçoit, ny l'acheteur la marchandise, qu'il achéte par conte. Ils fûrent scandalisez de voir les François acheter les moindres choses avec plus de précaution.

VI. Ils n'usent point

L'heure du Marché est depuis cinq heures du soir jusqu'à huit ou neuf,

Ils n'ont point d'aune, parce qu'ils *d'aune.* achétent les mousselines & les autres toiles, toutes entieres. On est bien malheureux en ce Païs-là, lors qu'on y achéte la toile par *Ken*, terme qui veut dire *coude* & *coudée* tout ensemble; & pour ceux à qui cela arrive, on mesure effectivement avec le bras, & non avec aucune sorte d'aune.

Néanmoins ils ont leur brasse, qui VII. vaut nôtre toise à un pouce prés. Ils *Ils ont la* s'en servent dans les bâtimens, dans *Brasse,* l'Arpentage, & peut-être en d'autres *dont ils se* choses; & singuliérement à mesurer *plusieurs* les chemins, ou les canaux, par où *choses, &* leur Roy passe d'ordinaire. Ainsi de *principa-* Siam à Louvò châque lieuë est mar- *mesurer* quée par un poteau, sur lequel ils *les che-* ont écrit la quantiéme lieuë c'est. La *mins.* même chose s'observe chez le Grand-Mogol, où Bernier dit qu'ils marquent les Kosses ou demies-lieuës par des *Tourrettes* ou par de petites Pyramides; & tout le monde sait que les Romains marquoient les lieuës par des pierres.

Le Coco sert de mesure aux grains VIII. & aux liqueurs en cette maniére. *Le Coco* Comme tous les cocos sont naturel- *mesure* lement inégaux, on en mesure la ca- *aux Sia-*

Les grains & pour les liqueurs.

pacité par ces petits coquillages appelez *coris*, qui servent de basse monnoye à Siam, & qui ne sont pas sensiblement plus grands l'un que l'autre. Il y a donc tel coco qui contient jusqu'à mille *coris*, à ce qu'on m'a dit, tel qui n'en contient que cinq-cent, & tel autre plus ou moins. Ils ne laissent pas d'avoir pour mesurer le grain une espéce de *boisseau*, appellé *Sat* en Siamois, qui n'est fait que de bambou entrelacé ; & pour mesurer les liqueurs ils ont une cruche appelée *Canan* en Siamois, *choup* en Portugais : & c'est sur ces sortes de mesures, qu'ils font leurs marchez. Mais faute de Police & d'un *Etalon*, sur lequel les mesures soient légitimement réglées, l'acheteur ne les admet qu'aprés les avoir mesurées avec son Coco, duquel il a reconnu la capacité par les coris ; & il se sert ou d'eau, ou de ris selon qu'il veut mesurer, ou le Canan, ou le Sat avec son Coco. Au reste le quart du Canan s'appelle Leeng, & les quarante Sat font le *Seste*, & les quarante sestes le *Cohi*. On ne sauroit dire le rapport que des mesures si peu justes ont avec les nôtres. J'ay dit ailleurs

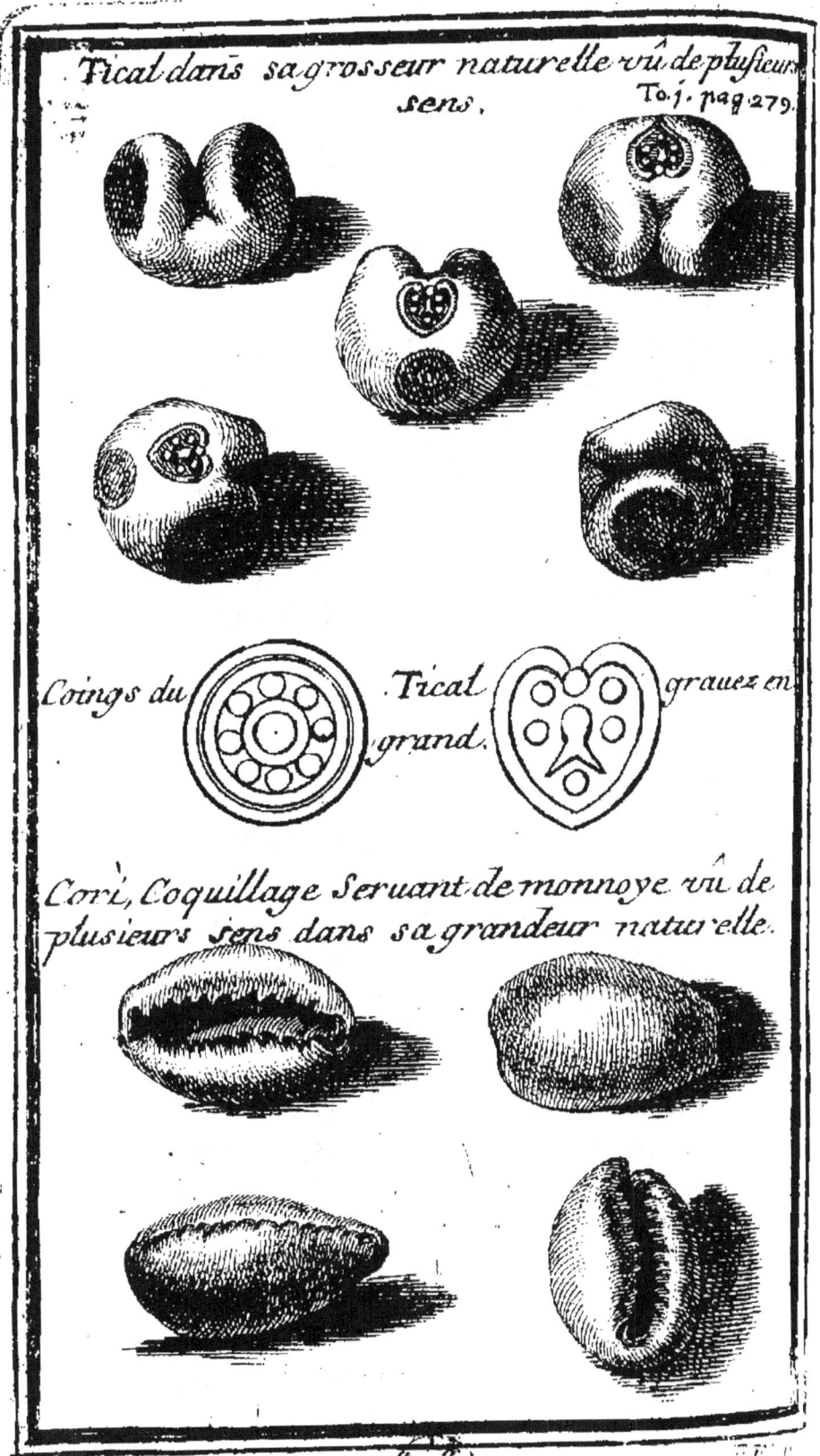

qu'une livre de ris par jour suffit à un homme, & qu'elle ne vaut guére qu'un liard. Mr. Gervaise dit que le Seste de ris est estimé peser cent *catis*, c'est à dire deux cent vint-cinq de nos livres.

Ils ne sont pas plus exacts sur les Poids : ils les appellent *Ding* en général; & les piéces de leur Monnoye sont les plus fidéles, & presque les seuls, dont ils se servent ; quoy que leur Monnoye soit souvent fausse ou legére. On me vint dire comme une chose fort remarquable, que les Siamois vendoient à poids d'argent je ne say quoy d'assez vil, par ce qu'on avoit vû au Marché cette marchandise dans l'un des bassins de la balance, & la monnoye d'argent qui servoit de poids, dans l'autre. Les mêmes noms marquent donc les poids & les monnoyes tout ensemble.

IX. La monnoye leur sert de poids.

Leurs Monnoyes d'argent sont toutes de même figure, & frappées aux mêmes Coings : seulement les unes sont plus petites que les autres. Elles sont de la figure d'un petit Cilindre ou roulleau fort court & entiérement plié par le milieu, de sor-

X. Leurs Monnoyes.

té que les deux bouts du roulleau reviennent l'un à côté de l'autre. Leurs Coings (car ils en ont deux fur chaque piéce, frappez l'un à côté de l'autre au milieu du roulleau, & non fur les bouts) ne repréfentent rien que nous connoiffions, & on n'a pas fû me les expliquer. La proportion de cette Monnoye à la nôtre eft que leur Tical, qui ne péfe qu'un demi-écu, vaut pourtant 37. fols & demi. J'en donne la figure & la grandeur, & l'on trouvera à la fin de cet ouvrage leurs Mefures pour les longueurs, auffi bien que leurs Monnoyes, & leurs Poids. Ils n'ont point de Monnoye d'or, ny de cuivre. L'or eft marchandife chez eux, & il y vaut douze fois l'argent, la fineffe étant fuppofée égale dans les deux métaux.

XI. Monnoye de la Chine.

Ny l'or ny l'argent ne font monnoyez à la Chine: ils coupent ces métaux par morceaux informes, dont ils payent les autres marchandifes; & il faut pour celà qu'ils ayent toûjours le trébuchet, & la pierre de touche à la main: leur trébuchet eft une petite balance Romaine: mais il fait chez eux fi bon vivre,

Grandeur et Figure du Coupan, Monnoye d'or du Jappon vû des deux côtez.

To.1. pag. 281.

Ces hachures ne sont pas des ombres on les fait dans la monnoye pour en justifier le poids.

F. Ertinger fecit

que pour les achats ordinaires leur Monnoye, qui n'est que de cuivre, leur suffit. Ils l'enfilent en certain nombre en un cordon, car elle est percée au milieu, & ils content par cordons, & non par piéces.

XII. Le Coupan Monnoye d'or du Jappon.

Les Japponois ont une monnoye d'or platte un peu plus longue que large, & arrondie presque en ovale. J'en donne exactement la grandeur & la figure. Elle est frappée à plusieurs coings avec des hachûres. Son poids est de quatre gros & demi, & douze grains, & elle est au moins de 23. Karacts, autant qu'on en peut juger sans la fondre. On l'appelle coupan, & sa valeur est estimée vulgairement dix écus la piéce.

XIII. Coquillages basse Monnoye de Siam.

La basse Monnoye de Siam n'est autre que ces petits coquillages, dont j'ai déja parlé, & dont je donne aussi la grandeur & la figure. Les Européans qui sont à Siam les nomment *Coris*, & les Siamois *Bià*. On les pesche abondamment aux Isles Maldives, & quelquefois aux Philippines, mais en tres-petite quantité, à ce qu'on m'a dit. Toutefois Navarrete en ses *Discours de la Chine* page 61. parle ainsi des *Coris*, qu'il appelle *Sigueies.* On en porte, dit-il, *de la Côte de l'Inde & de Manille : il y en a d'innombrables à l'Isle de Luban*, qui est l'une des Philippines. Et plus bas il dit. *On porte les sigueies des Isles de Baldivia*, qui sont les Maldives.

XIV. Combien l'usage de cette Monnoye est étendu.

Il n'est pas aisé de dire jusqu'où s'étend l'usage de cette Monnoye naturelle. Elle a cours par toute l'Inde, & presque sur toutes les Côtes d'Affrique ; & l'on m'a dit qu'elle est reçûë en quelques endroits de la Hongrie : mais j'ay de la peine à le croire, parce que je ne voy pas qu'elle vaille la peine d'y en porter. Il s'en casse beaucoup dans l'usage : & à mesure qu'il y en a moins, elle vaut davantage par rapport à la Monnoye d'argent ; comme aussi elle baisse de prix quand il en arrive quelque charge considérable par quelque Vaisseau : car c'est une sorte de marchandise. Le prix ordinaire à Siam est qu'un *Foüan*, ou la huitiéme partie d'un Tical vaut huit-cent *coris*, c'est à dire que sept ou huit *coris* valent à peine un denier : *vileté* de Monnoye qui est une marque certaine du bon marché, ou plûtôt du vil prix des Denrées.

CHAPITRE XVI.

Caractére des Siamois en général.

COMME l'aisance se trouve dans le bon marché des choses nécessaires à la vie, & comme les bonnes Mœurs se conservent plus facilement dans une aisance modérée, que dans une pauvreté accompagnée de trop de travail, ou dans une oisiveté trop abondante, on peut asûrer que les Siamois sont bonnes gents. Les Vices sont honteux parmy eux, & ils ne les excusent ny comme plaisanterie, ny comme supériorité d'esprit. Un Siamois tant soit peu au dessus de la lie du Peuple, loin de s'enyvrer, a honte de boire de l'Arak.

L'Adultére est rare à Siam, non pas tant parce que le Mary a droit de se faire justice de sa femme (c'est-à-dire de la tuër, s'il la trouve en flagrant délit, ou de la vendre, s'il la peut convaincre d'infidélité) que parce que les femmes n'y sont corrompuës ny par l'oisiveté, (car ce sont elles qui nourrissent les hommes de

1. Les Siamois sont bonnes gents.

II. L'Adultére est rare à Siam.

leur travail) ny par le luxe de la table ou des habits, ny par le jeu, ny par les spectacles. Les Siamoises ne joüent point: elles ne reçoivent point de visite d'homme; & les spectacles sont assez rares à Siam, & n'ont ny jours marquez, ny prix certain, ny Théatre public. Il ne faut pourtant pas croire que tous les Mariages y soient chastes: mais au moins tout autre Amour plus déréglé, que celuy des femmes, y est, dit-on, sans exemple.

III. De la Jalousie des Siamois pour leurs femmes.

La Jalousie n'est chez eux qu'un pur sentiment de gloire, qui est plus grand en ceux, qui sont plus élevez en dignité. Les femmes du Peuple y faisant tout le commerce y joüissent d'une liberté entiére. Celles des Grands sont fort retirées, & ne sortent que rarement, ou pour quelque visite de famille, ou pour aller aux Pagodes. Mais quand elles sortent, elles vont à visage découvert, lors mêmes qu'elles vont à pié; & quelquefois on les distingue difficilement des femmes esclaves, qui les accompagnent. Au reste non seulement elles ne trouvent rien de rude dans la contrainte où elles vivent, mais elles y mettent leur gloire. Elles regardent comme une honte une plus grande liberté ; & se tiendroient offensées & méprisées par un Mary, qui voudroit la leur permettre : elles sont jalouses pour eux, autant qu'eux-mêmes.

Il n'y a point en Asie de femme de bien, qui n'aime mieux en une occasion de guerre, que son mary la tuë, que s'il la laissoit tomber au pouvoir des Ennemis. Tacite en donne un exemple dans Zénobie femme de Rhadamistus au Livre 12. de ses Annales. Les Maris même regardent, comme la chose du monde la plus honteuse pour eux, que leurs femmes tombent au pouvoir des Ennemis ; & quand cela arrive, le dernier outrage qu'on leur puisse faire, est de ne leur pas rendre leurs femmes. Mais quoy que les femmes d'Asie soient capables de sacrifier leur vie à leur gloire, il ne laisse pas d'y en avoir parmy elles, qui prennent des plaisirs secrets quand elles peuvent, & qui risquent pour cela leur gloire & leur vie. On dit qu'il y en a eu des exemples parmy les femmes du Roy de Siam : quelques ren-

IV. Gloire des femmes Asiatiques

fermées qu'elles soient, elles trouvent quelquefois le moyen d'avoir des amants. On m'a asfûré que la maniére ordinaire dont ce Prince les punit, est de les soûmettre premiérement à un cheval accoûtumé, je ne say comment, à l'amour des femmes, & puis de les faire mourir. Il y a quelques années qu'il en donna une aux tygres, & parce que ces animaux l'épargnérent d'abord, il voulut luy faire grace : mais cette femme fût affez indignée pour la refuser, & avec tant d'injures, que le Roy la regardant comme une enragée, ordonna derechef qu'elle mourût. On irrita les tygres, & ils la déchirérent en fa préfence. Il n'est pas si infaillible qu'il faffe mourir les amants, mais au moins il les fait bien châtier. L'opinion commune est à Siam que ce fût une faute de cette nature, qui caufa la derniére difgrace du feu Barcalon Frere aîné du premier Ambaffadeur du Roy de Siam auprés du Roy. Le Roy fon Maître le fit baftonner tres-rudement, & ceffa de le voir, fans pourtant luy ôter fes charges. Au contraire il continüa de fe fervir de luy pendant les fix mois, qu'il survêcut aux coups qu'il avoit reçûs; & il prépara de sa propre main tous les rémédes que le Barcalon prît dans sa derniére maladie, parce que personne n'osoit luy en donner, de peur d'être accusé de la mort d'un homme, qui paroissoit si cher à son Maître. Bernier rapporte quelques exemples, par où il paroît que le Grand Mogol ne punit pas toûjours de mort ny les femmes de son Serrail qui manquent à leur devoir, ny les hommes qui sont leurs complices. Ces Princes regardent ces sortes de crimes, comme les autres, qu'on peut commettre contre leur Majesté, à moins que quelque sentiment d'amour les rende plus sensibles à la jalousie.

V. De la jalousie des Siamois pour leurs filles.

Les Seigneurs Siamois ne sont pas moins jaloux de leurs filles que de leurs femmes; & s'il y en a quelqu'une qui tombe en faute, ils la vendent à un certain homme, qui a droit de les prostituër pour de l'argent, moyennant un tribut qu'il paye au Roy: l'on dit qu'il en a eu jusqu'à six-cent, toutes filles d'Officiers de consideration. Il achéte aussi les femmes, quand les Maris les vendent pour les avoir convaincuës d'infidélité.

VI. Leur respect pour les vieillards.

Le peu de respect envers les vieillars n'est pas moins rare à Siam qu'à la Chine. Des deux Mandarins, qui vinrent à bord des Envoyez du Roy leur porter le premier Compliment du Roy de Siam, le plus jeune, quoy que le plus élevé en Dignité, céda la premiére place & la parole au plus âgé, qui ne l'étoit que de trois ou quatre ans seulement.

VII. Les Siamois grāds menteurs.

La menterie envers les Supérieurs y est punie par le Supérieur même; & le Roy de Siam la punit encore plus sévérement que tout autre: & malgré tout cela on ment à Siam autant, ou plus qu'en Europe.

VIII. Grande union dans leurs familles.

L'union des familles y est telle, qu'un fils qui y voudroit plaider contre ses parents, y passeroit pour un Monstre. Aussi personne en ce Pais-là ne creint-il ny le Mariage, ny le nombre des enfans : l'interêt n'y divise point les familles : la pauvreté n'y rend point le Mariage onéreux.

IX. La Mendicité rare, & honteuse à Siam.

Nos Domestiques n'y remarquérent que trois Mendiants, gents vieux, impotents & sans parenté. Les parents n'y souffrent pas que leurs

leurs parents demandent l'aumône: ils nourrissent charitablement ceux de leur famille, qui ne peuvent se nourrir de leur bien, ny de leur travail. La mendicité y est honteuse non seulement à celuy qui mendie, mais à toute sa famille.

Mais le Vol y est encore plus honteux que la mendicité, je ne dis pas au voleur même, mais à ses parents. Les plus proches n'osent s'intéresser pour un homme prévenu de vol; & il n'est pas étrange que le vol soit estimé si infame, où l'on peut vivre à si bon marché: aussi leurs maisons sont-elles beaucoup moins sûres, que nos plus mauvais coffres. Néanmoins, comme il n'y sauroit avoir de véritable Vertu, que dans les vûës éternelles du Christianisme, les Siamois ne refusent guére un vol, qui s'offre à eux, pour ainsi dire. C'est proprement parmi eux que l'occasion fait le larron. Ils mettent l'idée de la parfaite Justice à ne pas ramasser les choses perduës, c'est à dire à ne pas profiter d'une occasion si facile d'acquerir. De même les Chinois pour exagérer le bon Gouvernement de quelques-uns de leurs Princes, di-

XI. Les Siamois sont Voleurs.

sent que sous leur Regne la Justice étoit en si grande recommendation parmy le Peuple, que nul ne touchoit à ce qu'il trouvoit d'égaré dans un grand chemin : & cette idée n'a pas été inconnuë aux Grecs. Autretrefois dans la Gréce les Stagyrites en avoient fait une Loy en ces termes : *Ce que tu n'as pas mis quelque part, ne l'en ôte point* : & c'est peut-être d'eux, que Platon l'avoit prise, quand il l'a inserée parmy ses Loix. Mais les Siamois sont bien éloignez d'une si exquise probité.

XI. Quelques exemples de vols commis par des Siamois.

Le P. d'Espagnac, l'un de ces pieux & savants Jésuites que nous menâmes à Siam, étant un jour seul dans le Divan de leur logis, un Siamois vint hardiment prendre devant luy un beau tapis de Perse sur une table : & le P. d'Espagnac le laissa faire, parce qu'il ne se douta pas que ce fût un vol. Dans le voyage, que le Roy fit faire en Flandre aux Ambassadeurs de Siam, l'un des Mandarins, qui les accompagnoient, prit une vintaine de jetons dans une maison, où les Ambassadeurs étoient priez à dîner, comme ils séjournoient en une des principales villes de Picardie.

Le lendemain ce Mandarin croyant que ces jetons fussent de la monnoye, en donna un à un laquais pour boire; & son vol fût reconnu par là, mais on n'en témoigna rien.

XII. Autre exémple plus singulier.

Voicy encore un trait, qui prouve que l'occasion de voler a tant de force sur eux, qu'elle les emporte quelquefois, lors même qu'elle est périlleuse. L'un des Officiers des Magazins du Roy de Siam luy ayant volé quelque argent, ce Prince ordonna qu'on le fît mourir, en luy faisant avaller trois ou quatre onces d'argent fondu; & il arriva que celuy, qui eût ordre d'ôter de la gorge de ce malheureux ces trois ou quatre onces d'argent, ne pût se tenir d'en dérober une partie. Le Roy fit donc mourir encore celuy-cy du même supplice, & un troisiéme s'y exposa en commettant une pareille faute; je veux dire en dérobant une partie de l'argent, qu'il retira de la gorge du dernier mort. De sorte que le Roy de Siam, en luy faisant grace de la vie, dit: c'est assez punir, je ferois mourir tous mes sujets, si je ne me résolvois une fois à pardonner.

XIII. Voleurs

Il ne faut pas douter aprés celà de

dans les Forêts de Siam, & de la Chine, qui tuënt fort rarement.

ce que l'on dit des Siamois qui vivent dans les Forêts, pour se souſtraire à la Domination, qu'ils volent souvent les paſſants, ſans tuër néanmoins preſque perſonne. Les Forêts de la Chine ont été pleines de tout temps de pareils voleurs : & il y en a eu, qui aprés avoir attiré auprés d'eux bien des compagnons, ont formé des Armées entiéres, & ſe ſont enfin rendu Maîtres de ce grand Royaume.

XIV. Bonne foy des Siamois dans le Commerce, leurs Uſures ſans bornes, & leur Avarice.

D'autre part la bonne foy eſt tres-grande à Siam en toutes ſortes de commerces, comme je l'ay marqué ailleurs : mais l'uſure y eſt pratiquée ſans nulles bornes. Leurs Loix n'y ont point pourvû quoy que leur Morale la défende. L'avarice eſt leur vice eſſentiel ; & ce qu'il y a en cela de plus merveilleux, c'eſt qu'ils n'amaſſent pas des richeſſes pour s'en ſervir, mais pour les enfoüir.

XV. Ils ſont fort Vindicatifs, & comment.

Comme ils ne font preſque point de commerce d'immeubles, qu'ils ne font ny Teſtaments, ny Contracts publics, & qu'en un mot ils n'ont point de Notaires, il ſemble qu'ils ne ſauroient preſque avoir de Procés, & ils en ont peû en effet de civils, mais beaucoup de criminels.

C'est par la calomnie principalement qu'ils exercent leurs haines secrettes & leurs vengeances; & ils y trouvent de la facilité auprés des Juges, qui en ce Païs-là, comme en Europe vivent de leur Profession. Les Siamois ont naturellement horreur du sang: mais quand ils haïssent jusqu'à la mort, ce qui est fort rare, ils assassinent, ou ils empoisonnent, & ne connoissent point la vengeance incertaine des Duëls. La plûpart de leurs querelles néanmoins n'aboutissent qu'à des coups de coude, ou à des injures réciproques.

XVI. Autres qualitez des Siamois.

Les Anciens ont remarqué que c'est l'humidité des aliments, qui défend les Indiens contre cette action du Soleil, qui brûle le teint des Negres, & cotonne leurs cheveux. La nourriture des Siamois est encore plus aqueuse que celle d'aucun autre Peuple des Indes; & l'on peut sûrement leur attribuer toutes les bonnes, & toutes les mauvaises qualitez, qui viennent du flegme & de la pituïte; parce que le flegme & la pituite sont des effets nécessaires de leur nourriture. Ils ont de la douceur, de la politesse, du sang-froid, & peu de soucy. Ils se possédent long-temps ; mais quand une fois leur colére s'allume, ils ont peut-être moins de retenuë que nous. Leur timidité, leur avarice, leur dissimulation, leur taciturnité, leur inclination à mentir croissent avec eux. Ils sont opiniâtres dans leurs coûtumes autant par paresse, que par le respect de leurs Ancêtres, qui les leur ont laissées. Ils n'ont nulle curiosité & n'admirent rien. Ils sont orgueilleux avec ceux qui les ménagent, & rempants avec ceux qui les traittent avec hauteur. Ils sont rusez & changeants, comme tous ceux qui sentent leur propre foiblesse.

XVII. Leur amitié est infidéle.

Leur maniére de se promettre une éternelle amitié, c'est en bûvant de la même eau de vie dans la même tasse, & quand ils veulent se la jurer plus solemnélement, ils goûtent du sang l'un de l'autre ; ce que Lucien nous donne pour une coûtume des anciens Scythes, & qui est pratiqué aussi par les Chinois, & par d'autres Nations : mais les Siamois ne laissent pas quelquefois de se trahir aprés toutes ces cérémonies.

XVIII. Ils sont

En général ils ont plus de modération que nous : leurs huméurs font aussi tranquiles que leur Ciel, qui ne change que deux fois l'année & insensiblement, quand il tourne peu à peu de la pluye au beau-temps, & du beau-temps à la pluye. Ils n'agissent que par nécessité, & ne mettent pas comme nous le mérite dans l'action. Il ne leur semble pas raisonnable que le travail & la peine soient le fruit ou l'apanage de la vertu. Ils ont le bonheur de naître Philosophes, & peut-être que s'ils ne naissoient pas tels, ils ne le deviendroient pas plus que nous. Je croirois donc volontiers ce que les Anciens ont dit, que la Philosophie est passée des Indes en Europe, & que nous avons été plus touchés de l'Indolence des Indiens, que les Indiens ne l'ont été des merveilles, que nôtre inquiétude a produites dans la recherche de tant d'Arts différents, dont nous nous sommes flattez, peut-être mal à propos, que la nécessité étoit la mere. Mais c'est assez parlé des Mœurs des Siamois en général, entrons dans le détail de leurs Mœurs, suivant leurs diverses Conditions.

naturellement plus modérez que nous, parce qu'ils sont plus paresseux.

TROISIE'ME PARTIE.

Des Mœurs des Siamois suivant leurs diverses Conditions.

CHAPITRE PREMIER.

Des diverses Conditions chez les Siamois.

I. De l'esclavage selon les Mœurs de Siam.

A Siam les Personnes sont ou libres ou esclaves. Le Maître y a tout pouvoir sur l'esclave, horsmis celuy de le tuër : & quoy qu'on dise que les esclaves y sont fort battus (ce qui est bien vray-semblable en un Païs, où l'on bat si fort les Personnes libres) néanmoins l'esclavage y est si doux, ou si l'on veut, la liberté y est si vile, qu'il a passé en Proverbe, que les Siamois la vendent, pour manger d'une sorte de fruit, qu'ils appellent Durions. J'ay déja dit qu'ils aiment mieux la joüer, que de ne point joüer du tout : il est certain aussi qu'ils craignent plus la mendicité que l'esclavage ; & cela me fait croire que la mendicité y est aussi pénible que honreuſe, & que les Siamois, qui ont beaucoup de charité pour les bêtes, juſqu'à les ſecourir, s'ils en trouvent de malades dans les champs, en ont fort peu pour les hommes.

II. A quoy on y employe les eſclaves.

Ils employent leurs eſclaves à cultiver leurs terres & leurs jardins, & à quelques ſervices domeſtiques : ou bien ils leur permettent de travailler pour gagner leur vie, ſous un tribut qu'ils en retirent, depuis quatre juſqu'à huit Ticals par an, c'eſt à dire depuis 7. liv. dix ſols juſqu'à quinze livres.

III. Un Siamois peut naître ou devenir eſclave.

On peut naître eſclave, ou le devenir. On le devient ou pour dette, comme j'ay dit, ou pour avoir été pris en Guerre, ou pour avoir été confiſqué en Juſtice. Quant on n'eſt eſclave que pour dette, on redevient libre en payant : mais les enfans nez pendant cet eſclavage, quoy que paſſager, demeurent eſclaves.

IV. Comment il naît eſclave, & à qui il appartient.

On naît eſclave, quand on naît d'une mere eſclave : & dans l'eſclavage les enfans ſe partagent comme dans le divorce. Le premier, le troiſiéme, le cinquiéme, & tous les autres en rang impair appartiennent au Maître de la mere : le ſecond, le quatriéme, & les autres en rang pair appartiennent au pere, s'il est libre, ou à son Maître, s'il est esclave. Il est vray qu'il faut pour celà que le pere & la mere n'ayent eu commerce ensemble, qu'avec le consentement du Maître de la mere : car autrement tous les enfans appartiendroient au Maître de la mere.

V. La difference qu'il y a entre les esclaves du Roi de Siam, & ses autres sujets.
La différence qu'il y a des esclaves du Roy de Siam à ses sujets de condition libre, c'est qu'il occupe toûjours ses esclaves à des travaux personels, & qu'il les nourrit ; au lieu que ses sujets libres ne luy doivent tous les ans que six mois de service, mais à leurs propres dépens.

VI. Les esclaves des Particuliers ne doivent aucun service au Roy.
Au reste les esclaves des Particuliers ne doivent aucunes Corvées à ce Prince : & quoy que par cette raison il perde en un homme libre, quand cet homme tombe en esclavage, ou pour détte, ou pour éviter la mendicité, ce Prince ne s'y oppose pourtant pas, ny ne prétend aucune indemnité pour cela.

VII. De la Noblesse Siamoise.
Il n'y a pas à proprement parler deux sortes de Conditions entre les Personnes libres. La Noblesse n'y est autre chose que la possession actuelle

des Charges; Les familles qui s'y maintiennent pendant long-temps, en deviennent sans doute plus illustres & plus puissantes : mais elles sont rares ; & dés qu'elles ont perdu leurs Charges, elles n'ont plus rien, qui les distingue du menu Peuple. On verra fort bien à la pagaye le petit-fils d'un homme, qui sera mort grand Seigneur, & quelquefois son propre fils.

La distinction entre le Peuple & les Prêtres n'est aussi qu'une distinction passagére, puis qu'en tout temps on peut passer de l'un de ces deux états à l'autre. Les Prêtres sont les Talapoins, dont nous parlerons dans la suite. Sous le nom de Peuple je comprends tout ce qui n'est pas Prêtre, savoir le Roy, les Officiers, & le Peuple même, dont nous allons parler maintenant.

VIII. Des Prêtres ou Talapoins.

CHAPITRE II.

Du Peuple Siamois.

LE Peuple Siamois est une Milice, où châque Particulier est enrôlé. Ils sont tous Soldats, en Siamois *Tahan*, & doivent tous six mois de ser-

1. Le Peuple Siamois est une Milice.

vice par an à leur Prince. C'est au Prince à les armer, & à leur donner des Elephans, ou des chevaux, s'il veut qu'ils servent ou sur des Elephans, ou à cheval : mais c'est à eux à s'habiller, & à se nourrir. Et comme le Prince n'employe jamais tous ses sujets dans ses Armées, & que souvent il ne met point d'Armée aux champs, encore même qu'il soit en guerre avec quelqu'un de ses voisins, il employe à tel travail, ou à tel service qu'il luy plaît, pendant six mois par an, ceux de ses sujets, qu'il n'employe pas à la guerre.

II. Il est conté & divisé en gens de main droite, & de main gauche.

C'est pourquoy, afin que personne n'échappe au service personel du Prince, on tient un conte exact du Peuple. Il est divisé en gens de main droite, & en gens de main gauche, afin que châcun sâche de quel côté il doit se ranger dans ses fonctions.

III. Et par Bandes.

Et outre celà il est divisé par Bandes, dont châcune a son Chef, qu'ils appellent *Naï* : si bien que ce mot de *Naï* est devenu un terme de civilité, que les Siamois se donnent réciproquement les uns aux autres, comme les Chinois s'entre-donnent le titre de *Maître* c'est à dire de Précepteur,

J'ai dit que le Peuple Siamois est divisé par Bandes plûtôt que par Compagnies; parce que le nombre des Soldats d'une même Bande n'est pas fixe, & parce que tous ceux d'une même Bande ne font pas toûjours d'une même Compagnie à l'Armée: & j'ay dit que *Náï* vouloit dire Chef, quoy qu'on le traduise par le mot de *Capitaine*; parce que le *Náï*, ne meine pas toûjours sa Bande à la guerre, non plus qu'aux Corvées: son soin est de fournir autant de gens de sa Bande, qu'on luy en demande, soit pour la guerre, soit pour les Corvées.

IV. Quelle difference il y a entre Bande & Compagnie.

Les enfans sont de la Bande de leurs parents: & si les parents sont de differentes Bandes, les enfans en rang impair sont de celle de la mere, & les enfants en rang pair sont de celle du pere: pourvû néanmoins que le *Náï* de la mere ait été averti du mariage, & qu'il y ait donné son consentement; autrement les enfans seroient tous de la Bande de la mere.

V. Les Enfants sont de la Bande de leurs Parents.

Ainsi, quoy que les Talapoins & les femmes joüissent de toute exemption de service, comme ne pouvant être estimez Soldats, ils ne laissent

VI. Les Talapoins & les femmes sont exempts

de servi-ce, & néamoins sont enrô-lez, & pourquoi. pas d'être couchez sur les Rôles du Peuple: les Talapoins, parce qu'ils peuvent revenir, quand ils veulent, à la condition séculiere, & qu'alors ils retombent sous le pouvoir de leur *Náï* naturel: les femmes, parce que leurs enfans sont de leur Bande, ou tous, ou la plus grande partie comme j'ay dit.

VII. *Les avantages des Náï.* C'est un des priviléges du *Náï* de pouvoir prêter à son Soldat plûtôt que tout autre, & de pouvoir satisfaire le créancier de son Soldat; afin de faire de son Soldat son esclave, quand il se trouve insolvable. Comme le Roy donne un balon à châque Officier avec un certain nombre de pagayeurs, & comme ce sont les Officiers, qui sont aussi les *Náï*, châque Officier a ses pagayeurs dans sa Bande. Il les marque au poignet en dehors avec un fer chaud, & de l'ancre par dessus; & ces sortes de Domestiques s'appellent *Báo*. Mais pas un des Báo ou pagayeurs, ne doit à son Náï que ce service, & ne le luy doit que six mois par an: c'est pourquoy ils sont relayez de six en six mois, ou par mois: comme il plaît au Náï. Le Náï a aussi quelques fonctions dans les procés comme nous verrons.

Or plus sa Bande est nombreuse, plus il est estimé puissant : Les Charges & les Emplois n'êtant importants à Siam, que par cet endroit. Les Dignitez *de Pa-yà, d'Oc-yà, d'Oc-Prá, d'Oc-Loüang, d'Oc-Counne, d'Oc-Meüing, & d'Oc-Pan* sont sept degrez de ces Náï. Il est vray qu'aujourd'huy le Titre *d'Oc-Pan* est hors d'usage. *Pan* veut dire *mille*, & il étoit censé qu'un *Oc-Pan* étoit un Chef de mille-hommes. *Meüing* veut dire *dix-mille* & il est censé qu'un *Oc-Meüing* est un Chef de dix-mille hommes : non qu'en effet celà soit ainsi, mais c'est qu'aux Indes on grossit les Titres. On ne m'a pas sû dire la juste signification de ces mots, *Pa-yà, Oc-yà, Oc-Prá, Oc-Loüang, Oc-Counne*, ny combien d'hommes sont assignez à châcune de ces cinq Dignitez : mais il y a de l'apparence que comme les mots de *Pan* & de *Meüing* sont des termes de nombre, les autres le sont aussi.

Le mot *Oc* semble vouloir dire *Chef :* car ils ont un autre Titre sans fonction, savoir *Oc-Meüang*, qui

VIII.
Ce que sont à Siam les Dignitez de Pa-yà, d'Oc yà & les autres.

IX.
Du mot Oc.

semble vouloir dire *Chef de Ville*, en ce que Meüang veut dire Ville, & en ce qu'il faut avoir été fait Oc-Meüang avant que d'être fait effectivement Gouverneur, qu'ils appellent *Tcháou-Meüang*, Seigneur de Ville.

X. Ce mot n'est pas Siamois, & comment ils en usent.

Mais ce mot *Oc* n'est pas Siamois: *Chef* en Siamois se dit *Hoüà*, & ce mot *hoüà* veut dire proprement *la tête*. De là vient *hoüà sip*, *chef de dix*, qui est, comme je l'ay dit ailleurs, le Titre de celuy, qui monte un Elephant sur la croupe. De même on appelle *hoüà pan*, c'est-à-dire *chef de mille*, celuy, qui porte l'Etendart Royal dans le balon où est le Roy, comme s'il avoit mille hommes sous luy. Pour revenir au terme d'*Oc*, un supérieur ne le donne jamais à un inférieur. Ainsi le Roy de Siam parlant à *Oc-prá Pipitcharatcha*, par exemple, ne dira pas *Oc-prá Pipitcharatcha*, mais seulement *Prá-Pipitcharatcha* ; un homme disant luy-même ses Titres, supprimera aussi ce terme d'*Oc* par modestie ; & enfin le moindre du Peuple en parlant des plus hauts-Officiers obmettra fort bien le mot *Oc*, & dira, *yà yumrat* par exemple, pour *Oc-yà yumrat*; *Meüing Váï* pour *Oc-Meüing Váï*.

XI. Du mot Pa-yà.

Les Portugais ont traduit le mot de *Pa-yà* par celuy de *Prince*; non, à mon avis, pour le bien savoir, mais parce qu'ils ont vû donner ce titre aux Princes, & que même le Roy de Siam se le donne: mais il le donne aussi quelquefois à des Officiers de sa Cour, qui ne sont pas Princes, & il ne le donne pas toûjours à des Princes de naissance. Les Seigneurs de la Cour du Grand-Mogol s'appellent, selon Bernier, *Hazary, Dou-hazary, Penge, hecht,* & *Deh-hazary,* c'est-à-dire *Mille, Deux-mille, Cinq, Huit* & *Dix-mille* comme qui diroit Seigneurs à autant de milliers de chevaux; quoy que réellement ils n'en doivent ny entretenir ny commander un si grand nombre. Le fils aîné même du Grand-Mogol s'appeloit dit-il, *Douze mille,* comme s'il eût eu le commandement effectif de douze-mille chevaux. Il n'y auroit donc rien d'étrange que les sujets du Roy de Siam étant estimez Soldats, comme ceux du Grand-Mogol sont estimez Cavaliers, on eût pris également dans les deux Cours des termes de nombre, pour exprimer les plus hautes dignitez, & pour nommer les Princes mêmes. Je ne puis pourtant asûrer que cela soit ainsi à Siam, parce que je sçay seulement que les noms de *Pan* & de *Müing* sont des termes Siamois & numeraux : mais quant aux autres noms de Dignitez, dont j'ay parlé, on m'a dit qu'ils sont Balis, & qu'on ne les entend point. Je sçay qu'au Païs de Láos les Dignitez de *Pa-yà* & de *Meüing* & l'Epithéte si honorable de *Prá* sont en usage ; peut-être aussi que les autres termes de Dignité sont communs aux deux Nations, ainsi que les Loix.

XII. Six Ordres de Villes à Siam.

Par rapport aux six Dignitez (car celle *d'Oc-pan* n'est plus en usage, comme j'ay dit) il y a aujourd'huy à Siam six Ordres de Villes, qui ont été déterminez autrefois sur les Rôles des Habitans. De sorte que telle Ville, qui se trouva pour lors fort peuplée, eût pour Gouverneur un *Pa-yà*, & telle qui l'étoit moins eût un *Oc-yà*, & les autres eûrent ainsi d'autres Dignitez à proportion des Habitans, qu'elles contenoient. Mais il n'est pas nécessaire de croire que ces Villes ayent jamais été aussi peuplées que les Titres de leurs Gouverneurs le pouvoient porter ; par ce, comme je l'ay souvent dit, que ces Peuples sont fort fastueux dans les Titres. Seulement les plus grands Titres furent donnez aux Gouverneurs des plus grosses Villes, & les moindres Titres aux Gouverneurs des moins habitées. Ainsi la Ville de Mê-Tac, dont j'ay parlé au commencement, eût un Gouverneur qu'on appela *Pa-yà-Tac*, & le mot de *Mê* qui veut dire *mere*, & qu'on joint à celuy de *Tac*, semble signifier que la Ville de *Mé-Tac* étoit fort grande. La Ville de Porselouc avoit aussi un *Pa-yà*, Ténasserim, Ligor, Corázema & d'autres ont encore aujourd'huy des *Oc-yà*. De moindres comme *Pipeli*, & *Bancok*, ont des *Oc-prá*, d'autres ont des *Oc-loüang* ou des *Oc-Counnes*, & les moindres de toutes ont des *Oc-Meüing*. Les Portugais ont traduit ces Titres à leur fantaisie par ceux de Roy, de Vice-Roy, de Duc, de Comte, de Marquis. Ils ont donné le Titre de Royaume à Métac, à Ténasserim, à Porselouc, à Ligor, & même à Pipeli ; soit à cause des Titres de leurs Gouverneurs héréditaires, soit pour avoir été comme Pipeli la demeure des Rois de Siam : & ils ont donné aux Rois de Siam le Titre d'Empereur, parce que les Espagnols ont crû de tout temps que le Titre d'Empereur se doit donner aux Rois, qui ont d'autres Rois pour feudataires. De sorte que par cette seule raison quelques Rois de Castille ont porté le Titre d'Empereur, donnant à leurs Enfans le Titre de Rois des divers Royaumes, qui étoient unis à leur Couronne.

XIII. Les Dignitez des Siamois ne sont pas attachées aux seuls Gouvernemés de Ville ou de Province.

Pour revenir aux Titres des Siamois, ils ne se donnent pas seulement aux Gouverneurs, mais à tous les Officiers du Royaume ; parce qu'ils sont tous des Nai : & l'on ne joint pas toûjours le même Titre au même Office. Le Barcalon, par exemple, a eu quelquefois celuy de Payà, à ce qu'on m'a dit, & aujourd'huy il n'a que celuy d'Oc-yà. Que si un homme a deux Offices, il peut avoir deux Titres différens par raport à ses deux Offices : & il n'est pas rare qu'un seul homme ait deux Offices, l'un dans la Ville & l'autre dans la Province, ou bien l'un en titre, & l'autre par commission. Ainsi *Oc-yà Prâ-sedet*, qui est Gouverneur de la ville de Siam en titre, est aujourd'huy *Oc-yà Barcalon* par commission: le Roy de Siam y trouvant son conte, parce qu'il ne donne pas pour cela à un Officier double entretien.

Or cette multiplication d'Offices sur une même tête fait beaucoup d'obscurité & d'équivoques dans les Relations anciennes de Siam; parce que dés qu'un homme a deux Offices, il a deux titres & deux noms, & quand la Relation porte qu'un tel Oc-yà, par exemple, se mêloit de telle chose, on est porté à croire que la Relation a nommé cet Oc-yà par le titre de la fonction qu'elle luy attribuë, & souvent elle l'a nommé par le titre d'un autre Office. Ainsi si une Relation du Royaume de France faite par un Siamois portoit que Monseigneur le Duc du Mayne est Général des Suisses, les Siamois se pourroient persuader mal à propos que tout Général des Suisses porte le Titre de Duc du Mayne. Et c'est ce que j'avois à dire touchant le Peuple de Siam.

XIV. Les Equivoques que cela fait dans les Relations.

CHAPITRE III.

Des Officiers du Royaume de Siam en général.

I. Signification propre du mot Mandarin.

LEs Portugais ont appelé Mandarins généralement tous les Officiers dans toute l'étenduë de l'Orient ; & il y a de l'apparence qu'ils ont formé ce mot de celuy de *Mandar*, qui en leur Langue veut dire *Commander*. Navarrete, que j'ay déja cité, est de cette opinion ; & on la peut confirmer, parce que le mot Arabe *Emir* qui est en usage à la Cour du Grand-Mogol & en plusieurs autres Cours Mahométanes des Indes, pour signifier les Officiers, se dérive du verbe Arabe *amarà* qui veut dire *commander*. Le mot de Mandarin s'étend aussi aux enfans des principaux Officiers que l'on regarde comme des enfans de qualité, appelez *Min* en Siamois. Mais je ne me serviray du mot de Mandarin que pour signifier les Officiers.

II. Le Roy de Siam dône des Noms

Le Roy de Siam ne fait donc point de Mandarin considérable, qu'il ne luy donne un nouveau nom : usage

établi aussi à la Chine, & en d'autres *aux Man-*
États de l'Orient. Ce nom est toû- *darins cô-*
jours une loüange, quelquefois il *sidérables.*
est inventé exprés, comme celuy
qu'il a donné à Mʳ. l'Evêque de Métel-
polis, & comme ceux qu'il donne
aux Etrangers qui sont à sa Cour :
mais souvent ces noms sont anciens,
& connus pour avoir été d'autres-
fois donnez à d'autres ; & ceux-là
sont les plus honorables, qui ont
été autrefois portez par des personnes fort élevées en dignité, ou par
des Princes du sang Royal. Et
quoy que de tels noms ne soient pas
toûjours accompagnez de fonctions
& d'autorité, ils ne laissent pas d'être
une grande marque de faveur. Il arrive aussi qu'un même nom est donné à plusieurs personnes de Dignitez différentes ; de sorte qu'en même temps l'un s'appellera, par exemple, *Oc-Prá* Pipitcharatcha & l'autre
Oc-counne Pipitcharatcha. Ces noms,
dont on ne dit jamais que les premiers mots, & qui font chacun une
periode, sont tirez presque tous entiers de la Langue Balie, & ne sont
pas toûjours bien entendus : mais
celà, & le stile des Loix, qui tient

fort du Bali, & les Livres de la Réligion, qui sont Balis, sont cause que les Rois de Siam ne doivent pas ignorer cette Langue. D'autant plus, comme je l'ay dit ailleurs, qu'elle prête tous ses ornemens à la Siamoise, & qu'on les mêle souvent ensemble par élégance, soit en parlant, soit en écrivant.

III. Tous les Offices sont héréditaires.

La Loy de l'Etat est que tous les Offices soient héréditaires; & la même Loy est au Royaume de Láos, & étoit anciennement à la Chine. Mais la vénalité des Charges n'y est pas permise: & d'ailleurs la moindre faute du pourvû, ou le seul caprice du Prince, ou le bas âge de l'héritier peuvent ôter les Offices aux familles; & quand celà arrive c'est toûjours sans récompense. Tres-peu de familles s'y maintiennent long-temps, sur tout dans les Charges de la Cour, qui sont plus que les autres sous la main du Maître.

IV. Emolumens des Offices.

De plus nul Officier à Siam n'a de gages. Le Prince les loge, ce qui n'est pas grand chose; & leur donne quelques meubles, comme boëttes d'or, ou d'argent pour le bétel: quelques armes, & un balon: des bêtes,

bêtes, comme Elephants, chevaux, & buffles : des corvées, des esclaves, & enfin quelques terres labourables. Toutes choses, qui reviennent au Roy avec l'Office, & qui font principalement que le Roy semble être l'héritier de ses Officiers. Mais le principal gain des Offices consiste dans les concussions, parce qu'en celà il n'y a nulle justice pour les foibles. Tous les Officiers sont d'intelligence à piller ; & la corruption est plus grande en ceux, d'où devroit venir le reméde. Le commerce des présents y est public : les moindres Officiers donnent aux plus grands à titre de respect ; & un Juge n'y est pas puni pour avoir accepté des présents des Parties, si d'ailleurs on ne le convainc d'injustice, ce qui n'est pas bien aisé à faire.

La forme du serment de fidélité consiste à avaller de l'eau, sur laquelle les Talapoins prononcent des imprécations contre celuy, qui la doit avaller, en cas qu'il vienne à manquer à la fidélité qu'il doit à son Roy. Ce Prince ne dispense de ce serment personne de ceux, qui s'engagent à son service, de quelque Ré-

V.
Le sermēt de fidelité.

VI.
Le Droit Public de Siam est écrit.

VII.
Difficulté d'en avoir les Livres.

Le Droit Public de Siam est écrit en trois Volumes. Le premier s'appelle *Prá Tam Ra*, & contient les noms, les fonctions, & les prérogatives de tous les Offices. Le second a pour titre, *Prá Tam Non*, & est un Recüeil des Constitutions des anciens Rois; & le troisiéme est le *Prá Rayja Cammanot*, où sont les Constitutions du Roy Pere de celuy qui Regne aujourd'huy.

Rien n'eût été plus nécessaire qu'un extrait fidéle de ces trois Volumes, pour bien faire connoître la constitution du Royaume de Siam: mais bien loin d'en pouvoir avoir une traduction, je n'ay pû en avoir un Exemplaire en Siamois. Il eût fallu pour celà demeurer plus long-temps à Siam, & avec de moindres affaires. Voicy donc ce que j'ay pû apprendre de certain sur cette matiére, sans le secours de ces Livres, & en un Païs, où tout le monde creint de parler. La plus grande marque de la servitude des Siamois est qu'ils n'osent presque ouvrir la bouche sur quoy que ce soit de leur Païs.

CHAPITRE IV.

Des Offices de Judicature.

LE Royaume de Siam est divisé en haut & bas. Le haut est vers le Nord (puis que la Riviére en descend) & contient sept Provinces, que l'on nomme par leurs Capitales, de *Porselouc*, de *Sanquelouc*, de *Locontáï*, de *Campeng-pet*, de *Coconrépina*, de *Péchebonne*, & de *Pitchiáï*. A *Porselouc* ressortissent immédiatement dix Jurisdictions, à *Sanquelouc* huit, à *Locontáï* sept, à *Campeng-pet* dix, à *Coconrépina* cinq, à *Péchebonne* deux, & à *Pitchiáï* sept. Et outre celà il y a dans le haut Siam vingt & une autres Jurisdictions ausquelles nulle autre Jurisdiction ne ressortit; mais qui ressortissent à la Cour, & font autant de petites Provinces.

Ils content dans le bas Siam, c'est à dire dans la partie Méridionnale du Royaume, les Provinces de *Jor*, de *Patane*, de *Ligor*, de *Ténasserim*, de *Chantebonne*, de *Petelong* ou *Bordelong*, & de *Tchiáï*. De *Jor* dépendent immédiatement sept Jurisdictions; de *Pa-*

I. Division du Royaume de Siam par Provinces.

O ij

tane huit, de *Ligor* vingt, de *Ténaſſerim* douze, de *Chantebonne* ſept, de *Pételong* huit, & de *Tchiáï* deux. Et outre cela, il y a encore dans le bas Siam treize petites Juriſdictions, qui ſont comme autant de Provinces particuliéres, qui ne reſſortiſſent qu'à la Cour, & auſquelles nulle autre Juriſdiction ne reſſortit. La Ville de Siam a ſa Province à part, au cœur de l'Etat, entre le haut & le bas Siam.

11. Le Gouverneur eſt le Juge.

Tout Tribunal de Judicature ne conſiſte proprement qu'en un ſeul Officier, puis qu'il n'y a que le Chef ou Préſident qui ait voix délibérative, & que tous les autres Officiers n'ont que voix conſultative, ſelon l'uſage reçû auſſi à la Chine, & dans les autres Etats voiſins. Mais la prérogative la plus importante du Préſident eſt d'être le Gouverneur de tout ſon reſſort, & de commander même les Garniſons, s'il y en a ; à moins que le Prince n'en ait diſpoſé autrement par ordre exprés. Si bien que comme d'ailleurs ces Charges ſont héréditaires, il n'a pas été difficile à quelques-uns de ces Gouverneurs, & ſur tout aux plus Puiſſans, & aux plus éloignez de la Cour, de ſe ſouſtraire tout à fait ou en partie à la Domination Royale.

Ainſi le Gouverneur de *Jor* n'obeït plus, & les Portugais luy donnent le nom de Roy. Et peut-être n'a-t-il jamais obéi, à moins que le Royaume de Siam ſe ſoit étendu, comme quelques Relations le diſent, à toute la Preſqu'Iſle d'au delà du Gange. Jor en eſt la Ville preſque la plus Méridionale, ſituée ſur une Riviére, qui a ſon embouchûre au Cap de Sincapura, & qui forme un fort bon Port.

III. Jor n'eſt plus du Royaume de Siam.

Le Peuple de Patane vit, comme celuy d'Achem dans l'Iſle de Sumatrà, ſous la Domination d'une femme, qu'ils éliſent toûjours dans une même famille, & toûjours vieille, afin qu'elle n'ait pas beſoin de Mary ; & au nom de laquelle les plus accreditez gouvernent. Les Portugais luy ont donné auſſi le nom de Reine ; & pour toute redevance elle envoye au Roy de Siam de trois en trois ans deux petits arbres, l'un d'or & l'autre d'argent, & l'un & l'autre chargez de fleurs & de fruits : mais elle ne doit aucun ſecours à ce Prince dans ſes Guerres. Si ces arbres d'or

IV. Ny Patane.

& d'argent sont un véritable hommage, ou seulement un respect pour entretenir la liberté du Commerce, comme le Roy de Siam envoye de trois en trois ans des présents au Roy de la Chine en vûë du Commerce seulement, c'est ce que je ne saurois dire : mais comme le Roy de la Chine se fait un honneur de ces sortes de présents, & qu'il les prend pour une espéce d'hommage, il se peut bien faire que le Roy de Siam ne s'honore pas moins des présents qu'il reçoit de la Reine de Patane ; quoy qu'Elle ne soit peut-être pas sa vassale.

V. Le Gouverneur est Seigneur,

Les Siamois appellent *Tcháou-Meüang* un Gouverneur héréditaire, *Tcháou* veut dire, *Seigneur* & *Meüang* veut dire *Ville*, ou *Province*, & même *Royaume*, Les Rois de Siam ont détruit les plus Puissants *Tcháou-Meüang*, autant qu'ils ont pû ; & ils ont mis à leur place des Gouverneurs par commission pour trois ans. Ces Gouverneurs par commission s'appellent *Pou-ran* : & *Pou* veut dire, *Personne*.

VI. Emoluments ou

Outre les présents que le *Tcháou-Meüang* peut recevoir, comme j'ay dit, ses autres Droits légitimes sont. 1°. De partager également avec le Roy les rentes que font les terres labourables, qu'ils appellent *náa*, c'est à dire *campagnes* : & selon l'ancienne Loy ces rentes sont d'un *Mayon* ou quart de *Tical* pour quarante brasses quarrées. 2°. Le *Tcháou-Meüang* profite de toutes les confiscations, de toutes les amendes au profit du fisc, & de dix pour cent de toutes les condamnations envers la Partie. Les confiscations sont fixées par la Loy selon les cas, & ne sont pas toûjours de tout le bien, même en cas de condamnation à mort : mais quelquefois aussi elles s'étendent au corps, non seulement du condamné, mais aussi de ses enfans. 3°. Le Roy de Siam donne au *Tcháou-Meüang* des gens pour exécuter ses ordres : ils l'accompagnent par tout, & ils pagayent dans son balon. Les Siamois les appellent *Kenlaï*, c'est-à-dire *Bras-peints* ; parce qu'on leur déchiquette les bras, & qu'on met de la poudre à canon sur les playes : ce qui leur peint les bras d'un bleu mat. Les Portugais les appellent *Bras-peints*, & *Gardes* ; & ces Bras-peints sont encore en usage au

Droits du Tchaou-Meüang.

Pays de Láos. 4°. Dans les Gouvernements Maritimes le *Tcháou-Meüang* prend quelquefois des Droits sur les Vaisseaux Marchands, mais c'est d'ordinaire peu de chose. A Ténasserim c'est huit pour cent en mêmes espéces, suivant la Relation des Missions étrangeres.

VII. Humanité des Siamois envers ceux qui ont fait naufrage.

On m'a asfûré que les Siamois ont l'humanité de ne s'approprier rien de tout ce que la tempête jette sur leurs Côtes, soit par échoüement de Vaisseaux, soit par naufrage. Néanmoins Fernand Mendez Pinto raconte que Loüis de Monteroyo Portugais ayant échoüé sur la Côte de Siam prés de Patane, le *Chabandar* ou Doüanier d'un Lieu qu'il nomme *Chatir*, voulut confisquer non seulement le Vaisseau & sa charge, mais Monteroyo même, & quelques enfans, disant que par l'ancienne Coûtume du Royaume tout ce que la Mer jetoit aux Côtes, étoit des émolumens de son Office. Il est vray que cet Auteur ajoûte, avec de grandes loüanges pour le Roy de Siam qui regnoit alors, que ce Prince, à la priere des Portugais qui se trouverent à sa Cour, mit en liberté

Monteroyo, & luy rendit toute la prise, & les enfans : mais il ajoûte aussi que ce fut comme par aumône, & le jour que ce Prince se promenoit par la Ville monté sur l'Elephant blanc, pour faire, dit-il, des aumônes au Peuple.

5°. Sur les Frontiéres les *Tcháou-Meüang* s'arrogeant tous les Droits de souveraineté lévent, quand ils peuvent, des deniers extraordinaires sur le Peuple. 6°. Les *Tcháou-Meüang* font par tout le Commerce ; mais sous le nom de leur Secretaire, ou de quelque autre de leurs Domestiques. Et cette derniere circonstance fait voir qu'ils en ont quelque honte, & que la Loy peutêtre le leur défend ; mais qu'en cela ils ne font pas plus scrupuleux que leur Roy. 7°. En quelques endroits, où il y a des étangs, le *Tcháou-Meüang* prend le premier du poisson, quand on vuide l'étang : mais il n'en prend que pour son usage, & non pas pour en vendre ; & il abandonne le reste au Peuple. 8. La Chasse & le Sel sont libres par tout le Royaume , & le Roy même n'y a mis ny défense ny Impôt. Le sel y est

VIII. Suite des Droits ou émolumens du Tcháou-Meüang.

à vil prix. J'ay oüy dire qu'ils en ont de roche : & ils en font de l'eau de la Mer : les uns m'ont dit avec le Soleil, d'autres m'ont dit avec le feu;& peut-être que l'un & l'autre est veritable. Aux endroits, où les rivages sont trop hauts pour recevoir la Mer, & en ceux, où le bois n'est pas tout à fait à la main, le sel peut manquer, ou coûter trop à faire, comme dans l'Isle de Jonsalam, dont les Habitans aiment mieux faire venir leur sel de Ténasserim.

IX.
Droits ou émolumens du Pou-ran.

Le *Pou-ran* ou Gouverneur par commission a les mêmes honneurs, & la même autorité que le *Tcháou-Meüang*; mais non pas les mêmes émoluments. Le Roy de Siam nomme des *Pou-ran* en deux rencontres, ou lors qu'il ne veut point de *Tcháou-Meüang*, ou lors que le *Tcháou-Meüang* est obligé de s'absenter de son gouvernement : car le *Tcháou-Meüang* n'a pas de Lieutenant ordinaire : qui puisse remplir sa place en son absence, comme en France le Chancelier n'en a point. Au premier cas le *Pou-ran* n'a que les émolumens que le Roy luy assigne en le nommant : au second cas il prend la moitié des émolumens du *Tcháou-Meüang*, & luy en laisse l'autre moitié.

Voicy maintenant les Officiers ordinaires d'un Tribunal de Judicature, non qu'il y en ait autant dans châcun, mais dans aucun il n'y en a peut-être davantage.

X. Noms & fonctions des Officiers qui composent un Tribunal.

Oc-yà Tcháou-Meüang. Le *Tcháou-Meüang* n'est pas toûjours *Oc-yà* : il a quelquefois un autre Titre, & les autres Officiers de son Tribunal ont toûjours des Titres proportionnez au sien.

Oc-Prá Belat. Son nom veut dire *second*, mais il ne préside pas en l'absence du *Tcháou-Meüang*, parce qu'il n'a pas voix délibérative.

Oc-Prá Jockebat est une espéce de Procureur du Roy, & sa fonction est d'être un espion exact du Gouverneur. Son Office n'est pas héréditaire : le Roy y nomme quelque personne de confience : mais l'expérience fait voir qu'il n'y a nulle fidélité en ces gens-là, & que tous les Officiers s'entendent à piller le Peuple.

Oc-Prá Peun commande la garnison, s'il y en a, mais sous les ordres du *Tcháou-Meüang*; & il n'a la justice sur ses Soldats, que quand ils sont en Campagne.

Oc - Prá Mahà-Táï est comme le Chef du Peuple. Son nom semble vouloir dire *le Grand Siamois*, car *Mahà* signifie *grand*, & *Táï* signifie *Siamois*. C'est luy qui léve les Soldats, ou plûtôt qui les demande aux *Náï* : qui envoye des provisions à l'armée, qui veille à ce que les Rôles du Peuple soient bien-faits; & qui en général fait exécuter tous les ordres du Gouverneur qui regardent le Peuple.

Oc-Prá-Saſſedì fait & garde les Rôles du Peuple. C'est un Office fort sujet à corruption, parce que châque Particulier tâche à se faire obmettre dans les Rôles pour de l'argent. Les *Náï* même cherchent à favoriser ceux de leur Bande, qui leur font des présens, & à charger de travail ceux qui n'ont rien à leur donner. Le *Mahá-Táï* & le Saſſedì empêcheroient ce désordre, s'ils n'étoient les premiers corrompus. Le Saſſedì commence à mettre les enfans sur les Rôles, dés qu'ils ont trois ou quatre ans.

Oc-Loüang Meüang est comme le Maire de la Ville, car comme j'ay

Du Royaume de Siam. 325

déja dit, *Meüang* veut dire *Ville* : mais pour ce qui est du Titre *d'Oc-Loüang*, il ne veut pas dire *Maire*, & n'est pas plus attaché à cet Office qu'un autre Titre. Ce Maire a soin de la Police & de la Patroüille. On faisoit toute la nuit la Patroüille autour du logis des Envoyez du Roy, comme autour du Palais du Roy de Siam, & c'êtoit une tres-grande marque d'honneur.

Oc-Loüang Vang est le Maître du Palais du Gouverneur, car *Vang* veut dire *Palais*. Il le fait reparer, il commande les Gardes du Gouverneur, & même leur Capitaine; & en un mot il ordonne dans le Palais du Gouverneur, de tout ce qui a rapport à la Charge de Gouverneur.

Oc-Loüang Peng garde le Livre de la Loy ou de la Coûtume, sur laquelle on juge; & quand on juge il en lit l'Article, qui sert au jugement du procés : & enfin c'est luy qui dresse la Sentence.

Oc-Loüang Clang a soin du Magazin du Roy, *Clang* veut dire *Magazin*. Il reçoit certains Revenus du Roy, & il vend au Peuple les marchandises du Roy, c'est à dire celles dont le

Roy s'approprie le Commerce, comme en Europe les Princes s'approprient d'ordinaire celuy du sel.

Oc-Loüang Cou-çà a inspection sur les Etrangers; il les protége, ou les accuse prés du Gouverneur.

De plus il y a quelques Officiers dans châque Tribunal supérieur pour envoyer aux Justices inférieures, dont le *Tchâou-Meüang*, ou le *Pouran* sont morts, en attendant que le Roy y pourvoye : & le nombre de ces Officiers est aussi grand que celuy des Justices inférieures.

Oc-Loüang ou *Oc-Counne Coëng* est le Prevôt : il est toûjours armé d'un sabre, & il a des Bras peints pour Archers.

Oc-Counne Pa-yà Bat est le Chef de la Geole ou des Prisons : & le mot de *Pa yà*, que les Portugais ont traduit par celuy de Prince, semble bien avili dans le titre de cet Office. *Nâï-Coug* est le vray Geolier, *couc* veut dire prison, & rien n'est plus cruël que les prisons de Siam. Ce sont des Cages de Bambou exposées à toutes les injures de l'air.

Oc-Counne Narin commande ceux, qui ont soin des Elephants, que le

Roy a dans la Province : car il en a en plusieurs lieux, parce qu'il seroit difficile de loger & de nourrir un fort grand nombre d'Elephants ensemble.

Oc - Counne Náï -rong est le Pourvoyeur des Elephants.

Enfin il y a dans châque Tribunal un Officier pour lire les *Tarà* ou Ordres du Roy au Gouverneur, & une Maison en lieu élevé pour les garder : comme dans l'enceinte du Palais du Roy de Siam il y a un bâtiment isolé, en lieu éminent, pour garder toutes les lettres que le Roy de Siam reçoit des autres Rois.

XI. Distinctiõ importante en Officiers de dedans, & en Officiers de dehors.

Ce sont là à peu prés les Officiers qu'on appelle du dedans. Outre ceuxlà il y en a d'autres qu'on appelle du dehors, pour le service de la Province. Tous sont dans une entiére dépendence du Gouverneur; & quoy que ceux du dehors ayent de pareils titres, ils sont pourtant fort au dessous des Officiers du dedans. Ainsi un *Oc-Meuing* du dedans du Palais est supérieur à un *Oc-yà* du dehors ; & en un mot il ne faut pas croire que tous ceux, qui portent de grands titres, soient toûjours de grands

Seigneurs : Cet infame qui achéte les femmes & les filles pour les proſtituër porte le titre d'*Oc - yà* ; on l'appelle *Oc-yà Meen* : & c'eſt un homme fort mépriſé. Il n'y a que les jeunes débauchez, qui ayent commerce avec luy. Chacun des Officiers du dedans a ſon Lieutenant en Siamois *Belat*, & ſon Greffier en Siamois *Semien*, & dans ſon logement, que le Roy luy donne, il a pour l'ordinaire une ſalle pour donner ſes Audiences.

CHAPITRE V.

Du ſtile Judiciaire.

I.
Ils n'ont point un double ſtile.

ILs n'ont qu'un même ſtile pour tous les procés, & ils ne ſe ſont pas même aviſez de les diviſer en civils & en criminels : ſoit parce qu'il y a toûjours quelque châtiment contre le perdant, même en matiére purement civile, ſoit parce que les procés en matiére purement civile y ſont tres-rares.

II.
Ils ne playdent

C'eſt chez eux une regle générale, que tout procés ſoit par écrit, &

qu'on ne plaide pas sans donner cau-tion. *que par écrit & en donnant caution.*

III. Fonction du Naï dans les Procés. Or comme tout le Peuple du reſſort eſt diviſé par Bandes, & que leurs principaux Náï ſont les Officiers du Tribunal, que j'appelleray du nom général de Conſeillers, en cas de pro-cés le Demandeur va d'abord au Con-ſeiller qui eſt ſon Náï, ou à ſon Náï de Village, lequel va au Náï Conſeil-ler. Il luy préſente ſa requête, & le Conſeiller la préſente au Gouver-neur. Le devoir du Gouverneur ſeroit de la bien examiner; & de l'admet-tre, ou de la rejeter, ſelon qu'elle luy paroîtroit juſte ou injuſte;& même de faire châtier en ce dernier cas la Par-tie, qui l'auroit préſentée, afin que perſonne ne commençât aucun pro-cés témérairement, & c'eſt auſſi le ſtile de la Chine : mais il s'obſerve peu à Siam.

IV. Commét on inſ-truit un Procés à Siam. Le Gouverneur donc admet la re-quête, & la renvoye à l'un des Con-ſeillers; & pour l'ordinaire il la rend à celuy qui la luy a préſentée, s'il eſt le Náï commun des deux Parties : mais dés lors il y met ſon ſceau, & il en conte les lignes & les ratures, afin qu'on n'y puiſſe rien altérer. Le

Conseiller la donne à son Lieutenant & à son Greffier, lesquels luy en font leur rapport chez luy dans sa salle d'Audience : & ce rapport, & tous ceux dont je parleray dans la suite, ne sont que lecture. Aprés celà le Greffier du Conseiller présenté par son Maître rapporte ou lit cette même requête, dans la salle du Gouverneur, à l'assemblée de tous les Conseillers ; mais en l'absence du Gouverneur, qui ne daigne pas se trouver à tout ce qui ne sert qu'à instruire le procés. Là on fait entrer les Parties sous couleur de tâcher à les accommoder ; & on les en somme jusqu'à trois fois, plus par maniére d'acquit, qu'avec une sincére intention de procurer l'accommodement. L'accommodement ne reüssissant point, la salle ordonne, s'il y a des témoins, qu'ils seront oüis devant le même Greffier, à moins qu'il soit déclaré suspect : & dans une autre séance pareille, c'est à dire où le Gouverneur n'assiste point, le Greffier lit le procez & les dépositions des Témoins, & l'on procéde aux Opinions, qui ne sont que consultatives, & que l'on écrit toutes en commençant par celle du dernier Officier.

Le procés étant ainsi achevé d'instruire, & le Conseil tenant en présence du Gouverneur, son Greffier luy fait la lecture du procés & des Opinions; & le Gouverneur, aprés les avoir resumées toutes, intérroge ceux dont les opinions ne luy paroissent pas justes, pour savoir d'eux sur quelles raisons ils les fondent. Aprés cet examen il prononce en termes généraux, que telle des Parties sera condamnée selon la Loy.

V. La forme des Jugements.

Alors c'est à *Oc-Loüang Peng* à lire tout-haut l'article de la Loy, qui regarde le procés: mais ils disputent en ce Païs-là, comme en celuy-cy, du sens des Loix. Ils y cherchent des accommodements à titre d'Equité; & sous prétexte que toutes les circonstances du fait ne sont jamais dans la Loy, ils ne suivent jamais la Loy. Le Gouverneur seul décide enfin ces contestations, & la Sentence est prononcée aux Parties, & mise par écrit. Que si elle étoit contraire à toute apparence de Justice, ce seroit au *Jockebat* ou Procureur du Roy à en avertir la Cour, mais non à s'y opposer.

VI. On y lit la Loy ou la Coûtume.

VII.
Les Procés y durent long-téps.

Tout procés devroit finir en trois jours, & il y en a qui durent trois ans.

VIII.
Ils n'ont ny Avocat ny Procureur.

Les Parties parlent devant le Greffier, qui écrit ce qu'elles luy disent; & elles parlent ou par elles mêmes, ou par un autre : mais il faut que cet autre, qui fait en cela l'office de Procureur ou d'Avocat, soit au moins cousin germain de celuy pour qui il parle : autrement il seroit puni, & ne seroit pas écouté.

IX.
Devant qui ils produisent.

Le Greffier reçoit aussi tous les titres, mais en présence de la salle, qui en conte les lignes & les ratures.

X.
Preuves subsidiaires à la Question

Quand les preuves ordinaires ne suffisent pas, ils ont recours à la Question dans les accusations, qui sont assez graves pour cela ; & ils la donnent rigoureuse, & en plusieurs maniéres : ou bien ils se servent des preuves de l'eau & du feu, ou de quelques autres aussi supersticieuses, mais point du Duël.

XI.
La preuve du feu.

Dans la Preuve du feu on bâtit un bucher dans une fosse, de telle sorte que la surface du bucher soit à niveau des bords de la fosse. Ce bucher est long de cinq brasses & large d'une.

Du Royaume de Siam.

Les deux Parties y passent à piés nuds d'un bout à l'autre, & celuy qui n'en a pas la plante des piés offensée gagne son procés. Mais comme ils sont accoûtumez à aller nuds-piés, & qu'ils ont la plante du pié comme accornie, on dit qu'il est assez ordinaire que le feu les épargne, pourvû qu'ils appuyent bien le pié sur les charbons : car le moyen de se brûler c'est d'aller vîte & legérement. Deux hommes marchent d'ordinaire à côté de celuy qui passe sur le feu, & ils s'appuyent avec force sur ses épaules, pour l'empêcher de se dérober trop vîte à cette épreuve : & l'on dit que bien loin que ce poids l'expose davantage à être brûlé, il étouffe au contraire l'action du feu sous ses piés.

Quelquefois la Preuve du feu se fait avec de l'huile ou autre matiére boüillante, dans laquelle les Parties passent la main. Un François, à qui un Siamois avoit volé de l'étain, se laissa persuader, faute de preuve, de mettre sa main dans de l'étain fondu; & il l'en retira presque consumée. Le Siamois plus adroit se tira d'affaires, je ne say comment, sans se brûler ;

XII. Autre sorte de Preuve par le feu.

& fût renvoyé abſous : & néanmoins ſix mois aprés, dans un autre procés, où il ſe trouva engagé, il fût convaincu du vol, dont le François l'avoit accuſé. Mais mille évenemens pareils ne perſuadent pas aux Siamois de changer leur ſtile.

XIII. La Preuve de l'eau. La Preuve de l'eau ſe fait de cette maniére. Les deux Parties ſe plongent dans l'eau en même temps, ſe tenant châcun à une perche, le long de laquelle ils deſcendent; & celuy qui demeure plus long-temps ſous l'eau eſt cenſé avoir bonne cauſe. Tout le monde s'exerce donc de jeuneſſe en ce Païs-là à ſe familiariſer avec le feu, & à demeurer long-temps ſous l'eau.

XIV. Preuve par des Vomitifs. Ils ont une autre ſorte de Preuve, qui ſe fait par de certaines pilules préparées par les Talapoins, & accompagnées d'imprécations : les deux Parties en avallent; & la marque du bon Droit eſt de les pouvoir garder dans l'eſtomac ſans les rendre, car ce ſont des vomitifs.

XV. Divers ſuccez de ces Preuves. Toutes ces Preuves ſe font non ſeulement devant les Juges, mais devant le Peuple, & ſi les deux Parties ſortent également bien, ou également mal de l'une, on a recours à une autre. Le Roy de Siam les employe aussi dans ses jugements, mais outre celà il livre quelquefois les Parties aux tygres, & celuy que les tygres épargnent pendant un certain temps, est censé innocent. Que si les tygres les dévorent tous deux, ils sont tous deux estimez coupables. Si au contraire les tygres ne veulent ny de l'un ny de l'autre, on a recours à quelque autre Preuve, ou bien on attend que les tygres se déterminent à dévorer l'une des Parties, ou à les dévorer toutes deux. La constance avec laquelle on dit que les Siamois souffrent ce genre de mort, est incroyable en des gens, qui montrent si peu de courage à la Guerre.

Il y a quelquefois plusieurs Provinces qui ressortissent l'une à l'autre : ce qui multiplie les Degrez d'Appel jusqu'à trois & quatre. L'Appel est permis en toutes causes, mais les frais en sont toûjours plus grands à mesure qu'il faut aller plaider plus loin, & en un Tribunal supérieur.

XVI. Les Degrez d'Appel.

Mais dés qu'il y doit avoir peine de mort la décision en est reservée au Roy seul. Nul autre Juge que luy ne

XVII. Les Jugements de mort reservés au

Prince, ou à des Cômissaires extraordinaires.

peut ordonner une peine capitale, si ce Prince ne luy en donne expressément le pouvoir : & il n'y a presque point d'exemple, qu'il le donne horsmis à des Juges Extraordinaires, que ce Prince envoye quelquefois dans les Provinces, ou pour un Cas particulier, ou pour faire justice sur les lieux de tous les crimes dignes de mort. On garde tous les coupables dans les prisons jusqu'à l'arrivée de ces Commissaires : & ils ont quelquefois, comme à la Chine, le pouvoir de déposer, & de punir même de mort les Officiers ordinaires, s'ils le meritent. Que si le Roy de Siam donne d'autres commissions pour son service, ou pour celuy de l'Etat, il est rare qu'il exempte le Commissaire de prendre l'attache du Gouverneur dans les lieux où il l'envoye.

XVIII. *La Peine du Vol étenduë aux héritages.*

La peine ordinaire du Vol est la condamnation au double, & quelquefois au triple, par portions égales envers le Juge & envers la Partie. Mais ce qu'il y a de singulier en cecy, est que les Siamois étendent la peine du Vol à tout Possesseur injuste en matiére réelle : de sorte

sorte que quiconque est évincé d'un héritage par procés, non seulement rend l'héritage à la Partie, mais en paye encore le prix, moitié à la Partie, & moitié au Juge. Que si par une permission extraordinaire du Roy le Juge peut faire mourir le Voleur, alors il peut ordonner à son choix ou la mort, ou la peine pécuniaire, mais non la mort & la peine pécuniaire tout-ensemble.

Or pour faire voir combien la Justice est chére en un Païs, où les vivres sont à si vil prix, je mettray à la fin de cet Ouvrage un Mémoire qu'on m'a donné des frais de Justice, où l'on verra encore un détail du stile : mais les frais ne sont pas les mêmes dans tous les Tribunaux, comme je l'ay déja dit. Celuy pour lequel est ce Rôle a quatre jurisdictions inférieures, & il ressortit à une autre, laquelle ressortit à la Cour.

CHAPITRE VI.

Des fonctions de Gouverneur & de Juge dans la Capitale.

I.
Le Roy est le Tcháou-Meüang de la Capitale.

DANS la Capitale, où il n'y a pas d'autre Tcháou - Meüang que le Roy, les fonctions de Gouverneur & de Juge sont séparées en deux Offices : & les autres fonctions des petits Officiers, qui composent un Tribunal de Tcháou-Meüang, sont distribuées aux principaux Officiers de l'Etat ; mais avec plus d'étenduë & d'autorité, & avec des Titres plus élevez.

II.
L'Office d'*Yummarat*, que l'on prononce *Yumrat*.

Ils appellent *Yumrat* le Président du Tribunal de la ville de Siam, auquel ressortissent tous les Appels du Royaume. Il porte d'ordinaire le Titre *d'Oc-yà*, & son Tribunal est dans le Palais du Roy : mais il ne suit pas le Roy, quand ce Prince s'éloigne de sa Capitale ; & alors il rend la Justice dans une Tour, qui est dans la ville de Siam, & hors de l'enceinte du Palais. A luy seul appartient la Voix délibérative ; & il y a encore

Appel de luy au Roy, si l'on en veut faire les frais.

III. Stile judiciaire chez le Roy.

En ce cas-là le procés se rapporte & s'examine au Conseil du Roy ; mais en son absence, jusqu'à Sentence consultative inclusivement, comme il se pratique au Conseil des Tcháou-Meüang. Le Roy n'y assiste que quand il faut qu'il donne un jugement diffinitif : & selon le Stile général du Royaume, ce Prince, avant de prononcer, résume toutes les opinions, & débat avec ses Conseillers celles qui luy paroissent injustes; & l'on m'a asûré que le Roy d'aujourd'huy s'en acquitte avec beaucoup de capacité & de netteté.

IV. L'Office de Prásadet qu'on prononce Prá-sedet.

Le Gouverneur de la ville de Siam s'appelle *Prá-sedet*, & porte aussi pour l'ordinaire le Titre *d'Oc-yà*. Son nom qui est Baly est composé du mot *Prá*, dont j'ay parlé plusieurs fois, & du mot *Sedet* qui signifie, dit-on, *le Roy est sorti* ; & en effet ils ne disent pas autrement, pour dire que le Roy est sorti. Mais cela ne fait point entendre ce que c'est que l'Office de *Prá-sedet* : & il paroît en plusieurs choses, qu'ils ont fort perdu l'exacte intelligence du Baly. Mr. Gervaise appelle cet Office *Pefedet* : je l'ay toûjours oüi nommer Prá-fedet, & par gents habiles, quoy qu'on l'écrive Prá-fadet.

V. La Reception que les Gouverneurs firent aux Envoyés du Roy, chacun dans fon Gouvernement.

Le Cours de la Riviére depuis son embouchûre jusqu'à la Capitale est divisé en plusieurs petits Gouvernemens. Le premier est *Pipeli*, le second *Prépadem*, le troisiéme *Bancok*, le quatriéme *Talacoan*, & le cinquiéme *Siam*. Les Officiers de châcun de ces Gouvernemens reçûrent les Envoyez du Roy à l'entrée de leur Ressort, & ils ne les abandonnérent pas, que les Officiers du Ressort prochain ne les eussent joints & saliiez : & c'étoient les Officiers particuliers de châque Gouvernement qui faisoient la tête du Cortége. Outre celà il y avoit des Officiers plus considérables, qui étoient venus offrir les balons du Roy leur Maître aux Envoyez du Roy, à l'embouchûre de la Riviére : & châque jour il s'y joignoit de nouveaux Officiers, qui venoient porter de nouveaux Complimens aux Envoyez du Roy de la part du Roy de Siam; & qui ne quittoient plus les Envoyez du Roy depuis qu'ils les avoient joints.

Du Royaume de Siam. 341

Les Envoyez du Roy arrivérent ainsi à deux lieuës de Siam à un Lieu, que les François ont appelé la *Tabanque*; & ils y attendirent huit ou dix jours celuy de leur Entrée dans la Capitale. *Tabanque* en Siamois veut dire *Doane*: & parce que le logis du Doanier, qui est à l'embouchûre de la Riviére, est de bambou comme tous les autres, les François appelérent *Tabanque* tous les logis de bambou, où ils logérent, du nom du logis du Doanier, qu'ils avoient vû le premier de tous.

VI. Le Lieu, où les Envoyés du Roy attendirent le jour de leur Entrée.

Le jour donc que les Envoyez du Roy firent leur Entrée, *Oc-yà Prá-sedet* comme Gouverneur de la Capitale vint les chercher, & les complimenter à cette prétenduë *Tabanque*.

VII. Le Gouverneur de Siam les y vint prendre.

CHAPITRE VII.

Des Officiers d'Etat, & premierement du Tchacry, du Calla-hom, & du Général des Eléphants.

I. Des Officiers en Chef en général.

PARMI les Offices de la Cour sont principalement ceux, auſquels sont attachées les fonctions de nos Secrétaires d'Etat : mais avant que d'entrer en cette matiére, je dois dire que tous les Officiers en chef en quelque genre d'affaires que ce soit, ont sous eux autant ou partie de ces Officiers subalternes, qui composent le Tribunal des Tcháou-Meüang.

II. Du Tchacry.

Le Tchacry a le département de toute la Police interiéure du Royaume : à luy reviennent toutes les affaires des Provinces : tous les Gouverneurs luy rendent conte immédiatement, & reçoivent immédiatement les ordres de luy : il est le Chef du Conseil d'Etat.

III. Du Calla-hom.

Le *Calla-hom* a le département de la Guerre : il a soin des Places, des Armes, des Munitions : il donne tous les ordres, qui regardent les Armées ; & il en est naturellement le Général, quoi que le Roy puisse nommer pour Général qui il luy plaît. Il paroît par la Relation de Van Vliet que le commandement des Eléphants appartenoit aussi au *Calla-hom*, même hors de l'Armée : mais aujourd'huy c'est un Employ à part, à ce que l'on m'a assûré : soit que le pere du Roy d'aujourd'huy, aprés s'être servi de la Charge de *Calla-hom* pour envahir le Thrône, ait voulu en diviser le pouvoir, soit que naturellement ce soient deux Charges distinctes, qu'on peut donner à un seul.

Quoy qu'il en soit, c'est *Oc Prá Pipitcharatcha* appelé par corruption *Petratcha* qui commande tous les Eléphants & tous les chevaux : & c'est un des plus grands Emplois du Royaume, parce que les Eléphans sont estimez les principales forces du Roy de Siam. Il y en a qui disent que ce Prince en nourrit jusqu'à dix-mille, mais c'est ce qu'on ne sauroit savoir, parce que la Vanité porte toûjours ces gents là à la menterie : & ils sont encore plus vains en ma-

IV. Du Général des Elephans.

tiére d'Eléphants qu'en autre chose. La Capitale du Royaume de Láos s'appelle *Lan-Tchang*, & son nom en la Langue du Païs, qui est à peu prés la même que la Siamoise, veut dire, *dix-millions d'Eléphants*. Le Roy de Siam en nourrit donc un fort grand nombre: & l'on dit qu'il faut au moins trois hommes pour le service de chaque Eléphant : & ces hommes, avec tous les Officiers qui les commandent, sont sous les ordres d'Oc-Prá Pipitcharatcha : qui bien qu'il n'ait que le Titre d'Oc-Prá, ne laisse pas d'être un fort grand Seigneur. Le Peuple l'aime parce qu'il paroît modéré ; & il le croit invulnérable, parce qu'il a témoigné beaucoup de courage dans quelque combat contre les Pegüans : son courage luy a attiré aussi la faveur du Roy son Maître. Sa famille est de long temps dans les plus hautes Charges : elle s'est souvent alliée à la Couronne ; & l'on dit publiquement que luy ou son fils *Oc-Loüang souraçac* y pourront prétendre, s'ils survivent l'un ou l'autre au Roy, qui regne aujourd'hui. La mere d'Oc-Prá Pipitcharatcha a été nourrice du Roy, & la mere du premier Ambassadeur que nous avons vû icy l'a été aussi : & quand le Roy fit bastonner pour la derniere fois le grand Barcalon frere de cet Ambassadeur, ce fut Oc-Loüang Souraçac fil d'Oc-Prá Pipitcharatcha, qui le bastonna par ordre du Roy, & en sa présence ; la nourrice du Prince mere du Barcalon étant prosternée à ses piés, pour obtenir grace pour son fils.

CHAPITRE VIII.
De l'Art de la Guerre chez les Siamois, & de leurs forces de Mer & de Terre.

L'ART de la Guerre est fort ignoré à Siam : les Siamois sont peu portez à ce métier. L'imagination trop vive des Païs trop chauds n'est pas plus propre au courage, que l'imagination trop lente des Païs trop froids. Il ne faut que la vûë d'une épée nuë pour mettre en fuïte cent Siamois ; il ne faut même que le ton assûré d'un Européan, qui porte une épée à son côté, ou une canne en sa main, pour leur faire oublier les ordres les plus exprés de leurs Supérieurs.

I. Les Siamois sont peu propres à la Guerre.

11.
Combien les g...ts nés aux Indes sont méprisables du côté du courage.

Je dis bien plus : tout homme né aux Indes est sans courage ; encore qu'il soit né de parents Européans ; & les Portugais nés aux Indes en ont été une bonne preuve. Une societé de Marchands Hollandois ne trouva en eux que le nom & le langage, & non la bravoure des Portugais ; & si d'autres Européans y alloient chercher les Hollandois, ils n'y en trouveroient pas qui valussent, à beaucoup prés, ceux qui en six semaines de la campagne de 1672. perdîrent 48. Places. Les hommes les mieux constituëz sont ceux des Zones Tempérées: & entre ceux-cy la difference des aliments qui leur sont ordinaires, & celle des lieux qu'ils habitent, plus ou moins chauds, secs ou humides, exposez aux Vents ou aux Mers, Plaines ou Montagnes, Forêts ou terres défrichées, & encore plus les divers Gouvernements peuvent mettre de fort grandes differences. Car qui doute, par exemple, que les anciens Grecs élevez dans la liberté, ne valussent incomparablement mieux que les Grecs d'aujourd'huy, abbatus par une si longue servitude? Toutes ces raisons concourent à amollir le courage des Sia-

Du Royaume de Siam. 347

mois, je veux dire la chaleur du Climat, les aliments pituïteux, & le Gouvernement Despotique.

L'Opinion de la Métempsycose leur inspirant l'horreur du sang, leur ôte encore l'esprit de Guerre. Ils ne songent qu'à faire des esclaves. Si les Peguans, par exemple, entrent d'un côté sur les Terres de Siam, les Siamois entreront par un autre endroit sur les Terres du Pegu; & les deux Partis emmeineront des Villages entiers en captivité.

<small>III. Les Siamois abhorrent le sang.</small>

Que si les Armées se rencontrent, ils ne tireront point directement les uns contre les autres, mais plus haut: & néanmoins comme ils tâchent de faire retomber ces coups perdus sur les Ennemis, afin qu'ils en puissent être atteints, s'ils ne se retirent, l'un des deux Partis ne tarde pas beaucoup à prendre la fuite, pour peu qu'il sente pleuvoir les traits ou les balles. Que s'il est question d'arrêter des Troupes, qui viennent sur eux, ils tireront plus bas qu'il ne faut; afin que si les Ennemis approchent, ce soit leur faute de s'être mis à portée d'être blessez ou tuëz. *Ne tuez point* est l'ordre que le Roy de Siam donne à ses Troupes,

<small>IV. Comment ils déguisent dans les combats le dessein de tuër leurs Ennemis.</small>

P vj

quand il les envoye en campagne : ce qui ne veut pas dire qu'on ne tuë pas abſolûment, mais qu'on ne tire pas droit ſur les Ennemis.

V. Comment le Roy de Singor fût pris par un François.

On m'a aſsûré ſur ce ſujet la choſe du monde, qui paroîtra à mon avis la plus incroyable. C'eſt d'un Provençal nommé Cyprien, qui eſt encore à Surate au ſervice de la Compagnie de France, s'il ne l'a quitté, ou s'il n'eſt mort depuis peu d'années : j'ignore le nom de ſa famille. Avant que d'entrer au ſervice de la Compagnie, il avoit ſervi pendant quelque temps dans les Armées du Roy de Siam en qualité de Canonnier ; & parce qu'on luy défendoit de tirer droit, il ne doutoit pas que le Général Siamois ne trahît le Roy ſon Maître. Ce Prince ayant enſuite envoyé des troupes contre le *Tcháou-Meüang*, ou, ſi l'on veut, contre le Roy de Singor ſur la Côte Occidentale du Golphe de Siam, Cyprien laſsé de voir des Armées en préſence, qui n'attentoient à la vie de perſonne, ſe détermina une nuit de paſſer tout ſeul au Camp des Rebelles, & d'aller prendre le Roy de Singor, dans ſa tente. Il le prît en effet, & le mena au Général Siamois,

& termina ainſi une Guerre de plus de vint-ans. Le Roy de Siam voulût récompenſer ce ſervice de Cyprien d'une quantité de bois de Sapan; mais par quelque intrigue de Cour il n'eut rien, & ſe retira à Surate.

Or quoy que les Siamois nous paroiſſent ſi peu propres à la Guerre, ils ne laiſſent pourtant pas de la faire ſouvent & avec avantage, parce que leurs Voiſins ne ſont ny plus puiſſants ny plus braves qu'eux.

<small>VI. Les Siamois ont peu à creindre de leurs Voiſins.</small>

Le Roy de Siam n'a d'autres troupes entretenuës que ſa garde étrangére, dont je parleray dans la ſuite. Il eſt vray que Mr. le Chevalier de Forbin avoit montré l'Exercice des Armes à quatre-cent Siamois, que nous trouvâmes dans Bancok : & qu'après qu'il eût quitté ce Royaume-là, un Anglois, qui avoit été Sergent dans la Garniſon de Madraſpatan ſur la Côte de Coromandel, montra ce même Exercice, qu'il avoit apris ſous Mr. le Chevalier de Forbin, à environ huit-cent autres Siamois, pour faire voir au Roy de Siam que Mr. le Chevalier de Forbin ne luy étoit pas néceſſaire. Mais tous ces Soldats n'ont autre ſolde, que l'ex-

<small>VII. Le Roy de Siam n'a d'autres Troupes entretenuës que ſa Garde étrangere.</small>

emption des Corvées pour quelques-uns de leur famille : & comme ils ne sauroient se nourrir facilement hors de chez eux, parce qu'ils ne reçoivent point d'argent, ils demeurent chez eux, les 400. aux environs de Bancok, & les huit-cent autres à Louvò, ou aux environs. Seulement pour la sûreté de Bancok des détachements y alloient tour à tour faire une garde continuëlle, & les autres étant aux environs pouvoient s'y rendre en cas d'allarme. Mais selon l'usage ordinaire du Royaume de Siam les Garnisons qu'il peut y avoir, sont composées de gents, qui servent en cela par Corvées, comme ils serviroient en autre chose; & qui sont relayez par d'autres quand ils ont servi leur temps.

VIII. Le Païs de Siam est assez fort sans Forteresses.

Le Royaume de Siam étant assez fort par ses Forêts impénétrables, & par le grand nombre de Canaux, dont il est coupé, & enfin par l'inondation annuëlle de six mois, les Siamois n'ont point voulu jusques icy de Places bien fortes, de peur de les perdre, & de ne les pouvoir reprendre : & c'est la raison qu'ils m'en ont dite. Les Places qu'ils ont soûtiendroient à peine la premiere insulte de nos Sol-

Du Royaume de Siam. 351

dats; & quoy qu'elles soient petites & mauvaises, parce qu'ils les veulent telles, il a fallû néanmoins employer l'adresse des Européans à les tracer.

Il y a quelques années, que le Roy de Siam voulant faire faire un fort de bois sur la frontiére du Pegu, n'eut pas de plus habile homme, à qui il en pût commettre le soin, qu'un nommé frere René Charbonneau, qui aprés avoir été valet de la Mission de S. Lazare à Paris, avoit passé au service des Missions étrangéres, & étoit allé à Siam. Frere René, qui pour toute industrie savoit faire une saignée, & donner un reméde à un malade (car c'est par de pareils emplois de charité, & par des présents, que les Missionnaires sont soufferts & aimés en ces Païs-là) se défendît tant qu'il pût de faire ce fort, protestant qu'il n'en étoit pas capable : mais il ne pût enfin se dispenser d'obeïr, quand on luy eût témoigné que le Roy de Siam le vouloit absolûment. Depuis il a été trois ou quatre ans Gouverneur de Jonsalam par commission, & avec beaucoup d'approbation; & parce qu'il voulût retourner à la ville de Siam auprés des pa-

IX. Les Siamois ne savent pas faire un fort de bois.

rents de sa femme, qui sont Portugais, le sieur Billi Maître d'Hôtel de Mr. de Chaumont lui succéda dans l'Employ de Jonsalam.

X. De leur Artillerie. Les Siamois n'ont pas beaucoup d'Artillerie. Un Portugais de Macao, qui est mort à leur service, leur a fondu quelques piéces de Canon, mais pour eux je doute qu'ils en sachent jamais faire de mediocrement bons; quoy qu'on m'ait dit qu'ils en font de fer battu à froid.

XI. En quoy consistent leurs Armées. Comme ils n'ont point de chevaux (car qu'est-ce que deux-mille chevaux tout au plus, qu'on dit que le Roy de Siam nourrit?) leurs Armées ne consistent qu'en Eléphants, & en Infanterie nuë à la mode du Païs, & mal armée. Leur ordre de Bataille & de campement est tel.

XII. Quel est leur ordre de Bataille, & celui de leurs campemens. Ils se rangent sur trois lignes, dont chacune est composée de trois gros Bataillons quarrez; & le Roy, ou le Général qu'il nomme en son absence, se tient dans le Bataillon du milieu, qu'il compose des meilleures troupes pour la sûreté de sa Personne. Châque Chef particulier de Bataillon se tient aussi au cœur du Bataillon, qu'il commande: & si les neuf Bataillons sont trop gros, ils sont divisez châcun en neuf moindres, avec la même symmetrie que tout le Corps de l'Armée.

L'Armée étant ainsi rangée, châqu'un des neuf Bataillons a seize Eléphants mâles derriére. Ils les appellent Eléphants de Guerre: & châcun de ces Eléphants porte son étendard particulier, & est accompagné de deux Eléphants femelles; mais tant femelles, que mâles ils sont montez châcun de trois hommes armez; & outre cela l'Armée a des Eléphants de bagage. Les Siamois disent que les Eléphants femelles ne sont que pour la dignité des mâles; mais comme je l'ay déja dit autre-part, on auroit de la peine à gouverner toûjours les mâles sans la compagnie des femelles.

XIII. Eléphants de Bataille.

L'Artillerie aux endroits, où la Riviere manque, est portée sur des charrettes tirées par des Buffles, ou des Bœufs, car elle n'a point d'affût. Elle commence le combat: & si elle ne le termine pas, alors ils se mettent à portée de se servir de la mousquéterie, & des Flêches, de la maniére que j'ay expliquée: mais jamais ils n'attaquent avec assez de vigueur, ny ne se défendent avec assez de constance, pour en venir aux derniéres approches & à la mêlée.

XIV. L'artillerie commence le combat.

XV.
Les Siamois aisés à rompre & à rallier.

Ils se rompent & s'enfuïent dans les Bois, mais d'ordinaire ils se rassemblent avec la même facilité, qu'ils se sont rompus : & si dans quelque occasion, comme dans la derniere Conjuration des Macassars, il est absolûment nécessaire de tenir ferme, ils ne peuvent se promettre de retenir les Soldats, qu'en mettant des Officiers derriére, pour tuër ceux qui prendront la fuite. J'ay dit ailleurs comment ces Macassars s'étoient servis de l'Opium pour se donner du courage: c'est un usage pratiqué principalement par les *Ragipouts*, & par les Peuples *Malais*, mais non pas par les Siamois : les Siamois auroient peur de devenir trop courageux.

XVI.
Eléphants peu propres à la Guerre.

Ils content fort sur les Eléphants dans les Combats, quoy que cet animal pour n'avoir ny mords ny bride ne puisse être gouverné sûrement, & qu'il revienne souvent sur ses Maîtres quand on le blesse. Dailleurs il creint si fort le feu, qu'il ne s'y accoûtume presque jamais. Ils en exercent pourtant à porter, & à voir tirer sur leur dos de petites pieces de trois piés de long, & d'environ une livre de balle, & Bernier dit que ce même usage est chez le Mogol.

Quant aux Siéges, ils en sont tout à fait incapables, comme gents qui n'osent même aller à l'Ennemi, lors qu'il est à découvert. Aussi n'attaqueront-ils jamais de vive force une Place tant soit peu fortifiée; mais seulement par trahison, en quoy ils sont fort habiles, ou par la faim, si les assiégez ne peuvent avoir de vivres.

XVII. Les Siamois incapables des Siéges.

Ils sont encore plus foibles sur Mer que sur Terre. A peine le Roy de Siam a-t-il cinq ou six Vaisseaux fort petits, dont il se sert principalement pour la Marchandise; & quelquefois il les arme en course contre ceux de ses Voisins, avec qui il est en guerre. Mais les Officiers & les Matelots, à qui il les confie, sont étrangers; & jusqu'à ces derniers temps il les avoit choisis Anglois ou Portugais: depuis peu d'années il y avoit aussi employé des François. Outre celà il a cinquante ou soixante Galéres, dont j'ay dit que les Anchres sont de bois. Ce ne sont que de médiocres batteaux à un pont, qui portent châcun jusqu'à cinquante ou soixante hommes, pour ramer & pour combattre. Ces hommes se prennent par Corvées, comme pour toute autre chose: il n'y en a qu'un à châque

XVIII. Leur foiblesse sur la Mer.

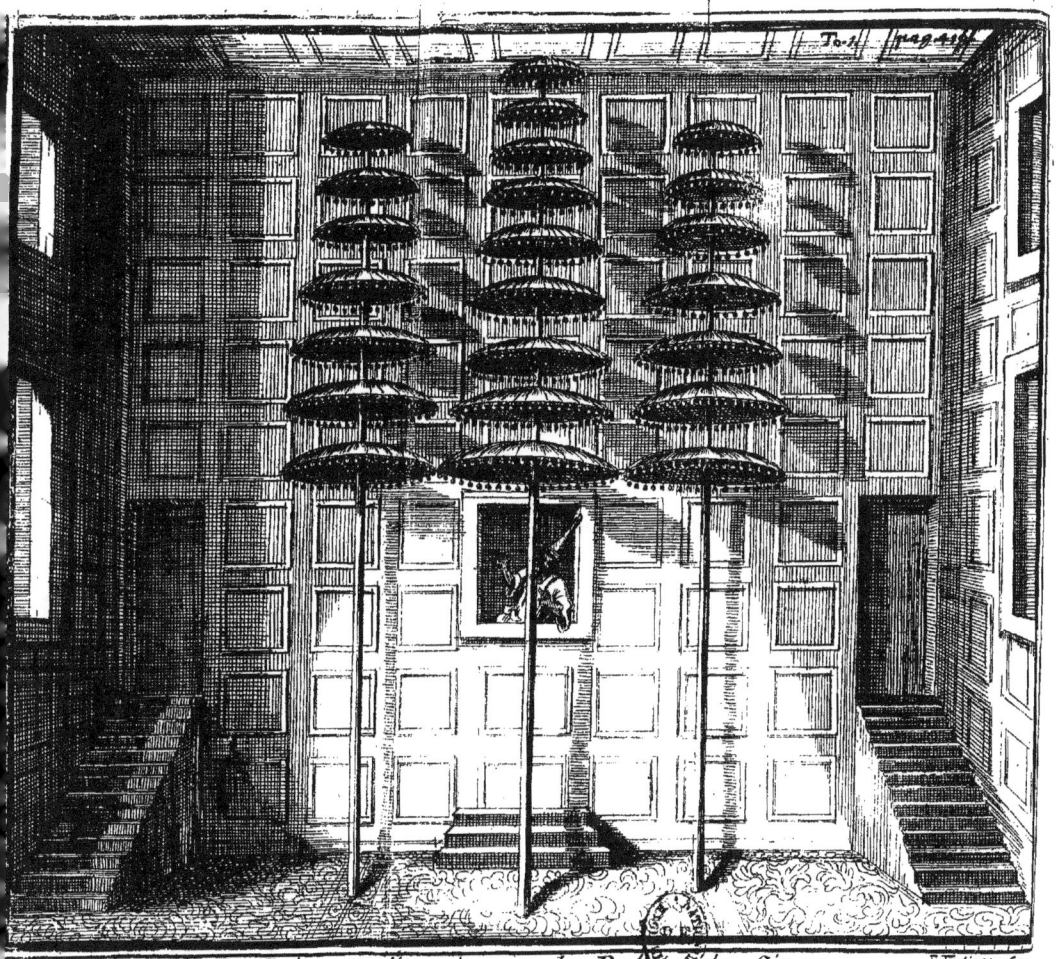

Vüe du fond du Salon de l'Audience du Palais de Siam.

qui reçoit les Revenus des Villes.

Les Revenus du Roy de Siam sont de deux sortes, revenus des Villes, & Revenus de la Campagne. Les Revenus de la Campagne sont reçûs par *Oc-yà Pollatep*, selon ce qu'on m'a dit, ou *Vorethep*, selon Mr. Gervaise.

II. Les Revenus du Roy de Siam viennent de deux sources.

Ils se reduisent tous aux Chefs suivants.

1°. Sur quarante brasses quarrées de terres labourables, un mayon ou quart de Tical par an : mais cette rente se partage avec le *Tcháou-Meüang* où il y en a ; & même elle n'est guére bien payée au Roy sur les Frontiéres. Outre celà la Loy du Royaume est que quiconque ne laboure pas sa terre ne paye rien, quoy que ce soit par sa négligence qu'il ne recuëille rien. Mais le Roy de Siam d'aujourd'huy pour forcer ses sujets à travailler, exige ce droit de ceux qui ont possedé les terres pendant un certain temps, encore qu'ils cessent de les travailler. Celà ne s'exécute pourtant que dans les endroits, où son Autorité est bien entiére. Il n'aimeroit rien tant, que de voir des Etrangers venir s'établir dans ses Etats, pour y travailler ces grands espaces

III. Ses Droits sur les Terres labourables.

incultes, qui en font sans comparaison la plus considérable partie : il seroit libéral en ce cas-là de terres en friche, & de bêtes pour les cultiver, quand elles auroient été défrichées.

IV. Sur les batteaux.

2°. Sur les batteaux ou balons, les Naturels du Païs doivent pour châque brasse de longueur un Tical. On a ajoûté sous ce Regne, que tout balon ou batteau de plus de six coudées de large payeroit six Ticals, & que les Etrangers seroient obligez à ce droit aussi bien que les Naturels du Païs. Ce droit se léve comme une espéce de Doane en certains endroits de la Riviere, & entre autres à Tcháïnat quatre lieuës au dessus de Siam, où elle se réünit toute entiére.

V. Doanes.

3°. Les Doanes sur tout ce qui entre ou qui sort par Mer. Outre que le corps du Vaisseau paye quelque chose à proportion de sa capacité, comme les balons.

VI. Sur l'Arak.

4°. Sur l'Arak ou eau de vie de ris, ou plûtôt sur châque fourneau où on le fait, qu'ils appellent *Táou-láou*, les gents du Païs doivent un Tical par an. Ce droit a été doublé sous ce Regne, & s'exige sur les Naturels du Païs, & sur les Etrangers également.

On a ajoûté auſſi que châque vendeur d'Arak en détail payeroit un Tical par an, & châque vendeur en gros un Tical par an par châque grande Cruche, dont je ne trouve pas la grandeur autrement marquée dans le Mémoire qu'on m'a donné.

5°. Sur le fruit appelé *Durion* pour châque pié d'arbre portant déja fruit, ou n'en portant pas, deux mayons ou demi-Tical par an.

VII. Sur les Durions.

6°. Sur châque pié de bétel un Tical par an.

VIII. Sur le Bétel.

7°. Sur châque Arékier on payoit autrefois trois glans d'Arek en eſpéce : ſous ce Regne on en paye ſix.

IX. Sur l'Arek.

8°. Les Revenus entiérement nouveaux, ou établis ſous ce Regne, ſont en premier lieu un certain droit ſur une Académie de jeu permiſe à Siam. Le Tribut que paye *l'Oc-yà Meen* eſt à peu prés de même nature, mais je ne ſay s'il n'eſt pas plus ancien que celuy du jeu. En ſecond lieu ſur châque Cocotier un demi-Tical par an ; & en troiſiéme lieu ſur les orangers, Manguiers, Mangouſtaniers, & ſur les Pimentiers, pour châque pié d'arbre un Tical par an. Il n'y a point de Droit ſur le Poivre, parce que le Roy

X. Impôts nouveaux.

voudroit que ses sujets s'adonnassent davantage à en planter.

XI. Domaine reservé au Roy.

9°. Ce Prince a en divers endroits de ses Etats des jardins & des terres, qu'il fait cultiver, comme son Domaine particulier, tant par ses esclaves, que par des Corvées. Il en fait recüeillir & garder les fruits sur les lieux, pour l'entretien de sa maison, & pour la nourriture de ses esclaves, de ses Eléphants, de ses chevaux, & de ses autres bêtes ; & il vend le reste.

XII. Les Présents.

10°. C'est une maniére de Revenu casüel que les présents que ce Prince reçoit aussi bien que tous les Officiers de son Royaume, les dons que les Officiers luy font en mourant, ou ce qu'il prend de leur succession ; & enfin les faux frais qu'il prend sur ses sujets en plusieurs rencontres : comme pour l'entretien des Ambassadeurs étrangers, à quoy les Gouverneurs, dans le ressort desquels les Ambassadeurs passent, ou sejournent, sont obligez de fournir ; & pour la construction des Forteresses & des autres Ouvrages publics, dépense qu'il prend sur les Peuples chez qui ces Ouvrages se font.

11°. Les

11°. Les Revenus de la Justice consistent en confiscations & en amendes.

XIII. Confiscations & amendes.

12°. Six mois de Corvées par an de châcun de ses sujets : service que luy ou ses Officiers étendent souvent plus loin, qui seul le défraye de toutes choses, & dont il luy reste du revenant-bon. Car en certains lieux ce service est converti en payement fait en ris, ou en bois de sapan, ou en bois d'Aloés, ou en salpêtre, ou en Eléphans, ou en peaux de Bêtes, ou en yvoire, ou en autres marchandises : & enfin ce service est quelquefois estimé, & payé argent contant ; & c'est par de l'argent contant que les gents riches s'en exemptent. Anciennement ce service étoit estimé un Tical par mois, parce qu'il ne faut qu'un Tical à un homme pour s'entretenir : & cette estimation sert encore de taux aux journées des ouvriers, qu'un Particulier employe. Elles reviennent à deux Ticals par mois pour le moins, parce qu'on conte qu'il faut qu'un ouvrier gagne en six mois son entretien de toute l'année ; puis qu'il ne peut rien gagner les autres six mois, qu'il sert

XIV. Six mois de Corvées.

le Prince. Aujourd'huy le Prince tire jusqu'à deux Ticals par mois de l'exemption des Corvées.

XV. Le Commerce Revenu extraordinaire ou Casuël.

13°. Ses autres Revenus viennent du Commerce, qu'il fait avec ses sujets, & avec les Etrangers. Il l'a porté à un tel point, que la Marchandise n'est presque plus un métier de Particulier à Siam. Il ne se contente pas de vendre en gros, il a des boutiques dans les Bazars pour vendre en détail.

XVI. Les Toiles de coton.

La principale chose qu'il vend à ses sujets sont les toiles de coton : il les répand dans ses Magazins des Provinces. Autrefois ses Prédécesseurs & luy n'y en envoyoient que de dix en dix ans, & une quantité modérée, laquelle étant débitée les Particuliers avoient lieu d'en faire commerce : maintenant il en fournit toûjours, il en a dans ses Magazins plus qu'il n'en sauroit débiter ; & il est arrivé quelquefois que pour en débiter davantage il a forcé ses sujets à habiller les enfans avant l'âge accoûtumé. Avant que les Hollandois eussent pénétré dans le Royaume de Láos, & dans d'autres du Voisinage, le Roy de Siam y faisoit tout le commerce des toiles avec un profit considérable.

Tout le Calin est à luy, & il le vend tant aux Etrangers qu'à ses sujets, hormis celuy, que l'on tire des Mines de Jonsalam sur le Golphe de Bengale : car comme c'est une Frontiére éloignée, il y laisse les Habitans dans leurs anciens Droits ; de sorte qu'ils joüissent des Mines qu'ils travaillent, moyennant un leger profit pour ce Prince. XVII. Le Calin ou étain.

Tout l'yvoire vient au Roy, ses sujets sont obligez de luy vendre tout celuy qu'ils vendent, & les Etrangers n'en peuvent acheter qu'à son Magazin. Le commerce du salpêtre, du plom & du sapan, est aussi au Roy: on n'en peut vendre qu'à son Magazin, ny en acheter que de son Magazin, soit-on Siamois ou étranger. XVIII. Yvoire, Salpêtre, Plom, Sapan.

L'Arek, dont il sort beaucoup hors du Royaume, ne peut être vendu aux Etrangers que par le Roy ; & il en achéte pour celà de ses sujets, outre celuy, qu'il a de ses Revenus particuliers. XIX. L'Arek.

Les Marchandises de contre-bande, sçavoir le Soulfre, la Poudre & les Armes, ne peuvent être venduës ny XX. Les Marchandises de contrebande.

achetées à Siam qu'au seul Magazin du Roy.

XXI. Peaux des Bêtes. Quant aux peaux de Bêtes, ce Prince s'est obligé, par un Traité fait avec les Hollandois, à les leur vendre toutes; & pour celà il les achéte de ses sujets: mais ses sujets en détournent beaucoup, que les Hollandois achétent d'eux en secret.

XXII. Les Commerces libres à tout le monde. Le reste du Commerce est permis à Siam à tout le monde, comme celuy du ris, du poisson, du sel, du sucre noir, du candi, de l'ambre gris, du fer, du cuivre, de la cire, de la gomme dont on fait le vernis, de la nacre de perle, de ces nids d'oiseaux dont on mange, (qui viennent du Tonkin & de la Cochinchine, & que Navarrete dit être faits de l'écume de la Mer dans des roches, par une espéce de petits oiseaux de Mer, qui ressemblent à des hirondelles:) de la gomme-goutte, de l'encens, de l'huile, du coco, du coton, de la canéle, du nénuphar qui n'est pas exactement comme le nôtre, de la casse, des Tamarins, & de plusieurs autres choses, tant du crû du Royaume, qu'apportées de dehors.

XXIII. Le Sel, la Châcun peut faire & vendre du sel,

pefcher, & chaffer, comme je l'ay dit autre part, & fans rien payer au Roy. Il eft vray qu'on apporte à la pefche la Police néceffaire ; & *Oc Prá-Taïnam* qui reçoit les Revenus particuliers de la Riviére, empêche ces maniéres de pefcher, qui détruifent trop de poiffon à la fois. *Pefche, la Chaffe.*

Le Roy de Siam n'a jamais été bien payé de fes Revenus dans les terres éloignées de fa Cour. On dit que l'argent contant qu'il en tiroit autrefois, montoit à douze-cent-mille livres, & que celuy qu'il en tire aujourd'huy monte à fix-cent-mille écus, ou à deux millions. C'eft une chofe difficile à bien favoir : tout ce que j'en puis affûrer, eft qu'on dit en ce Païs-là (comme une chofe tresconfidérable, & qu'on croit qui doit paroître hyperbolique) que le Roy de Siam d'aujourd'huy a augmenté fes Revenus d'un million. *XXIV. A quelle fomme montent les Revenus du Roy de Siam.*

CHAPITRE X.

Du Sceau Royal, & du Mahà Obarat.

IL n'y a point de Chancelier à Siam. Châque Officier, qui a droit de *I. Il n'y a point de*

Chancelier à Siam. Le Roy ne donne son sceau à personne. donner des Sentences, ou des ordres par écrit, qu'ils appellent *Tarà* en général, a un sceau que le Roy luy donne : & le Roy luy-même a son sceau Royal, qu'il ne confie à qui que ce soit, & dont il se sert pour les lettres qu'il écrit, & pour tout ce qui émane immédiatement de luy. La figure qui est dans les sceaux, n'y est pas creuse, mais en relief. On frotte le sceau d'une espéce d'ancre rouge, & on l'imprime sur le papier avec la main. Un Officier inférieur prend cette peine ; mais c'est à l'Officier à qui le sceau appartient, à le retirer de sa propre main de dessus l'empreinte.

11. *Du Mahà Charat.* Il m'a semblé aprés plusieurs remarques que j'ay faites, que tout ce qui se fait au nom du Roy de Siam n'a nul pouvoir s'il n'est fait au lieu, où ce Roy réside actuëllement. Certaines raisons ont empêché, qu'on ne m'en ait informé avec certitude. Quoy qu'il en soit, il est assûré que pour la raison que j'ay ditte ou pour quelque autre il y a à Siam comme un Viceroy né, qui représente le Roy, & fait les fonctions Royales en l'absence du Roy, comme lors que

ce Prince est à la guerre. Cet Officier s'appelle *Maha-Obarat* selon qu'on me l'a donné par écrit, ou *Ommarat* selon Mr. l'Abbé de Choisy, & selon Mr. Gervaise. Et Mr. l'Abbé de Choisy ajoûte que le *Mahà Ommarat* a droit de s'asseoir devant le Roy, circonstance qu'on m'a dit être particuliere à un autre Officier, dont je parleray dans la suite. Aujourd'huy ils luy donnent le Titre de *Pa-yà*, & ils y ajoûtent le mot de *Tchaou*, qui veut dire Seigneur, *Tchaou Pa-yà mahà Obarat*: quelquefois il n'a que le Titre d'*Oc-yà*, comme dans la Relation de Vliet, où il est appelé *Oyà ombrat*. Il y est qualifié aussi Chef de la Noblesse, ce qui ne veut rien dire, ou veut dire seulement le premier de tous les Officiers du Royaume.

CHAPITRE XI.

Du Palais, & de la Garde du Roy de Siam.

IL me reste à parler du Roy, & de sa Maison. Le Palais de ce Prince a ses Officiers du dedans, & ses Officiers du dehors ; mais si différens en

I. Officiers du dedãs, & du dehors.

dignité, qu'un *Oc-meüing* du dedans commande à tous les *Oc-yà* du dehors. On appelle Officiers du dedans, non pas seulement ceux, qui logent toûjours dans le Palais; mais ceux, dont les fonctions s'exercent dans le Palais : & on appelle Officiers du dehors du Palais, non pas tous les Officiers du Royaume, qui n'ont point de fonction dans le Palais; mais ceux qui n'ayant nulle fonction dans le Palais, n'ont pourtant au dehors aucune fonction, qui ne regarde le service du Palais. Ainsi les Espagnols ont des Valets, qu'ils appellent *de Escalera arriba*, & d'autres qu'ils appellent *de Escalera abaxo*, c'est à dire des Valets de l'escalier en haut, ou qui peuvent monter l'escalier chez leur Maître, & chez ceux à qui leur Maître les envoye, & d'autres qui demeurent toûjours au bas de l'escalier.

II. Trois Enceintes dans les Palais du Roy de Siam. Les Palais du Roy de Siam ont trois enceintes; & celuy de la ville de Siam les a si distantes l'une de l'autre, que l'entre-deux en paroît de vastes courts. Tout ce que renferme l'enceinte intérieure, sçavoir le logement du Roy, quelque court, &

quelque jardin, s'appelle *Vang* en Siamois. Le Palais entier avec toutes ses enceintes s'appelle *Prassat*, quoy que Vliet dans le titre de sa Relation traduise le mot de *Prassat* par celuy de *Thrône*. Les Siamois n'entrent dans le *Vang*, ny n'en sortent sans se prosterner, & ils ne passent point devant le *Prassat*. Et si quelquefois le fil de l'eau les emporte, & les force à y passer, ils sont accüeillis d'une grêle de pois, que les Gens du Roy tirent sur eux avec des sarbacanes. M^r. de Chaumont & les Envoyez du Roy mirent pié à terre, & abandonnérent leurs para-sol dés la première entrée du Prassat.

III. De l'Oc-yà Vang.

L'Oc-yà Vang commande dans le Vang; & réünit en luy toutes les fonctions, qui regardent les reparations du Palais, l'ordre qui doit être observé dans le Palais, & la dépense, qui s'y fait pour l'entretien du Roy, & pour celuy de ses femmes & de ses Eunuques, & de tous ceux que ce Prince nourrit dans le *Vang*. Ce fut *l'Oc-yà Vang*, qui, à l'exemple de tous les autres Gouverneurs qui avoient reçû les Envoyez du Roy à l'entrée de leur gouvernement, les

Q v

vint recevoir à la porte du *Vang*; & qui les introduisit à l'Audience du Roy son Maître.

IV. Des Portes du Palais, & des précautions avec lesquelles on y est admis.

Les Portes du Palais sont toûjours fermées; & derriére châcune est un Portier, qui a des armes, mais qui au lieu de les porter, les tient dans sa loge prés de la porte. Si quelqu'un heurte, le Portier en avertit l'Officier, qui commande dans les premiéres enceintes, & sans la permission duquel personne n'entre, ny ne sort: mais personne n'y entre armé, ny aprés avoir bû de l'Arak, pour se bien asûrer qu'aucun homme yvre n'y entre. C'est pourquoy l'Officier visite, & sent à la bouche tous ceux qui doivent y entrer.

V. Les Meüing-Tchion.

Cet Office est double, & ceux qui en sont pourvûs, servent alternativement & par jour. Les jours de service ils demeurent les vingt-quatre heures entiéres dans le Palais, & les autres jours ils peuvent être chez eux. Leur Titre est *Oc-Meüing Tchion*, ou bien *Prá-Meüing Tchion*: car au Palais devant le mot de *Meüing* il y en a qui mettent le mot de *Prá* au lieu de celuy d'*Oc*, quoy qu'on m'ait dit que c'est *Oc-Meüing*, & non *Prá*

Meüing qu'il faut toûjours dire. Ce fût l'un de ces *Meüing Tchion*, qui porta le premier Compliment du Roy de Siam aux Envoyez du Roy, lors qu'ils étoient encore en Rade; & qui demeura toûjours auprés d'eux aprés qu'ils furent descendus à terre, comme M'. Torpff demeura toûjours auprés des Ambassadeurs de Siam.

Entre les deux premiéres Enceintes, & sous un hangar, est un petit nombre de Soldats desarmez & accroupis. Ce sont de ces *Ken-laï* ou *Bras-peints*, dont j'ay parlé autre-part. L'Officier qui les commande immédiatement, & qui est Bras-peint luy-même, s'appelle *Oncarac*, & luy & eux sont les Exécuteurs de la Justice du Prince; comme les Officiers & les Soldats des Cohortes Prétoriennes étoient les Exécuteurs de la Justice des Empereurs Romains. Mais en même temps ils ne laissent pas de veiller à la sûreté de la Personne du Prince : car il y a dans le Palais dequoy les armer au besoin. Ils rament le Balon du Corps, & le Roy de Siam n'a point d'autre garde à pié. Leur Employ est héréditaire comme tous

VI. Les Bras-peints.

les autres du Royaume ; & l'ancienne Loy porte qu'ils ne doivent être que six cent : mais celà se doit sans doute entendre qu'il n'y en doit avoir que six-cent pour le Palais : car il en faut bien davantage dans toute l'étenduë de l'Etat ; parce que le Roy en donne, comme j'ay dit ailleurs, à un fort grand nombre d'Officiers.

VII. Garde de Parade prise des Esclaves.

Mais ce Prince ne se contente pas de cette Garde dans les jours de Cérémonie, comme fût celuy de la premiére Audience des Envoyez du Roy. En de pareilles occasions il fait mettre sous les armes ses esclaves ; & si leur nombre ne suffit pas, on arme les esclaves des principaux Officiers. On leur donne à tous des chemises de mousseline teinte en rouge, des mousquets, ou des arcs, ou des lances, & des pots en tête de bois doré, que l'on tire pour celà du Magazin ; & dont la quantité détermine, à mon avis, le nombre de ces Soldats de parade. Ils formoient une double haye à la reception de Mr. de Chaumont ; & dés qu'il avoit passé, ceux qu'il avoit laissez derriére, se hâtoient de regagner le devant par des chemins détournez, pour aller remplir les places vuides qui les attendoient. De nôtre temps ils marchérent aux côtez des Envoyez du Roy, jusqu'à ce qu'ils suffirent à border de part & d'autre l'espace, par où ils devoient passer. Nous trouvâmes aussi une partie de ces esclaves prosternez au devant du petit escalier, qui monte au salon de l'Audience. Les uns tenoient ces petites trompettes inutiles, dont j'ay parlé; & les autres avoient devant eux ces petits tambours, qu'ils ne battirent jamais. Les Meüing Tchion sont les Náï de tous ces esclaves; & ces esclaves rament les balons de la suite du Roy, & on les employe d'ailleurs à divers travaux.

Autrefois les Roïs de Siam avoient une Garde Japponoise composée de six-cent hommes: mais parce que ces six-cent hommes seuls faisoient trembler, quand ils vouloient, tout le Royaume, le Roy pere du Roy d'aujourd'huy, aprés s'être servi d'eux pour envahir la Couronne, trouva le moyen de s'en défaire plus par adresse que par force.

VIII. Le Roy de Siam n'a plus de Garde Japponoise entretenuë.

La garde à cheval du Roy de Siam est composée de gents de Láos, & d'un autre Païs voisin, dont la ville

IX. Garde à cheval de Meen, & de Láos.

Capitale s'appelle *Meen* : & comme les Meen & les Láos le servent par Corvées, il fait cette garde aussi nombreuse qu'il luy plaît, & autant qu'il veut y employer de chevaux.

Oc-Coune Ran Patchi commande cette Garde à la main droite : son fils est en France, & a appris pendant quelques années le métier de Fontainier à Triannon. *Oc-Coune Pipïtcha-ratcha*, ou comme le Peuple dit, *Occoune Petratcha* commande la moitié de cette Garde, qui sert à la main gauche : mais au dessus de ces deux Officiers *Oc-yà Láo* commande la Garde des Láos, & *Oc-yà Meen* la Garde des Meen : & cet *Oc-yà Meen* est autre que celuy, qui prostituë les filles débauchées.

X. Garde à cheval étrangere entretenuë.

Outre cela le Roy de Siam a une Garde à cheval étrangére & entretenuë, qui consiste en cent-trente Maîtres : mais ny eux, ny les Meen, ny les Láos, ne font jamais la garde au Palais. On les avertit pour accompagner le Roy, quand il doit sortir: & ainsi tout cela est estimé du service extérieur, & non du service intérieur du Palais.

XI. Dequoy

Cette Garde étrangére consiste premiérement en deux Compagnies de trente Mores châcune, gens natifs ou originaires des Etats du Mogol, de parfaitement bonne mine, mais estimez tout à fait poltrons. Secondement en une Compagnie de vingt Tartares-Chinois armez d'Arcs & de Flêches, & redoutez pour leur courage ; & enfin en deux Compagnies de vingt - cinq hommes châcune, de Payens de la véritable Inde, habillez à la Moresque, qu'on appelle Rasbouttes, ou Ragibouttes, qui se piquent tous d'être de Race Royale, & dont le courage est fort célèbre, quoy que ce ne soit que l'effet de l'Opium, comme je l'ay marqué cy-dessus. *elle est côposée.*

Le Roy de Siam fournit à toute cette Garde des armes, & des chevaux : & outre cela châque More luy coûte trois *catis* & douze *teils* par an, c'est à dire 540. *livres*, ou à peu prés, & une veste d'étoffe de laine rouge ; & châcun des deux Capitaines Mores cinq *catis* & douze *teils*, ou 840. *livres*, & une veste d'écarlatte. Les Ragiboutes sont entretenus sur le même pié : mais châque Tartare-Chinois ne lui coûte que six *XII. Ce qu'elle coûte.*

teils ou 45. *livres* par an, & leur Capitaine quinze *teils*, ou 112. *livres* dix *sols*.

XIII. lephants & chevaux du Palais. Dans les premiéres Enceintes sont aussi les loges des Eléphans, & les Ecûries des chevaux, que le Roy de Siam aime le mieux, & qu'on appelle Eléphants & chevaux de *Nom:* parce que ce Prince leur donne en effet un nom : comme il en donne à tous les Officiers du dedans de son Palais, & aux Officiers importants de l'Etat, qui en cela sont fort distinguez des Officiers, à qui il n'en donne point. Celuy qui a soin des chevaux, soit pour leur entretien, soit pour les dresser, & qui est comme le premier Ecuyer, s'appelle *Oc-Loüang Tchoumpon* : son Belat ou Lieutenant est *Oc-Meüing si sing Toup Pa-tchat* ; mais luy seul a droit de parler au Roy : son Belat ni les autres Officiers inférieurs ne luy parlent point.

XIV. Des Elephants de nom. Les Eléphans de nom sont traitez avec plus ou moins de dignité, selon le nom plus ou moins honorable qu'ils portent; mais châcun d'eux a plusieurs hommes à son service. Ils ne sortent, comme j'ay dit ailleurs, qu'avec appareil ; & parce que tous les Eléphants de nom ne peuvent tenir dans l'Enceinte du Palais, il y en a quelques-uns, qui ont leurs loges auprés.

Ces Peuples font naturellement tant de cas des Eléphans, qu'ils se font persuadez qu'un animal si noble, si fort, & si docile, ne peut être animé que d'une ame illustre, qui ait été autrefois dans le corps de quelque Prince, ou de quelque grand Personnage : mais ils ont encore une plus haute idée des Eléphans blancs. Ces animaux sont rares, & ils ne se trouvent, dit-on, que dans les Forêts de Siam. Ils ne sont pas tout à fait blancs; mais de couleur de chair : & c'est pour cela que Uliet dans le titre de sa Relation a dit : l'Eléphant blanc & rouge. Les Siamois appellent cette couleur *Peüak*, & je ne doute pas que ce ne soit cette couleur tirant sur le blanc, & d'ailleurs si rare en cet animal, qui luy a attiré la vénération de ces Peuples, jusqu'à leur persuader ce qu'ils en disent, qu'une ame de quelque grand Roy est toûjours logée dans le corps d'un Eléphant blanc, soit masle ou femelle, il n'importe.

XV. De l'Eléphant blanc.

XVI. Le cas que les Siamois font de la couleur blanche dans les Animaux.

Par la même raison de la couleur, les chevaux blancs sont ceux, que les Siamois estiment le plus. J'en vay donner une preuve. Le Roy de Siam ayant un de ses chevaux malade, fit prier Mr. Vincent, ce Medecin Provençal dont j'ay souvent parlé, de luy aller ordonner quelque reméde. Et pour le luy persuader (car il savoit bien que les Médecins Européans ne s'abbaissent pas à traitter les bêtes) il luy fit dire que le cheval étoit Mogol (c'est à dire blanc) de quatre races de pere & de mere, sans aucun mêlange de sang Indien, & que n'eût été cette consideration il ne luy eût pas fait faire cette priére. Les Indiens appellent les blancs, Mogols, qu'ils distinguent en Mogols d'Asie & Mogols d'Europe. Quoy qu'il en soit donc de ce respect pour la couleur blanche, tant dans les hommes, que dans les bêtes, je n'ay pû découvrir à Siam nulle autre cause que celle-là de la vénération que les Siamois ont pour les Eléphans blancs. Aprés les blancs ils estiment davantage ceux qui sont tout à fait noirs, parce qu'ils sont aussi assez rares; & ils en teignent quelques-uns de cette couleur, quand ils ne font pas affez noirs naturellement. Le Roy de Siam nourrit toûjours un Eléphant blanc dans fon Palais, qui eft traitté comme le Roy de tous les Eléphants, que nourrit ce Prince. Celuy que Mr. de Chaumont vit en ce Païs-là, étoit mort, comme j'ay dit, quand nous y arrivâmes. Il en nâquit, difoit-on, un autre le 9e. de Décembre 1687. peu de jours avant nôtre départ : mais cet Eléphant étoit encore dans les Forêts, & ne recevoit point de vifite, & ainfi nous n'y vîmes point d'Eléphant blanc. D'autres Relations nous ont apris comment cet animal eft fervi avec des vafes d'or.

Le foin des Balons du Roy & de fes Galéres appartient au Calla-hom. Leur Arfenal eft vis à vis le Palais, la Riviére entre-deux. Là châcun de ces bâtiments eft enfermé dans une trenchée, où l'eau de la Riviere entre ; & châque trenchée eft enfermée dans une enceinte faite de bois, & couverte. L'on ferme ces enceintes à clef, & outre celà quelqu'un y veille pendant la nuit. Les balons du fervice ordinaire ne font pas fi ornez que ceux de cérémonie ; & parmi

XVII. Des Balons du Roy de Siam.

ceux de cérémonie il y en a que le Roy donne à ses Officiers pour ces occasions là seulement : car ceux qu'il leur abandonne pour les Cérémonies ordinaires, sont moins beaux.

CHAPITRE XII.

Des Officiers, qui approchent le plus la Personne du Roy de Siam.

I. En quel endroit du Palais se tiennent les Courtisans.

DANS le *Vang* sont quelques-unes de ces salles isolées que j'ay décrites ; dans lesquelles les Officiers s'assemblent, soit pour leurs fonctions, soit pour faire leur cour, c'est à dire pour y attendre les ordres du Prince.

II. Comment le Roy de Siam se montre à eux.

Le lieu ordinaire, où il se montre à eux, est le salon, où il donna Audience aux Envoyez du Roy ; & il ne s'y montre que par une fenêtre, comme faisoit anciennement le Roy de la Chine. Cette fenêtre est d'une chambre plus haute, qui a cette vûë sur le salon, & qu'on diroit être d'un premier étage. Elle a neuf piés de haut ou environ ; & il fallut mettre trois marches au dessous, pour m'élever à hauteur de donner la lettre du

Roy de la main à la main au Roy de Siam. Ce Prince aima mieux faire mettre ces trois marches, que de se voir encore obligé à se baisser, pour prendre la lettre du Roy de ma main, comme il avoit été obligé de faire pour prendre celle, que Mr. de Chaumont luy rendit. On sait par la Relation de Mr. de Chaumont, qu'on luy avoit mis entre les mains une espéce de bassin d'or, qui avoit au dessous un manche fort long de même matiére; afin qu'il s'en servit pour donner la lettre du Roy au Roy de Siam. Il le fit, mais il ne voulut pas prendre ce bassin par le manche pour élever la lettre: de sorte qu'il fallut que le Roy de Siam se penchât hors de la fenêtre pour la recevoir. C'est avec ce même bassin, que les Officiers de ce Prince luy servent tout ce qu'il reçoit de leurs mains. Aux deux coings du salon qui sont aux côtez de cette fenêtre, sont deux portes à la hauteur de la fenêtre, & deux escaliers fort étroits pour y monter. Pour tout meuble il n'y a que trois para-sol, un devant la fenêtre à neuf ronds, & deux à sept ronds aux deux côtez de la fenêtre. Le Para-sol est en ce Païs-là ce que le Daïs est en celui-ci.

III. Des Pages du Roy de Siam.

C'est dans ce salon que les Officiers du Roy de Siam, qu'on appellera, si l'on veut, de sa Chambre, ou plutôt de son anti-chambre, attendent ses ordres. Il a quarante-quatre jeunes hommes, dont le plus vieux ne passe guére vingt-cinq ans: les Siamois les appellent *Mahaclek*, les Européans les ont appelés *Pages*. Ces quarante-quatre Pages donc sont divisez en quatre bandes d'onze châcune: les deux premiéres sont de la main droite, & se prosternent dans le salon à la main droite du Roy: les deux autres sont de la main gauche, & se prosternent à la main gauche. Ce Prince leur donne à châcun un nom & un sabre; & ils portent ses ordres aux Pages du dehors, qui sont en grand nombre, & qui n'ont point de nom, qui leur soit donné par le Roy. Les Siamois les appellent *Caloang* & ce sont ces *Caloang*, que le Roy envoye d'ordinaire dans les Provinces pour des commissions, soit ordinaires, soit extraordinaires.

IV. Leurs fonctions.

Outre cela les quarante-quatre Pages du dedans ont leurs fonctions réglées. Les uns, par exemple, servent le bétel au Roy, les autres ont soin de ses armes, d'autres gardent ses livres, & quand il veut, ils lisent en sa présence.

Ce Prince est curieux au dernier point. Il se faisoit traduire le Q. Curce en Siamois, pendant que nous étions là ; & il s'étoit déja fait traduire plusieurs de nos Histoires. Il connoît les Etats de l'Europe : & je n'en puis douter, parce qu'une fois, comme il m'eut donné occasion de luy dire que l'Empire d'Allemagne est électif il me demanda si outre l'Empire & la Pologne il y avoit quelque autre Etat électif en Europe : & je luy entendis prononcer le mot de *Polonia*, dont je ne luy avois pas parlé. On m'a asûré qu'il a dit souvent que l'Art de regner ne se devine point, & qu'avec beaucoup d'expérience & de lecture on s'aperçoit qu'on n'achéve pas encore de l'apprendre. Mais il l'a voulu principalement étudier sur l'Histoire du Roy : il est avide de toutes les nouvelles de France ; & des que ses Ambassadeurs fûrent arrivez, il retint le troisiéme auprés de luy, jusqu'à ce qu'il luy eût lû leur Relation d'un bout à l'autre.

V.
Combien le Roy de Siam aime a lecture.

VI. Des Officiers qui commandent les Pages du dedans.

Pour revenir aux quarante-quatre Pages, quatre Officiers les commandent; lesquels, parce qu'ils approchent de si prés le Prince, sont dans une grande considération, mais non pas pourtant en égal degré: car il y a une grande différence du premier au second, du second au troisiéme, & du troisiéme au quatriéme. Ils ne portent que le Titre d'*Oc-Meüing*, ou de *Prá-Meüing: Meüing Vái, Meüing Sarapet, Meüing Semeungtchái, Meüingsii*. Les sabres & les poignards, que le Roy leur donne, sont ornez de quelques pierreries. Tous quatre sont des Nái considérables, ayant beaucoup d'Officiers subalternes sous eux; & quoy qu'ils n'ayent que le Titre de Meüing, ils ne laissent pas d'être Officiers en Chef. Les Pa-yà, les Oc-yà, les Oc-Prá, & les autres Titres ne sont pas toûjours subordonnez entre eux: seulement l'un doit commander à plus de Personnes que l'autre. Au reste ce fût *Meüingsii*, qui accompagna *Meüing Tchion* à bord de nos Vaisseaux, pour y porter aux Envoyez du Roy le premier Compliment du Roy de Siam, & ce fût à luy que

Meüing Tchion, quoy que plus élevé en dignité, céda la premiére place & la parole ; parce que *Meüing fu* étoit plus âgé que luy de trois ou quatre ans : mais le plus âgé de tous les deux n'en avoit pas trente.

Pendant que les Envoyez du Roy étoient à l'Audience du Roy de Siam, il y avoit en un endroit, qu'on n'apercevoit pas, un Officier, qui seul, à ce qu'on m'a dit, a droit de ne se prosterner pas dévant le Roy son Maître ; & cela rend son Office fort honorable. J'ay oublié d'en écrire le Titre dans mes Mémoires. Il a toûjours les yeux attachez sur ce Prince, pour recevoir ses ordres, qu'il connoît à de certains signes, & qu'il fait entendre par signes à d'autres Officiers, qui sont hors du salon. Ainsi dés que l'Audience fût finie, je veux dire dés que le Roy eut cessé de nous parler, ce Prince, dans ce silence qui est profond, fit quelque signe, auquel nous ne prîmes pas garde ; & d'abord on entendit au fond du salon, & en un endroit élevé, qu'on ne void point, un bruit de quinquaillerie, comme celle, dont est garni un tambour de basque. Ce bruit étoit

VII. Du seul Officier, qui ne se prosterne pas devãt le Roy de Siam.

accompagné d'un coup, qu'on donnoit de temps en temps sur un tambour, qui est suspendu sous un hangar hors du salon, & qui pour être fort grand, rend un son grave & majestueux : il est garni de peau d'Elephant. Personne cependant ne fît aucun mouvement, jusqu'à ce que le Roy, dont une main invisible tira peu à peu le siége par derriére, s'éloigna de la fenêtre, & en ferma les volets : & alors le bruit de la quinquaillerie, & celui du gros tambour cessérent.

CHAPITRE XIII.

Des femmes du Palais & des Officiers de la Garde-robbe.

I. De la Chambre du Roy de Siam.

QUANT à la Chambre du Roy de Siam les véritables Officiers en sont les femmes, il n'y a qu'elles qui ayent droit d'y entrer. Elles font son lit & sa cuisine : elles l'habillent & le servent à table : mais personne que luy-même ne touche à sa tête quand on l'habille, ny ne passe rien par dessus sa tête. Les pourvoyeurs portent les provisions aux Eunuques, & ceux-cy les donnent aux femmes : & celle qui fait la cuisine, n'employe le sel & les épices que par poids ; afin de n'en mettre jamais ni plus ni moins : usage qui n'est, à mon avis, qu'une loi des Médecins à cause de la mauvaise santé du Roy, & non une ancienne coûtume du Palais.

II. De la feuë Reyne sa femme & sa sœur.

Les femmes ne sortent jamais qu'avec le Roy, ni les eunuques sans ordre exprés. On dit qu'il a huit ou dix eunuques seulement, tant blancs que noirs. La feuë Reine qui étoit sa femme & sa sœur en même temps s'appeloit *Nang Acamahisii*. Il n'est pas facile de savoir le nom du Roy : ils le cachent avec soin, & par superstition, à mon avis, de peur qu'on ne lui fasse quelque sorcellerie sur son nom : & d'autres disent que leurs Rois n'ont un nom qu'aprés leur mort, & que c'est leur successeur qui les nomme : & cela seroit encore plus sûr contre les prétenduës sorcelleries.

III. De la Princesse sa fille unique.

De la Reine Acamahisii est née, comme j'ai dit autre part, la Princesse fille unique du Roy de Siam, laquelle a aujourd'hui rang & Maison de Reine. Les autres femmes du Roy (qu'on appelle en général *Tcháou*

R ij

Vang, parce que le mot de *Tcháou*, qui veut dire Seigneur, veut aussi dire *Dame & Maîtresse*) lui obeïssent, & la regardent comme leur Souveraine. Elles sont soûmises à sa justice, aussi bien que les femmes, & les eunuques, qui les servent; parce que ne pouvant sortir, pour aller plaider ailleurs, il faut nécessairement que ce soit la Reine, qui soit leur juge, & qui les fasse châtier pour les maintenir en paix. Cela se pratique ainsi dans toutes les Cours d'Asie : mais il n'est vrai ni à Siam, ni peut-être nulle part de l'Orient, que la Reine ait aucune Province à gouverner. Il est aisé aussi de comprendre que, si le Roy aime quelqu'une de ses Dames plus que les autres, il sait la soustraire à la jalousie, & aux mauvais traittemens de la Reine.

IV. *Le Roy de Siam préd les filles de ses sujets pour son Palais, quand il lui plait.*

De temps en temps on prend des filles à Siam pour le service du Vang, ou pour être maîtresses du Roy, si ce Prince s'en accommode : mais les Siamois ne baillent leurs filles que par force, parce que c'est pour ne les revoir jamais ; & ils les rachétent tant qu'ils peuvent pour de l'argent. De sorte que cela devient une espéce de concuſſion: car on prend beaucoup de filles à deſſein ſimplement de les rendre aux parents, qui les rachétent.

Le Roy de Siam a peu de Dames, c'eſt à dire huit ou dix en tout, non par continence, mais par épargne. J'ai déja dit qu'avoir beaucoup de femmes eſt en ce Païs-là plûtôt magnificence que débauche. C'eſt pourquoi ils ſont fort ſurpris d'entendre dire qu'un auſſi grand Roy que le nôtre n'a qu'une femme, qu'il n'a point d'Eléphants, & que ſes terres ne portent point de ris; comme nous le pouvons être, quand on nous dit que le Roy de Siam n'a ni chevaux, ni troupes entretenuës, & que ſon Païs ne porte ni blé ni raiſin; quoi que toutes les Relations relévent ſi fort la richeſſe & la puiſſance du Royaume de Siam.

V. Il a peu de Dames.

La Reine a ſes Eléphants & ſes balons, & des Officiers pour en avoir ſoin, & pour l'accompagner quand elle ſort: mais il n'y a que ſes femmes & ſes eunuques qui la voyent. Elle eſt cachée à tout le reſte du monde; & quand elle ſort, ſoit ſur un Eléphant, ſoit en balon, elle eſt

VI. La Maiſon de la Reine.

dans une chaise fermée par des rideaux, qui lui permettent de voir ce qu'elle veut, & qui l'empêchent d'être vûë : & le respect veut, que si on ne la peut éviter, on lui tourne le dos en se prosternant, quand elle passe.

VII. Son Magazin & ses Vaisseaux.

Outre celà elle a son Magazin, ses Vaisseaux & ses finances. Elle fait commerce ; & quand nous arrivâmes en ce Païs-là, la Princesse, que j'ai dit être traittée en Reine, étoit fort broüillée avec le Roy son pere ; parce qu'il s'est reservé à lui seul presque tout le commerce étranger, & que par là elle s'en trouve privée, contre l'ancienne Coûtume du Royaume.

VIII. De la succession à la Couronne ; & les causes qui la rendent incertaine.

Les filles ne succédent point à la Couronne : à peine y sont elles regardées comme libres. Ce seroit le fils aîné de la Reine, qui y devroit toûjours succéder par la Loi. Néanmoins parce que les Siamois ont de la peine à concevoir qu'entre des Princes à peu prés de même rang, le plus âgé se prosterne devant le plus jeune, il arrive souvent qu'entre freres, quoiqu'ils ne soient pas tous fils de la Reine, & qu'entre oncles & neveux, le plus avancé en âge est preferé: ou plûtôt c'est la force qui en décide presque toûjours. Les Rois mêmes contribuënt à rendre la succession Royale incertaine; parce qu'au lieu de choisir constamment pour leur successeur le fils aîné de la Reine, ils suivent le plus souvent l'inclination qu'ils auront pour le fils de quelqu'une de leurs Dames dont ils seront amoureux.

C'est pour cela que le Roy de Bantam, par exemple, a perdu la Couronne & la liberté. Il voulut avant sa mort faire reconnoître pour son successeur l'un de ses fils, qu'il avoit eu de quelqu'une de ses Maîtresses: & le fils aîné qu'il avoit eu de la Reine, se jeta entre les bras des Hollandois. Ceux-cy le mîrent sur le Thrône aprés avoir vaincu son pere, qu'ils tiennent encore en prison, s'il n'est mort: mais pour le prix de ce service ils sont demeurez les maîtres du Port, & de tout le commerce de Bantam.

IX. Occasion qui a rendu les Hollandois Maîtres de Bantam.

La succession n'est pas mieux réglée à la Chine, quoy qu'il y ait aussi une Loy expresse & fort ancienne en faveur du fils aîné de la Reine. Mais

X. De la succession au Royaume de la Chine.

quelle Régle y sauroit-il avoir en une chose, quelque importante qu'elle soit, quand les passions des Rois cherchent toûjours à la broüiller? Tous les Orientaux, dans le choix d'un Maître, s'attachent tout au plus à la famille Royale, & non à un certain Prince de la famille Royale : incertains dans la seule chose où les Européans ne le sont point. Dans tout le reste nous varions tous les jours, & ils ne varient jamais. Toûjours mêmes Mœurs chez eux, toûjours mêmes Loix, même Réligion, même Culte : comme on en peut juger en comparant ce que les anciens ont écrit des Indiens, avec ce que nous en voyons aujourd'huy.

XI. De la Garde Robbe du Roy de Siam.

J'ay dit que ce sont les femmes du Palais, qui habillent le Roy de Siam ; mais elles n'ont pas soin de sa Garde-robe : il a des Officiers pour cela. Le plus considérable de tous est celuy qui touche à son bonnet, quoy qu'il ne luy soit pas permis de le mettre sur la tête du Roy son Maître. C'est un Prince du sang Royal de Camboya ; parce que le Roy de Siam se vante d'en être issû, ne pouvant se vanter d'être de la Race des Rois ses prédécesseurs. Le Titre de ce Chef de Garde-robe est *Oc-yà Out haya tanne*, ce qui fait assez voir que le Titre de *Pa-yà* ne signifie pas Prince, puis que ce Prince ne le porte point. Au dessous de luy *Oc-Prá Rayja Vounsà* a soin des habits. *Rayja* ou *Raja* ou *Ragi* ou *Ratcha* ne sont qu'un terme Indien diversement prononcé, qui veut dire, *Roy* ou *Royal*, & qui entre dans la composition de plusieurs noms chez les Indiens.

CHAPITRE XIV.

Des Coûtumes de la Cour de Siam, & de la Politique de ses Rois.

L'USAGE ordinaire de la Cour de Siam est de tenir le conseil deux fois le jour : vers les dix-heures du matin, & vers les dix-heures du soir, à conter les heures à nôtre manière.

<small>I. Les heures du Conseil.</small>

Pour eux ils divisent le jour en douze heures depuis le matin jusqu'à la nuit. Ils appellent les heures *Mong* : ils les content comme nous, & ne leur donnent pas un nom particulier à châcune, comme les Chinois. Pour

<small>II. Division du jour & de la nuit selon les Siamois.</small>

ce qui est de la nuit, ils la divisent en quatre veilles, qu'ils appellent *Tgiam*, & l'on voit toûjours clair à la fin de la quatriéme. Les Latins, les Grecs, les Juifs, & d'autres Peuples ont divisé de même maniére le jour & la nuit.

III. Leur Horloge. Le Peuple de Siam n'a point d'horloge ; mais comme les jours y sont presque égaux toute l'année, il leur est aisé de savoir toûjours quelle heure il est, à la seule vûë du Soleil. Dans le Palais du Roy ils usent d'une sorte d'horloge d'eau : c'est une tasse de cuivre fort mince, au fond de laquelle ils font un trou presque imperceptible. Ils la mettent toute vuide sur de l'eau : l'eau y entre peu à peu par le petit trou ; & quand la tasse est assez pleine pour couler à fond, c'est une de leurs heures, ou une douziéme partie du jour. Ils mesurent les veilles de la nuit par une méthode semblable, & ils font du bruit sur des bassins de cuivre, lors que la veille est finie.

IV. Comment le Roy de Siam fait examiner les affaires. J'ay dit comment les procés se terminent dans le Conseil du Roy de Siam : les affaires d'Etat s'y examinent & s'y décident à peu prés de même. Celuy des Conseillers, à qui ce Prince a donné une affaire, en fait le rapport, qui consiste en lecture autant qu'il se peut: & puis l'on procede aux Opinions consultatives; & jusques-là la présence du Roy n'est pas nécessaire. Lors qu'il est arrivé il entend le rapport, qu'on luy lit de la consultation précédente, il résume tous les avis, refute ceux qu'il n'approuve pas, & puis décide. Que si l'affaire luy semble mériter une plus mûre délibération, il ne décide pas: mais aprés avoir proposé ses difficultez, il en commet l'examen à quelques-uns de son Conseil, qu'il nomme exprés; & principalement à ceux qui étoient d'un autre avis que le sien. Ceux-cy, aprés avoir consulté derechef ensemble, font faire le rapport de leur nouvelle consultation par l'un d'entre eux, en plein Conseil & devant le Roy; & sur cela ce Prince achéve de prendre son parti. Quelquefois néanmoins, mais tres-rarement, & dans des affaires de certaine nature, il consultera les principaux Sancrâs, qui sont le supérieurs des Talapoins; desquels il rabaisse d'ailleurs le crédit autant qu'il peut, quoi

dans son Conseil, & comment il les termine.

qu'il les honore fort en apparence. Enfin il y a telle nature d'affaires, où il appellera les Officiers des Provinces : mais en toutes rencontres, & en toutes affaires, il décide quand il luy plaît ; & il n'est jamais contraint ny à demander avis à personne, ny à suivre aucun autre avis que le sien.

V. Il punit les mauvais conseils, & récompense les bons. Souvent il punit un mauvais conseil, ou il en récompense un bon. Je dis bon ou mauvais selon son sens, car luy seul en est le juge. Ainsi ses Ministres s'appliquent bien plus à deviner son sentiment, qu'à luy déclarer le leur, & ils ne laissent pas de s'y méprendre, parce qu'il s'applique aussi à leur cacher sa pensée.

VI. Quelquefois il consulte des affaires inventées par manière d'exercice. Au reste l'affaire, sur laquelle il les consulte, n'est pas toûjours une vraye affaire : c'est quelquefois une question, qu'il leur propose par manière d'exercice.

VII. Il examine ses Officiers sur leurs obligations. Il a aussi de coûtume d'examiner ses Officiers sur le *Prá-Tam-Rà*, qui est ce Livre, que j'ay dit qui contient tous leurs devoirs ; & il fait châtier, mêmes du bâton, ceux qui ne répondent pas assez bien, comme un père châtie ses enfans en les instruisant.

Du Royaume de Siam. 397

C'eſt une ancienne Loy de l'Etat établie pour la ſûreté du Roy, dont l'Autorité eſt naturellement preſque deſarmée, que les Courtiſans ne ſe rendent nulle viſite ſans ſa permiſſion expreſſe, & ſeulement aux Nôces, & aux Funerailles, & qu'ils ne ſe parlent, quand ils ſe rencontrent, que tout haut, & en préſence d'un tiers : mais ſi les Rois de Siam ſont peu habiles, ou négligens, aucune Loy ne les met en ſûreté. Aujourd'huy les Courtiſans peuvent ſe retrouver à l'Académie de jeu, où le grand nombre ſemble ôter toute occaſion aux cabales.

VIII. Loy contre l'ambition des Grands.

Le mêtier de délateur, ſi déteſté par tout où les hommes naiſſent libres, eſt ordonné à tout le monde à Siam ſous peine de mort pour les moindres choſes : & ainſi ce qui eſt ſû de deux témoins, eſt preſque infailliblement rapporté au Roy ; parce que châcun ſe hâte de l'en avertir, de peur d'être prévenu en cela par ſon compagnon, & de demeurer coupable du ſilence.

IX. Le mêtier de Délateur ordonné à Siam par la Loy.

Le Roy de Siam d'aujourd'huy ne ſe fie pas en une affaire importante au ſeul rapport de celuy, à qui il l'a

X. Précautiõ du Roy de Siam pour

commise ; mais il ne se fie pas aussi au rapport d'un seul délateur. Il a nombre d'espions secrets, qu'il interroge séparément ; & il en envoye quelquefois plus d'un interroger ceux, qui ont eu part à l'affaire, dont il veut être informé.

XI. Pourquoy elles sont souvent inutiles.

Et néanmoins il est aisé qu'il soit trompé : car par tout Païs tout délateur est un mal-honnête homme, & tout mal-honnête homme est infidéle. D'ailleurs la flatterie est si grande aux Indes, qu'elle a persuadé aux Rois Indiens, que s'il est de leur intérêt d'être informez, il est de leur dignité de ne rien entendre, qui leur puisse déplaire. Par exemple, on ne dira pas au Roy de Siam, qu'il manque d'esclaves ou de Corvées, pourquoy que ce soit qu'il veüille entreprendre. On ne luy dira pas qu'on ne sauroit faire ce qu'il veut : mais on le fera mal ; & quand le mal paroîtra, on l'excusera par quelque défaite. On luy apprendra une méchante nouvelle tout autrement qu'elle n'est ; afin que la vérité ne revenant à luy que peu à peu le blesse moins, & qu'il soit plus aisé de l'adoucir à plusieurs reprises. On ne luy conseillera pas un mauvais parti : mais on le luy inspirera par insinüation ; afin qu'il s'en croye luy-même l'Auteur, & qu'il ne se prenne qu'à luy du mauvais succés. Et puis on ne luy dira pas qu'il faut changer une chose, qu'il aura mal faite : mais on lui persuadera de la faire encore meilleure par quelque côté, qui ne sera qu'un prétexte : & dans le nouveau projet on supprimera, sans l'en avertir, ce qu'on a dessein de réformer, & l'on mettra à la place ce que l'on voudra établir. J'ay vû moy-même partie de ce que je dis, & l'on m'a bien assûré le reste.

Or de pareils artifices sont toûjours fort périlleux : on ne blesse en rien impunément le Roy de Siam d'aujourd'huy. Sévére jusqu'à l'extréme rigueur il fait mourir sans formalité de Justice qui il luy plaît, & par la main de qui il luy plaît, & en sa présence, & quelquefois l'accusateur avec le coupable, l'innocent avec le calomniateur : car lors que les preuves demeurent douteuses, il expose, comme je l'ay dit, les deux Parties aux tygres.

XII. Justice rigoureuse du Roy de Siam.

Aprés l'éxécution il insulte au

XIII. Comment

Il insulte aux cadavre.

corps-mort par quelques paroles, qui sont une leçon aux vivants; comme par exemple, aprés avoir fait avaller de l'argent fondu à celuy, qui avoit volé dans son Magazin, il dît au cadavre: misérable, tu m'as volé dix livres d'argent, & il n'en falloit que trois onces pour t'ôter la vie. Puis il se plaint de ce qu'on ne l'a pas retenu dans sa colére, soit qu'en effet il se repente quelquefois de ses cruautez précipitées, soit qu'il veüille faire croire qu'il n'est cruel que dans le premier emportement.

Thomiris insulta de même à la tête de Cyrus.

XIV. Divers supplices de la Cour de Siam.

Quelquefois il expose un coupable à un taureau qu'on irrite, & on arme le coupable d'un bâton creux, & par conséquent propre à faire peur, mais non à blesser, avec quoy il se défend quelque temps. D'autres fois il le donnera aux Eléphants, tantôt pour être foulé aux piés & tüé, tantôt pour être baloté sans être tüé: car on asûre que les Eléphants sont dociles jusqu'à ce point, & que s'il ne faut que balotter un homme, ils se le jettent l'un à l'autre, & le reçoivent sur la trompe, & sur les dents, sans le laisser tomber à terre. Je ne l'ay pas vû, mais je n'en ay pû douter de la maniére dont on me l'a assûré.

Mais les châtiments ordinaires sont ceux, qui ont quelque rapport à la nature des crimes. Par exemple, la concussion exercée sur le Peuple, & le vol fait de l'argent du Prince, seront punis par faire avaller de l'or ou de l'argent fondus : la menterie ou un secret revélé seront punis par coudre la bouche. On la fendra pour punir le silence, où il ne le falloit pas garder. Quelque faute dans l'éxécution des ordres sera châtiée pour piquer la tête, comme pour punir la mémoire. Piquer la tête c'est la taillader avec le trenchant d'un sabre : mais afin de le manier sûrement, & de ne pas faire de trop grandes blessûres, on le tient d'une seule main par le dos, & non pas par la poignée.

XV. Les châtiments y ont du rapport aux crimes.

La peine du Glaive ne s'exécute pas seulement par couper le col, mais par couper un homme par le milieu du corps : & le bâton y est quelquefois aussi une peine de mort. Mais lors même que le châtiment du bâton ne doit pas aller jusqu'à la mort, il ne laisse pas d'être tres-rigoureux,

XVI. La peine du glaive & celle du bâton.

& de faire perdre souvent toute connoissance.

XVII. Supplice, duquel on punit les Princes.

S'il est question de faire mourir un Prince dans les formes, comme il peut arriver, ou lors qu'un Roy veut se défaire de quelqu'un de ses proches, ou lors qu'un usurpateur veut éteindre la Race, à laquelle il a ravi la Couronne, ils se font une Réligion de ne pas répandre le sang Royal : mais ils feront mourir le Prince de faim, & quelquefois d'une faim lente en luy soustrayant tous les jours quelque chose de ses aliments : où ils l'étoufferont avec des étoffes précieuses : ou bien ils l'étendront sur de l'écarlatte, dont ils font grand cas, parce que la laine y est rare, & chére ; & là ils luy enfonceront l'estomac avec un billot de bois de sandal. Ce bois est odoriférant & fort estimé. Il y en a de trois espéces : le blanc est meilleur que le jaune, & tous les deux ne croissent que dans les Isles de Solor & de Timor à l'Orient de celle de Java. Le rouge est le moindre de tous, & il croît en plusieurs endroits.

XVIII. Défiance extréme

Les Rois d'Asie mettent toute leur sûreté à se faire creindre, & de temps immémorial ils n'ont point eu d'autre Politique : soit qu'une longue expérience ait fait voir que ces Peuples sont incapables d'amour pour leur Souverain, ou que ces Rois ne se soient pas avisez que plus ils sont creints, plus ils ont à creindre. Quoy qu'il en soit, l'extréme défiance dans laquelle vivent toûjours les Rois de Siam, paroît assez dans les soins, qu'ils prennent d'empêcher tout commerce secret entre les Grands, de tenir les Portes de leur Palais fermées, de n'y laisser entrer personne qui soit armé, & d'y desarmer leurs propres Gardes. Une arme-à-feu lâchée, par hazard ou autrement, si prés du Palais que le Roy l'entende, est un crime capital ; & comme on avoit entendu un coup de pistolet dans le Palais, peu aprés la conspiration des Macassars, on doutoit si le Roy n'avoit pas tüé de ce coup l'un de ses freres ; parce que le Roy seul l'avoit pû tirer, & que d'ailleurs l'un de ses freres avoit été soupçonné d'avoir trempé en cette conspiration : & ce doute n'étoit pas encore éclairci quand nous partîmes de Siam.

Outre ces punitions que j'ay dites,

Infamantes. ils en ont de moins douloureuses, mais plus infamantes, comme d'exposer un homme en place publique chargé de fers, ou le col passé dans une sorte d'échelle, qu'on appelle *Cangue*, en Siamois *Ka*. Les deux côtez de cette échelle sont longs d'environ une toise, & sont attachez à un mur ou à des poteaux, châcun par l'un de ses bouts, avec une corde ; de telle sorte que l'échelle peut se hausser & s'abaisser, comme si elle tenoit à des charnieres. Au milieu de l'échelle sont deux échelons, entre lesquels est le col du patient, & il n'y a point d'autres échelons que ces deux-là. Le Patient peut s'asseoir à terre, ou se tenir debout lors que le poids de l'échelle, qui porte sur ses épaules, n'est pas trop grand, comme il l'est quelquefois ; ou lors qu'on n'attache pas l'échelle par tous les quatre bouts : car en ce dernier cas elle est couchée en l'air, portant par les extrémitez sur des appuis, & alors le patient est comme pendu par le col : à peine touche-t-il à terre par la pointe des piés. Outre cela ils ont l'usage des ceps & des menottes.

Le patient est quelquefois dans une

fosse pour être plus bas que terre ; & cette fosse n'a pas toûjours de la largeur : mais souvent elle est tout à fait étroite, & le coupable y est, à proprement parler, enfoüy jusqu'aux épaules. Là pour une plus grande honte ils luy font donner des soufflets, ou des coups sur la tête ; ou seulement ils luy font passer la main par dessus la tête, outrages estimez tres-grands, sur tout si on les reçoit de la main des femmes.

Mais ce qu'il y a en celà de fort particulier, est que le châtiment le plus infamant n'est honteux qu'autant qu'il dure. Celuy qui l'a souffert aujourd'huy, rentrera demain, si le Prince le veut, dans les Charges les plus importantes.

XX. La honte des châtimens ne dure qu'autant que les châtimens.

Bien plus, ils font gloire des châtimens, qu'ils reçoivent par ordre de leur Roy, comme d'un soin paternel de sa part pour celuy, qu'il a la bonté de châtier. On reçoit des complimens & des présents aprés les coups de bâton, & c'est principalement dans tout l'Orient que les châtiments passent pour des témoignages d'affection. Nous avons vû un jeune Mandarin être renfermé pour être

XXI. Elle est suivie d'hôneur.

puni; & comme un François s'offrit à luy, pour aller demander sa grace à son Supérieur : non, répondit le Mandarin en Portugais, je veux voir jusques où ira son amour ; comme un Européan auroit dit : je veux voir jusques où il poussera sa rigueur. Etre reduit d'une Charge éminente à une plus basse n'est pas une honte, & cela étoit arrivé au second Ambassadeur que nous avons vû icy. Cependant il arrive aussi qu'on se pend en ce Païs-là de desespoir, quand d'une haute Charge on se voit reduit à une extréme pauvreté, & aux Corvées dûës au Prince, quoy que cette chûte ne soit pas honteuse.

XXI. D'autres que le coupable sont enveloppés dans le châtiment.

J'ay dit en un autre endroit, que le pere a quelquefois part à la punition du fils, comme devant répondre de l'éducation qu'il luy a donnée. A la Chine un Officier répond des fautes de tous ceux de sa famille, parce qu'ils prétendent que qui ne sait pas gouverner sa propre famille n'est capable d'aucune fonction publique. La crainte donc, qu'ont les Particuliers de voir sortir de leurs familles des Emplois, qui en font l'éclat & l'appuy, les rend tous sages, comme s'ils étoient tous Magistrats. De même à Siam & à la Chine, un Officier est puni des fautes d'un autre Officier qui est à ses ordres; parce qu'il a dû veiller sur celuy, qui dépend de luy, & qu'ayant droit de le corriger il doit répondre de sa conduite. Ainsi il n'y a pas bien des années qu'on a vû à Siam pendant trois jours *Oc-Prá Simó-ho-sot*, Brame de Nation, qui est encore aujourd'huy du Conseil d'Etat du Roy de Siam, exposé à la *cangue* avec la tête d'un malheureux, qu'on avoit fait mourir, penduë à son col ; sans qu'il fût accusé d'avoir eu d'autre part au crime de celuy, dont on luy avoit pendu la tête à son col, que trop de négligence à veiller sur un homme, qui luy étoit soûmis. Aprés celà on ne s'étonnera pas, à mon avis, que les coups de baston soient si fréquents à Siam. Quelquefois on y verra plusieurs Officiers à la *cangue* disposez en cercle, & au milieu d'eux sera la tête d'un homme, qu'on aura fait mourir ; & cette tête pendra par divers cordons du col de châcun de ces Officiers.

Ce qu'il y a de pis c'est que le moindre air de crime y rend une action

XXIII. L'ombre du crime est punie.

criminelle : il suffit presque d'être accusé pour être coupable. Une action de soy innocente devient mauvaise, dés que quelqu'un s'avise d'en faire un crime. Et de là viennent les disgraces si fréquentes des principaux Officiers. On n'a sû, par exemple, me conter tous les Barcalons, qu'a eûs le Roy de Siam depuis qu'il regne.

XXIV. Politique des Rois de Siam cruëlle contre tous, & contre leurs propres freres.

La grandeur des Rois, dont l'Autorité est Despotique, est de pouvoir tout contre tous, & contre leurs propres fréres. Les Rois de Siam estropient les leurs, en plusieurs façons, quand ils peuvent : ils leur font ôter ou débiliter la vûë par le feu, ils les rendent impotents par dislocation de membres, ou hébétez par des brûvages, ne s'asûrant eux-mêmes & leurs enfants, contre les entreprises de leurs fréres, qu'en rendant leurs fréres incapables de regner : celuy qui regne aujourd'huy n'a pas mieux traitté les siens. Ce Prince n'enviera donc point à nôtre Roy la douceur d'être aimé de ses sujets, & la gloire d'être si creint de ses Ennemis, qu'ils se croyent à peine assez forts tous ensemble contre
luy

luy seul. L'idée d'un grand Roy n'est pas à Siam, qu'il se rende terrible à ses voisins, pourvû qu'il le soit à ses sujets.

Il y a néanmoins cette reflexion à faire sur cette sorte de Gouvernement, que le joug en pése moins, pour ainsi dire, sur le menu Peuple, que sur les Grands. L'ambition en ce Païs-là meine à l'esclavage : la liberté & les autres douceurs de la vie sont pour les conditions vulgaires. Plus on y vit inconnu au Prince, & loin de luy, plus on y est à son aise; & pour cette raison les Charges des Provinces y sont regardées comme une récompense des services rendus dans le Palais.

XXV. Le Gouvernemét de Siam plus fâcheux aux Grands, qu'au menu Peuple.

Le Ministére y est orageux : non seulement par l'inconstance naturelle, qui se peut trouver dans l'esprit du Prince; mais parce que les voyes sont ouvertes à tout le monde, pour porter des plaintes au Prince contre les Ministres. Et quoy que les Ministres & tous les autres Officiers employent tous leurs artifices à rendre inutiles ces voyes de plainte, par où l'on peut les attaquer tous, néanmoins toutes les plaintes sont dan-

XXVI. Combien le Ministere est orageux à Siam.

gereuses : & quelquefois c'est la plus legére qui nuit, & qui renverse la faveur la mieux établie. Ces exemples, qui arrivent assez souvent, édifient le Peuple : & si le Roy d'aujourd'huy n'avoit porté trop loin ses exactions sans aucun besoin véritable, son Gouvernement plairoit autant aux petits, qu'il est redoutable aux Grands.

XXVII. Egards du Roy de Siam pour son Peuple. Néanmoins il a eu cet égard pour son Peuple de ne pas augmenter ses Droits sur les terres labourables, & de n'en mettre ny sur les grains, ny sur le poisson ; afin qu'au moins ce qui est nécessaire à la vie n'enchérît pas : modération d'autant plus admirable, qu'il semble qu'on n'en doive attendre aucune d'un Prince nourri dans cette maxime, que sa gloire consiste à ne mettre aucunes bornes à son pouvoir, & à augmenter toûjours son Thrésor.

XXVIII. Inconveniens de cette Domination. Elle rend le Prince chancelant sur son Thrône. Mais ces Rois qui sont si absolument les Maîtres de la fortune & de la vie de leurs sujets, en sont d'autant plus chancelans sur le Thrône. Ils ne trouvent en personne, ou tout au plus en un petit nombre de Domestiques, cette fidélité & cet amour que nous avons pour nos Rois. Les Peuples, qui ne possédent rien en propriété, & qui ne content que sur ce qu'ils ont enfoüy en terre, comme ils n'ont nul établissement solide en leur Païs, ils n'y ont aussi nul attachement. Résolus à porter le même joug sous quelque Prince que ce soit, & assûrez de n'en pouvoir porter de plus pesant, ils ne s'intéressent point à la fortune de leur Prince : & l'expérience fait voir qu'au moindre trouble ils laissent aller la Couronne, à qui la force ou l'adresse la donneront. Un Siamois, un Chinois, un Indien mourront facilement pour exercer une haine particuliére, ou pour éviter une vie trop malheureuse, ou une mort trop cruëlle : mais mourir pour leur Prince & pour leur Païs n'est pas une Vertu à leur usage. Parmi eux ne se trouvent point les puissans motifs, par lesquels nos Peuples s'animent à une vigoureuse défense. Ils n'ont nul héritage à perdre, & la liberté leur est souvent plus onéreuse que la servitude. Les Siamois, que le Roy du Pegu aura pris en Guerre, demeureront tranquilles dans le Pegu, à vingt lieuës des Frontiéres de Siam; & ils y cultiveront les terres, que le Roy du Pegu leur aura données, sans qu'aucun souvenir de leur Païs leur fasse haïr leur nouvelle servitude. Et il en est de même des Peguans, qui sont dans le Royaume de Siam.

XXIX. Combien le respect extréme des Orientaux pour leurs Rois est peu solide.

Les Rois d'Orient sont regardez, si vous voulez, comme les fils adoptifs du Ciel. L'on croit qu'ils ont des ames célestes, & aussi élevées au dessus des autres ames par leur mérite, que la Condition Royale paroît plus heureuse que celle des autres hommes. Cependant, si quelqu'un de leurs sujets se révolte, le Peuple doute bien-tôt laquelle des deux ames vaut le mieux, ou celle du Prince légitime, ou celle du sujet rebelle, & si l'adoption du Ciel n'a pas passé du Roy au sujet. Leurs Histoires sont toutes pleines de ces exemples : & celle de la Chine, que le P. Martini nous a donnée, est curieuse dans les raisonnements, par lesquels les Chinois, je dis les Chinois Philosophes, se sont souvent persüadez qu'ils suivoient l'inclination du Ciel en changeant de Maître, & quelquefois en préférant un voleur des grands chemins à leur Prince légitime.

Mais outre que l'Autorité Despotique est presque dépourvûë de défense, elle est d'ailleurs plûtôt usurpée sur celuy qui la posséde, en ce que l'exercice en est moins communiqué. Quiconque se saisit de l'esprit ou de la Personne du Prince, n'a presque plus rien à faire pour déposséder le Prince même ; parce que l'exercice de l'Autorité étant trop réüni dans le Prince, il n'y en a point hors de luy, qui le défende au besoin. Aussi n'est-il pas permis à un Roy de Siam d'être Mineur, ou trop facile à se laisser gouverner. Le Sceptre de ce Païs-là tombe bien-tôt des mains, qui ont besoin d'appui pour le soûtenir. Au contraire dans les Royaumes, ou plusieurs Corps permanens de Magistrature partagent l'éclat & l'exércice de l'Autorité Royale, ces mêmes Corps la conservent toute entiére pour le Roy, qui leur en fait part ; parce qu'ils n'en livrent pas à l'Usurpateur cette partie, qui est en leurs mains, & qui seule suffit à sauver celle, que le Roy même n'a sû retenir.

Dans les anciennes révoltes de la Chine il paroît que celuy, qui se sai-

XXX. Ces Princes perdēt souvent leur Autorité par en être trop jaloux.

XXXI. Peril à réünir

sissoit du sceau Royal, se rendoit d'abord le Maître de tout; parce que les Peuples obéissoient aux ordres, où le sceau Royal paroissoit, sans s'informer entre les mains de qui étoit le sceau. Et la jalousie que le Roy de Siam a du sien, que j'ay dit qu'il ne confie à personne, me persüade qu'il en est de même en son Païs. Le péril est donc pour ces Princes dans ce en quoy où ils mettent leur sureté. Leur Politique veut que toute leur Autorité soit dans leur sceau, pour l'exércer eux-seuls plus entiere : & cette Politique expose autant leur Autorité, que leur sceau est aisé à perdre.

[marginal note: toute l'autorité Royale dans le sceau.]

XXXII. Thrésor public nécessaire aux Gouvernemens Despotiques, & quels en sont les inconveniens.

Le même danger se trouve dans un grand Thrésor, unique ressource de tous les Gouvernemens Despotiques, où les Peuples ruïnez ne peuvent fournir de subsides extraordinaires dans les nécessitez Publiques. En un grand Thrésor se réünissent toutes les forces de l'Etat, & qui s'empare du Thrésor, s'empare de l'Etat. Si bien qu'outre qu'un Thrésor ruïne les Peuples, sur qui on le léve, il sert souvent contre ceux qui l'accumulent; & cela même en entraîne la dissipation.

Le Gouvernement Indien a donc tous les défauts du Gouvernement Despotique. Il rend la fortune du Prince, & celle de ses sujets également incertaines : il trahit l'Autorité Royale, & la livre toute entiére, sous prétexte d'en mettre l'exércice plus entier entre les mains d'un seul ; & il luy ôte d'ailleurs sa défense naturelle, en séparant tout l'intérêt des sujets de celuy du Prince & de l'Etat. Aprés avoir donc dit comment les Rois de Siam traittent leurs sujets, il reste à voir comment ils traittent, tant avec les Princes étrangers par les Ambassades, qu'avec les Nations étrangéres, qui sont refugiées à Siam.

XXXIII. Conclusió de ce Chapitre.

CHAPITRE XV.

Du stile des Ambassades à Siam.

UN Ambassadeur par tout l'Orient n'est autre chose qu'un Messager de Roy : il ne représente point son Maître. On l'honore peu à comparaison des respects, qu'on rend à la Lettre de créance, dont il est porteur. Mr. de Chaumont, quoy

I. Les Ambassadeurs d'Orient ne représentent pas leurs Maîtres, & sont moins honorez

qu'en Europe. qu'Ambassadeur Extraordinaire, n'eût jamais de balon du Corps, non pas même le jour de son Entrée ; & ce fût dans un balon du Corps que fût mise la Lettre du Roy, qu'il avoit à rendre au Roy de Siam. Ce balon avoit quatre para-sol un à châque coin du siége ; & il étoit accompagné de quatre autres balons du Corps ornez de leurs para-sol, mais vuides ; comme le Roy d'Espagne quand il va en carrosse, & qu'il veut être vû & connu, en a toûjours un qui le suit à vuide, qu'on appelle *de respeto*, terme & usage venus d'Italie. Même les Présents du Roy fûrent portez dans les balons du Corps ; & toutes ces mêmes choses s'observérent à l'Entrée des Envoyez du Roy. Aussi les Orientaux ne mettent-ils nulle différence entre un Ambassadeur, & un Envoyé : & ils ne connoissent ny les Ambassadeurs, ny les Envoyez ordinaires, ny les Résidens ; parce qu'ils n'envoyent personne pour résider en une Cour étrangére, mais pour y faire une affaire, & s'en retourner.

II. Les Ambassades Siamoises. Les Siamois n'envoyent jamais ny plus ny moins de trois Ambassadeurs ensemble. Le premier s'appelle *Raya*

Tout, c'est à dire Royal Messager ; le second *Oubba Tout*, & le troisiéme *Tri Tout* (termes que je n'entends point) mais les deux derniers Ambassadeurs sont obligez à suivre en tout l'avis du premier.

consistent en trois personnes.

Tout homme donc, qui est porteur d'une Lettre de Roy, est censé Ambassadeur par tout l'Orient. C'est pourquoy, aprés que l'Ambassadeur de Perse, que Mr. de Chaumont laissa au Païs de Siam, fût mort à Ténasserim, ses Domestiques ayant élu l'un d'entre eux, pour rendre la lettre du Roy de Perse au Roy de Siam, celuy qui fut ainsi élu, fut reçu sans autre caractére, comme l'eût été le véritable Ambassadeur, & avec les mêmes honneurs, que le Roy de Perse avoit auparavant accordez à l'Ambassadeur de Siam.

III. Ils sont regardez comme des Messagers qui portent une lettre.

Mais ce en quoy principalement ils traittent un Ambassadeur comme un simple Messager, c'est que le Roy de Siam dans l'Audience de congé luy donne un *recepisse* de la lettre qu'il a reçuë de luy ; & si ce Prince fait réponse il ne la luy donne pas, mais il envoye avec luy ses Ambassadeurs pour la porter.

IV. On ne leur donne point de réponse, mais un *recepisse*.

V.
Comment le Roy de Siam est averti de l'arrivée d'un Ambassadeur.

Un Ambassadeur étranger qui arrive à Siam, est arrêté à l'entrée du Royaume, jusqu'à ce que le Roy de Siam en ait eu l'avis; & s'il est accompagné d'Ambassadeurs Siamois, comme nous l'étions, c'est aux Ambassadeurs Siamois à prendre le devant, pour porter au Roy leur Maître la nouvelle de leur arrivée, & de celle de l'Ambassadeur étranger, qu'ils ameinent avec eux.

VI.
Un Ambassadeur est défraïé à Siam. Il doit communiquer ses Instructions.

Tout Ambassadeur étranger est défrayé & logé par le Roy de Siam, & il peut pendant le temps de son Ambassade exercer la marchandise : mais il ne peut traitter d'aucune affaire, qu'il n'ait rendu sa lettre de Créance, & communiqué ses Instructions en original. Ils ont fait grace à M^r. de Chaumont, & aux Envoyez du Roy de ce dernier article : mais les Ambassadeurs de Siam ne s'en dispensérent pas en France : ils communiquérent leurs Instructions.

VII.
Il n'entre dans sa Capitale qu'en allant à l'Audience, & il

L'Ambassadeur ne peut entrer dans la Capitale, qu'il n'aille tout droit à l'Audience, ny demeurer dans la Capitale aprés l'Audience de congé : en sortant de l'Audience de congé il sort de la Ville, & il n'est plus reçû à rien négocier. C'est pourquoy la veille de l'Audience de congé le Roy de Siam luy fait demander s'il n'a autre chose à proposer, & dans l'Audience de congé il luy demande s'il est content. *sort de la Capitale en sortant de l'Audience de congé.*

La Majesté du Prince réside principalement dans la Capitale : c'est là que se donnent les Audiences solemnéles : hors de là toute Audience est censée particuliére, & sans de véritables Cérémonies. Toute la Garde tant l'ordinaire, que celle d'ostentation, fût mise sous les Armes pour l'Audience de Siam : les Eléphans & les chevaux parûrent avec leurs plus beaux harnois, & en grand nombre, sur le passage des Envoyez du Roy : & il n'y eut presque rien de tout celà pour les Audiences de Louvò. A Siam le para-sol, qui étoit devant la fenêtre du Roy, avoit neuf ronds, & les deux qui étoient à côté en avoient châcun sept : à Louvò le Roy n'avoit point de para-sol devant luy ; mais deux de châque côté, qui n'avoient châcun que quatre ronds, & qui s'élevoient beaucoup moins que ceux de Siam. Le Roy n'étoit pas à Louvò à une simple fenêtre comme *VIII. Des Audiences solemnéles.*

S vj

à Siam: il étoit dans une tour de bois attachée au fond du salon, dans laquelle il entroit par derriére, & de plain-pié, par une piéce plus haute que le salon. De sorte qu'encore que ce Prince fût aussi élevé à Louvò qu'à Siam, néanmoins il étoit à Louvò dans le salon de l'Audience; au lieu qu'à Siam il étoit dans une autre piéce, qui avoit une veûë dans le Salon. D'ailleurs la porte du salon de Louvò étoit grande, & au milieu du mur, c'est à dire vis à vis du Roy; au lieu qu'à Siam la porte étoit basse & étroite, & presqu'au coin du salon: différences, qui ont toutes leurs raisons en ce Païs-là, où les moindres choses sont mesurées, & faites avec attention. A l'Audience de Siam il y avoit cinquante Mandarins prosternez dans le salon, vingt-cinq de châque côté, en cinq rangs de cinq châcun: aux Audiences de Louvò il n'y en avoit que trente-deux, seize de châque côté, par quatre rangs de quatre châcun. L'Audience de reception, où la Lettre de Créance est renduë, se donne toûjours dans la Capitale, & avec tout l'apparat possible, pour le respect de la Lettre de

Créance : les autres Audiences se donnent hors de la Capitale, & avec moins de faste, parce qu'il n'y paroît point de lettre de Roy.

IX. Ce qui s'observe dans les Audiences.

L'usage est dans toutes les Audiences que le Roy parle le premier & non pas l'Ambassadeur. Ce qu'il dit dans celles de cérémonie se reduit à quelques interrogations à peu prés toûjours les mêmes : aprés quoy il dit à l'Ambassadeur de s'adresser au Barcalon pour toutes les propositions, qu'il aura à faire. Les harangues ne luy conviennent point du tout ; quoy qu'il ait eu la bonté de me faire dire, sur les Compliments que j'eus l'honneur de réciter devant luy, que j'êtois un grand Ingénieur de paroles. On a beau les embellir de figures, & y employer le Soleil, la Lune & les Etoiles (ornements du Discours, qui en autre chose peuvent leur plaire) ce Prince croit que plus un Ambassadeur parle longtemps le premier, moins il l'honore. Et en effet dés que l'Ambassadeur n'est qu'un Messager, qui rend une lettre, il est naturel qu'il n'ait rien à dire qu'on ne l'interroge. Aprés donc que le Roy a parlé à l'Ambassadeur, il luy fait donner de l'Arek & du bétel, & une veste dont l'Ambassadeur se revêt sur le champ, & quelquefois un sabre & une chaîne d'or.

X. Il ne donne Audience qu'en passant aux Etrangers qui ne sont pas Ambassadeurs.

Ce Prince donna des sabres, des chaînes d'or & des vestes, ou quelquefois seulement des vestes aux principaux Officiers François, mais il ne leur donna Audience, que comme par rencontre dans ses jardins, ou hors de son Palais à quelque spectacle.

XI. Les Indiés sont précautionnés & fourbes dans leurs Négotiations.

Dans toutes sortes d'affaires les Indiens sont lents à conclûre à cause de la longueur de leurs Conseils : car ils ne se départent jamais de leurs usages. Ils ont beaucoup de flegme & de dissimulation. Ils sont insinüants dans leurs paroles, captieux dans leurs écritures, fourbes autant qu'on veut se laisser tromper. La loüange que les femmes & les Courtisans du Roy de Siam luy donnoient, quand ils vouloient le flatter au dernier point, c'étoit de luy dire, non pas qu'il étoit un Héros, ou le plus grand Capitaine du Monde, mais qu'il avoit toûjours été plus fin que tous les Princes, avec qui il avoit eu affaire. Ils ne s'engagent par écrit que le moins qu'ils peuvent. Ils vous recevront plûtôt dans un Port, ou dans une Place, qu'ils ne conviendront avec vous de vous les livrer par un Traitté en bonne forme, & seélé par leur Barcalon.

Les Portugais naturellement fiers & défians ont toûjours traitté les Indiens avec beaucoup de hauteur & avec fort peu de confiance : & les Hollandois ont crû ne pouvoir mieux faire que d'imiter en cela les Portugais; parce qu'en effet les Indiens nourris dans un esprit de servitude, sont rusez, & comme je l'ay dit en un autre endroit, soûmis à ceux, qui les traittent avec hauteur, & insolens envers ceux, qui les ménagent. Le Roy de Siam dit de ses sujets qu'ils sont du naturel des Singes, qui tremblent, tant qu'on tient le bout de leur attache, & qui ne reconnoissent plus de maître, dés que l'attache est lâchée. Les exemples ne sont pas rares aux Indes des simples Facteurs Européans, qui ont frappé impunément du baston des Officiers des Rois Indiens: & il est constant que de certaines reparties vigoureuses, que l'on fait quelquefois en ces Païs-cy, nous paroissent plus hardies, que les coups de bas-

XII. Que les Europèas ont toûjours éprouvé, qu'il faut traitter les Indiens avec hauteur.

ton ne le font en ce Païs-là : pourvû qu'on les donne de fang froid & non par emportement : un homme qui fe laiffe emporter à la coléré, eft ce que les Indiens méprifent le plus.

XIII. Les Préfents font effentiels aux Ambaffades dans l'Orient.

Mais comme le Commerce eft leur plus fenfible intérêt, les préfents font effentiels pour eux dans les Ambaffades. C'eft un trafic à titre honorable, & de Roy à Roy. Leur politeffe les porte à témoigner par plufieurs démonftrations combien ils eftiment les préfents qu'ils ont reçûs. Si c'eft quelque chofe d'ufage, quand même ce ne feroit pas de leur ufage, ils préparent publiquement tout ce qui fera néceffaire pour s'en fervir, comme s'ils en avoient une véritable envie. Si c'eft quelque chofe à porter fur foy, ils s'en pareront en vôtre préfence. Si ce font des chevaux, ils bâtiront exprés une écûrie pour les loger. Ne fût-ce qu'une lunette de longue vûë, ils bâtiront une tour pour voir de plus loin avec cette lunette ; & ainfi ils paroîtront faire un cas extrême de toutes fortes de préfents pour honorer le Prince qui les leur envoye, à moins qu'on eût reçû des préfents de leur part avec des moindres démonstrations d'estime. Néanmoins ils ne sont véritablement touchez, que du profit. Avant que les présents du Roy sortissent de nos mains, quelques Officiers du Roy de Siam vinrent en faire une exacte description par écrit, jusqu'à conter toutes les pierreries de chaque sorte, qui étoient parsemées dans les broderies: & afin qu'il ne parût pas que le Roy leur Maître prenoit ce soin, pour s'empêcher d'être volé par ceux de ses Officiers, par les mains de qui les présents devoient passer, ils dirent que ce Prince étoit curieux & impatient, & qu'il falloit luy aller rendre conte de ce que c'étoit, & être prêt à luy répondre exactement sur les moindres choses.

Tous les Princes Orientaux se font un grand honneur de recevoir des Ambassades, & de n'en envoyer que le moins qu'ils peuvent ; parce que c'est, à leur avis, une marque qu'on ne peut se passer d'eux & de leurs richesses, & qu'ils peuvent se passer des richesses des Etrangers. Ils regardent même les Ambassades, comme une espéce d'hommage ; & ils retiennent dans leurs Cours les Mi-

XIV. Les Orientaux se font un grand honneur de recevoir des Ambassa- de

nistres étrangers, autant qu'il leur est possible, pour prolonger d'autant plus l'honneur qu'ils reçoivent. Aussi le Grand-Mogol, & les Rois de la Chine & du Jappon n'envoyent-ils jamais d'Ambassadeurs. Le Roy de Perse même n'en envoya à Siam, que parce que l'Ambassadeur du Roy de Siam luy en avoit demandé comme je vais dire.

XV. *Les Ambassadeurs Siamois sont contables.* Les Ambassadeurs Siamois sont contables, parce qu'ils sont chargez de marchandise : & il n'arrive guére qu'ils en rendent assez bon conte pour éviter entierement le baston. Ainsi Agi Selim (c'est le nom d'un More, que le Roy de Siam envoya il y a huit ou neuf ans en Perse, comme son Ambassadeur, fut rudement châtié à son retour, quoy qu'en apparence il eût parfaitement bien servi. Il avoit établi le Commerce avec la Perse, & avoit amené avec luy cet Ambassadeur de Perse, que j'ay dit plusieurs fois, qui mourut à Ténasserim. C'étoit un *Moula* ou Docteur de la Loy de Mahomet, qu'Agi Selim avoit demandé au Roy de Perse, pour instruire, disoit il, au Mahometisme le Roy de Siam. Bernier

Du Royaume de Siam. 417

rapporte tome II. page 54. que pendant son séjour aux Indes, des Ambassadeurs du Preste-Jan, qui fait, comme tout le monde sait, profession d'être Chrêtien, demandérent au Grand-Mogol un Alcoran, & huit Livres des plus renommez qui soient dans la Réligion Mahométane: flaterie indigne, qui scandalisa beaucoup Bernier. Mais généralement parlant ces Rois marchands se servent fort du prétexte de la Réligion pour l'augmentation de leur Commerce.

CHAPITRE XVI.
Des Etrangers de différentes Nations refugiez & habituez à Siam.

C'ÉTOIT, comme je l'ay dit, la liberté du Commerce, qui avoit autrefois attiré à Siam une grande multitude d'Etrangers de différentes Nations; lesquels s'y établirent avec la liberté d'y vivre selon leurs Mœurs, & d'y exercer publiquement leurs divers Cultes. Châque Nation occupe un quartier différent. Les Portugais appellent *Camp*, & les Siamois *Ban*, les quartiers qui sont hors de la Ville, & qui en composent les Fauxbourgs.

1. Police gardée à l'égard des Etrangers refugiez à Siam.

De plus châque Nation élit son Chef, ou son Náï, comme disent les Siamois, & ce Chef traitte les affaires de sa Nation avec le Mandarin, que le Roy de Siam nomme pour celà, & qu'on appelle le Mandarin de cette Nation. Mais les affaires, pour peu qu'elles soient importantes, ne se terminent pas par ce Mandarin : elles sont portées au Barcalon.

II. La fortune des Mores fort diverse à Siam en divers temps.

Parmi ces diverses Nations celle des Mores a été la mieux établie sous ce regne. Il a été un temps que le Barcalon étoit More, vray-semblablement parce que le Roy de Siam croyoit mieux établir par son moyen son commerce, chez les plus puissans des Princes ses voisins, qui font tous profession du Mahométisme. Les principales Charges de la Cour & des Provinces étoient alors entre les mains des Mores : le Roy de Siam leur fit bâtir plusieurs Mosquées à ses dépens, & encore aujourd'huy il fait les frais de leur principale Fête, qu'ils célébrent durant plusieurs jours de suite à la memoire de la mort d'Haly, ou de celle de ses enfans. Les Siamois qui embrassoient la Réligion des Mores avoient le privilége d'être exempts du service personnel : mais bien-tôt le Barcalon More éprouva l'inconstance des fortunes de Siam, il tomba en disgrace, & le crédit de ceux de sa Nation alla toûjours depuis en décadence. On leur ôta les Charges & les Emplois considérables, & l'on fit payer en argent contant aux Siamois, qui s'étoient faits Mahométans, les Corvées, dont ils avoient été exemptez. Leurs Mosquées néanmoins leur sont demeurées, ainsi que la protection publique que le Roy de Siam donne à leur Réligion, comme à toutes les Réligions étrangéres. Il y a donc encore trois ou quatre mille Mores à Siam, autant de Portugais nés aux Indes, & autant de Chinois, & peut-être autant de Malays, outre ce qu'il y a de quelques autres Nations.

Mais les Etrangers les plus riches, & sur tout les Mores, se sont retirez ailleurs, depuis que le Roy de Siam s'est reservé à luy seul, presque tout le Commerce étranger. Le Roy son pére a fait autrefois la même chose, & peut-être que c'est la Politique de Siam de le faire ainsi de temps en temps. D'ailleurs il est certain qu'ils

III. Le Commerce étranger cessé à Siam en a fait sortir les étrangers les plus riches, & sur tout les Mores.

ont laissé presque toûjours le Commerce libre, & qu'il a souvent fleuri à Siam. Fernand Mandez Pinto dit que de son temps il y alloit tous les ans plus de mille Vaisseaux étrangers, maintenant il n'y va que deux ou trois Barques Hollandoises.

IV.
Par où le Commerce étranger a cessé à Siam.

Le Commerce veut une certaine liberté : personne n'a pû se resoudre à aller à Siam, pour vendre nécessairement au Roy ce qu'on y portoit, & pour acheter de luy seul ce qu'on vouloit en tirer, lors même que celà n'êtoit pas du crû du Royaume. Car encore qu'il y eût plusieurs Vaisseaux étrangers ensemble à Siam, le commerce n'êtoit pas permis d'un Vaisseau à l'autre, ny avec les Habitans du Païs naturels ou étrangers, jusqu'à ce que le Roy, sous prétexte d'une préférence deuë à sa Dignité Royale, eût acheté tout ce qu'il y avoit de meilleur dans les Vaisseaux, & au marché qu'il vouloit, pour le revendre ensuite comme il luy plaisoit: parce que quand la saison du départ des Vaisseaux pressoit, les Marchands aimoient encore mieux vendre à grosse perte, & acheter une nouvelle charge chérement, que d'attendre à Siam une nouvelle saison de partir, sans espérance de faire un meilleur négoce.

Au reste ce ne sont ny les richesses naturelles, ny les Manufactures du Royaume de Siam, que l'on seroit tenté d'y aller chercher. Les Siamois naturels, ruïnez comme ils sont par des Impôts & par des Corvées, ne sauroient faire un grand commerce, quand ils en auroient toute la liberté possible. On ne fait le commerce que d'un argent superflu, & à peine l'argent nécessaire à la vie se trouve t-il dans les lieux, où les Impôts sont trop grands. Le trop d'argent levé sur le Peuple revient lentement au Peuple, & sur tout aux Provinces éloignées : & il n'y revient pas tout, parce qu'il en demeure une grande partie entre les mains de ceux, qui servent aux receptes & aux dépenses du Prince. Et quand à cette partie qui revient au Peuple, elle ne demeure pas en ses mains pour ses usages : elle en sort bien-tôt pour retourner aux coffres du Prince : si bien qu'il faut au moins que tous les petits commerces cessent faute d'argent, ce qui ne peut être, que le

V. Les Siamois naturels ne peuvent fournir au Commerce étranger.

commerce général d'un Etat n'en souffre beaucoup. Mais cela est encore plus véritable à Siam, où le Prince accumule tous les ans ses revenus, au lieu de les dépenser. Aprés avoir ainsi expliqué tout ce qui regarde le Roy, les Officiers, & le Peuple de Siam, il me reste à parler de leurs Prêtres, c'est à dire des Talapoins.

CHAPITRE XVII.

Des Talapoïns, & de leurs Convents.

I. Origine du mot Pagode.

Ils vivent dans des Convents, que les Siamois appellent *Vat* ; & ils servent des Temples, que les Siamois appellent *Pihan*, & les Portugais *Pagode*, du mot Persan *Poutghéda*, qui veut dire Temple d'Idoles : mais les Portugais employent le mot de *Pagode*, pour signifier également l'Idole & le Temple.

II. Description des Convents des Talapoins

Le Temple & le Convent occupent un fort grand terrein quarré entouré d'une clôture de bambou. Au milieu du terrein est le Temple comme au lieu estimé le plus honorable dans leurs campemens : & aux extrémitez de ce terrein, & le long de la la clôture de bambou, sont rangées les Cellules des Talapoins, comme des tentes d'Armée : & quelquefois les rangs en sont doubles, ou triples. Ces Cellules sont de petites maisons isolées, & élevées sur des piliers, & celle du Supérieur est de même, mais un peu plus grande & un peu plus haute que les autres. Les Pyramides sont prés du Temple & tout autour : & le terrein que le Temple & les Pyramides occupent, outre qu'il est élevé, est enfermé entre quatre murs : mais depuis ces murs jusqu'aux Cellules il reste encore un grand terrein vuide, qui est comme la Court du Convent. Quelquefois ces murs sont tous nuds, & ne servent que de clôture au terrein, qu'occupent le Temple & les Pyramides : quelquefois le long de ces murs il y a des galeries couvertes de la figure de celles, qu'on appelle *le Cloître* dans nos maisons Réligieuses: & sur un contremur à hauteur d'appuy, qui regne le long de ces galeries, ils posent tout de suite & prés à prés un grand nombre d'Idoles quelquefois dorées.

Quoy qu'il y ait à Siam des Talapoïnes, c'est à dire des femmes, qui

III.
Ils ont des Cellules

pour les Talapoüines. observent en la plûpart des choses la Régle des Talapoins, elles n'ont pas néanmoins d'autres Convents que ceux des Talapoins mêmes : les Siamois estimant que l'âge avancé de toutes ces femmes, car il n'y en a pas de jeunes, est une caution suffisante de leur continence. Il n'y a pas à la verité des Talapoüines dans tous les Convents : mais dans ceux où il y en a, leurs Cellules sont le long de l'un des côtez de la clôture de bambou, dont j'ay parlé, sans être autrement séparées de celles des Talapoins.

IV. Comment les Enfants Talapoins sont logés. Les *Nens* ou *enfans Talapoins*, sont dispersez, un, deux, ou trois dans châque Cellule de Talapoin, & ils servent le Talapoin chez qui ils logent, c'est à dire auprés de qui ils ont été mis par leurs parens : si bien que quand un Talapoin a deux ou trois Nens, il n'en reçoit pas davantage. Ces Nens au reste ne sont pas tous jeunes : il y en a qui vieillissent dans cette condition, qui n'est pas censée entiérement Réligieuse, & ils appellent *Taten* le plus vieux de tous. C'est à luy entr'autres choses à arracher les herbes, qui croissent dans le terrein du Convent, ce que les Talapoins ne peuvent, à leur avis, faire eux-mêmes sans péché.

V. Salles du Convent.

L'Ecole des Nens est une salle de bambou isolée; & outre cette salle, il y en a toûjours quelque autre, aussi isolée, où le Peuple porte ses aumônes aux jours que le Temple est fermé, & où les Talapoins s'assemblent pour leurs conférences ordinaires.

VI. Le Clocher.

Le Clocher est une tour de bois aussi isolée, ils l'appellent *ho-racang*, c'est à dire tour de la cloche; mais la cloche n'a point de battant de fer. Ils la frappent avec un marteau de bois pour la sonner; & ce n'est qu'à la Guerre, ou pour des choses de Guerre, qu'ils frappent leurs bassins & autres instruments d'airain, ou de cuivre, avec des marteaux de fer.

VII. Des Supérieurs.

Chaque Convent est sous la conduite d'un supérieur appelé *Tcháou-Vat*, c'est à dire Seigneur ou Maître du Convent; mais tous les supérieurs ne sont pas d'une égale dignité. Les plus honorables sont ceux, qu'ils appellent *Sancrat*, & le Sancrat du Convent du Palais est le plus révéré de tous. Nul supérieur néanmoins, ny nul Sancrat n'a autorité ny jurisdiction sur un autre. Ce corps seroit trop à craindre s'il n'avoit qu'une tête, & s'il agissoit toûjours de concert, & par les mêmes maximes.

VIII. Des Sancrats.

Les Missionnaires ont comparé les Sancrats à nos Evêques, & les simples supérieurs à nos Curez; & ils ont du penchant à croire que ce Païs-là a eu autrefois des Evêques Chrêtiens, auſquels les Sancrats ont succédé. Il n'y a à la vérité que les Sancrats, qui puissent faire des Talapoins, comme il n'y a que les Evêques, qui puissent faire des Prêtres. Mais d'ailleurs les Sancrats n'ont aucune jurisdiction ny aucune autorité, ny sur le Peuple, ny sur les Talapoins qui ne sont pas de leur Convent; & on ne m'a pû dire qu'ils ayent quelque caractére particulier qui les fasse Sancrats, sinon en ce qu'ils sont supérieurs de certains Convents destinez à des Sancrats. Tout Convent donc destiné à un Sancrat est distingué des autres Convents, où il n'y a que de simples supérieurs, par des pierres plantées au tour du Temple & prés de ses murs, dont chacune est double, & a quelque ressemblance, mais bien éloignée, avec une Mître posée sur un pié d'es-

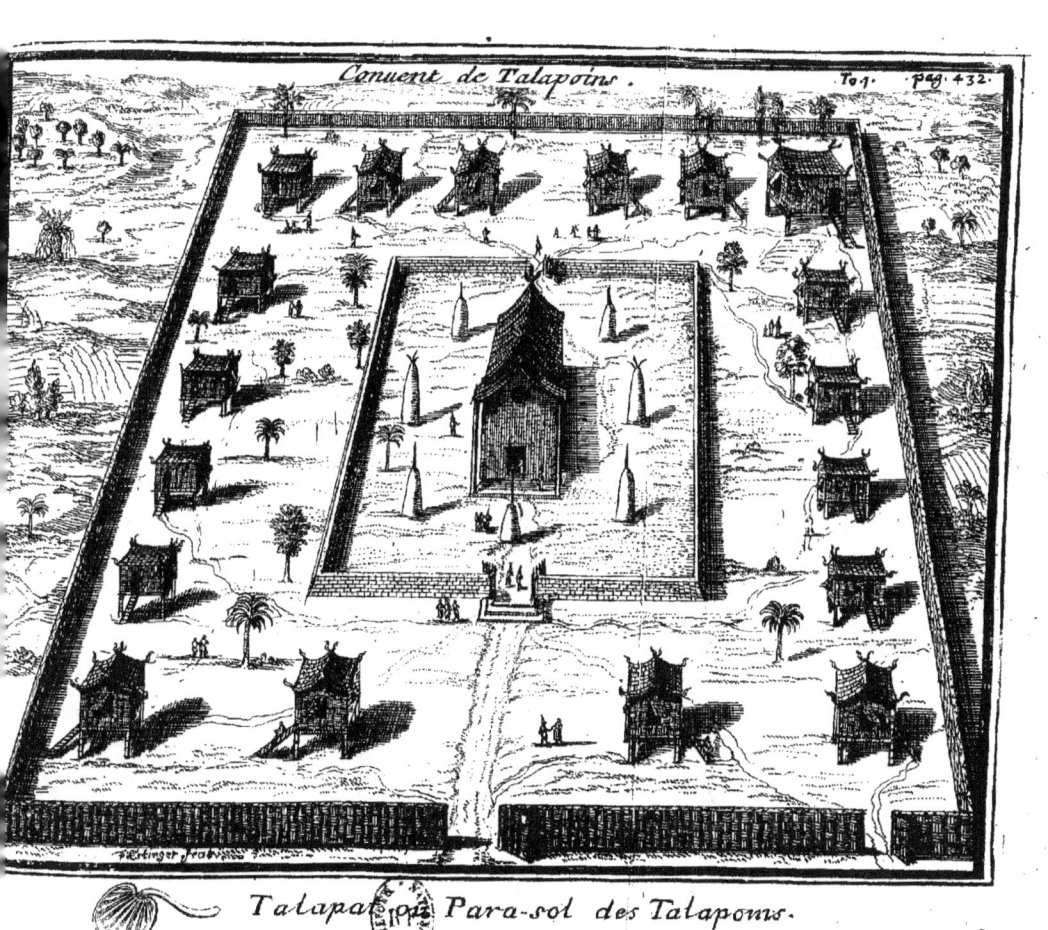

Talapat ou Para-sol des Talapoins.

tail. J'en ay mis la figure dans l'estampe de celle d'un Temple. Leur nom en Siamois est *Semâ*. Or c'est cette ressemblance telle-quelle de ces pierres avec des Mîtres, qui est le principal fondement du soupçon, qu'ont les Missionnaires, que les Sancrats peuvent avoir succédé à des Evêques. Plus il y a de ces pierres autour d'un Temple, plus le Sancrat est censé élevé en dignité; mais il n'y en a jamais moins de deux, ny plus de huit. L'ignorance où sont les Siamois de ce que ces pierres signifient, a réduit les Missionnaires à en chercher l'origine dans le Christianisme.

IX. Honneurs des Sancrats.

Le Roy de Siam donne aux principaux Sancrats un nom, un para-sol, une chaise & des hommes pour la porter; mais les Sancrats ne se servent guére de cet équipage que pour aller chez le Roy, & ce ne sont jamais des Talapoins qui portent la chaise. Le Sancrat du Palais s'appelle aujourd'huy *Prá-Viriat*.

X. L'Esprit de cet Institut.

L'Esprit de l'Institut des Talapoins est de se nourrir des péchez du Peuple, de mener une vie pénitente pour les péchez de ceux, qui leur font l'aumône, & de vivre d'aumônes. Ils ne mangent pas en communauté, & encore qu'ils soient fort hospitaliers envers les séculiers, qui ont recours à eux, & même à l'égard des Chrétiens, il leur est pourtant défendu de se faire part des aumônes qu'ils reçoivent, ou au moins de s'en faire part sur le champ; parce que chacun d'eux étant censé faire assez de pénitence, n'a nul besoin de racheter ses pechez en faisant l'aumône à son compagnon, & peut-être a-t-on voulu aussi les obliger tous à la fatigue de la quête : il n'est pas néanmoins défendu à un Talapoin de rien donner jamais à son confrére, ou de l'assister dans un véritable besoin. Ils ont deux loges, une à châque côté de leur porte pour recevoir les passants, qui cherchent un gîte chez eux.

XI. Il y a deux sortes de Talapoins.

Il y a deux sortes de Talapoins à Siam, comme dans tout le reste des Indes. Les uns vivent dans les Bois & les autres dans les Villes; & ceux des Bois meinent, dit-on, une vie qui paroîtroit intolérable, & qui le seroit sans doute en des Païs moins chauds que Siam, ou que la Thébaïde d'Egipte.

XII. Ils sont

Tous, c'est à dire ceux des Villes, & ceux des Bois doivent sous peine du feu garder exactement le célibat, tandis qu'ils demeurent dans leur profession; & le Roy de Siam, à la juridiction duquel ils ne se sont point soustraits, ne leur fait point de grace sur ce chapitre : car comme ils ont de grands priviléges, & qu'entre autres choses ils sont exempts des six mois de Corvées, il luy importe que la profession de Talapoin ne devienne pas tout à fait commode, de peur que tous ses sujets ne l'embrassent.

obligez au célibat sous peine du feu.

Même pour diminuër le nombre de ces Privilégiez, il les fait examiner de temps en temps sur leur savoir, qui regarde la Langue balie & ses Livres : & quand nous arrivâmes en ce Païslà, il venoit d'en réduire plusieurs milliers à la Condition séculiere, parce qu'ils n'avoient pas été trouvez assez savants. Leur Examinateur avoit été *Oc-Lüang Souraçac* jeune homme de vingt-huit à trente-ans, fils de cet *Oc-Prá Pipitcharatcha*, que j'ay dit qui commande les Eléphants : mais les Talapoins des Forêts avoient refusé de subir l'examen d'un séculier; & ne consentoient d'être examinez que par quelqu'un de leurs supérieurs.

XIII. Ne à certaine litterature sous peine d'être chassez du Convent.

T iiij

XIV.
Ils élevent la jeunesse & instruisent le Peuple.

Ils élevent la Jeunesse, comme j'ay dit ; & ils expliquent au Peuple leur Doctrine, selon qu'elle est écrite en leurs Livres Balis. Ils prêchent le lendemain de toutes les nouvelles & de toutes les pleines Lunes, & le Peuple est toûjours assez assidû aux Temples. Quand le lit de la Riviére est plein de l'eau des pluyes, jusqu'à ce que l'inondation commence à baisser, ils prêchent tous les jours, depuis six heures du matin jusqu'au dîner, & depuis une heure aprés midy jusqu'à cinq du soir. Le Prédicateur est assis les jambes croisées dans un fauteüil élevé, & plusieurs Talapoins se relayent les uns les autres dans cet office.

XV.
Ce métier est lucratif.

Le Peuple approuve la Doctrine qu'on luy prêche par ces mots Balis, *sa-tou-sa*, qui veulent dire *oüy Monseigneur*, ou par d'autres Siamois qui reviennent au même sens ; & puis il donne l'aumône au Prédicateur : & ceux qui prêchent souvent, non seulement en ce temps-là, mais durant tout le cours de l'année, deviennent aisément riches.

XVI.
Du Carême des

Or c'est ce temps là que les Européans ont appelé le Carême des Talapoins. Leur jeûne eſt de ne rien manger depuis midy, horſmis qu'ils peuvent mâcher du betel: mais quand même ils ne jeûnent pas, ils ne mangent depuis midy que du fruit. Les Indiens ſont naturellement ſi ſobres, qu'un jeûne de quarante jours, & même de cent, ne leur paroît pas incroyable. Tvviſt Auteur Hollandois rapporte dans ſa *Deſcription des Indes,* que *l'expérience a certainement fait voir qu'il y a des Indiens, qui peuvent jeûner vingt, trente, & quarante jours, ſans rien prendre qu'un peu de liqueur mêlée de quelque bois amer mis en poudre.* Les Siamois m'ont cité l'exemple d'un Talapoin, qu'ils prétendent avoir jeûné cent-ſept jours ſans rien manger. Mais quand j'ai ſondé leur penſée là-deſſus, j'ay trouvé qu'ils attribuoient ce jeûne à magie: & pour me le prouver ils ajoûtoient qu'il étoit facile de vivre de l'herbe des champs; pourvû qu'on ſoufflât deſſus, & qu'on dît certaines paroles, qu'ils ne ſavoient pas, ou qu'ils ne vouloient pas me dire, & qu'ils diſoient que d'autres ſavoient.

Aprés la récolte du ris les Talapoins vont pendant trois ſemaines veiller

Talapoins & de leur facilité à jeûner.

XVII. *Veille des Siamois.*

dans les champs; & l'estime que le Peuple en fait.

les nuits au milieu des champs, sous de petites hutes de feüillages rangées en quarré; & le jour ils reviennent visiter le Temple, & dormir dans leurs Cellules. La hute du Superieur est au milieu des autres & plus élevée. Ils ne font point de feu la nuit pour écarter les bêtes féroces, comme tous ceux qui voyagent dans les Bois de ce Païs-là, ont accoûtumé d'en faire, & comme on en faisoit autour des Tabanques où nous logions: si bien que le Peuple regarde comme un miracle que les Talapoins ne soient pas dévorez, & je ne say quelle précaution ils y apportent, horsmis celle de s'enfermer dans un parc de bambou. Mais sans doute ils choisissent des lieux peu exposez, éloignez des bois, & où les bêtes féroces ne sauroient arriver avec la faim, mais aprés avoir trouvé beaucoup à manger, car c'est la saison où il y a beaucoup de fourage sur la terre. Le Peuple admire aussi la sûreté, dans laquelle vivent les Talapoins des Forêts: car ils n'ont ny Convent ny Temple pour se retirer. Il croit que les Tygres, les Eléphants & les Rynocerots les respectent, & leur léchent les piés & les mains, quand ils en trouvent quelqu'un d'endormi : mais ceux-cy peuvent faire du feu de bambou pour se garentir de ces animaux, ils peuvent coucher dans des forts bien épais ; & d'ailleurs quand le Peuple trouveroit les restes de quelque homme dévoré, il ne présumeroit jamais que ce fût d'un Talapoin ; & quand il n'en pourroit douter, il présumeroit que ce Talapoin auroit été méchant, & ne laisseroit pas de croire que les bêtes respectent les bons. Et il faut bien aussi que les Forêts ne soient pas si dangereuses qu'ils disent, puis que tant de familles y cherchent un azile contre la Domination.

XVIII. Les Talapoins ont un Chapelet.

Je ne say au reste ce que les Talapoins prétendent ny par cette veille, ny par leur carême; j'ignore aussi ce que veulent dire des chapelets de cent huit grains, sur lesquels ils récitent de certaines paroles balies.

XIX. Leur habit.

Ils vont nuds piés & nuë tête, comme le reste du Peuple : ils portent autour des reins & des cuisses la pagne des séculiers, mais de toile jaune, qui est la couleur de leurs Rois, & celle des Rois de la Chine : & ils n'ont ny chemise de mousseline, ny aucune veste.

T vj

Leur habit est d'ailleurs de quatre piéces. La premiére qu'ils appellent *Angsa*, est une espéce de bandoliere de toile jaune, large de cinq ou six pouces : ils la portent sur l'épaule gauche, & la boutonnent avec un seul bouton sur la hanche droite; & elle ne descend guére plus bas que la hanche. Sur cette bandoliere ils mettent une autre grande toile jaune, qu'on appelle la pagne de Talapoin, & qu'eux appellent *Pa Schivon*, c'est à dire toile de plusieurs piéces, parce qu'elle doit être rappiécetée en plusieurs endroits. C'est un espéce de Scapulaire, qui descend presque jusqu'à terre par derriére & par devant; & qui ne couvrant que l'épaule gauche revient à la hanche droitte, & laisse les deux bras, & toute l'épaule droite libres. Par dessus le *Pa Schivon* est le *Pa Pàt*. C'est une autre toile large de quatre ou cinq pouces qu'ils mettent aussi sur l'épaule gauche, mais en maniére de chaperon : elle descend par devant jusqu'au nombril, & autant par derriére que par devant. Sa couleur est quelquefois rouge : les Sancrats & les plus vieux Talapoins la portent ainsi, mais l'*Angsa* & le

Pa Schivon ne peuvent jamais être que jaunes. Pour tenir en état le *Pa Pat* & le *Pa Schivon*, ils se ceignent le milieu du corps d'une écharpe de toile jaune, qu'ils appellent *Rappacod*, & qui est la quatriéme & la derniére piéce de leur habit.

Quand ils vont à la quête ils portent un bandége de fer, pour recevoir ce qu'on leur donne : & ils le portent dans un sac de toile, qui leur pend au côté gauche, aux deux bouts d'un cordon passé en bandoliere sur l'épaule droite.

XX. Ils ont un petit bassin de fer pour la quête.

Ils se rasent la barbe, la tête, & les sourcils; & pour se garentir du Soleil ils ont le *Talapat*, qui est leur petit para-sol en forme d'écran, comme je l'ay déja dit autre part. Le Supérieur est réduit à se raser luy-même, parce que personne ne luy pourroit toucher à la tête, sans luy manquer de respect. Par la même raison un jeune Talapoin n'oseroit en raser un vieux : mais il est permis aux vieux de raser les jeunes, je veux dire ces enfans dont on leur commet l'éducation, & qui ne sauroient se raser eux-mêmes. Néanmoins quand le Supérieur est fort vieux, il faut bien qu'il souf-

XXI. Ils se rasent toute la tête, & ont un écran à la main.

fre qu'un autre le rase; & cet autre le fait aprés luy en avoir demandé permission expresse. Au reste les rasoirs de Siam sont de cuivre.

XVII. Les jours ausquels ils se rasent, sont des jours de dévotion pour le Peuple.

Les jours ausquels ils se rasent, sont ceux de la nouvelle & de la pleine lune; & ces jours-là les Talapoins & le Peuple jeûnent, c'est à dire qu'ils ne mangent point depuis midy. Le Peuple s'abstient aussi ces jours-là d'aller à la pesche, non pas parce que la pesche est un travail, car ils ne s'abstiennent d'aucun autre travail, mais parce, à mon avis, qu'ils n'estiment pas la pesche entiérement innocente, comme nous verrons dans la suite. Et enfin le Peuple porte ces jours-là aux Convents des aumônes, qui consistent en argent, en fruits, en pagnes, ou en bêtes. Si les bêtes sont mortes, les Talapoins les mangent: si elles sont en vie, ils les laissent vivre & mourir autour du Temple; & ils ne les mangent que quand elles meurent d'elles-mêmes. Il y a même prés de certains Temples un vivier pour le poisson vivant, que l'on offre au Temple: & outre ces jours de Fête communs à tous les Temples, chaque Temple en a un singulier destiné à recevoir des aumônes, comme si c'êtoit la Fête de sa Dédicace : car je n'ay pû savoir ce que c'est.

Le Peuple assiste volontiers à ces Fêtes, & y fait parade de ses habits neufs. Une de leurs grandes charitez c'est d'y rendre la liberté à des animaux, qu'ils achetent de ceux qui les auront été prendre dans les champs. Ce qu'ils donnent à l'Idole, ils ne l'offrent pas immédiatement à l'Idole, mais aux Talapoins : & ceux-cy le présentent à l'Idole, ou en le tenant sur la main devant l'Idole, ou en le mettant sur l'Autel; & peu de temps aprés ils le retirent, & le convertissent à leurs usages. Quelquefois le Peuple offre des bougies allumées, que les Talapoins attachent aux genoux de la statuë, & cela fait qu'au moins l'un des genoux de beaucoup d'Idoles est dédoré. Pour ce qui est de sacrifice sanglant, ils n'en font jamais, il leur est défendu au contraire de rien tuër.

XXIII. Le Peuple aime à se parer pour aller aux Temples : & sa charité envers les animaux.

A la pleine lune du cinquiéme mois les Talapoins lavent l'Idole avec des eaux parfumées, mais le respect ne permet pas qu'on luy lave la tête. Ils lavent ensuite le Sancrat. Et le Peu-

XXV. Les Siamois lavent leurs Idoles, leurs Talapoins, &

leurs Parents.

ple va aussi laver les Sancrats & les autres Talapoins : & puis dans les familles particuliéres les enfans lavent leurs parents, sans avoir égard au sexe : car le fils & la fille lavent également le pere & la mere, l'ayeul & l'ayeule. Cette coûtume s'observe aussi au Païs de Láos, avec cette singularité, qu'on y lave le Roy même dans la Riviére.

XXV. L'heure à laquelle se levent les Talapoins.

Les Talapoins n'ont point d'horloge : & ils ne se lévent que quand il fait assez clair pour pouvoir discerner les veines de leurs mains, de peur que s'ils se levoient plus matin, ils ne tüassent en marchant quelque insecte sans l'apercevoir. Cela fait qu'ils se levent un peu plus tard aux jours plus courts, quoy que leur cloche ne laisse pas de les éveiller avant le jour.

XXVI. Ils vont au Temple dés le matin.

Etant levez ils vont avec leur Supérieur au Temple pendant deux heures. Là ils chantent ou récitent du Bali, & ce qu'ils chantent est écrit sur des feüilles d'arbre un peu longues, & rattachées par l'un des bouts, comme j'ay dit en parlant de l'arbre qui les porte. Le Peuple n'a aucun Livre de priéres. La contenance des Ta-

Du Royaume de Siam. 449
lapoins pendant qu'ils chantent, est d'être assis les jambes croisées, & d'agiter toûjours leur Talapat ou éventail en forme d'écran, comme s'ils vouloient toûjours se donner du vent: de sorte que leur éventail va ou vient à châque sillable qu'ils prononcent, & ils les prononcent toutes à temps égaux & sur le même ton. En entrant dans le Temple & en sortant ils se prosternent trois fois devant la statuë, & les séculiers en usent de même: mais les uns & les autres demeurent dans le Temple assis les jambes croisées, & non toûjours prosternez.

Au sortir de la priére les Talapoins vont en ville demander l'aumône pendant une heure: mais ils ne sortent jamais du Convent, & n'y rentrent jamais sans aller saluër leur Supérieur, devant lequel ils se prosternent jusqu'à toucher la terre de leur front: & parce que le Supérieur est assis les jambes croisées à l'ordinaire, ils prennent l'un de ses piés à deux mains, & le mettent sur leur tête. Pour demander l'aumône ils se présentent aux portes sans rien dire; & ils passent outre aprés un peu de

XXVII. Puis à la quête, de laquelle seule ils ne vivent pas toûjours.

temps, si on ne leur donne rien. Il est rare que le Peuple les renvoye sans leur donner, & outre celà leurs parens ne les laissent jamais manquer de rien. Les Convens ont même quelquefois des jardins, & des terres labourables, & des esclaves pour les travailler. Toutes leurs terres sont libres d'impôt, & le Prince n'y touche pas; quoy qu'il en ait la vraye proprieté, s'il ne s'en est dépoüillé par écrit, ce qu'il ne fait presque jamais.

XXVIII. Comment ils remplissent la journée.

Au retour de la quête les Talapoins déjeûnent s'ils veulent, & ne sont pas toûjours réguliers à présenter à l'Idole ce qu'ils mangent, quoy qu'ils le fassent quelquefois de la maniere que j'ay dite. En attendant le dîné ils étudient, ou ils s'occupent à ce que bon leur semble, & ils dînent à midy. Aprés dîné ils font la leçon aux petits Talapoins, & ils dorment; & sur le déclin du jour ils balayent le Temple, & y chantent comme le matin pendant deux heures, aprés quoy ils se couchent. S'ils mangent le soir ce n'est que du fruit : & quoy que leur journée semble remplie par ce que je viens de dire, ils ne laissent pas de se promener en ville les aprés-dînées pour leur plaisir.

XXIX. Des Valets séculiers des Talapoins.

Outre les Esclaves que peuvent avoir les Convens, ils ont chacun un ou deux valets, qu'ils appellent *Tapacáou*, & qui sont véritablement séculiers, quoy qu'ils soient habillez comme les Talapoins, hormis que leur habit est blanc, & non jaune. Ils reçoivent l'argent que l'on donne aux Talapoins, parce que les Talapoins n'en peuvent toucher sans péché : ils ont soin des jardins & des terres, que peut avoir le Convent, & en un mot ils font dans les Convens, pour les Talapoins, tout ce que les Talapoins croyent ne pouvoir faire par eux-mêmes, comme nous verrons dans la suite.

CHAPITRE XVIII.

De l'Election du Supérieur, & de la reception des Talapoins, & des Talapoüines.

I. L'Election du Supérieur.

QUAND le Supérieur est mort, soit-il Sancrat ou non, le Convent en élit un autre, & pour l'ordinaire il choisit le plus vieux Talapoin de la maison, ou au moins le plus savant.

II. Comment fait un séculier, qui bâtit un Temple, & commence un Convent.

Si un Particulier fait bâtir un Temple, il convient avec quelque vieux Talapoin à son choix, pour venir être le Supérieur du Convent, qui se bâtit autour de ce Temple, à mesure que d'autres Talapoins y veulent venir habiter : car on ne bâtit point de loge de Talapoin par avance.

III. Comment on est receu Talapoin.

Si quelqu'un veut se faire Talapoin, il commence par convenir avec quelque Supérieur, qui veüille le recevoir dans son Convent : & parce qu'il n'y a qu'un Sancrat, comme j'ay dit, qui luy puisse donner l'habit, il va le demander à quelque Sancrat, si le Supérieur avec qui il veut demeurer, n'est luy-même Sancrat ; & le Sancrat luy donne heure à peu de jours de là & pour l'aprés-dînée. Quiconque s'y opposeroit pécheroit ; & comme cette profession est lucrative, & qu'elle ne dure pas nécessairement toute la vie, les parens sont toûjours fort aises de la voir embrasser à leurs enfans. Je n'ay pas oüy dire ce que rapporte M. Gervaise, qu'on ait besoin d'une permission par écrit d'Oc-yà Prá-sedet pour être reçû Talapoin. Je ne voy pas même comment cela seroit pratiquable dans toute l'étenduë du Royaume; & l'on m'a toûjours asſûré qu'il eſt libre à tout le monde de ſe faire Talapoin, & que ſi quelqu'un s'oppoſoit à la reception d'un autre dans cette profeſſion, il pécheroit. Lors donc que quelqu'un doit être reçû, ſes parens & ſes amis l'accompagnent à cette cérémonie avec des inſtrumens & des danſeurs, & de temps en temps ils s'arrêtent en chemin pour voir danſer. Pendant la cérémonie le Poſtulant & les hommes, qui ſont de ſa ſuite, entrent dans le Temple où eſt le Sancrat: mais les femmes, les inſtruments, ny les danſeurs n'y entrent point. Je ne ſay qui raſe la tête, les ſourcils & la barbe au Poſtulant, ou s'il ne ſe la raſe pas luy-même. Le Sancrat luy donne l'habit de la main à la main, & il s'en reveſt, laiſſant tomber l'habit ſéculier par deſſous, quand il a mis l'autre. Le Sancrat prononce cependant pluſieurs paroles Balies: & quand la cérémonie eſt achevée, le nouveau Talapoin s'en va au Convent où il doit demeurer; & ſes parens & ſes amis l'y accompagnent: mais dés lors il ne doit plus entendre d'inſtrument, ny regarder aucune danſe. Quelques jours aprés les parens donnent un repas au Convent; & ils donnent beaucoup de ſpectacles devant le Temple, leſquels il eſt défendu aux Talapoins de regarder.

IV. S'il y a divers degrés de Talapoins

Mr. Gervaiſe diſtingue les Talapoins en *Baloüang*, *Tchâou-cou* & *Picou*. Pour moy j'ay toûjours oüy dire que *Baloüang*, que les Siamois écrivent *Pat-loüang*, n'eſt qu'un titre de reſpect. Les Siamois le donnoient aux PP. Jéſuïtes, comme nous leur donnons le titre de Révérence. Je n'ay jamais oüy parler en ce Païs-là du mot de *Picou*, mais ſeulement de celuy de *Tchâou-cou*, que j'expliqueray dans la ſuite, & qu'on m'a dit être le mot Siamois qui veut dire Talapoin. De ſorte qu'ils diſent, *c'eſt un Tchâou-cou, & je veux être Tchâou-cou,* pour dire *c'eſt un Talapoin & je veux être Talapoin.* Néanmoins comme il peut y avoir entre les Sancrats & les Talapoins quelque différence, dont les gents que j'ay conſultez, n'ont ſû, quoy qu'habiles d'ailleurs, m'expliquer le véritable fondement, il peut bien être qu'il y en ait auſſi quelqu'-

une entre les Talapoins mêmes, dont quelques-uns ſoient *Pat-loüang* & d'autres *Picou*, & que le nom général de tous ſoit *Tchaou-cou* : je m'en rapporte à Mr. Gervaiſe.

Les Talapoüines s'appellent *Nang Tchii* : Elles ſont vêtuës de blanc, comme les Tapacáou, & ne ſont pas eſtimées tout-à-fait Réligieuſes. Un ſimple Supérieur ſuffit à leur donner l'habit, auſſi bien qu'aux *Nens* : & quoy qu'elles ne puiſſent avoir aucun commerce charnel avec les hommes, néanmoins on ne les brûle pas pour cela, comme on brûle les Talapoins, qu'on ſurprend en faute avec les femmes. On les livre à leurs Parens pour les châtier du baſton; parce que les Talapoins ny les Talapoüines ne peuvent frapper perſonne.

V. Des Talapoüines.

CHAPITRE XIX.

De la Doctrine des Talapoins.

TOUTES les Indes ſont pleines de Talapoins quoy qu'ils n'ayent pas par tout ce même nom, & qu'ils ne vivent pas par tout d'une même ſorte. Quelques-uns ſe marient, & d'autres

I. Divers genres de Talapoins dans les Indes.

gardent le célibat : quelques-uns mangent de la viande, pourvû qu'on la leur donne tuée, d'autres n'en mangent jamais : quelques-uns tuënt des animaux, d'autres n'en tuënt point du tout ; & d'autres n'en tuënt que rarement & pour quelque sacrifice. Leur Doctrine ne paroît pas non plus exactement la même par tout, quoy que le fond en soit toûjours l'opinion de la Metempsycose : & leur Culte aussi est divers, quoy qu'il se rapporte toûjours aux Morts.

11. Comment ils croyent toute la nature animée, & à quelle idée, ils ont de l'animation.
Il semble qu'ils croyent toute la Nature animée, non seulement les hommes, les bêtes & les plantes, mais le Ciel, les Astres, la Terre & les autres Eléments, les Fleuves, les Montagnes, les Villes, les Maisons mêmes. Et d'ailleurs comme toutes les Ames leur paroissent de même nature, & indifférentes à entrer dans tous les Corps, de quelque espéce qu'ils soient, il semble qu'ils n'ayent pas de l'animation l'idée que nous en avons. Ils croyent que l'Ame est dans le Corps, & qu'elle régit le Corps, mais il ne paroît pas qu'ils croyent comme nous que l'Ame soit unie physiquement au corps, pour faire un tout

tout avec luy. Bien loin de penser que le penchant naturel des Ames soit d'être dans les Corps, ils croyent que c'est un soin pénible pour elles, & une occasion de souffrir, & d'expier leurs péchez par leurs souffrances ; parce qu'en effet il n'y a pas de genre de vie qui n'ait ses peines. La suprême félicité de l'Ame est, à leur avis, de n'être plus obligée à animer aucun corps, mais de demeurer eternellement dans le repos: & le véritable enfer de l'Ame est au contraire, selon eux, la nécessité perpétuëlle d'animer des corps, & de passer de l'un dans l'autre par de continuëlles transmigrations. On dit que parmi les Talapoins, il y en a qui asûrent hardiment qu'ils se souviennent de leurs transmigrations passées : & ces témoignages suffisent sans doute pour confirmer le Peuple dans l'opinion de la Metempsycose. Les Européans ont quelquefois traduit par le mot de *Génie tutelaire* les Ames que les Indiens donnent à des Corps, que nous estimons inanimez: mais ces Génies ne sont certainement dans l'opinion des Indiens que de véritables Ames, qu'ils supposent animer également tous les Corps où elles sont présentes, mais d'une maniére qui ne répond pas à *l'union physique* de nos Ecoles.

III. Ce qu'ils pensent de l'éternité du Monde.

La figure du Monde est éternelle selon leur doctrine, mais le Monde que nous voyons ne l'est pas : car tout ce que nous y voyons, vit dans leur opinion, & doit mourir ; & il renaîtra en même temps d'autres êtres de même espéce, un autre Ciel, une autre Terre, d'autres Astres : & c'est le fondement de ce qu'ils disent qu'on a vû la nature périr & renaître plusieurs fois.

IV. De la Nature de l'ame selon eux.

Nulle opinion n'a été si généralement reçuë parmi les hommes, que celle de l'immortalité de l'ame : mais que l'ame soit immatérielle, c'est une vérité dont la connoissance ne s'est pas tant étenduë. Aussi est-ce une difficulté tres-grande de donner à un Siamois l'idée d'un pur Esprit : & c'est le témoignage qu'en rendent les Missionnaires, qui ont été le plus long-temps parmi eux. Tous les Payens de l'Orient croyent à la verité qu'il reste quelque chose de l'homme aprés sa mort, qui subsiste séparément & indépendamment de son corps : mais ils donnent étenduë & figure à ce qui en reste, & ils luy attribuënt en un mot tous les mêmes membres, & toutes les mêmes substances solides & liquides, dont nos corps sont composez. Ils supposent seulement que les Ames sont d'une matiére assez subtile, pour se dérober à l'attouchement & à la vûë; quoy qu'ils croyent d'ailleurs que si on en blessoit quelqu'une, le sang qui couleroit de sa blessûre, pourroit paroître. Tels étoient les Manes & les Ombres des Grecs & des Romains, & c'est à cette figure des Ames pareille à celle des Corps, que Virgile suppose qu'Enée reconnut Palinure, Didon, & Anchise dans les Enfers.

Or ce qu'il y a de tout-à-fait impertinent dans cette opinion, c'est que les Orientaux ne sauroient dire pourquoy ils donnent la figure humaine plûtôt que toute autre, aux Ames qu'ils supposent pouvoir animer toutes sortes de Corps, autres que le corps humain. Lors que le Tartare qui regne aujourd'huy à la Chine, voulut forcer les Chinois à se raser les cheveux à la Tartare, plusieurs d'entre-

V. Absurdité de leur opinion.

eux aimérent mieux souffrir la mort, que d'aller, disoient ils, en l'autre Monde paroître sans cheveux devant leurs Ancêtres : s'imaginant que l'on rasoit la tête de l'Ame en rasant celle du Corps.

VI. Des peines & des récompenses de l'ame aprés la mort. Les ames donc, quoy que matérielles sont pourtant impérissables dans leur opinion ; & au sortir de cette vie, elles sont punies ou récompensées par des supplices, ou par des plaisirs proportionnez par la grandeur & par la durée à leurs bonnes ou mauvaises œuvres, jusqu'à ce qu'elles rentrent dans le Corps humain, où elles doivent joüir d'une vie plus ou moins heureuse, selon le bien ou le mal qu'elles ont commis en une vie antérieure.

VII. Comment ils expliquent la prosperité des méchants, & les malheurs des bons. Si un homme est malheureux avant que d'avoir failli, comme s'il meurt avant que de naître, les Indiens croyent qu'il l'a mérité dans une vie antérieure, & qu'alors peut-être il a fait avorter quelque femme grosse. Si au contraire ils voyent prospérer un méchant homme, ils croyent qu'il joüit de la récompense qu'il a méritée en une autre vie par de bonnes actions. Si la vie de l'homme eſt mêlée de bien & de mal, c'eſt, diſent-ils, que tout homme a bien & mal fait quand il a autrefois vécu. En un mot perſonne ne ſouffre, à leur avis, aucun malheur, s'il a toûjours été innocent, ny il n'eſt toûjours heureux, s'il a quelquefois été coupable, ny il ne joüit d'aucune proſpérité qu'il ne l'ait méritée par quelque bonne action.

Outre les diverſes maniéres d'être de ce Monde, comme de plante, ou d'animal, auſquelles les Ames ſont tour à tour attachées aprés la mort, ils content pluſieurs Lieux hors de ce Monde, où les Ames ſont punies ou récompenſées. Il y en a de plus heureux que le Monde où nous ſommes, & il y en a de plus malheureux. Ils placent tous ces Lieux comme par étages dans toute l'étenduë de la Nature; & leurs Livres varient dans le nombre; quoy que l'opinion la plus commune eſt qu'il y en ait neuf d'heureux, & autant de malheureux. Les neuf heureux ſont au deſſus de nos têtes, les neuf malheureux ſont au deſſous de nos piés; & plus un lieu eſt élevé, plus il eſt heureux, comme auſſi plus il eſt bas, plus il eſt mal-

VIII. Des divers Lieux, où l'ame paſſe aprés la mort.

heureux : de sorte que les heureux s'étendent bien au dessus des Etoiles, comme les malheureux s'abysment bien au dessous de la Terre. Les Siamois appellent *Theuadà* les habitants des Mondes supérieurs, *Pii* ceux des Mondes inférieurs, & *Manout* ceux de ce Monde. Les Portugais ont traduit le mot de *Theuadà* par celuy d'Anges, & le mot de *Pii*, par celuy de Diables : & ils ont donné le nom de Paradis aux Mondes supérieurs, & celuy d'Enfer aux inférieurs.

IX.
Elle y renaît.

Mais les Siamois ne croyent pas que les Ames en sortant du corps passent en ces lieux-là, comme les Grecs & les Romains croyoient qu'elles passoient aux Enfers : elles naissent, selon eux, aux lieux où elles passent ; & elles y vivent d'une vie, qui nous est cachée, mais qui est sujette aux infirmitez de celle-cy, & à la mort. La mort & la renaissance sont toûjours le chemin de l'un de ces lieux à un autre, & ce n'est qu'aprés avoir vécu en un certain nombre de lieux, & pendant un certain temps, qui s'étend d'ordinaire à plusieurs milliers d'années, que les Ames, punies par-là, ou récompensées viennent-renaître au Monde où nous sommes.

Or comme ils supposent que les Ames ont un nouveau ménage dans les lieux où elles renaissent, ils croyent qu'elles ont besoin des choses de cette vie; & tout l'ancien Paganisme l'a crû de même. Les Gaulois brûloient avec le corps d'un homme mort les choses, qu'il avoit le plus aimées pendant sa vie, meubles, animaux, esclaves, & même des Personnes libres, s'il y en avoit eu de singuliérement attachées à son service.

X. Pour y vivre d'une vie pleine de besoins comme celle-cy.

On pratique encore aujourd'huy pis que celà, s'il est possible, parmy les Payens de la véritable Inde, où la femme fait gloire de se brûler toute vive avec le corps de son Mary, pour rejoindre son ame en l'autre Monde. Je say bien que quelques-uns présument que cette coûtume fut autrefois introduite aux Indes, pour garentir les Maris de la trahison de leurs femmes, en les forçant de mourir avec eux. Mandelslo rapporte cette opinion; & Strabon l'avoit rapportée avant luy, & l'avoit desapprouvée, ne trouvant pas proba-

XI. Pourquoy les Indiennes se brûlent avec le corps de leur mary mort.

ble ny qu'une telle loy fût établie, ny qu'une telle raison de l'établir fût véritable. En effet, outre que cette coûtume s'est étenduë aux meubles & aux animaux, toutes choses innocentes, elle est libre à l'égard des femmes, dont aucune ne meurt de cette maniére, si elle ne le desire ; & elle a été reçuë en trop de Païs, pour croire que les crimes des femmes y ayent donné lieu. Les femmes pour être esclaves, ou comme esclaves de leurs Maris, aux Lieux où la coûtume en est établie, n'en sont ny plus mécontentes de leur condition ny plus ennemies de leurs Maris, & elles ne changent nulle part de condition à cet égard, par un second mariage. Aussi voit-on que les Indiennes ont toûjours regardé non comme une peine, mais comme un bonheur qui leur est offert, la liberté qu'elles ont de mourir avec leurs Maris. Les femmes esclaves suivent quelquefois leur Maîtresse au même bucher, mais volontairement & sans y être forcées. Et d'ailleurs ce n'est pas une chose sans exemple aux Indes, qu'un Mary amoureux de sa femme veüille se consumer avec elle, par l'esperance d'aller joüir avec elle d'une autre vie.

Navarete dit que c'est une coûtume des Tartares, que quand il meurt quelqu'un parmy eux, l'une de ses femmes se pende, pour le suivre en l'autre monde ; mais que le Tartare qui regnoit à la Chine en 1668. abolit cette coûtume : & il ajoûte, que quoy qu'elle ne soit pas ordinaire aux Chinois, ny approuvée par Confucius, elle n'y est pas néanmoins sans exemple. Il en rapporte même un de son temps, du vice-Roy de Canton, qui s'étant empoisonné luy-même, & se sentant mourir, appela celle de ses femmes qu'il aimoit le mieux, & la pria de le suivre : ce qu'elle fit en se pendant dés qu'il fut mort.

XII. Cette coûtume est reçûë parmi les Tartares, & n'est pas sans exemple chez les Chinois.

Mais certainement ny les Chinois, ny les Tonquinois, ny les Siamois, ny les autres Indiens d'au de-là du Gange, n'ont jamais reçû, que l'on sache, la coûtume de laisser brûler les femmes : & d'ailleurs ils ont établi par une sage œconomie, qu'il suffisoit de brûler avec les corps morts, au lieu de véritables meubles & de véritable monnoye, ces mêmes choses figurées en papier découpé, & souvent

XIII. Oeconomie des Chinois & de leurs voisins dans les funerailles.

peint ou doré: sous couleur, à mon avis, qu'en matiére d'Ombres, celles des choses en papier étoient aussi bonnes que celles des choses mêmes, que le papier représente. C'est pourquoy le Peuple dit que ce papier qu'on brûle, se convertit en l'autre vie aux choses qu'il représente. Les plus riches Chinois ne laissent pas de brûler au moins de véritables étoffes, & ils brûlent d'ailleurs tant de papier, que cette seule dépense ne laisse pas d'être considérable.

XIV. Pouvoir des Morts sur les Vivants, source du Culte des Morts. Mais tous ces Peuples d'Orient ne croyent pas seulement qu'ils peuvent être secourables aux Morts, comme je viens de l'expliquer; ils pensent aussi que les Morts ont le pouvoir de tourmenter & de secourir les Vivants: & de-là vient leur soin & leur magnificence dans les funerailles: car ce n'est qu'en cela qu'ils sont magnifiques. De-là vient aussi qu'ils prient les Morts, & principalement les Manes de leurs Ancêtres jusqu'au Bisayeul, ou au Trisayeul, présumant que les autres sont tellement écartez par diverses transmigrations, qu'ils ne sauroient plus les entendre. Les Romains prioient aussi leurs Ancêtres morts, quoy qu'ils ne les cruſſent pas Dieux. Ainſi Germanicus dans Tacite, au commencement d'une Expédition Militaire prie les Manes de ſon pére Druſus de la rendre heureuſe, parce que Druſus avoit luy-même fait la guerre en ce Païs-là.

XV.
Ils ne creignent que les Morts de connoiſſance.

Mais par une prévention, que je voy répanduë même parmy les Chrêtiens, qui ont peur des Eſprits, les Orientaux n'attendent, ny ne creignent rien des Morts des Païs étrangers, mais des morts de leur Ville, ou de leur quartier, de leur profeſſion, ou de leur famille.

CHAPITRE XX.

Des Funerailles des Chinois, & de celles des Siamois.

I.
Raiſon de parler des funerailles des Chinois.

LEs funérailles des Chinois ſont décrites en pluſieurs Relations, mais je ne laiſſeray pas d'en dire un mot, pour faire mieux entendre celles des Siamois; parce que les Mœurs d'un Païs s'éclairciſſent toûjours mieux par la comparaiſon des Mœurs des Païs voiſins.

II.
Quelles en sont les principales circonstances.

Le premier soin des Chinois dans les funérailles est d'avoir une biére de bois précieux ; en quoy ils font quelquefois une dépense au dessus de leur fortune : & quoy qu'ils enterrent les corps sans les brûler, ils ne laissent pas de brûler, en les enterrant, meubles, maisons, animaux, monnoye, & tout ce qui est nécessaire aux commoditez de la vie ; mais le tout en papier, hormis quelques étoffes véritables qu'on brûle aux funérailles des Riches. Le P. Sémédo rapporte qu'aux funérailles d'une Reine de la Chine, on brûla réellement ses meubles. Le second soin des Chinois dans les funérailles est de choisir un lieu propre pour le tombeau. Ils le choisissent sur l'avis des Devins, s'imaginant que le repos du Mort dépend de ce choix, & que le bonheur & le repos des Vivants dépend du repos du Mort. Si donc ils ne sont pas les propriétaires du lieu indiqué par les Devins, ils ne manquent pas de l'acheter, & quelquefois chérement. Et en troisiéme lieu, outre le convoy funébre qui est grand, ils donnent des repas magnifiques au Mort, non seulement quand ils l'enterrent, mais à pareil jour toutes les années, & même plusieurs fois l'année.

III. Culte des Morts.

Ils ont dans leur maison une chambre destinée aux Manes de leurs Ancêtres, où de temps en temps ils vont rendre à leur figure les mêmes devoirs, qu'ils ont rendus à leur corps en l'enterrant. Ils brûlent de nouveau des parfums, des étoffes, & des papiers découpez, & ils leur font de nouveaux repas. Les Tonquinois, selon le P. de Rhodes, mêlent à ces sortes de repas des mets de papier qu'ils brûlent. Le même Auteur raconte bien au long les Priéres que les Tonquinois font aux Morts : comment ils leur demandent une longue & heureuse vie : avec quel zele ils redoublent leur Culte & leurs Priéres dans leurs malheurs, quand les Devins leur asûrent qu'ils en doivent attribuër la cause à la colére de leurs Parens morts.

IV. Les Chinois d'aujourd'huy sont entierement impies.

Plusieurs Relations de la Chine asûrent que les Gents-de-lettres, qui sont en ce Païs-là les Citoyens les plus importants, ne regardent les Cérémonies des funérailles, que comme des Devoirs Civils, ausquels ils ne mêlent aucunes Priéres : qu'ils n'ont aujourd'huy aucun sentiment de Réligion, & ne croyent ny l'existence d'aucun Dieu, ny l'immortalité de l'ame; & qu'encore qu'ils rendent à Confucius un Culte extérieur dans les Temples qui luy sont consacrez, ils ne luy demandent pourtant pas la science, que les Gents-de-lettres du Tonquin luy demandent.

V. Doctrine des anciés Chinois sur le culte des Morts, & qu'il est vray-semblable qu'ils n'ôt jamais prié les Morts dans les funérailles.

Mais, soit que les funérailles que les Chinois lettrez font à leurs Parens soient sans Priéres ou non, il ne laisse pas d'être certain que l'ancien Esprit de la Doctrine des Chinois étoit de croire l'immortalité de l'ame, d'attendre des biens & des maux de la part des Morts, & de leur adresser des priéres, sinon dans les funérailles, au moins dans les disgraces de la vie pour s'attirer leur protection. D'ailleurs quelque opinion qu'ils ayent eu du pouvoir des Morts à secourir les Vivants, il est vray-semblable qu'ils estimoient, que les Morts étoient dans le besoin au moment des funérailles, c'est à dire dans l'entrée & dans l'établissement d'une autre Vie, & que c'étoit alors aux Vivants à secourir les Morts, & non à leur demander du secours.

Mais il est temps de dire quelles sont les funérailles des Siamois. Dés qu'un homme est mort on enferme son corps dans une biére de bois, que l'on fait vernir par dehors, & même dorer : & comme le vernis de Siam n'est pas si bon que celuy de la Chine, & qu'il n'empêche pas toûjours que la mauvaise odeur du corps mort ne passe par les fentes de la biére, ils tâchent à consumer au moins les intestins du Mort avec du mercure, qu'ils versent dans sa bouche, & qui sort, dit-on, enfin par le fondement. Ils se servent aussi quelquefois de biéres de plom, & quelquefois aussi ils les font dorer : mais le bois de leurs biéres n'est pas si précieux qu'à la Chine, parce qu'ils ne sont pas si riches que les Chinois. Ils placent par respect la biére sur quelque chose d'élevé, & d'ordinaire sur un bois de lit qui ait des piés, & tant qu'on garde le corps au logis, soit pour attendre le Chef de la famille, s'il est absent, soit pour préparer les honneurs funébres, on brûle des parfums & des bougies auprés de la biére ; & toutes les nuits les Talapoins viennent chanter en Langue balie dans la chambre

VI. Les funérailles des Siamois.

où on l'expose : ils s'y arrangent le long des murs. On les nourrit, & on leur donne quelque argent: & ce qu'ils chantent, sont des Moralitez sur la mort, avec le chemin du Ciel, qu'ils prétendent montrer à l'Ame du trépassé.

VII. Comment ils brûlent les Corps. Cependant la famille choisit un lieu à la Campagne pour y porter le corps & pour l'y brûler. Ce lieu est d'ordinaire un espace prés du Temple que le Mort, ou quelqu'un de ses Devanciers auront fait bâtir ; ou auprés de quelque autre Temple, s'il n'y en a pas de propre à la famille du Mort. On enferme cet espace d'une enceinte en quarré faite de bambou avec quelque sorte d'architecture, du même ouvrage à peu prés que les berceaux & les cabinets de nos jardins, & ornée de ces papiers peints ou dorez, qu'ils découpent pour représenter des maisons, des meubles & des animaux domestiques & sauvages. Au milieu de cet enclos est le bucher composé entiérement ou en partie de bois odoriférants, comme sont le sandal blanc ou jaune, & le bois d'aigle, & cela selon la richesse & la dignité du Mort. Mais le plus grand honneur

Du Royaume de Siam. 473

des funérailles confiste à élever le bucher, non à force d'y mettre du bois, mais par de grands échaffaudages, fur lesquels ils mettent de la terre & puis le bucher. Aux funérailles de la feuë Reine, qui mourut il y a sept ou huit ans, l'échaffaut fut le plus élevé qu'on eût encore vû en ce Païs-là, & il fallut demander une Machine aux Européans, pour lever la biére avec décence à cette hauteur.

Quand il est question de porter le corps au lieu du bucher (ce qui se fait toûjours le matin) les parens & les amis le portent au son de beaucoup d'instruments. Le corps marche le premier, puis la famille du Mort hommes & femmes tous habillés de blanc, la tête même voilée d'une toile blanche, & se lamentants beaucoup; & enfin le reste des amis & des parents. Si le Convoy peut faire tout le chemin par eau, on le fait. Dans les funérailles fort magnifiques on porte dé grandes machines de bambou couvertes de papier peint & doré, qui représentent non seulement des Palais, des meubles, des Eléphants, & d'autres animaux ordinaires, mais des Monstres bizarres, dont quelques-uns

VIII. Le Convoy.

approchent de la figure humaine, & que les Chrêtiens prennent pour des figures de Diables. Ils ne brûlent pas la biére, mais ils en ôtent le corps qu'ils laissent sur le bucher: & les Talapoins du Convent, prés duquel on brûle le Corps, chantent pendant un quart d'heure, & puis se retirent pour ne paroître pas davantage. Alors commencent les spectacles du Cône & du Rabam, que l'on représente en même temps, & tout le long du jour, mais sur des Théatres différents. Les Talapoins ne pensent pas y pouvoir assister sans péché; & ces spectacles ne sont appelez aux funérailles par aucune vûë de Réligion, mais seulement pour les rendre plus magnifiques. Ils donnent à la Cérémonie un air de Fête, & néanmoins les parens du Mort ne laissent pas d'y faire beaucoup de lamentations, & d'y verser beaucoup de larmes: mais ils ne loüent point de pleureuses, à ce qu'on m'a assuré.

IX. Le Valet des Talapoins allume le Bucher.

Sur le midi le *Tapacáou* ou valet des Talapoins met le feu au bucher, qui brûle pour l'ordinaire pendant deux heures. Le feu ne consume jamais le corps, il le rôtit seulement,

& souvent fort mal : mais il est toûjours censé pour l'honneur du Mort, qu'il a été tout-à-fait consumé en lieu éminent, & qu'il n'en reste que les cendres. Si c'est le corps d'un Prince du sang, ou d'un Seigneur que le Roy ait aimé, le Roy met luy-même le feu au bucher, & sans sortir de chez luy. Il lâche un flambeau allumé le long d'une corde, que l'on tend depuis l'une des fenêtres du Palais jusqu'au bucher. Quant aux papiers découpez qui sont naturellement destinez aux flammes, les Talapoins les en garentissent souvent, & s'en saisissent pour les prêter à d'autres funérailles; & la famille du mort les laisse faire. En quoy il paroît qu'ils ont oublié la raison, pourquoy les Nations voisines ne se dispensent pas de brûler effectivement de tels papiers : & en général on peut asûrer qu'il n'y a gents au Monde, qui ignorent leur propre Réligion autant que les Talapoins. Il est, dit-on, tres-difficile d'en trouver quelqu'un parmy eux qui sache quelque chose : il faut chercher leurs Opinions dans les Livres Balis, qu'ils conservent, & qu'ils étudient fort peu.

X.
Aumônes aux funérailles.

La famille du Mort nourrit le convoy, & pendant trois jours elle fait des aumônes : savoir le jour que l'on brûle le corps, aux Talapoins qui ont chanté auprés du corps, le lendemain à tout leur Convent, & le troisiéme jour à leur Temple.

XI.
Funérailles redoublées.

Voilà ce qui se pratique aux funérailles des Siamois : à quoy il faut seulement ajoûter qu'ils embellissent le spectacle par beaucoup de feux d'artifice, & que si les funérailles sont d'un homme d'une haute conséquence, elles durent avec les mêmes spectacles pendant trois jours.

XII.
Corps déterrés pour recevoir de plus grands honneurs funébres.

Il arrive aussi quelquefois qu'un homme de grande Dignité fait déterrer le corps de son pére, quoy que mort depuis long-temps, pour luy faire des funérailles magnifiques ; si lors qu'il est mort, on ne luy en a pas fait, qui fussent dignes de l'élevation présente du fils. Cela sent les Mœurs des Chinois, qui communiquent autant qu'ils peuvent à leurs parens morts, les honneurs ausquels ils parviennent. Ainsi, quand un homme n'étant pas né fils de Roy parvient à la couronne de la Chine, il fera avec de certaines cérémonies donner le titre de Roy à son pére mort.

Aprés que le corps d'un Siamois a été brûlé, comme j'ay dit, toute la pompe est finie : on renferme les restes de son corps dans la biére, & sans façon ; & l'on met ce dépôt sous une de ces Pyramides, dont ils environnent leurs Temples. Quelquefois aussi ils enterrent des pierreries & d'autres richesses avec le corps, parce que c'est les mettre en un lieu que la Réligion rend inviolable. Il y en a qui disent qu'ils jettent les cendres de leurs Rois dans la Riviére, & j'ay lû des Pegüans qu'ils font une pâte des cendres de leurs Rois avec du lait, & qu'ils l'entérrent à l'embouchûre de leur Fleuve quand la Mer est retirée : mais comme le feu ne consume jamais tout, & qu'il épargne principalement les os, les Siamois & les Pegüans mettent ces restes de leurs Rois sous des Pyramides. Ces Pyramides s'appellent *Prá Tchiáï-dî*. *Prá* est ce terme baly, dont j'ay souvent parlé. *Tchiáï-dî* veut dire *cœur-bon*, c'est à dire *contentement* comme je l'ay expliqué autre part : de sorte que *Prá Tchiáï-dî* revient à ces mots *repos sacré*, autant que ceux de *repos* & de

XIII.
Ce que le feu ne consume pas, est enterré sous des Pyramides ; & comment les Siamois appellent ces Pyramides.

contentement se ressemblent.

XIV. D'où est venu le goût des Pyramides pour les Tombeaux.

Un tombeau tout plat comme les nôtres ne seroit pas à leur avis assez honorable, il leur faut quelque chose d'élevé : & voilà le goût des Pyramides d'Egypte & des Mausolées. Des Peuples encore plus vains y ont joint les Epitaphes : & parce que le temps efface les Inscriptions, qui sont exposées à la vûë, d'autres ont mis leurs noms à couvert sur les pierres fondamentales de certains édifices superbes : si bien que quand on les y découvre, leur ouvrage est déja renversé jusqu'aux fondements. Les Siamois s'en tiennent encore au premier degré de vanité, qui est des simples Pyramides sans Epitaphe, & si peu fondées, que celles qui durent le plus, ne durent jamais un siécle.

XV. Pourquoy les Siamois aiment à bâtir des Temples.

Ceux qui n'ont ny Temple ny Pyramide, gardent quelquefois chez eux les restes mal brûlez de leurs parens : mais il n'y a guére de Siamois assez riche pour bâtir un Temple qui ne le fasse, & qui n'y enfoüisse les richesses qu'il a de reste. Les Temples sont des aziles inviolables, comme j'ay dit, & les Rois de Siam aussi bien que les Particuliers, leur confient leurs Thrésors,

Je fay que des Siamois ont demandé des limes sourdes à des Européans, pour couper de grosses barres de fer qui lioient des pierres dans des Temples, sous lesquelles il y avoit de l'or caché. Les Siamois qui n'ont pas dequoy bâtir un Temple, ne laissent pas de faire faire au moins quelque Idole, qu'ils donnent à quelqu'un des Temples déja bâtis. Ce qui en ces Peuples est un sentiment de vanité ou de Réligion, au lieu que la construction des Temples peut être autant l'interêt de conserver leurs richesses à leur famille, que toute autre chose.

XVI. Funérailles des Pauvres.

Les plus pauvres enterrent leurs parens sans les brûler; mais s'il leur est possible ils y appellent les Talapoins, qui ne marchent pas sans salaire. Ceux qui n'ont pas même dequoy payer les Talapoins, croyent faire assez d'honneur à leurs parens morts, de les exposer à la campagne en lieu éminent: c'est à dire sur un échaffaut, où les vautours & les corneilles les dévorent.

XVII. Honneurs funébres retardez.

J'ay déja dit que dans les maladies épidémiques ils entérrent les corps sans les brûler; & qu'ils les déterrent

& les brûlent quelques années aprés, lors qu'ils croyent tout le peril de l'epidémie passé.

XVIII. Ceux qui sont privez des honneurs funébres. Mais ils ne brûlent jamais ny ceux que la Justice fait mourir ny les enfants morts-nez, ny les femmes qui meurent en accouchant, ny ceux qui se noyent, ou qui périssent par quelque autre desastre extraordinaire, comme par un coup de foudre. Ils mettent ces malheureux au rang des coupables, parce qu'ils croyent que de tels malheurs n'arrivent jamais à des personnes innocentes.

XIX. Le Deüil. Le Deüil à la Chine est prescrit par la loy, & celuy du pére & de la mere y dure trois ans, & prive ou dépoüille le fils pendant ce temps-là de toute sorte d'Employ public, s'il n'est militaire : encore me semble-t-il que cette exception pour les Emplois militaires est un établissement récent. Les Siamois au contraire n'ont point de Deüil forcé : ils ne donnent de marques de douleur qu'autant qu'ils sont affligez ; si bien qu'il est plus ordinaire à Siam que le pére & la mére y prennent le Deüil de leurs enfants, que non pas que les enfants l'y portent de leur pére & de leur mere. Quelquefois

fois le pére se fait Talapoin & la mére Talapoüine, ou au moins ils se rasent la tête l'un & l'autre: mais il n'y a que les véritables Talapoins, qui puissent se raser aussi les sourcils.

Il ne m'a pas paru, que les Siamois invoquent leurs parens morts, quelque interrogation que j'aye pû faire sur cela ; mais ils ne laissent pas de se croire souvent tourmentez de leurs apparitions : & pour lors ils portent des viandes à leurs tombeaux que les bêtes mangent ; & ils font des aumônes pour eux aux Talapoins, parce qu'ils croyent que l'aumône rachéte les péchez des Morts aussi-bien que des Vivants. Outre cela les Siamois font presque en toutes rencontres des priéres aux bons Génies, & des imprécations contre les mauvais, dequoy j'ay déja donné quelques exemples:& ces Génies ne sont certainement dans leur opinion que des Ames, toutes, comme j'ay dit, de même nature.

XX. Que les Siamois prient les Morts.

Les méchants Génies sont les Ames de ceux, qui meurent, ou par ordre de la justice, ou par quelqu'un de ces malheurs extraordinaires, qui les font juger indignes des honneurs fu-

XXI. Comment il faut entendre que les Ames des bons se changent

en Anges, & celle des méchants en Diables.

nébres. Les bons Génies sont toutes les autres ames, estimées plus ou moins bonnes selon qu'elles ont été plus ou moins vertueuses en cette vie. Et cela revient tout-à-fait à l'opinion de Platon, qui vouloit qu'on s'attachât à la vertu pendant la vie, afin que l'habitude en durât aprés la mort. Cela revient encore à cette ancienne opinion, qui étoit répanduë même parmy quelques-uns des anciens Chrêtiens, que les Ames des bons se changeoient en Anges, & les Ames des méchants en Diables. Mais chez les Indiens cette Doctrine n'est autre chose, sinon que les Ames des bons renaissent aprés la mort dans un de ces lieux, que les Portugais ont appelé Paradis, & les Ames des méchants dans un de ces autres lieux, qu'ils ont appelé Enfers. Les unes continüant d'être bonnes aprés la mort, font du bien aux hommes, les autres continüant d'être méchantes, nuisent aux hommes & à toute autre chose, autant qu'elles peuvent. Et qui sait si ces divers Paradis qu'ils croyent, ne sont pas un souvenir confus des divers Ordres des Esprits célestes ?

Or par un aveuglement incroyable les Indiens n'admettent aucun Etre intelligent, qui juge de la bonté, ou de la malice des actions humaines, & qui en ordonne le châtiment ou la récompense. Ils n'admettent pour cela qu'une fatalité aveugle, qui fait, disent-ils, que le bonheur accompagne la vertu, & que le malheur accompagne le vice; comme elle détermine les choses pesantes à descendre, & les legéres à monter. Et parce que rien ne repugne davantage à la raison, que de supposer une Justice exacte dans le hazard, ou dans la nécessité du Destin, les Peuples Indiens se portent à imaginer quelque chose de corporel dans les œuvres bonnes ou mauvaises, qui a, disent-ils, la force de faire aux hommes le bien ou le mal qu'ils ont mérité. Mais puis que nous avons souvent dit, que les Indiens reconnoissent la distinction des œuvres bonnes ou mauvaises, il est à propos de donner les Principes de leur Morale.

^{XXII.} Les Indiens n'ôt point de Dieu qui soit le Juge des actions humaines.

CHAPITRE XXI.

Des Principes de la Morale Indienne.

I. Cinq Préceptes négatifs.

ILs se reduisent à cinq préceptes négatifs, à peu prés les mêmes dans tous les Cantons des Indes. Ceux des Siamois sont tels.

1. Ne rien tuër.
2. Ne rien dérober.
3. Ne commettre aucune impureté.
4. Ne point mentir.
5. Ne point boire de liqueur qui enyvre, qu'ils appellent *Laou* en général.

II. Le premier Précepte s'étend aux Plantes & aux Semences.

Le premier Précepte n'est point borné à ne tuër ny hommes ny animaux : mais il s'étend aux plantes & aux semences ; parce que, par une opinion assez vray-semblable, ils croyent que la semence n'est que la plante même dans une enveloppe. L'homme observant donc ce premier Précepte, comme ils l'entendent, ne sauroit vivre que de fruit ; d'autant qu'ils regardent le fruit, non comme une chose qui a vie, mais comme une partie d'une chose qui a vie, & qui ne souffre point, quoy qu'on luy ôte son fruit. Il faut seulement en mangeant le fruit ne manger ny pepin ny noyau, parce que ce sont des semences : & il faut enfin ne point manger de fruit hors de la saison, c'est à dire, à mon avis, avant la saison ; parce que c'est faire avorter la semence que le fruit contient, en l'empêchant de mûrir.

Outre cela le Précepte de ne point tuër s'étend à ne rien détruire dans la Nature : parce qu'ils estiment que tout y est animé, ou, si l'on veut, qu'il y a des Ames par tout, & que c'est déloger une Ame par force, que de détruire quoy que ce soit. Ils ne veulent même rien estropier, ny rien mutiler. Ils ne casseront pas, par exemple, une branche d'arbre, comme ils ne casseront pas le bras à un homme innocent. Ils croyent que c'est offenser l'Ame de l'arbre. Mais quand une fois l'Ame a été chassée d'un Corps, ils regardent cela comme une destruction déja faite, & ne croyent rien détruire en se nourrissant de ce Corps. Les Talapoins même ne font aucun scrupule de manger ce qui est mort, mais de tuër ce qu'ils estiment vivant.

III. Er à ne rien détruire dans la Nature,

IV.
Ils ont en plusieurs choses plus d'horreur du sang que du meurtre.

En plusieurs choses ils témoignent plus d'horreur du sang que du meurtre. Il leur est défendu de faire aucune incision, d'où il sorte du sang ; comme si l'Ame étoit principalement dans le sang, ou qu'elle ne fût que le sang. Et c'est peut-être un souvenir confus de l'ancien Précepte de Dieu, qui en permettant à l'homme l'usage des viandes, luy défendoit de manger le sang des Animaux, *parce que le sang leur tient lieu d'Ame.* Il y a des Indiens, qui n'osent couper une certaine plante, parce qu'il en sort un suc rouge, qu'ils prennent pour le sang de cette plante. Les Siamois ne font scrupule d'aller à la pesche, que les jours que les Talapoins se rasent la tête. A cela prés il leur semble que quand ils peschent, ils ne commettent point de faute ; parce qu'ils ne s'estiment pas coupables de la mort des poissons. Ils ne font, disent-ils, que les tirer de l'eau, & ils ne répandent pas leur sang. Le moindre détour leur suffit pour éluder les Préceptes. Ainsi ils ne croyent pas pécher en tuant à la guerre, parce qu'ils ne tirent pas droit à l'ennemy: quoy qu'au fonds ils tâchent de tuër, comme je l'ay expliqué en parlant de leur maniére de combattre.

Que si on leur dit que selon l'opinion de la Metempsycose, le meurtre paroît souvent loüable, puis qu'il peut délivrer une Ame d'une vie malheureuse : ils répondent que c'est toûjours offenser les Ames que de les déloger par force ; & que d'ailleurs on ne les soulage point, parce qu'elles rentrent en des Corps pareils, pour y remplir le reste du temps, pendant lequel elles sont destinées à cette sorte de vie. Mais ils ne sentent pas que cette raison prouveroit aussi qu'on ne feroit nul véritable tort en tuant : & les Chinois qui pensent en cecy autrement que les Siamois, tuënt leurs enfans quand ils en ont trop, & ils disent que c'est pour les faire renaître plus heureux.

V. L'opinion de la Metempsycose favorable au meurtre des malheureux, si elle ne rend tout meurtre indifférent.

Deplus tous les Indiens pensent que de se tuër soy-même est non seulement une chose permise, parce qu'ils se croyent les maîtres d'eux-mêmes ; mais que c'est un sacrifice utile à l'ame, & qui luy acquiert un grand degré de vertu & de bonheur. Ainsi les Siamois se pendent quelquefois par dévotion à un arbre qu'ils appellent en baly *Prá si mahà Pout.*

VI. Se tuër soy-même leur paroît une chose loüable.

& en Siamois *Ton pô*. Ces mots Balis semblent vouloir dire l'Excellent ou le saint Arbre du grand Mercure: car *pout* veut dire Mercure dans le nom Bali du Mercredy. Les Européans appellent cet arbre *l'Arbre des Pagodes*, parce que les Siamois le plantent devant les Pagodes. Il croît dans les forêts comme les autres arbres du Païs, mais nul particulier n'en peut avoir dans son jardin : & c'est de ce bois-là, qu'on fait toutes les statuës de Sommona-Codom, que l'on veut faire de bois. Mais dans ce zele qui détermine quelquefois les Siamois à se pendre, il y a toûjours quelque sujet évident d'un grand dégoût pour la vie, ou d'une grande crainte, comme est celle de la colére du Prince.

VII. Histoire d'un Pegüan, qui se brûla luy-même.

Il y a six ou sept ans qu'un Pegüan se brûla dans l'un des Temples, que les Pegüans ont à Siam, appelé *Sam-Pihan*. Il s'assit les jambes croisées, & s'enduisit tout le corps d'une huile fort épaisse, ou plûtôt d'une sorte de gomme, & y mit le feu. On disoit qu'il étoit fort mécontent de sa famille, laquelle pleuroit pourtant beaucoup autour de luy. Aprés que le feu l'eut étouffé & bien grillé, on couvrit son corps d'une sorte de plâtre; & on en fit une statuë qu'on dora, & qu'on mit sur l'Autel, derriére celle de leur Sommona-Codom. Ils appellent ces sortes de saints *Prá tian tée*, *Tian* veut dire véritable, *tée* veut dire assurément. Voilà donc comment les Siamois entendent le premier Précepte de leur Morale.

VIII. La défence de l'impureté s'étend à la défence du mariage.

Je n'ay rien de particulier à dire sur le second: mais quant au troisiéme, qui défend toute sorte d'impureté; il ne s'étend pas seulement à l'adultére, mais à tout commerce charnel de l'homme avec la femme, & au Mariage même. Non seulement le Célibat est chez eux un état de perfection, mais le Mariage y est un état de péché: soit par cet esprit de pudeur, qui chez toutes les Nations est attaché à l'usage du Mariage, & qui semble y supposer un mal dont on rougit: soit par une aversion générale de toutes les mal-propretez naturelles, dont quelques-unes étoient des impuretez légales chez les Juifs. On se lave chez de certains Peuples aprés avoir vû sa femme, comme aprés

X v

quelque autre forte de foüillûre. Mahomet a crû les femmes indignes du Paradis; & fans dire ce qu'elles deviendront, il en promet de plus blanches & de plus nettes à fes élûs.

IX Les Philofophes Chinois eftiment le divorce une action vertueufe. Les Philofophes Chinois difent que la femme eft une chofe mauvaife en foy, & qu'il ne faut ny garder la fienne, ny en prendre une autre, dés qu'on a des enfans, qui puiffent rendre aux parens dont ils font nez, & à leurs autres Ancêtres, les devoirs que la Réligion Chinoife croit néceffaires au repos des Morts. Sans cette prétenduë néceffité ils croiroient le Mariage illicite; & dés qu'ils ont affez d'enfans, ils eftiment qu'il y a de la vertu à faire divorce. Ils citent l'exemple de Confucius, qui quitta fa femme, dés qu'il en eut un fils : ils citent l'exemple de ce fils, qui quitta auffi la fienne; & l'exemple & le fentiment de plufieurs autres Philofophes Chinois, qui ont fait divorce avec leurs femmes, & qui ont conté le divorce parmy les actions vertueufes. Ils condamnent comme une corruption des Mœurs anciennes de la Chine, l'opinion du Peuple Chinois d'aujourd'huy, qui aussi bien que le Peuple Siamois, guidé par les sentimens de la Nature, regarde le divorce, sinon comme un mal, pour le moins comme un malheur. Je ne say rien touchant le quatriéme Précepte, qui merite d'être expliqué.

Le cinquiéme ne défend pas seulement de s'enyvrer; mais de boire d'aucune liqueur, qui puisse enyvrer, quoy que l'on ne s'en enyvre pas. Ils estiment une chose mauvaise en soy, qui peut nuire par la quantité.

X. Toute liqueur qui peut enyvrer, défenduë.

C'est ainsi qu'ils entendent leurs Préceptes : mais aussi ne croyent-ils pas que l'exacte vertu soit faite pour tout le monde, mais seulement pour les Talapoins. Ils estiment que ce qui est péché en soy, est péché pour tous; & les Talapoins ne font ny vœu, ny quoy que ce soit, qui rende péché à leur égard, ce qui n'est pas péché pour tout le monde : mais, selon eux, le métier des séculiers est de pécher, & celuy des Talapoins est de ne point pécher, & de faire pénitence pour ceux qui péchent. Ils comprennent comme nous que ceux, qui sont destinez à expier les péchez des autres par la pénitence, doivent être plus

XI. La vertu à leur avis n'est pas faite pour tout le monde.

purs que les autres ; & que la peine deuë & nécessairement attachée au péché, peut néanmoins passer du coupable sur l'innocent, si l'innocent veut bien s'y soûmettre, pour en délivrer le coupable. D'ailleurs ils conçoivent la nature du péché fort grossiérement & fort matériellement : car les Talapoins se contentent de s'abstenir eux-mêmes des actions qu'ils croyent mauvaises, mais ils ne font point de scrupule de les faire commettre aux séculiers pour en profiter. Ainsi quand ils veulent manger du ris, comme le ris est une semence, ils ne le peuvent faire boüillir sans péché, parce que c'est le faire mourir : mais ils font commettre ce prétendu péché à leurs *Tapacáou* qui sont leurs domestiques séculiers, ou bien ils le font commettre aux Enfans-Talapoins qu'ils élévent : & quand le ris est boüilli, alors ils le mangent. De même il leur est défendu d'uriner ny sur le feu, ny dans l'eau, ny sur la terre, parce que ce seroit éteindre le feu, ou corrompre ces deux autres Eléments : ils urinent dans quelque vase, & un serviteur séculier le verse où il luy plaît, & il n'importe qu'il péche. Les séculiers donc ny n'obſervent les Préceptes, ny ne les éludent, que par la crainte des châtiments publics, ou par l'éloignement naturel qu'ils pourront avoir à ce qu'ils eſtimeront peché : mais ils rachétent leurs péchez par leurs bonnes œuvres, qui conſiſtent principalement à faire l'aumône aux Temples & aux Talapoins, ſelon l'ancienne tradition connuë peut-être par toute la Terre, & ſi ſouvent repétée dans l'Ecriture ſainte, que l'aumône rachéte les péchez. Il eſt aiſé auſſi de remarquer en eux un ſentiment tres-naturel & tres-juſte, qui eſt qu'ils condamnent bien davantage les péchez, qui ſe peuvent aiſément éviter, que ceux qui ſont inévitables, quoy qu'ils croyent que tous ſoient des péchez. Mais afin qu'on connoiſſe encore mieux la Morale des Talapoins, je mettray à la fin de cet Ouvrage la plûpart de leurs Maximes mot à mot, comme on me les a données : j'y ajoûteray ſeulement quelques notes pour les faire mieux entendre.

On y verra le reſpect qu'ils ont pour les Eléments & pour toute la

XII.
L'Eſprit des maxi-

mes des Talapoins Nature. Il leur est défendu de dire des injures à aucune chose naturelle : de faire aucun creux en terre, & de ne le pas remplir aprés l'avoir fait : de cuire de la terre, comme de cuire du ris : d'allumer du feu, parce que c'est détruire ce avec quoy on l'allume, & de l'éteindre, quand il est une fois allumé. On y verra qu'ils ont soin de la netteté & des bienséances autant que de la véritable Vertu : qu'ils ont des idées de presque toutes les Vertus, & qu'ils n'en ont presque aucune qui soit exacte; parce qu'ils portent les unes jusqu'à des scrupules superstitieux, & qu'ils demeurent au dessous des autres.

XIII. *La Vertu selon eux est impossible.* D'ailleurs ces Maximes sont seulement pour les Talapoins : non qu'ils croyent que personne les puisse enfreindre sans péché : mais c'est qu'ils voyent bien qu'il est impossible que quelqu'un ne les enfreigne : par exemple, il faut bien que quelqu'un fasse du feu. Ils sont surpris de la beauté de nôtre Morale, quand on leur dit qu'elle appelle également tous les hommes à la Vertu, parce qu'ils ne comprennent pas que ce soit une chose pratiquable : mais quand on le leur fait entendre, & qu'on leur dit que la Vertu ne consiste pas en ces choses impossibles, en quoy ils la mettent, ils méprisent ce qu'on leur dit, & se croyent bien plus purs & plus vertueux, que les Chrêtiens: ou plûtôt ils reviennent à croire qu'eux seuls sont *Creeng*, c'est à dire purs, & que les Chrêtiens sont *cahat* ou destinez au péché, comme le reste des hommes: prévention, qui nous doit bien confondre, & qui prouve l'extrême besoin que la Raison humaine a d'une lumiére supérieure, pour ne se pas égarer dans la conoissance du Bien & du Mal, dont néanmoins les idées nous paroissent si faciles & si naturelles.

Si donc les Talapoins se croyent seuls vertueux, il ne faut pas s'étonner s'ils se permettent aussi tout l'orgueil possible à l'égard des séculiers. Cet orgueil paroît en toutes choses : comme en ce qu'ils affectent de s'asseoir plus haut que les séculiers, de ne saluër jamais aucun séculier, & de ne pleurer jamais la mort d'aucun, non pas même celle de leurs parens. Ils ont une pratique, qui ressemble à la confession, car de temps en

XIV. Vanité des Talapoins.

temps ils semblent rendre compte en secret à leur supérieur de leurs déportements : mais bien loin de s'avoüer pécheurs, ils ne font que parcourir les Préceptes, pour dire qu'ils ne les ont point enfreints. Je n'ay point dérobé, disent-ils, je n'ay point menti, & ainsi du reste. En un mot ils ne sont point humbles, & ils ont plûtôt l'idée des humiliations & des mortifications que celle de l'humilité.

XV. Quelques apparēces de certaines vertus Monastiques dans les Talapoins.

Ils semblent connoître le recüeillement & la retraite. *Un Talapoin péche si en marchant dans les ruës il n'a pas ses sens recüeillis. Un Talapoin péche s'il se mêle d'affaires d'Etat.* On ne s'en mêle guere sans beaucoup de distraction, & sans s'attirer l'envie & la haine de plusieurs : ce qui ne convient pas à un Talapoin, qui ne doit songer qu'à son Convent, & à édifier tout le monde par sa modestie. Mais d'ailleurs je croy qu'une sage Politique a eu beaucoup de part à interdire toutes affaires d'Etat à des gents, qui ont tant de pouvoir sur l'Esprit des Peuples. Ils connoissent l'obeïssance Réligieuse. L'obeïssance est la vertu de tout le monde en ce Païs-là ; & il ne faut pas s'étonner qu'elle se trouve dans leurs Cloîtres. Ils connoissent aussi la chasteté. Un Talapoin péche s'il tousse pour attirer sur luy les regards des femmes; s'il regarde luy-même une femme avec complaisance, ou s'il en desire quelqu'une: s'il use de parfums sur sa personne: s'il met des fleurs à ses oreilles; & en un mot s'il se pare avec trop de soin. Et l'on diroit aussi qu'ils connoissent la pauvreté: car il leur est défendu d'avoir plus d'un vêtement, & d'en avoir de précieux: de garder rien à manger du soir au lendemain: de toucher ny or ny argent, ny d'en desirer. Mais au fonds, comme ils peuvent abandonner leur Profession, ils font si bien, que s'ils vivent pauvrement, tandis qu'ils sont Talapoins, ils ne laissent pas d'amasser dequoy vivre à leur aise, quand ils cesseront de l'être. Et ce sont là les idées que les Siamois ont de la Vertu.

✣✣✣
✣

CHAPITRE XXII.

De la supréme félicité, & de l'extréme infelicité selon les Siamois.

1. La parfaite félicité. IL me reste à expliquer en quoy ils mettent la parfaite félicité, c'est à dire la supréme récompense des bonnes œuvres, & le dernier degré de malheur, c'est à dire la plus grande punition des coupables. Ils croyent donc que si par plusieurs Transmigrations, & par un grand nombre de bonnes œuvres dans toutes les Vies, une Ame acquiert tant de mérite, qu'il n'y ait plus dans aucun Monde aucune condition mortelle, qui soit digne d'elle, ils croyent, dis-je que cette Ame est dés lors exempte de toute Transmigration, & de toute Animation : qu'elle n'a plus rien à faire: qu'elle ne naît plus, ny ne meurt plus : mais qu'elle jouït d'une éternelle inaction, & d'une vraye impassibilité. *Nireupan*, disent-ils, c'est à dire cette Ame a disparû : elle ne reviendra plus en aucun Monde: & c'est ce mot que les Portugais ont traduit par ceux-cy, *elle s'est anéan-*

tie, & par ceux-cy encore : *elle est devenuë un Dieu*, quoy que dans l'opinion des Siamois ce ne soit pas un anéantissement véritable, ny une acquisition d'aucune nature divine.

Tel est donc le véritable Paradis des Indiens : car quoy qu'ils supposent une grande félicité dans le plus haut des neuf Paradis, dont nous avons déja parlé, ils disent pourtant que cette félicité n'est pas éternelle, ny exempte de toute inquiétude ; puis que c'est un genre de vie, où l'on naît, & où l'on meurt. Par une pareille raison leur vray Enfer n'est aucun de ces neuf lieux, que nous avons appelé Enfers, & en quelques-uns desquels ils supposent des tourments & des flammes éternelles : car quoy qu'il y doive avoir éternellement des Ames dans ces Enfers, ce ne seront pas toûjours les mêmes Ames : aucune Ame n'y sera éternellement punie ; elles y naîtront pour y vivre un certain temps, & pour en sortir par la mort.

II. Ce que les Portugais ont appelé Paradis & Enfers, ne sont ny la parfaite félicité, ny l'extrême infelicité selon les Siamois.

Mais le vray Enfer des Indiens n'est, comme je l'ay déja dit, que les Transmigrations éternelles de ces Ames, qui ne parviendront jamais

III. Le dernier degré d'infelicité.

au *Nireupan* c'est à dire à *disparoître* dans toute la durée du monde, qu'ils pensent devoir être éternelle. Ils croyent de ces Ames, que c'est pour leurs péchez, & faute d'acquerir jamais un assez grand mérite, qu'elles passeront toûjours d'un corps en un autre. Le corps, quel qu'il soit, est toûjours, selon eux, une prison pour l'ame, où elle est punie de ses fautes.

IV. Les merveilles qu'ils disent d'un homme qui mérite le Nireupan, & comment ils luy consacrent leur Temples.

Mais avant qu'un homme entre dans la suprême félicité, avant qu'il *disparoisse*, pour parler comme eux, ils croyent qu'aprés l'action, par laquelle il achéve de mériter le *Nireupan*, il joüit dés cette vie de grands Priviléges. Ils croyent que c'est pour lors qu'un tel homme prêche la Vertu aux autres avec bien plus d'efficace : qu'il acquiert une science prodigieuse, une force de corps invincible, le pouvoir de faire des Miracles, & la connoissance de tout ce qui luy est arrivé dans toutes les Transmigrations de son Ame, & de tout ce qui luy doit arriver jusqu'à sa mort. Sa mort même doit être d'une espéce singuliére, qu'ils trouvent plus noble que la maniére commune de mourir. *Il disparoît*, disent-ils, *comme une* étincelle qui se perd en l'air. Et c'est à la Mémoire de ces sortes d'hommes, que les Siamois consacrent leurs Temples.

Or quoy qu'ils disent que plusieurs sont parvenus à cette félicité (afin, à mon avis, que plusieurs espérent d'y parvenir) ils n'en honorent pourtant qu'un seul, qu'ils estiment avoir surpasé tous les autres en vertu. Ils l'appellent *Sommona-Codom* : & ils disent que *Codom* étoit son nom, & que *Sommona* veut dire en Langue balie, un Talapoin des Forêts. Il n'y a pas selon eux, de véritable vertu hors de la Profession de Talapoin, & ils croyent les Talapoins des Forêts encore plus vertueux que ceux des Villes.

<small>V. Quoy qu'ils en croyent plusieurs, ils n'en honorent qu'un seul appelé Sommona-Codom.</small>

Et c'est là certainement toute la Doctrine des Siamois, en laquelle je ne trouve nulle idée de Divinité. Les Dieux de l'ancien Paganisme que nous connoissons, régissoient la Nature, punissoient les Méchants, & récompensoient les Bons : & quoy qu'ils fussent nez comme les hommes, ils étoient de Race immortelle, & ne connoissoient point la mort. Les Dieux d'Epicure n'avoient soin

<small>VI. Nulle Idée de Divinité chez les Siamois.</small>

de rien, non plus que Sommona-Codom; mais il ne paroît pas que ce fuſſent des hommes parvenus par leur vertu à cet état d'une inaction bien-heureuſe : ils ne naiſſoient, ny ils ne mouroient. Ariſtote a reconnu un premier Moteur, c'eſt à dire un Etre puiſſant, qui avoit arrangé la Nature, & qui luy avoit donné, pour ainſi dire, le branſle, qui y conſervoit l'harmonie. Mais les Siamois n'ont nulle idée ſemblable, bien éloignez de reconnoître un Dieu Créateur : & ainſi je croy qu'on peut aſûrer que les Siamois n'ont nulle idée d'aucun Dieu, & que leur Réligion ſe réduit toute entiére au Culte des Morts. Et il faut bien que les Chinois l'entendent ainſi, & qu'ils n'eſtiment pas que Pagode veüille dire Dieu : car le P. Magaillans nous apprend qu'ils s'offenſent quand on traite Confucius de *Pagode*; parce que c'eſt le traiter, non pas de Dieu, ce qui ne ſeroit pas un outrage pour Confucius ; mais d'homme parvenu à la ſupréme Vertu des Indiens, que les Chinois croyent fort inférieure à la Vertu de Confucius.

CHAPITRE XXIII.

De l'Origine des Talapoins, & de leurs Opinions.

QUAND j'ay voulu chercher par quels degrez la Raison humaine a pû se précipiter dans des égaremens si étranges, je croy en avoir trouvé les vestiges dans l'Antiquité Chinoise.

Les Chinois sont si anciens, qu'on doit présumer qu'ils ont au commencement connû le vray Dieu, & par luy la distinction des œuvres bonnes & mauvaises, & les récompenses ou les peines que les unes & les autres doivent attendre de ce Juge tout-puissant : mais que peu à peu ils ont obscurci & corrompu ces idées. Dieu, cet Etre si pur & si parfait, est devenu tout au plus l'Ame matérielle du Monde entier, ou de sa plus belle partie, qui est le Ciel. Sa Providence & sa Puissance n'ont plus été qu'une puissance & une providence bornées, quoy que pourtant beaucoup plus étenduës que la force & la prudence des hommes. *Il semble*, dit le P.

I. Il semble qu'il la faille chercher dans l'Antiquité Chinoise.

II. Si les Anciens Chinois ont connu la Divinité, ils en ont bien tôt corrompu l'idée.

Trigaut, *au premier livre de son Expédition Chrétienne à la Chine. chap.* 10. *que les anciens Chinois ayent crû le Ciel & la Terre animez, & qu'ils en ayent adoré l'Ame comme un Dieu suprême, l'appellant le Roy du Ciel, ou simplement le Ciel & la Terre.* Le P. Trigaut pouvoit former le même doute sur toutes choses : car la Doctrine des Chinois a de tout temps attribué des esprits aux quatre Parties du Monde, aux Astres, aux Montagnes, aux Rivieres, aux Plantes, aux Villes & à leurs fossez, aux Maisons & à leurs foyers, & en un mot à toutes choses. Et tous les Esprits ne leur paroissent pas bons : ils en reconnoissent de méchants, pour être la cause immédiate des maux & des desastres ausquels la Vie humaine est sujette. D'ailleurs comme ils ont crû que la Terre & la Mer tenoient au Ciel par l'horison, ils n'ont attribué qu'un même esprit, ou qu'une même ame au Ciel & à la Terre : quoy que néanmoins, & peut-être par quelque pensée contraire à leur prémiere opinion, ils ayent bâti deux Temples différents, l'un consacré au Ciel, & l'autre à la Terre.

Comme

Comme donc l'Ame de l'homme étoit, à leur avis, la source de toues les actions vitales de l'homme ; ainsi ils donnoient une Ame au Soleil, pour être la source de ses qualitez & de ses mouvemens : & sur ce principe les Ames répanduës par tout, causant dans tous les Corps les actions qui paroissent naturelles à ces Corps, il n'en falloit pas davantage pour expliquer dans cette opinion toute l'Oeconomie de la Nature, & pour suppléer la Toute-Puissance, & la Providence infinie, qu'ils n'admettoient en aucun Esprit, non pas même en celuy du Ciel.

III. Ils ont ôté à Dieu la Providence infinie, & la Toute-Puissance.

A la verité, comme il semble que l'homme, usant des choses naturelles pour sa nourriture, ou pour sa commodité, a quelque pouvoir sur les choses naturelles, l'ancienne opinion des Chinois, donnant à proportion un semblable pouvoir à toutes les Ames, supposoit que celle du Ciel pouvoit agir sur la Nature, avec une prudence & une force incomparablement plus grandes que la prudence & la force humaines. Mais en même temps elle reconnoissoit dans l'Ame de châque chose, une force inté-

IV. Ils ont fait de Dieu comme un Roy de toute la Nature, mais non pas un Roy toûjours obéï.

Tome I, Y

rieure, indépendante par sa nature du pouvoir du Ciel, & qui agissoit quelquefois contre les desseins du Ciel. Le Ciel gouvernoit la Nature comme un Roy puissant : les autres Ames luy devoient obeïssance : il les y forçoit presque toûjours, mais il y en avoit qui se dispensoient quelquefois de luy obéïr.

V. *Confucius croit l'extrême vertu impossible, & par conséquent il croit impossible l'idée, que nous avons de Dieu.*

Confucius parlant de la Vertu sans bornes, qui est la vraye idée, que nous avons de la Divinité, la croit impossible. *Quelque vertueux, dit-il, que soit un homme, il y aura encore un degré de vertu, auquel il n'aura pû atteindre. Le Ciel même & la Terre, ajoûte-t-il, quoy que si grands, si parfaits & si bien-faisants, ne peuvent néanmoins satisfaire les desirs de tout le monde ; à cause de l'inconstance des temps & des éléments : de telle sorte que l'homme trouve en eux dequoy reprendre, & même de justes sujets d'indignation. C'est pourquoy si l'on comprend bien la grandeur de l'extrême vertu, on avoüera nécessairement que l'Univers entier n'en peut contenir ny soûtenir le poids. Si au contraire on songe à ce point subtil & caché de perfection en quoy elle consiste, on avoüera que le*

Monde entier ne la sauroit diviser ny pénétrer. Ce sont les paroles de *Confucius*, telles que le P. Couplet nous les a données: par où ce Philosophe semble n'avoir eu d'autre intention que de décrire la véritable Divinité, laquelle il croit impossible, puis qu'il ne la trouve nulle part, non pas même dans l'Esprit du Ciel & de la Terre, qui est ce qu'il croyoit de plus parfait.

La Puissance & la Providence Divines étant ainsi distribuées comme par morceaux, à une multitude d'Ames infinie, les anciens Chinois se trouvérent obligez d'adresser à cette infinité d'Ames ou d'Esprits, les vœux & le culte qu'ils ne devoient qu'à un seul.

VI. Le Culte dû au Créateur divisé aux Créatures par les anciens Chinois.

Ils firent de la Nature une Monarchie invisible, qu'ils moulérent sur la leur, & dont ils croyoient que les Membres invisibles avoient une continuëlle correspondance avec les Membres de la Monarchie Chinoise, qu'ils croyoient occuper à peu prés toute la Terre. Ils donnérent à l'Esprit du Ciel six principaux Ministres, comme le Roy de la Chine en a six, qui sont les Présidents des six premiers

VII. Ils firent de toute la nature un Etat pareil au leur.

Y ij

Tribunaux, où eux seulement ont voix déliberative. Ils croyoient que le Roy du Ciel (car ils donnoient ce titre à l'Esprit du Ciel) ne se mêloit que de la personne & des mœurs du Roy de la Chine : que tous les hommes devoient honorer ce supréme Esprit, mais qu'il n'y avoit que le Roy de la Chine, qui fût digne de luy offrir des sacrifices ; & ils n'avoient pour ces sacrifices aucun autre Prêtre. Les Ministres de la Chine offroient des sacrifices aux Ministres du Ciel : & châque Officier Chinois honoroit ainsi un Officier pareil à luy auprés du Ciel. Le Peuple sacrifioit à la foule des Esprits répandus par tout, & châun étoit Prêtre en cette sorte de Culte : sans qu'il y eût aucun Ordre, ou Corps Réligieux, pour le service des Temples, & pour les sacrifices.

VIII. Ce que les Indiens ont ajoûté à ces erreurs. Les Indiens croyent aujourd'huy comme les anciens Chinois, des Ames, tant bonnes que mauvaises, répanduës par tout ; auxquelles ils ont distribué, pour ainsi dire, la Toute-puissance Divine. Et l'on trouve encore des restes de cette opinion même parmy les Indiens, qui ont embrassé le Mahométisme. Mais par une nouvelle erreur les Payens des Indes ont crû toutes ces Ames de même nature, & ils les ont fait toutes rouller d'un corps en un autre. L'Esprit du Ciel des anciens Chinois avoit quelque air de Divinité: il étoit, ce semble, immortel, & non pas sujet à vieillir, & à mourir, & à laisser sa place à un successeur: mais dans la Doctrine Indienne de la Métempsycose, les Ames ne sont fixes nulle part, & se succédant par tout les unes aux autres, elles ne valent pas mieux l'une que l'autre par leur nature: elles sont seulement destinées à de plus hautes ou à de plus basses fonctions dans la Nature, selon le mérite de leurs œuvres.

IX. *Pourquoy les Indiens n'ont point consacré de Temple aux Esprits, non pas même à celuy du Ciel.*

Aussi les Indiens n'ont-ils pas consacré de Temples aux Esprits, non pas même à celuy du Ciel: parce qu'ils les croyent tous des Ames, comme toutes les autres, qui sont encore dans la voye des transmigrations: c'est à dire dans le péché, & dans les peines de différentes sortes de vie, & par conséquent indignes d'avoir des Autels.

Que si les anciens Chinois avoient,

X. *Les an-*

biens Chinois ont divisé la justice de Dieu.

pour ainsi dire, mis en piéces la Providence & la Toute-puissance de Dieu, ils n'avoient pas moins divisé sa Justice. Ils asûroient que les Esprits, comme des Magistrats cachez, étoient principalement occupez à punir les fautes cachées des hommes: que l'Esprit du Ciel punissoit les fautes du Roy, les Esprits Ministres du Ciel les fautes des Ministres du Roy, & ainsi des autres Esprits à l'égard des autres hommes.

XI. La justice du Ciel étoit principalement occupée à punir les fautes des Rois de la Chine.

Sur ce fondement ils disoient à leur Roy, qu'encore qu'il fût le fils adoptif du Ciel, le Ciel néanmoins ne se laisseroit mener à son égard par aucune sorte d'affection, mais par la seule considération du bien, ou du mal, qu'il feroit dans le Gouvernement de son Royaume. Ils appeloient l'Empire Chinois *le Commandement Céleste*; parce, disoient-ils, qu'un Roy de la Chine devoit gouverner son Etat comme le Ciel gouvernoit la Nature, & que c'étoit au Ciel, qu'il devoit demander la science de gouverner. Ils reconnoissoient que non seulement l'Art de regner étoit un présent du Ciel: mais que la Royauté même étoit donnée par le Ciel, & qu'elle étoit un présent difficile à conserver; parce qu'ils supposoient que les Rois ne se pouvoient maintenir sur le Throne sans la faveur du Ciel, ny plaire au Ciel que par la Vertu.

XII. Comment ils croyoient leurs Rois responsables envers le Ciel des Mœurs de leurs sujets.

Ils portoient cette Doctrine si avant, qu'ils prétendoient que la seule Vertu des Rois pouvoit rendre tous leurs sujets vertueux; & que par là les Rois étoient les premiers responsables envers le Ciel des mauvaises Mœurs de leur Royaume. La Vertu des Rois, c'est à dire *l'Art de regner selon les Loix de la Chine*, étoit, à leur avis, un Don du Ciel, qu'ils appeloient *Raison céleste* ou Raison donnée par le Ciel, & pareille à celle du Ciel: la Vertu des sujets, c'est à dire selon eux, *les égards des Citoyens, tant des uns envers les autres, que de tous envers leur Prince, selon les Loix de la Chine*, étoit l'ouvrage des bons Rois. C'est peu, disoient-ils, de punir les crimes, il faut qu'un Roy les empêche par sa vertu. Ils loüent un de leurs Rois d'avoir regné vingt-deux ans sans que le Peuple s'en apperçût, c'est à dire sans qu'il sentît le poids de l'Autorité Royale, non plus que la force, qui meut la nature, & qu'ils attri-

Y iiij

buënt au Ciel. Ils difent donc que pendant ces vingt-deux années il n'y eût pas un feul procés dans toute la Chine, ny une feule exécution de juftice : merveille qu'ils appellent *gouverner imperceptiblement comme le Ciel*, & qui feule peut faire douter de la fidélité de leur Hiftoire. Un autre de leurs Rois rencontrant, difent-ils, un malheureux, que l'on menoit au fupplice, s'en prenoit à foy-même, de ce que fous fon regne il fe commettoit des crimes dignes de mort. Et un autre voyant la Chine affligée d'une ftérilité de fept années, fe condamna, s'il en faut croire leur Hiftoire, à porter les crimes de fon Peuple, comme s'en eftimant feul coupable ; & voulut fe dévoüer à la mort, & fe facrifier luy-même à l'Efprit du Ciel vengeur des crimes des Rois. Mais leur Hiftoire ajoûte, que le Ciel content de la pieté de ce Roy l'exempta de ce facrifice, & rendit la fertilité aux terres par une pluye fubite & abondante. Comme le Ciel donc ne fait juftice que du Roy, & qu'il ne s'en prend qu'au Roy de ce qu'il void de puniffable dans le Peuple, les Miniftres du Ciel font juftice des fautes fecrettes que font les Ministres du Roy, & tous les Officiers qui dépendent d'eux: & de la même maniére les autres Esprits veillent sur les actions des hommes, qui ont dans le Royaume de la Chine un rang pareil à celuy, que ces Esprits occupent dans la Monarchie invisible de la Nature, dont l'Esprit du Ciel est le Roy.

Outre celà l'horreur naturelle que la plûpart des hommes ont des Morts, qu'ils ont fort connu vivants ; & l'opinion que plusieurs ont de les avoir vû s'apparoître à eux, soit par un effet de cette horreur naturelle, qui les leur représente, soit par des songes si vifs, qu'ils ressemblent à la vérité, portérent les anciens Chinois à croire que les Ames de leurs Ancêtres, qu'ils estimoient être d'une matiére fort subtile, se plaisoient à demeurer auprés de leur postérité, & qu'elles pouvoient, encore aprés leur mort, châtier les fautes de leurs enfants. Le Peuple Chinois est encore aujourd'huy dans ces mêmes pensées des peines & des récompenses temporelles, qui viennent de l'Ame du Ciel & de toutes les autres Ames ; quoy que d'ailleurs pour la plus grande partie

XIII. Les Chinois craignent leurs Parents morts.

Y v

ils ayent embrassé l'opinion de la Métempsycose inconnuë à leurs Ancêtres.

XIV. Impieté des Chinois d'aujourd'huy, qui sont gents de lettres.

Mais peu à peu les Gents de lettres, c'est à dire ceux qui ont des Grades de litterature, & qui seuls ont part au Gouvernement, étant devenus tout-à-fait impies, & n'ayant pourtant rien changé au langage de leurs predecesseurs, ont fait de l'Ame du Ciel, & de toutes les autres Ames, je ne say quelles substances aëriennes, & dépourvûës d'intelligence; & pour tout Juge de nos œuvres, ils ont établi une fatalité aveugle, qui fait, à leur avis, ce que pourroit faire une Justice toute-puissante & toute-éclairée. Combien cette impieté est ancienne à la Chine, il ne m'appartient pas de le décider. Le P. de Rhodes dans son Histoire du Tonquin en accuse Confucius même : le P. Couplet à qui nous devons la Traduction de plusieurs Ouvrages de ce Philosophe, l'en prétend justifier : & il rapporte en même temps plusieurs raisonnements des Chinois récents, par lesquels ils tâchent de faire voir que c'est une chose toute-conforme aux Principes de la Nature, que par des sympathies secrettes, mais certaines, entre la Vertu & le bonheur, & entre le Vice & le malheur, la Vertu soit toûjours heureuse, & le Vice toûjours malheureux: mais en verité leurs raisonnements sont si guindez & si forcez, & conviennent si mal au langage de leurs Ancêtres, qu'on void bien qu'ils ne sont que l'effet d'un grand déreglement d'imagination, qui n'étoit point dans leurs Ancêtres.

XV. *Les Siamois n'ont point d'autre juge des actions humaines que la fatalité.*

Les Siamois ne craignent pas moins les Esprits, que les Chinois; quoy qu'ils n'imaginent peut-être pas de la conformité entre le Royaume des Morts & le leur, & comme d'ailleurs ils n'ont pas moins perdu que les Chinois l'idée de la Divinité, & qu'ils ont pourtant conservé cette ancienne Maxime, qui promet des récompenses à la Vertu, & qui menace le Crime de châtiments, ils n'ont pû prendre d'autre parti, que d'attribuër cette justice distributive à une fatalité aveugle. De sorte que selon eux, c'est la fatalité, qui fait passer les Ames d'un état à un autre meilleur ou pire, & qui les y retient plus ou moins proportionnément à leurs œuvres bonnes ou mauvaises. Et c'est par ces degrez que les hommes sont tout à fait déchûs de la Vérité, quand ils ont voulu se conduire par cette Raison si foible, dont ils se glorifient si fort.

XVI. Les Indiés croyent les Talapoins & leur Doctrine aussi anciens que le genre humain.

Quant à l'origine des Talapoins, & de leurs pareils, qui sont répandus dans tout l'Orient, sous divers noms, comme de Bramines, de Jogues & de Bonzes, elle est si cachée dans l'Antiquité, qu'il est difficile, à mon avis, qu'on la découvre jamais. Il paroît que les Indiens croyent ce genre d'hommes, & leur Doctrine aussi anciens que le Monde. Ils ne nomment point leur Instituteur; & ils pensent que c'est de cette profession, qu'ont été tous les hommes, dont les statuës sont honorées dans leurs Temples, & tous ces autres qu'ils supposent avoir été adorez avant ceux, qu'ils adorent aujourd'huy.

XVII. Les Chinois nomment Che-Kia pour l'Auteur de cette Doctrine.

Les Chinois disent que les Bonzes & leur Doctrine leur sont venus des Indes, la huitiéme année du regne de Mim-ti, qui répond à la 65me. de nôtre salut: & comme ils aiment à donner l'origine de toutes choses, ils disent que ce fut un Siamois nommé *Che-Kia*, qui en fut l'Auteur, environ mille ans avant la Naissance de Jesus-Christ, quoy que les Siamois mêmes ne disent rien de pareil, & que se piquant d'ancienneté en toutes choses, comme tous les autres Indiens, ils pensent que la Doctrine de la Métempsycose soit aussi ancienne que les Ames mêmes. Les Japponois appellent *Chakà*, le Che-Kià des Chinois, & les Tonkinois ont corrompu ce même nom d'une autre sorte: car ils l'appellent *Thicà*, selon le P. de Rhodes.

Or ces mots de *Che-kià* & de *Chakà* approchent assez de ces mots Siamois *Tcháou-cà* & *Tcháou coù* pour me faire soupçonner qu'ils n'en sont qu'une legére corruption. *Tcháou-cà*, & *Tcháou-coù* veulent dire *Monseigneur*, ou mot à mot *Seigneur de moy*, avec cette différence, que le mot de *cà* qui veut dire *moy*, ne s'employe que par les esclaves en parlant à leur maître, ou par ceux qui veulent rendre un pareil respect à celuy, à qui ils parlent; au lieu que le mot de *coù*, qui veut dire aussi *moy*, n'est pas si respectüeux, & se joint au mot de *Tcháou*, pour parler en tierce personne de celuy, qu'on traitte de son Seigneur. En parlant donc à un Talapoin on luy dira *Tcháou-cà*, & en parlant de luy à un autre on le nommera *Tcháou-coù*. Mais ce qui est à remar-

XVIII. Que ce Che-Kià n'est apparemment que le nom Siamois des Talapoins

quer, c'est que les Talapoins n'ont point d'autre nom en Siamois : si bien qu'on dit mot à mot, *je veux être Monseigneur*, pour dire *je veux être Talapoin*, *cràï pen Tchàou-cou*. Ils appellent leur Sommona-Codom *Prápoutì Tchàou*, ce qui mot à mot veut dire *le grand & l'excellent Seigneur*, & c'est en ce sens-là, qu'ils le disent de leur Roy : mais ces mots peuvent aussi vouloir dire *le grand & l'excellent Talapoin*. De même parmy les Arabes le mot de *Moula*, qui veut dire un Docteur de la Loy, signifie proprement *Seigneur*, & le mot de *Maître* est équivoque en nôtre Langue : on le dit d'un Docteur, & on le dit aussi du Roy. Je trouve donc de l'apparence à croire que les Chinois ayant reçû la Doctrine de la Métempsycose de quelque Talapoin Siamois, ils ont pris le nom général de la profession, pour le nom propre de l'Auteur de la Doctrine : & cela est d'autant plus plausible, qu'il est certain d'ailleurs que les Chinois appellent aussi du nom de *Che-kià* leurs Bonzes, comme les Siamois appellent *Tchàou-cou* leurs Talapoins. On ne peut donc asûrer sur le témoignage des Chinois, qu'il y ait eu mille ans avant Jesus-Christ un Indien nommé *Che-kià* Auteur de l'opinion de la Métempsycose : puisque les Chinois, qui n'ont reçû cette opinion, que depuis la mort de Jesus-Christ, & peut-être bien plus tard qu'ils ne disent, sont obligez d'avoüer qu'ils n'ont rien dit de ce *Che-kià* que sur la foy des Indiens ; lesquels n'en disent pas un seul mot, ne songeant pas qu'il y ait jamais eu aucun premier Auteur de leurs opinions.

XIX. L'ancienne maniére d'instruire les Peuples étoit par la Poësie, & par la Musique.

Avant les Bonzes venus des Indes à la Chine, les Chinois n'avoient aucuns Prêtres ny Réligieux ; & ils n'en ont pas encore pour leur ancienne Réligion, qui est celle de l'Etat. Parmi eux, comme parmi les Grecs, la plus ancienne maniére d'instruire les Peuples étoit par la Poësie & par la Musique. Ils avoient trois-cent Odes, dont *Confucius* fait grand cas, pareilles aux Ouvrages de Salomon : car elles contenoient non seulement la connoissance des plantes, mais tous les devoirs d'un bon Citoyen Chinois, & sans doute toute leur Philosophie : & peut-être que ces Odes se sont encore conservées. Les Magistrats avoient soin de les faire chanter publiquement, & *Confucius* se plaint de ce qu'il voyoit de son temps cette pratique presque éteinte, & toute l'ancienne Musique perduë. Selon luy, la plus sûre marque de la perte d'un Etat étoit la perte de la Musique, & Platon croyoit comme luy la Musique essentielle à la bonne politique. Ces deux grands Philosophes avoient compris que les Mœurs ne se peuvent conserver sans l'instruction continüelle du Peuple, & que les Loix, c'est à dire l'unique fondement de l'Autorité publique & du repos public, ne peuvent durer longtemps, où les Mœurs sont corrompuës: car où les Mœurs sont corrompuës on ne songe qu'à violer ou à éluder les Loix. Les Savants remarquent dans le Pentateuque les vestiges d'une pareille Poësie, qui contenoit l'Histoire des Hommes Illustres, même de ceux qui étoient plus anciens que le Déluge: Moïse en cite de certains endroits, où l'on remarque le stile Poëtique.

XX.
Comment les Tala-

Je m'imagine donc que les hommes ennuyez de chanter toûjours les mêmes choses, & perdant peu à peu l'intelligence des vieilles chansons, ont cessé de les chanter, & ont cherché des commentaires aux Vers, qu'ils ne chantoient plus faute de les bien entendre : qu'alors les Magistrats ont laissé le soin de ces commentaires à d'autres hommes, & que ceux-cy abusant peu à peu de la créance des Peuples, ont mêlé à leurs leçons bien des choses à leur avantage particulier, qui sont la source de la vénération superficieuse, que les Indiens ont encore aujourd'huy pour les Talapoins & pour leurs Confréres. *poins & leurs pareils peuvent avoir succédé à l'ancienne Poësie, & à la Musique.*

Quoy qu'il en soit, leur habit, leurs Convents, & leurs Temples sont inviolables, encore que les révolutions de ce Païs-là ayent fait voir des exemples du contraire. Vliet, que j'ay souvent cité, rapporte que quand le Pére du Roy, qui regne aujourd'huy, s'empara de la Couronne, il ne crut pas pouvoir attenter sûrement sur la personne de l'un des Princes de la famille Royale, que par adresse il ne luy eût fait quitter auparavant la pagne de Talapoin qu'il portoit. De même lors que cet Usurpateur fut mort, son fils qui regne aujourd'huy, voyant son oncle paternel s'emparer du Thrône, se fit Talapoin pour mettre sa vie en sûreté, comme je l'ay rapporté au commencement de cette Relation.

CHAPITRE XXIV.

Des Contes fabuleux que les Talapoins & leurs pareils ont entez sur leur Doctrine.

1. Fables communes à tous les Indiens.

LEs Talapoins sont donc obligez de suppléer la Musique ancienne, & d'expliquer au Peuple de vive voix leurs livres Balis. Ces livres sont remplis de contes extravagans entez sur la Doctrine que j'ay expliquée: & ces fables sont à peu prés les mêmes par toute l'Inde, comme le fonds de la Doctrine est par tout le même, ou à peu prés. Ils croyent par tout la Métempsycose, & qu'elle n'est qu'un moyen de punir les Ames de leurs fautes, & de les porter peu à peu à la perfection. Ils croyent des esprits répandus par tout, bons & mauvais, capables d'ayder & de nuire, mais qui ne sont autres que les

Ames des morts, & ils admettent le culte de ces esprits, quoy qu'ils ne leur élévent point d'Autels; mais seulement aux Manes des hommes, qu'ils croyent être parvenus au comble de la vertu, autant qu'ils croyent la vertu possible. Ils ont tous quelque bête à quatre piés, qu'ils préferent à toutes les autres, quelque oyseau favory, & quelque arbre, qu'ils révérent principalement. Ils croyent tous la même chose du prétendu Dragon qui cause les éclipses, & de la prétenduë Montagne, autour de laquelle tout le Ciel tourne pour faire les jours & les nuits. Ils ont à peu prés les mêmes cinq préceptes de Morale, ils content à peu prés le même nombre d'Enfers & de Paradis. Ils attendent tous d'autres hommes, qui doivent mériter des Autels, comme ceux à qui ils en ont déja consacré; afin que chacun ait le champ libre de prétendre à la suprême vertu. Ils supposent tous que les Astres, les Montagnes, les Riviéres, & en particulier le Gange, peuvent penser, parler, se marier & avoir des enfans. Ils content tous des Métempsycoses ridicules des hommes qu'ils adorent, en cochons, en singes & en d'autres bêtes. Abraham Roger dans son Livre de la Réligion des Bramines raconte que les Payens de Paliacate sur la Côte de Coromandel, croyent que leur *Brama* qu'ils adorent, nacquit à peu prés comme quelques livres Balis content que Sommona-Codom est né, savoir d'une fleur, qui étoit née du nombril d'un enfant, lequel, disent-ils, étoit une feüille d'arbre en forme d'enfant se mordant l'orteil, & nageant sur l'eau qui seule subsistoit avec Dieu. Ils ne prennent pas garde que *la feüille-enfant* subsistoit aussi : & selon Abraham Roger, on croit en Dieu en ce Païs-là, mais en un Dieu qu'on n'adore point : & sans doute qu'il l'a avancé avec aussi peu de fondement, que d'autres ont écrit que les Siamois croyent un Dieu.

11. Les Fables que les Siamois content de leur Sommona-Codom.

Il n'a pas tenu à moy qu'on ne m'ait donné la vie de *Sommona-Codom* traduite de leurs livres, mais ne l'ayant pû avoir, j'en rapporteray ce qu'on m'en a dit. Quelque merveilleuse qu'ils prétendent qu'ayt été sa naissance, ils ne laissent pas de luy donner un Pére & une Mére. Sa Mére dont on trouve le nom dans quelqu'un de leurs livres Balis, s'appeloit, disent-ils, *Mahà Maria*, ce qui semble vouloir dire la *grande Marie*, car *Mahà* veut dire grand. Mais on trouve écrit *Mania* aussi souvent que *Maria*: ce qui prouve presque que ce sont deux mots *man ya*, parce que les Siamois ne confondent l'*n* avec l'*r* qu'à la fin des mots, ou à la fin des syllabes, qui sont suivies d'une consone. Quoy qu'il en soit, cela n'a pas laissé de donner de l'attention aux Missionnaires, & a peut-être donné lieu aux Siamois, de croire que Jesus étant fils de Marie, étoit frere de Sommona-Codom, & qu'ayant été crucifié, il étoit ce frere scélérat, qu'ils donnent à Sommona-Codom sous le nom de Thevetat, & qu'ils disent être puni en enfer d'un supplice, qui tient quelque chose de celuy de la Croix. Le Pére de Sommona-Codom étoit selon ce même livre Bali un Roy de *Teve Lancà*, c'est à dire un Roy de la célébre Ceylan: mais les livres Balis sans date & sans nom d'auteur, n'ont pas plus d'autorité que toutes les traditions, dont on ignore l'origine. Voicy maintenant ce que l'on raconte de Sommona-Codom.

On dit qu'il fit une aumône de tous ses biens ; & que sa charité n'étant pas encore satisfaite, il s'arracha les yeux, & tua sa femme & ses enfans, pour les donner à manger aux Talapoins. Merveilleuse contrarieté d'idées en ce Peuple, qui ne défend rien tant que de tuër, & qui rapporte les plus exécrables parricides, comme les œuvres les plus méritoires de Sommona-Codom. Peut-être pensent-ils qu'à titre de proprieté un homme a autant de droit sur la vie de sa femme, & sur celle de ses enfans, qu'il leur semble qu'il en a sur la sienne propre : car il n'importe si d'ailleurs l'Autorité Royale défend aux Siamois particuliers d'user de ce droit prétendu de vie & de mort sur leurs femmes, sur leurs enfans, & sur leurs esclaves : au lieu qu'elle seule en use également sur tous ses sujets, peut-être par cette maxime du gouvernement Despotique, que la vie des sujets appartient au Roy en proprieté.

Les Siamois attendent un autre Sommona-Codom, je veux dire un autre homme miraculeux comme luy, qu'ils nomment déja *Prá Narotte*, & qu'ils fuppofent avoir été prédit par Sommona-Codom même. Et ils difent de luy, par avance, qu'il tuëra deux enfans qu'il aura, qu'il les donnera à manger aux Talapoins, & que ce fera par cette pieufe aumône qu'il confommera fa Vertu. Cette attente d'un nouveau Dieu, pour me fervir de ce terme, les rend attentifs & crédules, toutes les fois qu'on leur propofe quelqu'un, comme un Perfonnage extraordinaire, fur tout fi celuy qu'on leur propofe, eft entierement ftupide, parce que l'entiére ftupidité reffemble à ce qu'ils fe figurent de l'inaction & de l'impaffibilité du Nireupan. Par exemple, il parut il y a quelques années à Siam, un jeune garçon né muët, & fi hébété, qu'il ne fembloit avoir rien d'humain que la figure : néanmoins le bruit fe répendit par tout le Royaume, qu'il étoit de la race des premiers hommes, qui ont habité ce Païs-là, & qu'il devoit quelque jour devenir Dieu, c'eft à dire parvenir au Nireupan. Le Peuple accourût à luy de toutes parts, pour l'adorer & luy faire des préfens, jufqu'à ce que le Roy craignant les suites de cette follie, la fît cesser par le châtiment de quelques-uns de ceux, qui s'y étoient laissé aller. J'ay lû quelque chose de pareil dans l'*India Orientale* de Tosi. *Tom. I. pag.* 20; Il rapporte que les Bonzes de la Cochinchine ayant élevé parmy eux un enfant stupide, le montrérent au Peuple comme un Dieu, & qu'aprés s'être enrichis des présents que le Peuple luy fit, ils publiérent que ce Dieu prétendu vouloit se brûler, & il ajoûte qu'ils le brûlerent en effet publiquement, aprés luy avoir ravi les sens par quelque brûvage, nommant extase l'état insensible, où ils l'avoient mis. Cette derniere Histoire est donnée comme une fripponnerie des Bonzes, mais elle fait voir, aussi bien que la premiére, la créance qu'ont ces Peuples, qu'il peut tous les jours naître quelque nouveau Dieu, & l'inclination, qu'ils ont à prendre l'extréme stupidité, pour un commencement du Nireupan.

Sommona-Codom s'étant dégagé par les aumônes que j'ay dites, de tous les attachemens de la vie, s'adonna au jeûne, à l'oraison, & aux autres

autres pratiques de la vie parfaite : mais comme ces pratiques ne sont possibles qu'aux Talapoins, il embraſſa la profeſſion de Talapoin ; & quand il eut mis le comble à ſes bonnes œuvres, auſſi-tôt il en acquit tous les priviléges.

Il ſe trouva doüé d'une ſi grande force, qu'il vainquit en combat ſingulier un autre homme d'une vertu déja conſommée, qu'ils appellent *Prá Soüane*, & qui doutant de la perfection, à laquelle Sommona-Codom étoit parvenu, le défia pour éprouver ſes forces, & fut vaincu. Ce Prá Soüane, n'eſt pas le ſeul Dieu, ou plûtôt le ſeul homme parfait, qu'ils prétendent avoir été contemporain de Sommona-Codom. Ils en nomment pluſieurs autres, comme *Prá Ariaſeria*, de qui ils diſent, qu'il avoit quarante braſſes de haut, que ſes yeux en avoient trois & demie de large, & deux & demie de tour, c'eſt à dire, moins de circonférence que de Diametre, s'il n'y a faute dans l'écrit d'où j'ay tiré cette remarque. Les Siamois ont un Temps de Merveilles, comme en avoient les Egyptiens & les Grecs, & comme les Chinois en ont.

Par exemple, leur principal livre qu'ils croyent être l'ouvrage de Sommona-Codom même, conte qu'un certain Eléphant avoit trente-trois têtes, que châcune de ses têtes avoit sept dents, châque dent sept étangs, châque étang sept fleurs, châque fleur sept feüilles, châque feüille sept tours, & châque tour sept autres choses, qui en avoient châcune sept autres, & celles-cy encore d'autres, & toûjours par sept : car les nombres ont toûjours été un grand sujet de superstition. Ainsi il y a dans l'Alcoran, si ma mémoire ne me trompe, un Ange a un fort grand nombre de têtes, dont châcune a autant de bouches, & châque bouche autant de langues qui loüent Dieu autant de fois châque jour.

Outre la force corporelle Sommona-Codom eût la puissance de faire toutes sortes de miracles. Par exemple, il pouvoit se rendre aussi gros & aussi grand qu'il vouloit ; & au contraire il se rendoit si petit, quand il vouloit, qu'il se déroboit à la vûë, & se tenoit sur la tête d'un autre homme, sans être ny senti par son poids, ny aperçû des yeux d'autruy.

Statues de Sommona-Codom.

Statue de cuivre.

Statue de brique dorée en demi relief.

Statue de cuivre doré.

Dés lors il eût pû s'anéantir luy-même, & mettre quelque autre homme à sa place : c'est à dire que dés lors il eût pû joüir du repos du Nireupan. Il connut tout d'un coup & parfaitement toutes les choses du Monde : il pénétra également le passé & l'avenir ; & ayant donné à son corps une agilité entiére, il se transporta sans peine d'un lieu à un autre, pour prêcher la Vertu à toutes les Nations.

Il eut deux principaux Disciples, l'un de la main droite, & l'autre de la main gauche : on les met tous deux derriére luy, & côte à côte l'un de l'autre sur les Autels, mais leurs statuës sont moindres que la sienne. Celuy qu'on place à sa droite s'appelle *Prá Moglâ*, & celuy qui est à sa gauche s'appelle *Prá Saribout*. Derriére ces trois statuës, & sur le même Autel, il y en a toûjours quelques autres, qui ne représentent que les Officiers du dedans du Palais de Sommona-Codom. Je ne saurois dire, si elles ont des noms. Le long des Galeries en forme de Cloître, qui sont quelquefois autour des Temples, sont les statuës des autres Officiers du dehors du Palais de Sommona-Codom. Ils content de Prâ Moglâ, qu'à la priére des damnez il renversa la Terre, & prit dans le creux de sa main tout le feu d'Enfer; mais que voulant l'éteindre il n'en pût venir à bout, parce que ce feu séchoit les Riviéres au lieu de s'y éteindre, & qu'il consumoit tout ce sur quoy Prâ Moglâ le posoit. Prâ Moglâ alla donc prier *Prâ Poutì Tchâou*, c'est à dire Sommona-Codom, d'éteindre le feu d'Enfer : mais quoy que Prâ Poutì Tchâou eût pû le faire, il ne le trouva pas à propos, parce, disoit-il, que les hommes deviendroient trop méchants, s'ils perdoient la crainte de ce supplice.

Or depuis même que Prâ Poutì Tchâou fut parvenu à cette haute vertu, il ne laissa pas de tuër un *Mar*, ou un *Man* (car ils écrivent Mar & Man, quoy qu'ils prononcent toûjours Man:) & en punition de cette grande faute, sa vie ne s'étendit que jusqu'à quatre-vingt ans, aprés quoy il mourut en *disparoissant* tout d'un coup comme une étincelle qui se perd en l'air.

Les *Man* étoient un Peuple ennemy de Sommona-Codom, dont ils appellent le Roy *Payà Man*; & parce qu'ils supposent que ce Peuple étoit ennemy d'un si saint homme, ils en font un Peuple monstrueux, avec un visage fort large, des dents horribles par leur grandeur, & des serpents à la tête au lieu de cheveux.

Un jour donc que Prá Pouti Tcháou mangea de la chair de cochon, il en eut une colique qui le tua : fin admirable d'un homme si abstinent : mais c'est qu'il falloit qu'il mourût par un cochon, parce qu'ils supposent que l'ame du Man qu'il tua, n'étoit pas alors dans le corps d'un Man, mais dans le corps d'un cochon : comme si une ame pouvoit être estimée, même selon leur opinion, l'ame d'un Man, quand elle est dans le corps d'un cochon. Mais tous ces forgeurs de contes ne sont pas si attentifs aux Principes de leur Doctrine.

Sommona - Codom avant de mourir ordonna qu'on luy consacrât des statuës & des Temples, & depuis sa mort il est dans cet état de repos, qu'ils expriment par le mot de Nireupan. Ce n'est pas un lieu, mais une maniére d'être : car à parler juste, disent-ils, Sommona-Codom n'est nulle part, & il ne joüit d'aucune félicité : il est sans nul pouvoir, & hors d'état de faire ny bien ny mal aux hommes : expréssions que les Portugais ont renduës par le mot d'anéantissement. Néanmoins d'autre part les Siamois estiment Sommona-Codom heureux, il luy adressent des priéres, & luy demandent tout ce dont ils ont besoin : soit que leur Doctrine ne convienne pas avec elle-même : soit qu'ils portent leur Culte au de-là de leur Doctrine : mais en quelque sens qu'ils attribuënt du pouvoir à Sommona-Codom, ils conviennent qu'il n'en a que sur les Siamois, & qu'il ne se mêle point des autres Peuples, qui adorent d'autres hommes que luy.

III. Qu'il y a de l'apparence que Sommona-Codō n'a jamais été.

Comme donc ils ne disent rien que de fabuleux de leur Sommona-Codom, qu'ils ne le regardent pas même comme l'Auteur de leurs Loix & de leur Doctrine, mais tout au plus comme celuy qui les a rétablies parmy les hommes, & qu'enfin ils n'ont nul mémoire raisonnable de luy, on peut douter, ce me semble, qu'il y ait jamais eu un tel homme.

il paroît avoir été inventé à plaisir pour être l'idée d'un homme, que la Vertu, comme ils la conçoivent, ait rendu heureux, dans les Temps de leurs Fables, c'est à dire au de-là de tout ce que leurs Histoires ont de certain. Et parce qu'ils ont crû nécessaire de donner en même temps une idée opposée, d'un homme que sa méchanceté ait soûmis à de grandes peines, ils ont apparemment inventé ce *Tévetat*, qu'ils supposent avoir été frere de Sommona-Codom & son ennemy. Ils les donnent tous deux pour Talapoins, & quand ils disent que Sommona-Codom a été Roy, ils le disent, comme ils disent qu'il a été singe & cochon. Ils supposent que dans les diverses transmigrations de son ame il a été toutes choses, & toûjours excellent dans châque espéce, c'est à dire qu'il a été le plus loüable de tous les cochons, comme le plus loüable de tous les Rois. Je ne say d'ou Mr. Gervaise tient que les Chinois prétendent que Sommona-Codom étoit de leur Païs : je n'en ay rien vû dans les Relations de la Chine, mais seulement ce que j'ay dit de Chekià ou Chakà.

On m'a donné la vie de *Tévetat* traduite du Bali, mais pour ne pas interrompre mon discours, je la mettray à la fin de cette Relation. C'est aussi un tissu de Fables, & un curieux échantillon de la maniére de penser de ces gens-là, touchant les vertus & les vices, les peines & les récompenses, la nature & les transmigrations des ames.

IV. Conjecture sur l'étymologie de Sommona-Codom, & sur quelle langue peut être la Balie.

Je ne doy pas obmettre ce que je tiens de M'. Herbelot. J'ay crû le devoir consulter sur tout ce que je say de Siamois ; afin qu'il vît ce que les mots, que j'en say, peuvent avoir de commun avec l'Arabe, le Turc, & le Persan : & il m'a dit que *Suman*, qu'il faut prononcer *Souman*, veut dire *Ciel* en Persan, & que *Codum* ou *Codom* veut dire *ancien* en la même langue ; si bien que *Sommona-Codom* semble vouloir dire *le Ciel éternel* ou *incréé*, parce qu'en Persan & en Hebreu, le mot qui veut dire *ancien* signifie aussi *incréé* ou *éternel*. Et touchant la Langue Balie, il m'a dit que l'ancien Persan s'appelle *Pahalevi* ou *Pahali*, & qu'entre Pahali & Bahali les Persans ne mettent point de différence. Ajoûtez que le mot *Pout* qui en Persan veut dire Idole, ou faux-Dieu, & qui sans doute vouloit dire Mercure, quand les Persans étoient Idolâtres, signifie Mercure chez les Siamois, comme je l'ay déja marqué. Mercure, qui étoit le Dieu des Sciences, paroît avoir été adoré par toute la terre; parce sans doute, que la Science est un des plus essentiels attributs du vray Dieu. Remarques qui pourront à l'avenir exciter la curiosité des gents Savants, qui seront destinez à voyager en Orient.

Mais je ne say si dés à cette heure il n'est pas permis de croire que c'est une preuve de ce que j'ay dit, que les Ancêtres des Siamois doivent avoir adoré le Ciel, comme les anciens Chinois, & comme peut-être les anciens Perses; & qu'ayant ensuite embrasé la Doctrine de la Métempsycose, & oublié le vray sens du nom de Sommona-Codom, ils ont fait un homme de l'Esprit du Ciel, & luy ont attribué toutes les Fables que j'ay dites. C'est un grand art, pour changer la créance des Peuples, de leur laisser leurs anciens mots en les revêtissant d'idées nouvelles.

V. Elle semble prouver que le Culte du Ciel des Chinois est plus ancien à Siam que l'opinion de la Métempsycose.

Ainsi, il peut-être que les Ancêtres des Siamois ayent crû que l'esprit du Ciel régissoit toute la Nature, quoy que les Siamois d'aujourd'huy ne le croyent pas de Sommona-Codom: ils croyent au contraire, comme j'ay dit, qu'un tel soin est opposé à la suprême félicité. Ils croyent aussi que Sommona-Codom a péché, & qu'il en a été puni, lors même qu'il étoit déja digne du Nireupan, parce qu'ils croyent l'extrême vertu impossible. Ils croyent que le Culte de Sommona-Codom n'est que pour eux, & que chez les autres Nations il y a d'autres hommes, qui se sont rendu dignes des Autels, & que ces autres Nations doivent adorer.

VI. Quel est l'esprit de foy des Indiens, ou la soûmission qu'ils ont à leurs Traditions.

Tous les Indiens en général sont donc persuadez que de différents Peuples doivent avoir de différents Cultes, mais en approuvant que les autres Peuples ayent châcun leur Culte, ils ne comprennent pas que l'on veüille leur ôter le leur. Ils ne pensent pas comme nous que la foy soit une vertu : ils croyent, parce qu'ils ne savent pas douter ; mais ils ne se persuadent pas qu'il y ait une Foy & un Culte, qui doivent être la Foy &

le Culte de toutes les Nations. Leurs Prêtres ne leur prêchent pas qu'une ame sera punie en l'autre monde, pour n'avoir pas crû en celuy-cy les Traditions de son Païs, parce qu'ils ne s'aperçoivent pas qu'aucun d'eux nie les Fables de leurs livres. Ils sont prêts à croire tout ce qu'on leur dit d'une Réligion étrangére, quelque incompréhensible qu'elle soit : mais ils ne peuvent croire que la leur soit fausse : & encore moins pourroient-ils se résoudre à changer leurs Loix, leurs Mœurs & leur Culte. On a beau leur faire voir des contrarietez & des ignorances grossiéres dans leurs livres : ils en conviennent quelquefois, mais ils ne rejettent pas pour cela leurs livres ; comme pour quelque chose de faux, nous ne rejetons pas tout un Historien ny tout un livre de Physique. Ils ne croyent pas que leur Doctrine ait été dictée par une Vérité éternelle & infaillible, dont ils n'ont seulement pas l'idée, ils croyent leur Doctrine née avec l'homme, & écrite par des hommes, qui leur paroissent avoir eu un savoir extraordinaire, & avoir mené une vie fort innocente:

mais ils ne croyent pas que ces hommes n'ayent jamais péché, ny qu'ils ne se soient jamais trompez. Comme ils ne reconnoissent nul Auteur de l'Univers, ils ne reconnoissent nul premier Législateur. Ils bâtissent des Temples à la mémoire de certains hommes, de qui ils croyent mille fables, que la superstition de leurs Ancêtres a inventées dans le cours de plusieurs siécles : & c'est ce que les Portugais ont appelé les Dieux des Indes. Les Portugais ont crû que ce qui étoit honoré d'un Culte public, ne pouvoit être qu'un Dieu: & quand les Indiens ont accepté ce mot de Dieu pour ces hommes, à la mémoire desquels ils consacrent leurs Temples, c'est qu'ils n'en ont pas compris la force.

VII. Que le Culte des Siamois ne prouve pas qu'ils croyent une Divinité.

Il n'y a rien qui se prenne en plus de sens divers, ny qui reçoive plus de différentes interprétations que le Culte extérieur. Les statuës n'ont pas toûjours été des marques d'un honneur divin. Les Grecs & les Romains en ont élevé, comme nous faisons, à des hommes encore vivants, sans aucun dessein d'en faire des Dieux. Les Chinois passent plus avant, & non seulement ils consacrent des statuës à des Magistrats encore vivants, mais ils leur élévent des espéces de Temples, & d'édifices sacrez : ils leur établissent un Culte accompagné de prosternations, de parfums, & de lumieres; & ils conservent de certaines choses de leur habillement comme des reliques : quoy qu'on ne puisse croire qu'ils regardent ces Magistrats encore vivants comme des Dieux, mais comme des hommes fort inférieurs au Roy de la Chine leur Maître, dont ils ne font pas une Divinité. Il y a plusieurs Princes Chrêtiens, qui sont servis à genoux ; & les Députez du tiers Etat ne parlent au Roy qu'en cette posture. Nous donnons de l'encens aux Particuliers dans nos Eglises ; & les Chrêtiens honorent leurs Princes de beaucoup, & de grandes marques du Culte extérieur. Ainsi le Culte extérieur des Indiens n'est pas une preuve qu'ils reconnoissent, du moins à présent, aucune Divinité; & jusques-là on doit les appeler Athées plûtôt qu'Idolâtres. Mais quand ils offrent des sacrifices à d'autres, qu'à Dieu, & qu'ils y joignent des vœux pour se les rendre propices, on ne peut les excuser d'Idolâtrie : car pour avoir entiérement oublié la Divinité, ils n'en sont que plus Idolâtres, lors qu'ils terminent leur Culte à ce qui n'est pas Dieu, & qu'ils en font le seul objet de leur Religion.

CHAPITRE XXV.

Diverses Observations à faire en prêchant l'Evangile aux Orientaux.

1. Que nôtre Créance scandalise les Orientaux en plusieurs choses, qu'il ne faudroit pas leur prêcher sans précaution, si l'on n'a le don des Miracles.

DE tout ce que je viens de dire des opinions des Orientaux, il est aisé de comprendre de quelle difficulté est l'entreprise de les amener à la Réligion Chrêtienne, & de quelle conséquence il est, que les Missionnaires, qui prêchent l'Evangile en Orient connoissent parfaitement les Mœurs & la Créance de ces Peuples. Car comme les Apôtres & les premiers Chrêtiens, lors même que Dieu appuyoit leur prédication par tant de merveilles, ne découvroient pas tout d'un coup aux Payens tous les mystéres que nous adorons, mais leur déroboient long-temps, & aux Cathecuménes mêmes la connoissance de ceux, qui pouvoient les scandaliser, il me semble à plus forte raison, que les Missionnaires, qui n'ont pas le don des Miracles, ne doivent pas découvrir d'abord aux Orientaux ny tous les Mysteres, ny toutes les pratiques du Christianisme. Il seroit bon, par exemple, si je ne me trompe, de ne leur pas prêcher sans de grandes précautions le Culte des Saints: & à l'égard même de la connoissance de Jesus-Christ, je croy qu'il faudroit la leur ménager, pour ainsi dire, & ne leur parler du mystére de l'Incarnation, qu'aprés les avoir persuadez de l'existence d'un Dieu Créateur. Car quelle apparence de commencer par persuader aux Siamois d'ôter Sommona-Codom, Prá Moglà, & Prá Saribout des Autels, pour mettre Jesus-Christ, S. Pierre & S. Paul à leur place? Il ne seroit peut-être pas plus à propos de leur prêcher Jesus-Christ crucifié, qu'ils n'eussent auparavant compris qu'on peut être malheureux & innocent, & que par la régle receuë, même parmy eux, qui est que l'innocent peut se charger des fautes du coupable, il étoit nécessaire qu'un Dieu se fît homme, afin que cet homme-Dieu satisfît par une vie pénible, & par une mort honteuse, mais volontaire, pour tous les péchez des hommes : mais avant toutes choses il faudroit leur donner la véritable idée d'un Dieu Créateur, & justement irrité contre les hommes. L'Eucharistie aprés cela ne scandaliseroit point les Siamois, comme elle scandalisoit autrefois les Payens d'Europe : d'autant plus que les Siamois croyent que Sommona-Codom a pû donner sa femme & ses enfans à manger aux Talapoins.

II. Que la lecture de l'Ecriture Sainte ne leur doit être permise qu'avec précaution.

Au contraire, comme les Chinois sont respectueux envers leurs parens jusqu'au scrupule, je ne doute pas que si on leur mettoit d'abord l'Evangile entre les mains, ils ne fussent scandalisez de cet endroit, où quand on vint dire à JESUS-CHRIST que sa Mére & ses Fréres le demandoient, il répondit de telle maniére, qu'il semble à n'y regarder pas de prés, qu'il affectoit de les méconnoître. Ils ne le seroient pas moins de ces autres paroles mystérieuses, que nôtre Divin Sauveur dit à ce jeune homme, qui luy demandoit le temps d'aller enfevelir ses parents. Laissez, luy dit-il, aux morts le soin d'ensevelir leurs morts. On sait la peine que les Japonois témoignoient à S. François Xavier sur l'éternité de la damnation, ne pouvant se résoudre à croire que leurs parents morts fussent tombez dans un si horrible malheur, faute d'avoir embrasé le Christianisme, dont ils n'avoient jamais oüy parler. Il paroît donc nécessaire de prévenir & d'adoucir cette pensée, par les voyes dont ce grand Apôtre des Indes se servoit, en établissant d'abord l'idée d'un Dieu tout-puissant, tout-intelligent, tout-juste, auteur de tout bien, à qui uniquement tout est dû, & par la volonté de qui nous devons aux Rois, aux Ecclesiastiques, aux Magistrats, & à nos parents les respects, que nous leur devons. Ces exemples suffisent pour faire voir avec quelles précautions il faudroit préparer les esprits de l'Orient à penser comme nous, & à ne se point scandaliser de la plûpart des Articles de la foy Chrétienne.

Les Chinois ne respectent guére moins leurs Précepteurs que leurs parents; & ce sentiment est si bien établi parmy eux, qu'ils châtient le Précepteur du Prince héritier pré-

III. Qu'il ne faut parler aux Orientaux qu'avec estime de leurs Législateurs.

somptif de la Couronne, des fautes que fait ce Prince; & qu'il s'est trouvé des Princes, qui étant devenus Rois, ont vangé leurs Précepteurs. Les Indiens honorent encore davantage la mémoire de ceux, qu'ils croyent leur avoir prêché la Vertu avec efficace: ce sont ceux-là, qu'ils ont jugé dignes de tout leur Culte; & ils se scandalisent de ce que nous nous en scandalisons. Pouvons-nous moins faire, disent-ils, pour ceux, qui nous ont prêché une si sainte Doctrine? Le P. Hierôme Xavier Jésuïte Portugais ayant fait à Agra une espéce de Cathéchisme sous le titre de *Miroir de vérité*. Un Persan d'Hispahan nommé *Zin el Abedin* y fit une réponse sous le titre de *Miroir repoli*, que la Congrégation *de propaganda fide* crût devoir faire refuter: & elle en donna le soin au P. Philippe Guadagnol de l'Ordre des Clercs Mineurs réguliers. Mais celuy-cy parla si mal de Mahomet, que sa refutation en devint inutile; parce que la Mission d'Hispahan n'osa jamais la publier: & comme cette Mission demanda que le P. Guadagnol moderât un peu sa Satire, ce bon Pere se jetant dans l'autre extrémité, fit le Panégyrique de Mahomet, qui luy attira une reprimande de la Congrégation *de propagandâ*. Il faut donc en ces sortes de matiéres observer une sage modération, & parler avec estime, au moins aux Indiens, de Brama, de Sommona-Codom, & de tous les autres, dont on void les statuës sur leurs Autels. Il faut convenir avec eux que ces hommes ont eu de grandes lumiéres naturelles, & des intentions dignes de loüange, & leur insinuër en même temps qu'étant hommes, ils se sont trompez en plusieurs choses importantes au salut éternel du Genre-humain, & principalement en ce qu'ils ont méconnu le Créateur.

Mais à cet aveuglement prés, qu'il faut faire voir inexcusable, pourquoy ne loüeroit-on pas les Législateurs de l'Orient, aussi bien que les Législateurs Grecs, de ce qu'ils se sont appliquez à inspirer aux Peuples ce qui leur a paru le plus vertueux, & le plus propre à les maintenir dans la paix & dans l'innocence? Pourquoy les blâmeroit-on des Fables, qu'une longue suite de siécles pleins d'igno-

IV. Que ces Législateurs peuvent être loüez en quelques choses.

rance a inventées sur leur sujet, & dont probablement ils n'ont point été les auteurs : vû même que quand ils auroient parlé magnifiquement de leurs personnes, ils n'auroient fait que ce que l'on pardonne à presque tous les autres Législateurs? Ils ont le mérite d'avoir connu avant les Grecs des Etres intelligents supérieurs à l'homme, & l'immortalité de l'ame.

V.
Que la Doctrine de la Metempsycose peut-être excusée par des raisons physiques.
Que si ils ont crû la Métempsycose, ils y ont été portez par des raisons apparentes. Ignorant toute création, & établissant d'ailleurs qu'une ame ne pouvoit naître d'une ame, & qu'il n'y pouvoit avoir un nombre actuellement infini d'ames, ils étoient forcez de conclûre, que le nombre infini des vivants, qui s'étoient succédé les uns aux autres dans le Monde, pendant toute cette éternité passée, qu'ils supposoient que le Monde avoit déja duré; n'avoient pû être animez par ce nombre fini d'ames, sans qu'elles eussent passé une infinité de fois d'un corps en un autre. L'opinion de la Métempsycose est donc fondée sur plusieurs Principes, que nous recevons; & n'en

contient qu'un certainement faux, qui est l'impossibilité prétenduë de la Création.

Quant aux suites naturelles de cette Doctrine, la défense des viandes est tres-saine dans les Indes, & l'horreur du sang seroit utile par tout. Le grand Barcalon Frére ainé du premier Ambassadeur de Siam, ne cessoit de reprocher aux Chrétiens les fureurs sanglantes de nos guerres. D'autre part l'opinion de la Métempsycose console les hommes dans les malheurs de la vie, & les affermit contre l'horreur de la mort, par l'espérance, qu'elle donne de revivre une autrefois plus heureusement : & parce que les hommes sont crédules à proportion de leurs desirs, on remarque que ceux, qui s'estiment les plus malheureux en cette vie, comme les Eunuques, s'attachent plus fortement à cette espérance d'une autre vie meilleure, que la Doctrine de la Métempsycose donne aux gens de bien.

VI. Et par des raisons politiques.

Mais si l'erreur peut-être utile, quelle autre peut l'être autant que cette crainte des enfants pour leurs parens morts. Confucius en fait l'unique

VII. La crainte des Parents morts excusée par

des rai-
sons Poli-
tiques.

fondement de toute bonne Politique. Et en effet elle établit la paix des familles & des Royaumes : elle plie les hommes à l'obéïssance, & les rend plus soûmis à leurs parents, & aux Magistrats : elle conserve les Mœurs & les Loix. Ces Peuples-là ne comprennent pas qu'ils puissent jamais abandonner les opinions & les coûtumes, qu'ils ont receuës de leurs péres, ny éviter, s'ils le faisoient, le ressentiment qu'en auroient, à leur avis, leurs Ancêtres morts. La Doctrine Chinoise n'a d'autre Paradis ny d'autre Enfer, que cette République des Morts, où ils croyent que l'ame est reçûë au sortir de cette vie, & où elle est bien ou mal accüeillie des ames de ses Ancêtres, selon ses vertus, ou ses vices.

VIII. *Cette crainte fait la stabilité des Loix de la Chine.*

C'est pour cette considération, que les Rois légitimes de la Chine se sont toûjours abstenus de rien innover au gouvernement. Il n'y a que les Usurpateurs qui l'ayent osé faire, non seulement par le Droit que donne la force, mais parce que n'étant pas issûs des Rois leurs Prédécesseurs, ils n'ont crû devoir aucun respect à leurs établissements.

Néanmoins comme toutes les erreurs ont de mauvais côtez, *Confucius* interrogé par quelqu'un de ses Disciples, si les Morts avoient quelque sentiment des devoirs, que leurs enfants leur rendoient, répondit qu'il ne falloit jamais faire de ces sortes d'interrogations trop curieuses; qu'en répondant que non, il craignoit d'abolir le respect des enfans pour leurs parents morts; & qu'en répondant qu'oüy, il apprehendoit de porter les plus gens de bien à se tuër eux-mêmes, pour aller rejoindre leurs Ancêtres.

<small>IX. Elle a pourtant ses inconveniens.</small>

Il y auroit aussi je ne say quoy d'injuste à traitter les Talapoins d'imposteurs & d'interessez. Ils ne trompent, que parce qu'ils sont les premiers trompez : ils ne sont ny plus habiles ny plus interessez que les séculiers : ils sont assez bonnes gents. Quand ils prêchent aux séculiers de leur faire l'aumône, ils croyent leur prêcher leur devoir ; & par tout Païs les Ministres de l'Autel vivent de l'Autel.

<small>X. Qu'il ne faut pas croire les Talapoins imposteurs avec connoissance & par interest.</small>

Je suis donc convaincu, que le véritable secret de s'insinuër dans l'esprit de ces Peuples, supposé qu'on

<small>XI. Qu'il faut user avec les Oriens</small>

taux de toutes les insinuations, que nôtre Réligion, & l'exemple des premiers Chrétiens nous peuvent permettre.

n'ait pas le don des miracles, c'est de ne les contrarier en rien directement, mais de leur faire voir, comme sans y penser, leurs erreurs dans les Sciences, & principalement dans les Mathématiques & dans l'Anatomie, où elles sont plus sensibles : c'est de changer les termes de leur Culte le moins qu'il est possible, de donner au vray Dieu, ou le nom de souverain Seigneur, ou celuy de Roy du Ciel & de la Terre, ou quelque autre nom qui signifie en la langue du Païs, ce qu'il y a de plus digne de vénération, comme le mot *Prá* en Siamois : mais en même temps il faudroit leur apprendre à attacher à ces noms l'idée entiére de la Divinité, idée d'autant plus aisée à recevoir, qu'elle ne fait que relever & embellir les basses idées des faux-Dieux. Gott qui aujourd'huy veut dire Dieu en Alleman, étoit autrefois, selon Vossius, le nom de Mercure, qui paroît avoir été adoré par tout. Certainement les mots de *Théos* & de *Deus* n'ont pas toûjours signifié en Gréce & en Italie le Dieu, que nous adorons. Qu'ont donc fait les Chrêtiens ? Ils ont accepté ces noms-là à la place du nom ineffable de de Dieu, & ils les ont expliquez à leur maniére. De la connoissance d'un Dieu éternel, spirituel, & Créateur, il seroit aisé de descendre à la foy de Jesus-Christ : & ces Peuples n'y auroient pas d'opposition, si auparavant ils se voyoient guérir de quelque ignorance sensible. L'esprit de l'homme est tel, qu'il reçoit presque sans examen les opinions de celuy, qui l'a visiblement convaincu de ses premiéres erreurs. Persuadez bien à un malade que le reméde dont il use, n'est pas bon, il prendra incontinent le vôtre.

Mais c'est à mon sens l'un des plus importants articles de la conduite des Missionnaires, de s'accommoder tout à fait à la simplicité des Mœurs des Orientaux, dans la nourriture, dans les meubles, dans le logement, & dans tout ce que préscrivent les Regles des Talapoins, où elles n'ont rien de contraire au Christianisme. L'exemple du P. de Nobilibus Jésuite est célébre. Etant en Mission au Royaume de Maduré dans les Indes, il se résolut à vivre en Jogue, c'est à dire en Bramine des Forêts, à aller nuds piés & nuë tête, & le corps

XII. Combien les Missionnaires doivent s'accommoder aux Mœurs simples des Orientaux, en ce qui n'interesse point la Religion.

presque nû, dans les sables brûlants de ce Païs-là, & à se nourrir avec cet excés de frugalité, qui paroît intolérable : & l'on dit qu'il convertit par ce moyen prés de quarante mille personnes. Or comme cette imitation exacte de la rigidité Indienne est le vray moyen de faire des conversions, aussi plus on s'en éloigneroit, plus on s'attireroit le mépris & la haine des Indiens. Il faut apprendre en ces Païs-là, à se passer de tout ce dont ils se passent, & n'y pas porter les besoins, ou plûtôt les superfluitez de ces Païs-cy, si l'on ne veut donner de la jalousie & de l'envie à des Nations, dont les Particuliers cachent leur fortune, parce qu'ils ne sauroient la conserver qu'en la cachant. Moins les Missionnaires paroissent établis, plus la Mission s'affermit, & mieux elle persuade la Réligion. Comme l'Orient n'est pas un Païs d'établissemens pour les personnes privées : on auroit tort de songer à s'y en faire : les Naturels du Païs ne joüissent eux-mêmes d'aucune fortune solide, & ils ne manqueroient pas de faire des querelles à ceux, qui paroîtroient plus riches qu'eux, pour les dépouiller de leurs richesses. D'ailleurs les Orientaux ne semblent avoir de l'éloignement pour aucune Réligion, & il faut avoüer que si la beauté du Christianisme ne les a pas persuadez, c'est principalement à cause de la méchante opinion, que leur ont donnée des Chrêtiens, l'avarice, les perfidies, les invasions, & la tyrannie des Portugais, & des Hollandois dans les Indes, & l'irréligion de ces derniers en particulier. Mais il est temps de finir cette Relation par la vie de Tévetat Frere de Sommona-Codom, & par toutes les autres choses, que j'ay promises.

Fin du premier Tome.

PRIVILEGE DU ROY.

LOUIS par la grace de Dieu, Roy de France & de Navarre : à nos amez & feaux Conseillers les gens tenans nos Cours de Parlement, Maîtres des Requêtes ordinaires de nôtre Hôtel, Prévôt de Paris, Baillifs, Sénéchaux, leurs Lieutenans Civils, & tous autres nos Officiers qu'il appartiendra. Salut, nôtre bien amé le Sieur de LA LOUBE'RE, *cy-devant nôtre Envoyé extraordinaire prés du Roy de Siam*, nous a tres-humblement representé que le séjour qu'il a fait dans ce Païs, le luy ayant assez fait connoître pour en pouvoir faire une Rélation exacte. Il en a fait une qu'il a intitulée, *du Royaume de Siam*, laquelle il desireroit donner au public s'il nous plaisoit luy en accorder la permission, en voulant le traitter favorablement. A ces causes, nous luy avons permis & octroyé, permettons & octroyons par ces Presentes de faire imprimer ladite Rélation intitulée *du Royaume de Siam*, & ce par tel Libraire ou Imprimeur,

& en tel volume, marges, caractéres & autant de fois que bon luy semblera, pendant le temps de huit années consecutives, à commencer du jour qu'elle sera achevée d'imprimer, icelle vendre & débiter par tout nôtre Royaume, faisons défenses à tous Imprimeurs, Libraires & autres, d'imprimer, faire imprimer, vendre & distribuer ladite Rélation sous quelque pretexte que ce soit, même d'impression étrangere & autrement, sans le consentement dudit exposant ou de ses ayant cause, à peine de confiscation des Exemplaires contrefaits, six mil livres d'amende, & de tous dépens, dommages & interêts, à condition qu'il en sera mis deux exemplaires en nôtre Bibliotheque publique, un en celle du Cabinet des Livres de nôtre Château du Louvre, & un en celle de nôtre tres-cher & feal le Sieur BOUCHERAT, Chevalier, Chancelier de France, comme aussi de la faire imprimer sur de bon papier, & en beaux carractéres, suivant les Réglémens de la Librairie & Imprimérie des années mil six cent dix-huit & mil six cent quatre-vingt-six, que l'impression s'en fera dans nôtre Royaume, & non ailleurs, & de faire enregistrer ces Presentes sur le Registre de la Communauté des Marchands Libraires & Imprimeurs de nôtre bonne ville de Paris. Le tout à peine de nullité des Presentes : du contenu desquelles vous mandons & enjoignons faire joüir & user ledit sieur exposant, & ses ayans cause pleinement & paisiblement, cessant & faisant cesser tous troubles & empêchemens contraires, voulons qu'en mettant au commencement, ou à la fin dudit Livre l'extrait des Presentes elles soient pour deuëment signifiées, & qu'aux copies collationnées par l'un de nos amez & feaux Conseillers Secretaires, foy y soit ajoûtée comme à l'original ; mandons au premier nôtre Huissier ou Sergent sur ce requis faire pour l'execution des Presentes tous exploits & autres actes de justice necessaires, sans demander autre permission. CAR tel est nôtre plaisir. Donné à Versailles, le dixiéme jour d'Août l'an de grace mil six cens quatre-vingt-dix, & de nôtre Regne le quarante-huit.

Signé, par le Roy en son Conseil, JUNQUIERES.

Regiſtré ſur le Livre de la Communauté des Imprimeurs & Libraires de Paris, le 2. Decembre 1690. *Signé*, P. AUBOÜIN, *Syndic.*

Ledit Sieur de LA LOUBERE a permis à la Veuve de JEAN BAPT. COIGNARD, & à JEAN BAPT. COIGNARD Imprimeur ordinaire du Roy, d'imprimer vendre & débiter ledit Livre ſuivant l'accord fait entre-eux.

Achevé d'imprimer le 30. Janvier 1691.

DE L'IMPRIMERIE

DE JEAN BAPTISTE COIGNARD Fils, Imprimeur ordinaire du Roy. 1691.